Para além do pós(-)colonial

CONSELHO EDITORIAL
Ana Paula Torres Megiani
Eunice Ostrensky
Haroldo Ceravolo Sereza
Joana Monteleone
Maria Luiza Ferreira de Oliveira
Ruy Braga

Para além do pós(-)colonial

Michel Cahen & Ruy Braga
(organizadores)

Copyright © 2018 Michel Cahen & Ruy Braga (orgs.)

Grafia atualizada segundo o Acordo Ortográfico da Língua Portuguesa de 1990, que entrou em vigor no Brasil em 2009.

Edição: Haroldo Ceravolo Sereza
Editora assistente: Danielly de Jesus Teles
Editora de projetos digitais: Marilia Chaves
Projeto gráfico, diagramação e capa: Danielly de Jesus Teles
Assistente acadêmica: Bruna Marques
Revisão: Alexandra Colontini
Imagem da capa: *Sibila Pós-Colonial*. Marlon Anjos, 2018.

Esta edição contou com o apoio da Capes, entidade do Governo Brasileiro voltada para a formação de recursos humanos.

Cet ouvrage, publié dans le cadre du Programme d'Aide à la Publication 2017 de l'Institut Français du Brésil, bénéficie du soutien du Ministère de l'Europe et des Affaires étrangères.

Este livro, publicado no âmbito do Programa de Apoio à Publicação 2017 do Instituto Francês do Brasil, contou com o apoio do Ministério francês da Europa e das relações exteriores.

CIP-BRASIL. CATALOGAÇÃO NA PUBLICAÇÃO
SINDICATO NACIONAL DOS EDITORES DE LIVROS, RJ

P237

Para além do pós (-) colonial / organização Michel Cahen, Ruy Braga. - 1. ed. - São Paulo: Alameda, 2018.

23 cm.

Inclui bibliografia

1. SOCIOLOGIA. I. CAHEN, MICHEL. II. BRAGA, RUY.

18-47100   CDD: 316
                    CDU: 316.7

ALAMEDA CASA EDITORIAL
Rua 13 de Maio, 353 – Bela Vista
CEP 01327-000 – São Paulo, SP
Tel. (11) 3012-2403
www.alamedaeditorial.com.br

Sumário

Preâmbulo
Anticolonial, pós(-)colonial, decolonial: **e depois?**
Michel Cahen & Ruy Braga
9

Introdução
O que pode ser e o que não pode ser a colonialidade:
para uma aproximação "pós-póscolonial" da subalternidade
Michel Cahen
31

Parte I
Pós(-)colonial, um esforço teórico em busca
da sua própria realidade
75

2. Rosa Luxemburgo e a expansão do capitalismo:
uma chave marxista para compreender a colonialidade?
Isabel Loureiro
77

3. Frantz Fanon e a descolonização dos saberes
Matthieu Renault
93

4. Liberdade e comunalidade: leituras do póscolonial
Catarina Antunes Gomes
111

5. Liberalismo e anti-negritude: será o Outro racializado
um sujeito subalterno?
Franco Barchiesi
147

PARTE II
MÚLTIPLOS REGIMES DE COLONIALIDADE
165

6. Branquitude à brasileira: hierarquias e deslocamentos
entre origem, gênero e classe
Lia Vainer Schucman
167

7. O Belize independente (1981): políticas culturais,
reconhecimento da diferença e pós-colonialismo
Elisabeth Cunin
203

8. As ironias pós-coloniais da lusofonia: a propósito de um "erro
de tradução" na edição portuguesa de *Casa Grande & Senzala*
Lorenzo Macagno
223

9. Herança pós-colonial e fluidez pós-moderna perante uma abordagem sedentária das diásporas: o exemplo de armênios na Etiópia
Boris Adjemian
235

10. Império não colonial e hegemonia soviética: o caso do Uzbequistão através de seu cinema de ficção (1924-1937)
Cloé Drieu
259

PARTE III
PÓS-COLONIAL, COLONIALIDADE E INTERSECCIONALIDADE
283

11. O pós-colonial e os estudos afro-brasileiros
António Sérgio Alfredo Guimarães
285

12. "Afro-brasileiros", um assunto pós-colonial? Acerca da dupla dimensão do ensino de história da África no Brasil
Patrícia Teixeira Santos
301

13. Para uma crítica feminista da colonialidade digital inspirada pelo contexto africano
Joëlle Palmieri
309

Sobre os autores
329

Preâmbulo

Anticolonial, pós(-)colonial, decolonial: e depois?

Este livro nasceu de um colóquio franco-brasileiro ocorrido em 2013. Talvez não tenha sido um mero acaso. Com efeito, dois países tão diferentes como o Brasil e a França têm, pelo menos, um ponto em comum no tocante ao relacionamento com as análises pós(-) coloniais[1] nas ciências sociais:[2] uma certa dificuldade, ou uma certa relutância, em integrar essas análises nas pesquisas. Razões distintas explicam provavelmente este fato comum e os efeitos dessa "dificuldade de integração" também provavelmente não foram os mesmos.

Tomando o risco de simplificar, ao passo que na França houve uma recusa expressa, escrita, explicada, polêmica, de alguns setores, aliás muito divergentes entre eles,[3] em aceitar os pressupostos e conclusões das análises pós(-)coloniais,

---

1 Evocamos *infra* a questão do hífen (pós-colonial, póscolonial).
2 Essas reflexões não incidem nas análises literárias, a não ser marginalmente.
3 Eis três exemplos muito diferentes de crítica à teoria póscolonial na França: Jean-Loup Amselle, *L'Occident décroché: Enquête sur les postcolonialismes,* Paris: Stock, 2008, 320 p. (col. "Un ordre d'idées"); Jean-François Bayart, *Les études postcoloniales, un carnaval*

no Brasil, durante muitos anos, pareceu ser mais um distanciamento não dito, um "não-falar", não por incapacidade, obviamente, mas porque, de fato, existia pouco interesse no tema. Obviamente, houve exceções e críticas,[4] mas "pós(-)colonial" não parecia muito pertinente para falar do Brasil contemporâneo (ao menos, desde a Nova República), incluindo nos setores marxistas para os quais a sociedade brasileira era discriminatória simplesmente porque capitalista até nos seus aspectos raciais. Por exemplo, a *Revista de Estudos Antiutilitaristas e Póscoloniais* foi fundada somente em janeiro de 2011, e provavelmente não é por acaso que não foi no "triângulo acadêmico hegemônico" Rio-São Paulo-Brasília, mas, em Pernambuco.[5] É mais tarde que os estudos póscoloniais entrariam no Brasil, sobretudo na seara dos estudos literários[6] e, também,

---

académique, Paris: Karthala, 2010, 126 p. (col. "Disputatio"); Yves Lacoste, *La question postcoloniale. Une analyse géopolitique*, Paris, Fayard, 2010, 440 p. Para uma discussão sobre as correntes "anti-póscoloniais" francesas, veja o dossiê reunido por Jim Cohen et alii, "Qui a peur du postcolonial ? Dénis et controverses", *Mouvements* (Paris: La Découverte), n° spécial, 51, set.-out. 2007, 174 p.; e o artigo de Michel Cahen, "À propos d'un débat contemporain : du postcolonial et du post-colonial", *Revue historique* (Paris: Presses universitaires de France), 2011/4, 660: 899-913 (doi: 10.3917/rhis.114.0899). Para uma apresentação matizada, ver Emmanuelle Sibeud, "Du postcolonialisme au questionnement postcolonial : pour un transfert critique", *Revue d'histoire moderne et contemporaine* (Paris, Belin), 2007/4, 54: 142-155 e Capucine Boidin, "Études décoloniales et postcoloniales dans les débats français", *Cahiers des Amériques latines* (Paris), 62, 2010 : 129-141.

4   Dentre os casos de crítica radical do póscolonial no Brasil, conferir Gustavo Lins Ribeiro, "Why (post)colonialism and (de)coloniality are not enough: a post-imperialist perspective", *Postcolonial Studies*, 2011, 14 (3): 285-297 ; anteriormente, Sergio Costa, "Muito além da diferença: (im)possibilidades de uma teoria social pós- colonial", Berlim, Freie Universität Berlin, 2005, <http://www.fflch.usp.br/sociologia/asag/poscolonialismomana-Sérgio%20Costa.pdf>. Talvez não seja por acaso que estes dois cientistas brasileiros tenham feito boa parte da carreira fora do Brasil.

5   *REALIS*, Universidade Federal de Pernambuco, Programa de Pós-Graduação em Sociologia, <http://periodicos.ufpe.br/revistas/realis/>. O colóquio "Pré-ALAS" da Asociación Latinoamericana de Sociologia, de novembro de 2012, sobre o tema "Sociedade, Conhecimento e Colonialidade: Olhares sobre América Latina" ocorreu na Universidade Federal do Rio Grande do Sul, em Porto Alegre, também distante do supracitado "triângulo" acadêmico.

6   Dentre os muitos, citamos os dossiês da revista *Via Atlântica* (Universidade de São Paulo), "Nação e narrativa pós-colonial", ed. por Ana Malfada Leite, 2010, 17 : 15-126 ; "Triangulações Atlânticas – transnacionalidades em língua portuguesa", ed. por Emmanuelle Santos, Mário Lugarinho & Paulo de Medeiros, 2014, 25 : 15-264 ; e o dossiê da re-

nas ciências sociais. No entanto, nas ciências sociais, a vertente que acabou predominando foi a teoria da colonialidade (voltaremos a isso a frente) ou as propostas de Boaventura de Sousa Santos sobre as "epistemologias do Sul". Pode-se afirmar que já nos encontramos bem à margem do póscolonial uma vez que é possível questionar o parentesco entre a teoria da colonialidade ou da epistemologia do Sul com o póscolonial "clássico". Aliás, essa situação é (ou pelo menos foi até há pouco) parcialmente a mesma para toda a América dita Latina.

Obviamente, tanto na França como no Brasil, publicaram-se mais e mais artigos e livros e defenderam-se teses de doutoramento, que incluíram o adjetivo "pós(-)colonial" no título. Mas, quinze anos atrás, ele não teria aparecido em obras de conteúdo estritamente idêntico: muitas vezes o sentido de "pós(-)colonial" é neles meramente cronológico, sem grande reflexão sobre o que pode ser, anos ou séculos depois da independência, uma "situação pós-colonial" e uma teoria "póscolonial". Efeito da moda? Sem dúvida.[7]

Aliás, nos dois países reina a mais completa confusão entre o que é pós-colonial/pós colonial (com traço ou espaço), isto é, uma *situação* que imaginamos ser herdeira da situação colonial e que permaneceria, no longo prazo, pós-colonial – assim como houve pós-guerras, pós-fascismos, pós-estalinismos, pós-fordismos em vários países – no sentido cronológico da expressão. E o que é "póscolonial" (sem traço nem espaço) não uma situação, mas uma *análise* que consegue ir *além* das heranças epistemológicas coloniais – isto é, com certeza "pós", mas no raciocínio e não no tempo: a análise é que é póscolonial (autores, em sua maioria latino-americanos, recentemente

---

vista *Abril* (Núcleo de Estudos de Literatura Portuguesa e Africana, Universidade Federal Fluminense), "O Colonial e o Pós-colonial: Reflexões Críticas", ed. por Renata Flavia da Silva & Silvio Renato Jorge, 2011, 4 (7): 9-124. Publicado fora do Brasil, mas sobre o Brasil, consultar Emmanuelle Santos & Patricia Schor (eds), "Brazilian Postcolonialities", dossiê. In: *P: Portuguese Cultural Studies* (Utrecht), 2012, 4. Etc.

7   Da mesma maneira, hoje em dia, muitas vezes utiliza-se o conceito de "primeira globalização" ou "mundialização" lá onde quinze anos atrás teria se falado em "expansão capitalista da época moderna". Simples substituição de uma expressão por outra? Assim, deixa-se de marcar a diferença entre o que aconteceu desde o nascimento do sistema-mundo no século XVI, e a *especificidade* do que acontece hoje: tudo seria "globalização" há séculos.

passaram a dizer "decolonial"),[8] independentemente da situação analisada (pré-colonial, colonial ou pós-colonial).[9]

Será que países como o Brasil e a França são "atrasados", não tendo acolhido e, em seguida, desenvolvido de forma adequada um campo nacional próprio da análise póscolonial? Parece um pouco mais complicado. O sociólogo português Boaventura de Sousa Santos chamou a atenção dos pesquisadores do seu país para que não simplesmente copiassem o que se fazia num eixo que podia ser definido de maneira aproximada como o da Austrália-Índia-Inglaterra-Estados Unidos.[10] Independentemente do que se pode pensar sobre as respostas que foram dadas a este apelo em Portugal por ele próprio e outros, foi e é saudável na medida em que cada corrente de pensamento é "situada" e que as ciências sociais, como qualquer parte de vida social, sofrem os efeitos da hegemonia. Por assim dizer, é urgente provincializar não só a "Europa"[11] mas também os estudos pós-coloniais de língua inglesa...[12]

Serão o Brasil e a França dois países "atrasados"?

Em síntese, as análises póscoloniais "anglófonas" já têm duas origens distintas, que só posteriormente vieram a se ligar.

---

8   Sobre a virada decolonial ver *infra*.

9   A ortografia inglesa costuma empregar o hífen *(post-colonial)* em casos onde o mesmo não cabe em francês, por se tratar de análise e não de uma situação. Assim, propomos que em português também não se coloque (póscolonial). Sobre essa "questão do hífen", ver Akhil Gupta, "Une théorie sans limite", *in* M.-C. Smouts, *La Situation postcoloniale, op. cit.*: 218; J.-F. Bayart, *Les études postcoloniales..., op. cit.*: 6; e M. Cahen, "À propos d'un débat contemporain...", *op. cit.*

10 Outro apelo no mesmo sentido pode ser encontrado em Emmanuelle Santos & Patricia Shor, "Brasil, estudos pós-coloniais e contracorrentes análogas: entrevista com Ella Shohat e Robert Stam", *Revista de Estudos Feministas* (Florianópolis), 2013, 21-2, 701-726.

11 Referimo-nos obviamente à obra de Dipesh Chakrabarty, *Provincializing Europe: Postcolonial Thought and Historical Difference*, Princeton: Princeton University Press, 2007, 336 p. [1a ed. 2000].

12 Para uma crítica da fabricação do Outro latino-americano por um pensamento póscolonial principalmente de língua inglesa, ver também o artigo do antropólogo brasileiro Gustavo Lins Ribeiro, "Why (post)colonialism and (de)coloniality are not enough: a post-imperialist perspective", *Postcolonial Studies*, 14:3, 2011 : 285-297.

De um lado, tem sua origem nos *Subaltern Studies* na Índia, recusando certas análises anticoloniais, nomeadamente de círculos intelectuais afeitos ao Partido do Congresso e ao Partido Comunista da Índia que, em nome do papel histórico da burguesia nacional ou do proletariado, desprezavam (ou não prestavam atenção a) outras formas de resistência, nomeadamente na casta dos intocáveis ou no campesinato. É por isso que autores dessa nova corrente "assumiram" desde cedo a obra de Antônio Gramsci, pela relevância dos seus trabalhos sobre a Itália do Sul, região onde a estratificação em classes sociais só muito parcialmente tinha produzido um antagonismo direto entre capitalistas e proletariado. Ou seja, de um lado, poder-se-ia ser marxista na Índia sem querer a todo o custo fazer "surgir" uma "burguesia" e um "proletariado" em sociedades onde essas classes eram ultraminoritárias (embora reconhecendo que essas sociedades fossem globalmente integradas no sistema-mundo capitalista) e, de outro lado, poder-se-ia atribuir toda a atenção – incluindo numa perspectiva estratégica revolucionária – ao fenômeno dos subalternos – formações sociais que têm estruturalmente uma dificuldade em poder expressar-se elas próprias, em sociedades que podem ser oprimidas globalmente. Mas os autores subalternistas chamaram também a atenção para dois outros fenômenos interligados: por um lado, a produção de conhecimentos produz subalternidade (por exemplo, a orientação nacionalista-modernista de desprezar os intocáveis na produção de conhecimentos "legítimos" agravava sua situação de subalternidade, relegando-os ao campo do "atraso"); por outro lado, a subalternidade produz conhecimentos, ascendam eles ou não ao estatuto de conhecimentos legítimos, que a pesquisa tem que levar em consideração, apesar das dificuldades metodológicas para se alcançar isso (o famoso "Can the Subaltern Speak?" de G.C. Spivak).[13] Isto trazia outra ideia fundamental: mesmo com formas nem sempre necessariamente "visíveis" aos olhos coloniais ou "ocidentais", os subalternos, ainda que não abertamente revoltados, não eram uma massa amorfa e passivamente submissa e nunca deixaram de resistir – ou de "negociar" – de uma maneira ou outra, o que revelava que eram dotados de uma capacidade de autonomia e de ação *(agency)*, incluindo a reinterpretação de ideias coloniais em um sentido diferente, a reapropriação de valores para outros fins.[14]

---

13 In: Cary Nelson & Lawrence Grossberg (ed.), *Marxism and the Interpretation of Culture,*
14 A Oxford University Press reeditou a série completa dos *Subaltern Studies*: Subaltern

De outro lado, as análises póscoloniais do eixo Austrália-Inglaterra-Estados Unidos vieram em primeiro lugar, como parte da teoria literária,[15] da dita *French Theory*, isto é, uma apropriação estadunidense e uma americanização de trabalhos e teses de sociólogos, psicanalistas e filósofos franceses dos anos 1960 a 1980, embora de orientações muito diversas e que, em grande medida, nunca haviam se debruçado sobre situações coloniais ou pós-coloniais (ou tendo vivido nessas colônias, não tendo incluindo nas suas obras qualquer ensinamento vindo dessas sociedades, com é o caso típico de Michel Foucault que viveu na Tunísia), mas tinham dado toda a atenção a fatores tais como o imaginário, os conhecimentos, a crítica (e a crítica à crítica), a ciência como conhecimento situado e, portanto, a recusa das meta-narrativas, podendo hoje ser muitas vezes caracterizados como tão pós-modernos quanto pós-coloniais.

Por que os *Subaltern* e *Postcolonial Studies* tiveram tal sucesso nos Estados Unidos, fazendo depois deste país o primeiro e maior centro de produção e difusão das análises póscoloniais? É possível sugerir duas razões principais, uma material e outra político-epistemológica. A primeira diz respeito ao fato dos Estados Unidos terem atraído para as suas universidades grandes pesquisadores oriundos da Índia, da África ou do mundo Árabe; pesquisadores que lá permaneceram numa situação fecunda de dupla cultura, tanto mais que, frequentemente, preservavam as ligações acadêmicas com seus países de origem. A razão político-epistemológica é a relação com o marxismo. Nos Estados Unidos, o marxismo era uma corrente ultraminoritária sem nenhum peso social, virtualmente presente só em pequenos meios acadêmicos, onde tratava-se sobretudo de um marxismo de "análise" e não de militância ou de estratégia política. Nessas condições, não havia grande influência do marxismo nas ciências sociais, incluindo as radicais. Os *Subaltern Studies* – embora fortemente influenciados pelo marxismo crítico – e a *Post-colonial Approach*[16] apareceram como formas aceitáveis e legitimáveis de

---

Studies Collective, *Subaltern Studies: Writings on South Asian History and Society*, vols 1-10, Oxford: OUP, 1999.

15 O livro considerado como o pioneiro do póscolonial literário é a famosa obra de Bill Aschroft, Gareth Griffiths & Helen Tiffin, *The Empires Writes Back. Theory and Practice in Post-Colonial Literatures*, Londres, Nova Yorke: Routledge, 1989, 246 p.

16 Talvez seja mais prudente falar em *Post-colonial Approach* do que *Post-colonial Theory*, visto que há uma grande variedade de questionamentos.

crítica social para quem não conhecia o marxismo ou havia travado contato com um tipo de marxismo demasiado asfixiado pelas versões stalinistas. A confluência das correntes *Subaltern Studies* e *French Theory* nos *campi* estadunidenses, simultaneamente à batalha pela estabilização dos *Cultural Sudies*, dos *Area Studies* e um pouco mais tarde dos *Ethnic Studies* nas universidades do país, além do fato desses estudos póscoloniais serem feitos e redigidos em inglês, exatamente no momento em que essa língua afirmava sua hegemonia linguística em termos globais, explica em grande medida o sucesso mundial dos estudos póscoloniais.[17] O fato de falar a partir de universidades do centro do mundo, mas em nome dos subalternos, pois muitos desses autores eram oriundos da periferia, legitimou, ou pelo menos facilitou, o caminho para o sucesso.

Na França, em contrapartida, os diferentes marxismos eram correntes muito importantes. Havia um forte partido comunista de tipo "clássico", isto é originário sem grandes rupturas do stalinismo, e bem representado nos meios intelectuais. Mas, precisamente por ser "clássico" e forte, tinha engendrado o desenvolvimento de muitas correntes marxistas críticas, com consequências notáveis nas ciências sociais. Assim, havia, de fato, um autêntico compromisso dos intelectuais com as lutas anticoloniais. Os trabalhos de Albert Memmi e de Frantz Fanon eram conhecidos. Houve toda uma geração de antropólogos ou sociólogos marxistas (Claude Meillassoux, Pierre-Philippe Rey, Maurice Godelier, Jean Copans...) ou marxisantes (Georges Balandier), que muitas vezes trabalhou sobre o que então se chamava de "terceiro-mundo". Isso tudo sem esquecermos a importância de Pierre Bourdieu. Não seria falso afirmar que muitas pesquisas e muitos trabalhos eram póscoloniais ou subalternistas sem o saberem (como, um pouco mais tarde, a escola do "politique par le bas" desenvolvida pela revista *Politique Africaine* nos princípios dos anos 1980).[18] Por

---

17 Pode-se imaginar que os mesmos trabalhos, se publicados em húngaro, turco ou mesmo português em universidades húngaras, turcas ou luso-brasileiras, não teriam tido a mesma facilidade de sucesso por causa da língua hegemónica como foi dito, mas também, *independentemente das línguas originais de escrita,* pelo fato de terem sido produzidos em universidades periféricas. O que provém do centro parece sempre mais prestigioso, o que não deixa de ser paradoxal para quem reivindica o póscolonial...

18 Essa escola, vindo de uma ruptura nas ciências políticas africanistas francesas, considerou que fenômenos que eram até então considerados como de "folclore", de "tribalismo", de "feitiçaria", etc. eram 1°) fenômenos políticos, 2°) típicos não de um atraso qualquer,

isso, quando os estudos póscoloniais de língua inglesa começaram a ser conhecidos na França, não provocaram uma hostilidade, mas uma dúvida, um questionamento sobre o que afinal isto realmente trazia de novo. Na realidade, a hostilidade veio apenas mais tarde.[19] Pode ser efeito de uma certa arrogância tipicamente francesa em relação ao mundo anglo-saxão, mas é indubitável que, pelo menos em parte, isto foi percebido assim: nada de novo. Mesmo a famosa obra de E. Saïd, *Orientalism*,[20] mais tarde interpretada como a obra fundadora dos estudos póscoloniais, embora extremamente citada na França, não teve, na prática, uma influência tão grande neste país na medida em que a crítica textual inerente ao livro incidia mais sobre a biblioteca colonial do século XIX e da primeira metade do século XX do que sobre as produções mais recentes dos cientistas sociais franceses em relação aos países árabes ou à Turquia.[21] Foi dito que a incapacidade em aceitar o póscolonial teria sido um indício da perda de pioneirismo das ciências sociais francesas naquele período. Esta hipótese é *a priori* aceitável, mas o seria ainda mais facilmente se a articulássemos com a consideração de que, qualquer que fosse a excelência porventura reconquistada deste país, já não viria a ser mais do que um país de porte médio: como uma centena de universidades francesas poderia concorrer com um doravante gigantesco sistema universitário estadunidense, formado por milhares de escolas? Facilitaria a compreensão se somássemos a outra consideração, a de que um número cada vez menor de cientistas sociais de língua inglesa interessa-se por aquilo que é produzido em francês (ou qualquer outra língua que não o inglês), quando toda a geração mais jovem de cientistas sociais franceses (e

---

mas de modernidades alternativas. Mesmo sem parentesco intelectual com os *Subaltern Studies* de Bengala, houve pelo menos uma convergência intelectual. Jean-François Bayart, Achille Mbembe & Comi Toulabor, *Le politique par le bas en Afrique Noire*, Paris: Karthala, 2008 [1a ed. 1992].

19 Uma boa descrição dessa situação encontra-se em Marie-Claude Smouts (ed.), *La situation postcoloniale,* Paris: Les Presses de Sciences Po, 2007, 458 p.

20 Edward W. Said, *Orientalism,* Londres, Penguin Books, 1978, 368 p. [em português: *Orientalismo – o Oriente como invenção do Ocidente*, São Paulo, Companhia das Letras, 1996, 370 p.].

21 Muitos dos maiores "orientalistas" franceses da segunda metade do século XX foram ignorados por Said nesta obra, incluindo os que tinham estudado a história árabe e turca *a partir de fontes indígenas,* rompendo assim com a hegemonia das fontes ocidentais.

de muitos outros países) pelo menos lê o inglês. Muitas vezes, o que não está em inglês simplesmente não existe – incluindo aí o próprio campo dos estudos póscoloniais. Pois, historicamente, o mais interessante não é buscar explicações em termos de "atraso", mas compreender as razões do "distanciamento" [fr.: écart].[22] As trajetórias epistemológicas não são equivalentes e os centros do "poder científico" deslocaram-se bastante após a Segunda Guerra Mundial, em particular depois dos anos sessenta.

No Brasil, o marxismo também era forte, embora o partido comunista brasileiro quase tenha desaparecido quando da queda da União Soviética e da ascensão do Partido dos Trabalhadores (PT). Razões equivalentes às da França (incluindo a ainda forte influência das ciências sociais francesa no Brasil) podem ser apontadas, como a variedade das correntes marxistas disponíveis.[23] No entanto, o fato das análises póscoloniais terem se mantido frágeis por vários anos na quase totalidade da América Latina[24] revela a presença de fatores igualmente regionais,[25] aos quais podemos adicionar outros fatores especificamente brasileiros. Os *Subaltern Studies* nasceram na Índia, os *Postcolonial Studies* nos Estados Unidos, na Inglaterra e na Austrália, e não é por acaso que o conceito de *colonialidade do poder* tenha nascido na América Latina, em particular na América Andina onde, em muitos casos, os povos indígenas formam a maioria das populações nacionais. Com efeito, mesmo que fosse feita uma distinção cuidadosa entre o que é situação pós colonial e o que é a análise póscolonial, cabe a pergunta: como aceitá-la quando a situação social, econômica e cultural, de maneira geral, não é nada "pós" mas ainda colonial *tout court*? Como, no segundo caso, reivindicar um pensamento póscolonial quando aquilo contra o que se luta não é uma mera herança, mas uma situação reproduzida cotidianamente? De fato, a "escola" de Aní-

---

22 A distinção entre "retard" e "écart" foi discutida pela geógrafa francesa Christine Chivallon: "La quête pathétique des études postcoloniales", *in* M.-C. Smouts, *op. cit.*: 387-402.

23 João Quartim de Moraes *et alii*, *História do marxismo no Brasil*, Campinas: Editora Unicamp, 2007, 6 vols.

24 Lembra-se que não se fala aqui da pesquisa em literaturas, mas somente de ciências sociais e que se faz a distinção entre a teoria póscolonial e a teoria da colonialidade.

25 Fernando Coronil, "Les études postcoloniales latino-américaines et la décolonisation du monde", *in* Neil Lazarus (ed.), *Penser le postcolonial. Une introduction critique*, Paris, Éditions Amsterdam, 2006, 450 p. 331-358.

bal Quijano (Peru) não veio do pensamento póscolonial anglófono, tampouco estadunidense,[26] mas, em primeiro lugar, da escola braudeliana-wallersteiniana (logo, franco-estadunidense) do sistema-mundo capitalista, da qual se distanciou aos poucos por razões que mereceriam ser mais discutidas, o que é impossível fazer aqui e, em segundo lugar, com certo legado mariateguista e gramsciano.[27] Apenas recentemente, o pensamento em termos de colonialidade foi, de maneira geral, "anexado" aos *Post-colonial Studies,* quando autores desta corrente notaram o "silêncio" sul-americano – com certeza inconfortável para estadunidenses radicais – e buscaram o que se fazia ao sul do Colorado, ou por conta do trabalho de pesquisadores de origem latino-americana atuando nas universidades estadunidenses. Ainda não se pode saber se o "casamento" vai durar... É provável que não e, doravante, é da *teoria decolonial* que se reivindicam os autores estudando a colonialidade do poder.[28] As análises em termo de colonialidade ficam muito

---

[26] ... mesmo se alguns intelectuais decoloniais trabalham em universidades americanas, como por exemplo: Walter Mignolo, Ramón Grosfoguel, Nelson Maldonado-Torres...

[27] O CLACSO publicou recentemente uma importante antologia de textos de Aníbal Quijano: Cuestiones y Horizontes. Antología esencial. De la dependencia histórico-estructural a la colonialidade/descolonialidade del poder, seleção e introdução por Danilo Assis Climaco, Buenos-Aires, CLACSO, 2014, 859 p., acesso gratuito em <http://biblioteca.clacso.edu.ar/clacso/se/20140424014720/Cuestionesyhorizontes.pdf>. Neste livro, sobre a relação de Quijano com Mariategui, ver em particular o texto de 1993 de A. Quijano, ""Raza", "etnia" y "nación" en Mariategui. Cuestiones abiertas", pp. 757-775. Para uma discussão da complexidade desta relação, Rafael Herrera Robles, "Aníbal Quijano y Mariategui", site Monografias.com, <http://www.monografias.com/trabajos106/anibal-quijano-y--mariategui/anibal-quijano-y-mariategui.shtml> (acessado em 20 de março de 2017).

[28] Uma pequena apresentação da passagem do pós(-)colonial ao decolonial na América Latina pode ser encontrada em Larissa Rosevics, "Do pós-colonial à decolonialidade", Blog Diálogos Internacionais, <http://www.dialogosinternacionais.com.br/2014/11/do-pos-colonial-decolonialidade.html>, 28 de novembro de 2014 (acessado em 20 de janeiro de 2017). Uma crítica decolonial ao póscolonial foi de que muitas fontes teóricas eram europeias (Gramsci, Derrida, etc.), o que era contraditório com o projeto. Era preciso descolonizar o póscolonial. No entanto, os decoloniais também são criticados pelas mesmas razões e pela recusa em descontruir-se a eles próprios (Jeff Browitt, "La teoría decolonial: buscando la identidad en el mercado académico", *Cuadernos de Literatura* (Bogotá), 2014, 18 (36): 25- 46, <http://dx.doi.org/10.11144/Javeriana.CL18-36.tdbi> (acessado em 20 de janeiro de 2017). Um dos aspectos desanimadores da literatura póscolonial/decolonial é a sua imensidade e o fato de que, por vezes, não se baseia em trabalho de campo, mas em crítica meramente epistemológica (veja *infra*).

ligadas às definições estratégicas de lutas políticas, na medida em que se analisa a situação de países que conservaram em termos reais a estrutura colonial. Assim, o pensamento decolonial seria muito próximo ao pensamento anticolonial. Em contrapartida, parece óbvio que os *Post-colonial Studies* distanciaram-se de maneira acentuada das lutas políticas rumo a um programa de pesquisa centrado no plano epistemológico.

O Brasil não é um país andino. Como nos outros países do cone sul, a população "índia" vem sendo historicamente exterminada, tendo sido reduzida a margens diminutas. Além disso, dentre as nações indígenas brasileiras, não há ainda um movimento político de reivindicação de autonomia indígena tão forte quanto os mapuches do Chile, por exemplo. Embora possamos considerar que este gigantesco país também possa ser analisado em termos de colonialidade (no imaginário da história, da federação, como espaço que ainda hoje deve ser "colonizado" como se fosse um imperativo para a nação, na situação social dos negros e dos índios), o fato é que este conceito é pouco aceito como um instrumento heurístico da situação brasileira. Isto tem obviamente a ver com a trajetória da formação do Estado-nação no país[29] que, embora não sendo em nada antagônica a uma possível análise em termos de colonialidade, teve efeitos parcialmente integradores, ao menos ideologicamente falando. Temos, pois, uma espécie de dupla marginalidade do Brasil em relação às análises póscoloniais/decoloniais. Aqui também não será principalmente "*retard*/atraso", mas "écart/distanciamento".

Limites gerais do póscolonial

Os limites das análises póscoloniais são conhecidos. Apesar de não se limitar à identificação de situações pós coloniais, o simples fato escolher tal "título" já leva à confusão,[30] pois continuamos a circunscrever a análise aos limites de

---

29 Para a América dita latina em geral, já se deve distinguir "independência" e "descolonização", mas, no caso do Brasil, essa distinção torna-se caricatural, uma vez que a independência foi proclamada pelo Estado *metropolitano* (refugiado na colônia desde as guerras napoleônicas).

30 É de notar que um dos principais apoiadores do póscolonial, Robert J.C. Young, lamentou o uso da palavra "póscolonial", preferindo "tricontinental(ismo)", em referência à tentativa cubana dos anos 1960 de unir num só movimento todas as correntes anticoloniais e antiimperialistas dos três continentes do que então se chamava terceiro mundo (*Postcolonialism. An Historical Introduction*, Oxford, Blackwell, 2001, 498 p.). Tratava-se de produzir uma

uma dependência essencializada do passado colonial. Os estudos póscoloniais querem ir além do pensamento colonial (e do eurocentrismo que lhe corresponde), presente até em textos anticoloniais, mas, quando o fazem, ao tratar de situações atuais, as analisam principalmente em termos de herança, *uma herança que se manteria quase independentemente da evolu*ção da sociedade. Isto é, subestimam que, quando uma herança ainda é culturalmente ou socialmente estruturante nos dias atuais, é porque há uma *produção contemporânea da subalternidade* e é esta que faz com que a herança sobreviva. Em outro contexto, as heranças desaparecem rapidamente (em escala histórica, cerca de três gerações). Assim, analisam certos fenômenos como pós coloniais (no sentido de uma situação colonial mais ou menos conservada) quando são principalmente produções contemporâneas de subalternidade pelo capitalismo periférico, semiperiférico ou central. Além disso, por causa deste foco nas heranças, a atenção é concentrada em alguns estratos sociais específicos: índios e negros no Brasil ou nos Estados Unidos, imigrantes oriundos das antigas colônias na Europa, diásporas negras, ou ainda as mulheres consideradas globalmente como uma dimensão da subalternidade, etc. No entanto, se essas comunidades humanas são "pós coloniais" segundo o raciocino póscolonial, é porque a sociedade *inteira* o é. Logo, a população brasileira branca deveria ser estudada de um ponto de visto póscolonial, o que raramente é feito (mas está feito neste livro, no capítulo da Lia Vainer Schucman). O mesmo poderia ser afirmado para o caso dos WASPs (White Anglo-Saxon Protestants) estadunidenses.[31] O que nos parece criticável é que *as análises póscoloniais incidem somente sobre fragmentos das sociedades e nunca foram capazes de estudar as sociedades inteiras, os Estados, as nações, os países* – o que, em contrapartida, as análises em termos de colonialidade (segundo A. Quijano) parecem mais aptas a realizar.

A vontade de restabelecer conhecimentos não eurocêntricos sobre a subalternidade, de recusar-se a ver os subalternos como massa amorfa e simples-

---

palavra – e um conhecimento científico – criado pelos próprios subalternos (o famoso "Nós os oprimidos...", e não só "Nós os proletários..." da mensagem de Che Guevara à Tricontinental da Havana em 1967, pouco tempo antes de seu assassinato).

31 Os estudos sobre *Whiteness* (Branquitude) nos Estados Unidos foram desenvolvidos a partir de 1990, influenciadas pelo marxismo e pelo feminismo. Mas a relação com os *Post-colonial Studies* parece mais fraca.

mente submissa, estudando sua capacidade de ação e resistência é um esforço heurístico *a priori* muito positivo, mas que dificilmente teve início com as correntes póscoloniais. Além disso, houve uma surpreendente *suavização* da situação colonial, certamente por causa da já citada incapacidade de analisar sociedades inteiras. Afinal, os subalternos não eram uma massa amorfa, mas agiam, resistiam, reinterpretavam elementos culturais europeus, etc., de modo que aquilo que acontecia já não era mais sistematicamente qualificado como conquista, invasão, imperialismo, colonização e colonialismo, mas frequentemente como "Encontro colonial" (*Colonial Encounter, La rencontre coloniale*). Ora, uma coisa é entender que um regime de dominação colonial não se perpetua apenas com dominação pura e brutal, sem construir vias de acomodação com as populações indígenas; outra coisa é definir a relação entre colonizadores e colonizados como um "encontro", relação na qual não haveria o "binarismo" das análises anteriores sobre a colonização. Como se a sociedade colonial não fosse fundamentalmente "binária"! Como se os subalternos, nos seus esforços permanentes para negociar sua situação com o invasor, pudessem fazer outra coisa senão negociar os termos da sua subalternidade... salvo, obviamente, nos raros momentos de revolta ou de revolução. Lendo alguns textos póscoloniais radicais tem-se a impressão de que a capacidade permanente de resistência era de tal modo importante que, afinal, existiria uma certa "igualdade" entre as partes – ou seja, esses textos nem sequer integram uma análise em termos de dominação sem hegemonia do colonizador – e que quem não vê isso, não vê porque é eurocêntrico.

Outra tentativa que é salutar é a de compreender o quanto a colonização destruiu os conhecimentos populares, produziu "epistemicídios", deslegitimando sob a censura de arcaísmo, atraso, superstição, os sistemas cognitivos alternativos dos subalternos. No entanto, será que podemos afirmar *mecanicamente* o contrário, isto é, que há "epistemologias do Sul"?[32] Não teremos aí mais uma essencialização

---

[32] Com é sabido, o conceito de "epistemologias do Sul" foi forjado pela socióloga moçambicana Maria Paula Meneses e pelo sociólogo português Boaventura de Sousa Santos, ambos do Centro de estudos Sociais da universidade de Coimbra. Maria Paula Meneses (ed.), "Epistemologias do Sul", *Revista Crítica de Ciências Sociais* (Coimbra), março de 2008, 80: 5-211; Boaventura de Sousa Santos & Maria Paula Meneses (eds), *Epistemologias do Sul,* São Paulo, Editora Cortez, 2010, 637 p.; Boaventura de Sousa Santos, *Epistemologies of the South: Justice Against Epistemicide,* Abingdon: Routledge, 2014, 284 p.

de conhecimentos populares, negando, pela mesma via, os efeitos da globalização? Não seria uma essencialização do "Sul" ou mesmo dos "Suis", como se as epistemes fossem idênticas segundo as comunidades culturais, as classes sociais e a natureza dos Estados em toda a periferia capitalista pós colonial? Epistemologia de quem, nessas sociedades extremamente desiguais do "Sul"? Afinal, não seria construir, mesmo em nome do Sul, mais um Oriente[33]?

Tem-se a impressão de que as análises póscoloniais partiram muitas vezes de boas perguntas para trazerem respostas enviesadas. No entanto, a heterogeneidade do "nebuloso" póscolonial é tal que fica difícil fazer juízos definitivos sobre ele. Não se pode negar suas contribuições para o conhecimento da alteridade, da hibridação, do racismo, da crioulização, da subalternidade, etc. Não pretendemos em hipótese alguma propor análises anti-póscoloniais. Na realidade, faz mais sentido pensarmos em análises "pós-póscoloniais", isto é, avançarmos na crítica, sem jogar fora o bebê com a água suja do banho.[34]

Com efeito, de um lado, parece que o póscolonial já não está tão na moda. Nos países onde esta abordagem teórica nasceu (Austrália, Inglaterra, Estados-Unidos), parece ser este o caso e assistimos a novas guinadas acadêmicas.[35] Mas, em especial, nas ciências sociais, seria uma pena simplesmente "abandonar" essas análises sem resolver os problemas desta maneira de encarar as transformações sociais.

De outro lado, durante uma conferência na universidade de Princeton nos dias 27 e 28 de abril de 2012, Partha Chatterjee, um dos pais das *Subaltern Studies*,

---

Veja o capítulo de Michel Cahen neste livro.

33 Sobre o "orientalisme à rebours" ("orientalismo às avessas") estudado por Gilbert Achcar, veja o capítulo de Michel Cahen neste livro.

34 Para um exemplo de análise "pós-póscolonial", conferir Michel Cahen, "Pontos comuns e heterogeneidade das culturas políticas nos PALOPs – Um ponto de vista "pós-póscolonial"", dossiê "Estudos africanos no Brasil. Um diálogo entre história e antropologia" (ed. Héctor Guerra Hernandez), *História: Questões & Debates* (Curitiba, UFPR), LXII (1), janeiro-junho2015: 19-47 (<http://ojs.c3sl.ufpr.br/ojs2/index.php/historia/article/view/44146>)

35 No entanto, a revista *Postcolonial Studies* continua a ser publicada desde 1998 (vol. XIX em 2016) pelo *Institute of Postcolonial Studies,* um agrupamento independente criado em 1996 e sediado em Melbourne, Austrália. Também o site "Postcolonial Europe" continuou muito ativo pelo menos até 2014, em particular em relação às Europas central e oriental, onde a penetração do pensamento póscolonial foi tardia (<http://www.postcolonial-europe.eu>).

anunciou o fim desta corrente de pensamento, sem identificar um futuro claro.[36] No entanto, é certo que, no sistema-mundo do capitalismo tardio, a subalternidade não desapareceu com esta proclamação do fim dos *Subaltern Studies*.

Por fim, na América dita latina, a corrente da colonialidade (ou decolonial) parece manter-se bem viva, ainda que latino-centrada[37] e com certas tendências culturalistas nítidas que, em vez de lutarem contra o universalismo *abstrato* oposto a um universalismo *concreto* baseado nas historicidades diversificadas das lutas de emancipação, lutam contra o universalismo *tout court* em nome de um "diversalismo" ou de um "pluriversalismo", que não se sabe bem o que pode ser concretamente num mundo globalizado, onde já não pode existir a completa autonomia dos "algures".[38] Com efeito, afirmar a existência de múltiplas culturas e epistemes não deveria ensejar uma recusa em apreendê-las de uma maneira universalista e concreta. Na realidade, a defesa de "-versalismos" corresponde à recusa das grandes narrativas oriunda do pósmodernismo, que é bem paradoxal quando, com força, o capitalismo globalizado desenvolve sua narrativa da naturalização do modo de produção capitalista doravante chamado de "mercado" ou de "democracia", tornando-se o único horizonte crível de toda a humanidade.

---

36 Partha Chatterjee, "After Subaltern Studies", *Economic and Political Weekly* (Mumbai), 1º setembro, XLVII (35): 44-49

37 Em particular, uma ideia chave da escola da colonialidade é que a raça foi estruturante logo no aparecimento do capitalismo como sistema-mundo, que fez parte mesmo deste nascimento. Ora, o que parece bem aceitável para boa parte do que se tornou depois a América Latina, em particular a sua parte andina, é muito questionado por historiadores para outras partes do mundo, incluindo as Caraíbas. Os séculos XV e XVI não são os séculos XVII e XVIII, a África ocidental não é o Peru, etc. Precisa-se de muito mais estudos de casos.

38 O conceito de "pluriversalismo" foi proposto por Serge Latouche em 1989 na primeira edição do seu livro *L'Occidentalisation du monde. Essai sur la signification, la portée et les limites de l'uniformisation planétaire*, Paris: La Découverte, 2005. Tratava-se de combater os efeitos do etnocentrismo (nomeadamente ocidental); isto é, o pluriversalismo não era nada mais que uma nova forma de universalismo. O uso atual deste conceito por alguns autores decoloniais não é consensual, por vezes se aproximando de uma essencialização do – todavia necessário – reconhecimento de epistemes alternativas no planeta. Por exemplo, Ramón Grosfoguel, "Hacia un pluri-versalismo transmoderno decolonial", *Tabula Rasa* (Bogotá), julho-dezembro 2008, 9: 199-215.

A tendência acadêmica no pensamento póscolonial foi mais de deixar a crítica política – aberta pelo pensamento anticolonial – para cada vez mais se refugiar na crítica epistemológica, sem identificar os frutos políticos que dela podem advir.[39] Uma consequência disso é que muitos livros de análise póscolonial apresentam um centro de gravidade desproporcionalmente voltado para mera reflexão epistemológica, com pouco material empírico ou pesquisa de campo. Muitas vezes, trata-se de discutir outros livros póscoloniais que, por sua vez, discutem outros livros... sempre super-representando os escritos em língua inglesa.[40]

Com este nosso livro, em português, esperamos não cair neste tropismo, abordando situações concretas a partir de maneiras de ver diversificadas, sem no entanto ignorar o necessário esforço teórico.

---

[39] Aqui, deve-se matizar mais uma vez as análises em termos de colonialidade/decolonialidade. Podem ter permitido teorizar e exprimir melhores lutas indígenas, mas com tendências culturalistas bem nítidas e essencialização do *Buen Vivir/sumak kawsay* de povos andinos, como solução para sociedades completamente diferentes. Até pode-se dizer que a nova constituição boliviana que "deslatinizou", pelo menos oficialmente, o país ("Estado Plurinacional de Bolívia") tem a ver com esta corrente de pensamento. Na França, uma corrente minoritária, mas bastante ativa formou um "partido dos Indígenas da República" que reivindica lutas decoloniais e promove a "luta das raças sociais" – a sociedade francesa sendo vista como ainda fundamentalmente colonial. Mas a ausência de consequências políticas oriundas do pensamento epistemológico é muito frequente e explicitamente dita, por exemplo, no fim de volumosas obras de Boaventura de Sousa Santos. Além disso, tal como aconteceu anteriormente com o "pos(-)colonial", a presença das "palavras" decolonial, colonialidade, etc., multiplica-se em obras, teses, quando não aparece uma ligação real com a teoria decolonial.

[40] A propósito da já citada revista *Postcolonial Studies*, é interessante ver a estruturação da redação dela: incluí um "UK Editorial", um "USA Editorial", um "Australasian Editorial", um "India Editorial". Não faltarão aqui algumas partes do mundo? Claro, é uma revista de língua inglesa. Mas a primeira consequência editorial de um pensamento póscolonial não teria que ser a promoção de uma publicação plurilíngue e a recusa, no espaço de liberdade produzido por esta revista, das hegemonias linguísticas? No livro *The Empires Writes Back, op. cit.*, no *Reader's Guide* no fim da obra (pp. 223-237 da ed. de 2002), das 470 referências, 468 são em inglês, 2 em francês (até os poemas de Senghor são citados nas suas traduções inglesas), 0 em espanhol, 0 em português ou qualquer outra língua. Com certeza, o livro é sobre as literaturas pós coloniais na Commonwealth, mas uma boa parte da bibliografia intitula-se "geral".

O espaço gigante da colonialidade

Este livro é produto do colóquio franco-brasileiro organizado com o apoio do Cenedic,[41] do PPGS do Departamento de Sociologia da FFLCH-USP, e do Consulado Geral da França, em São Paulo, realizado nos dias 17, 18 e 19 de setembro de 2013 sobre o tema "Pós colonialismo? Conhecimento e política dos subalternos". A ideia foi ensejar um questionamento tão diversificado quanto possível, mas com orientação mais ou menos comum.

Sabemos que o nascimento do sistema-mundo capitalista é inseparável da sua própria expansão. No entanto, mesmo no século XIX, essa expansão não foi a expansão mecânica do modo de produção capitalista, provocando o mesmo tipo de padrão de *proletarização* por onde passou. Na realidade, a expansão do sistema-mundo capitalista produziu a *subalternização* desigual de sociedades inteiras em moldes não-capitalistas de opressão e exploração, integrados ao mercado mundial (mercantil-escravista, depois capitalista-imperialista). Esses *moldes não capitalistas de opressão e de exploração capitalistas* criaram um gigantesco terreno para hibridizações socioeconômicas e culturais originais na periferia, que não podem ser resumidas ao antagonismo entre burguesia e proletariado, mesmo que, evidentemente, exista nestas sociedades, precisamente porque, durante muito tempo, o modo de produção capitalista não era diretamente dominante em vastíssimas aéreas do sistema-mundo, havendo várias formas de articulação de modos de produção segundo as áreas conquistadas. Este enorme espaço pode ser historicamente qualificado de *espaço de colonialidade*, isto é, um espaço que não se define somente pela herança colonial depois das independências (como a colonialidade frequentemente é descrita), mas que emerge da formação do sistema-mundo capitalista, expandindo-se durante as duas eras coloniais (mercantil e imperialista) e sobrevivendo às independências, mesmo se o modo de produção capitalista tendeu a se tornar diretamente dominante no planeta. Em outras palavras, a colonização é uma forma de colonialidade, mas a colonialidade é um conceito mais amplo (ver o capítulo de Michel Cahen).

---

41 Centro de estudos dos direitos da Cidadania, FFLCH-USP.

O conceito de colonialidade parece não cair nos problemas da despolitização evidenciados nas análises póscoloniais "clássicas", mesmo se podemos criticar alguns aspectos do pensamento de Aníbal Quijano e seus seguidores.

Por isso, a chamada para contribuições apontou para um grande número de perguntas que, obviamente, não encontrariam todas as respostas nos três dias de nosso colóquio.[42] Mas uma parte desses questionamentos foi respondida nos capítulos a seguir, por autores de pensamentos por vezes bastante diversificados.[43] Ainda assim, esperamos que a diversidade de áreas do conhecimento favoreça o objetivo principal deste livro: construir uma reflexão crítica, porém, não-hostil, ao pensamento póscolonial.

* * *

---

42 Eis as perguntas ou temas propostas para o colóquio: a análise póscolonial, uma despolitização dos saberes anticoloniais? Póscolonial e colonialidade, apenas uma diferença de história e trajetória conceitual? Colonialidade "quijanesa" (Aníbal Quijano) e sistema-mundo "wallersteiniano" (Immanuel Wallerstein): nuances ou divergências insuperáveis? O que é o "Estado colonial" (será o conceito aplicável nas colônias africanas e asiáticas dos impérios europeus? Pode tal conceito ser universal? Se não for, permanece útil?) O que é a descolonização (seria este conceito somente ligado ao grau de radicalidade das rupturas com as antigas metrópoles)? Estados latino-americanos: estados coloniais, estados colonialistas? "Encontro colonial", um revisionismo póscolonial anti-anticolonial? "Colonialismo interno", "endocolonialismo": conceitos suficientes para explicar a natureza dos estados concernidos? Espaço de expansão e capitalismo estadunidense (é aceitável reduzir a colonialidade estadunidense à problemática dos African-Americans e Indian-Americans?). Será póscolonial a crítica brasileira do lusotropicalismo? Crioulidade e nacionalidade. Para além da criolização, a americanização? Você disse "religiões afro-brasileiras"? Porque J.C. Mariategui é quase desconhecido no Brasil (questão indígena e imaginário nacional)? Rosa Luxemburgo e a colonialidade. Pode-se fazer uma análise póscolonial das Antilhas francesas integradas à metrópole colonial? Pode-se fazer uma análise póscolonial da Ásia ex-soviética, quando a maioria dos especialistas não classificam a dominação estalinista como colonial? Análise póscolonial, islã e mundo árabe. O fabrico diaspórico do território: rumo ao fim do fim dos territórios? Colonialidade e novas tecnologias. Haverá uma esquerda "decolonial"? Haverá um feminismo "decolonial"? Marxismo e análise póscolonial: onde começam as divergências? Análise póscolonial e sociologia marxista. Análise póscolonial na literatura e nas ciências sociais: mera coexistência ou confluência? Etc.

43 Como sempre num colóquio, nem todos os participantes transformaram as suas comunicações em textos para os capítulos deste livro. Em contrapartida, colegas interessados, mas que não puderam vir e participar, escreveram alguns capítulos deste livro.

Depois deste preâmbulo e de um capítulo introdutório proposto por Michel Cahen, o livro encontra-se estruturado em três partes que representam as três grandes questões às quais endereçamos nosso olhar crítico: "Póscolonial, um esforço teórico em busca da sua própria realidade?", "Múltiplos regimes de colonialidade" e "Colonialidade e interseccionalidade".

No capítulo introdutório, intitulado, "O que pode ser e o que não pode ser a colonialidade?", Michel Cahen elabora, primeiramente, críticas ao póscolonial *stricto sensu* para em seguida destacar a colonialidade como um conceito mais promissor. No entanto, ele tende a dar uma definição "des-latino-centrada" e materialista da colonialidade, uma vez que a definição criada pelo trabalho pioneiro de Aníbal Quijano quis ser válida para o planeta todo, mas limitou-se ao território andino. De acordo com M. Cahen, a colonialidade exprime, na escala mundial, todas as formações sociais criadas pela articulação dos modos de produção que o sistema-mundo engendra, com imensas consequências em termos de lutas sociais. Por isso mesmo, ele é bastante crítico das "epistemologias do Sul" elaboradas pelo sociólogo português B. de Sousa Santos e que parece apresentar características essencialistas muito próximas de um novo orientalismo.

Abrindo a primeira parte, Isabel Loureiro, em "Rosa Luxemburgo e a expansão do capitalismo – uma chave marxista para compreender a colonialidade?" – prolonga essa reflexão, partindo da economia política da revolucionária alemã que, pelo menos no campo marxista, foi a primeira a perceber que o capitalismo precisava de espaços não capitalistas para a sua própria reprodução. Isabel Loureiro elabora também reflexões sobre as implicações políticas da análise "luxemburgista" para a América Latina nos dias atuais. Mathieu Renault em "Frantz Fanon e a descolonização dos saberes", parte do postulado segundo o qual a descolonização epistêmica tem como base um duplo movimento de ruptura e apropriação de saberes do (ex-)ocupante. Sendo assim, ele examina como isso se produziu no caso de Frantz Fanon, grande pensador *e* militante anticolonial ativo, e como isso inaugurou uma fenomenologia pós-colonial que permanece única em seu gênero. Catarina Gomes Antunes discute de um ponto de vista filosófico o problema da biblioteca colonial, que foi obviamente muito atacada pelos estudos póscoloniais em seu capítulo "Liberdade e Comunalidade: Leituras do póscolonial". Com efeito, não é somente a diferença que se pode extrair desta biblioteca, mas também o que é comum e como esta dimensão comum pode desenvolver consequências políticas. Por sua vez, Franco Barchiesi, no seu capítulo "Liberalismo e Anti-negritude: Será o Outro Racializado um Sujeito Subalterno?", desenvolve uma análise crítica dos estudos subalternos que tiveram tendência a negligenciar a negritude enquanto conceito e como realidade ontológica irredutível à mera subalternidade devido à violência específica, desumanizadora e estrutural da passagem da escravidão para a abolição e as formas modernas de subjugação racial.

A segunda parte é voluntariamente mais empírica, o que não limita a ambição teórica deste volume, mas a reforça. Assim, Lia Vainer Schucman aborda a questão do lugar do branco nos estudos pós coloniais, com um estudo de caso na cidade de São Paulo, no seu capítulo "Branquitude à brasileira: hierarquias e deslocamentos entre origem, gênero e classe". É exatamente a questão que já mencionamos anteriormente, da incapacidade dos estudos póscoloniais em estudar a totalidade da sociedade: estudam, por exemplo, os negros, mas por que não os brancos? Pois, Lia estuda não apenas a construção social da raça branca, mas também a heterogeneidade e a interseccionalidade dessa construção. Elisabeth Cunin analisou um país geralmente esquecido pelos estudos póscoloniais e, no entanto, profundamente pós-colonial: o Belize. Assim, a autora considera que a política desenvolvida neste país tardiamente independente pode ser qualificada como pós-colonialista, entre o colonialismo e a independência, o racismo e o multiculturalismo, o nacionalismo e a globalização. Sempre na América dita latina, mas voltando ao Brasil, chega a vez de Lorenzo Macagno em "As ironias pós-coloniais da lusofonia: a propósito de um "erro de tradução" na edição portuguesa de *Casa Grande & Senzala*". Com efeito, Macagno descobriu uma intrigante diferença entre as versões brasileira e portuguesa da obra magna do ensaísta pernambucano, o que lhe serve para abordar um ponto da história das "relações conceituais" entre Brasil e Portugal e questionar-se sobre a relação entre o luso-tropicalismo e a teoria póscolonial, em nome da subalternidade. Com Boris Adjemian, reaparece no livro a África (abordada por Catarina Gomes), desta vez no caso da diáspora armênia na Etiópia imperial. O que é muito importante em "Herança pós-colonial e fluidez pós-moderna diante de uma abordagem sedentária das diásporas: o exemplo de armênios na Etiópia" é a demonstração de que a realidade diaspórica não é em nada antagônica à produção do território, que a diáspora não é só uma rede, uma comunidade, mas pode produzir um pertencimento espacial. Afinal, o pós-moderno com o seu mundo feito só de flexibilidade e de mobilidade nem sempre é tão pós-moderno. Com Cloé Drieu, fechamos esta segunda parte com um caso asiático: "Império não colonial e hegemonia soviéticos: o caso do Uzbequistão através de seu cinema de ficção (1924-1937)". Trata-se da relação complexa entre os estudos póscoloniais e a análise da Ásia soviética, uma vez que a maioria dos especialistas, incluindo Cloé, não analisa o império de Stalin como uma realidade colonial, nem tampouco como idêntico ao longo dos diferentes períodos.

A terceira parte aborda a questão chave da ligação historicamente produzida entre pós-colonial ou colonialidade e raça e gênero, isto é a interseccionalidade das formas de opressão. Abrimos com a contribuição de Antônio Sérgio Guimarães sobre "O pós-colonial e os estudos afro-brasileiros". Partindo da constatação de que o Brasil vive formalmente numa situação pós-colonial desde 1822, mas que isso não pode ser considerado uma descolonização, ele analisa como essa história desenrolou-se para os negros ao longo de fortes evoluções da estruturação social entre o Império, as Repúblicas e as ditaduras, e como é que foi produzida a colonialidade específica do Brasil. Neste quadro, ele reconstrói uma história das teorias sobre a realidade racial brasileira. Patrícia Teixeira Santos trata também da questão negra no Brasil, mas sob um ângulo bem diferente: "'Afro-brasileiros', um assunto pós colonial? Acerca da dupla dimensão do ensino de história da África no Brasil". Ela coloca em perspectiva histórica a lei 10639/03, que significou que o racismo passou a ser tratado com uma ação de responsabilidade do Estado e suas instituições, uma vez que era considerado o maior mecanismo de exclusão social do grande segmento da população que portava nos seus corpos a presença física e fenotípica da herança africana ancestral. O livro termina com a contribuição de Joëlle Palmieri, com o capítulo "Para uma crítica feminista da colonialidade digital, inspirada pelo contexto africano". Ela estuda um aspeto insuficientemente analisado da colonialidade, isto é, a reprodução e a amplificação da subalternidade das mulheres africanas por meio da relativa expansão da rede informática oficialmente pensada como capaz de "promover" as mulheres. De fato, é a técnica que é promovida e não as mulheres. O importante neste capítulo, além do estudo de caso, é compreender como a colonialidade não é uma mera "herança" colonial, mas uma produção contemporânea – aqui, aplica-se a um setor inteiramente novo –, que discrimina pessoas segundo os gêneros, as raças e o pertencimento ou não à periferia do mundo.

Obviamente, as autoras e os autores aqui reunidos não têm obrigatoriamente o mesmo ponto de vista sobre todos os aspectos da crítica do pós-colonial e da colonialidade. Não foi este o nosso objetivo ao organizarmos este livro. Na realidade, pretendemos desenvolver uma crítica, em português, ao mesmo tempo empírica e teórica da gigantesca literatura pós-colonial.

* * *

Além dos apoios do Cenedic, do PPGS do Departamento de Sociologia da FFLCH-USP e do Consulado Geral da França em São Paulo para a realização do colóquio nos dias 17, 18 e 19 de setembro de 2013, este livro não teria sido possível sem o apoio do Departamento de Sociologia da USP et do Bureau du Livre da Embaixada de França para a publicação, e do Instituto de Estudos Políticos de Bordeaux para as traduções necessárias de textos originais em inglês e em francês, além da revisão de alguns textos em português escritos por autores que não têm o português como sua língua materna. As traduções e revisões ficaram sob a responsabilidade de Melina Revuelta.

Este livro é um livro focado em pesquisas, muitas delas pesquisas de campo, mas deve servir também para o debate teórico. Assim sendo, estamos interessadíssimos em ver as reações, as críticas, os reparos que, por ventura, ele venha a suscitar.

Michel Cahen
(CNRS, Bordeaux; Casa de Velázquez, Madrid;
Instituto de Ciências Sociais, Lisboa)

Ruy Braga
(Departamento de Sociologia, Cenedic, FFLCH-USP)

Introdução

O que pode ser e o que não pode ser a colonialidade
Uma abordagem "pós-póscolonial" da subalternidade[1]

Michel Cahen

> *Nous allons essayer de réfléchir à un sujet qui, je crois, occupera une bonne partie du XXIe siècle: l'acceptation par chacune des traditions régionales philosophiques de la planète (européenne, nord-américaine, chinoise, hindoue, arabe, africaine, latino-américaine, etc.) du sens, de la valeur et de l'histoire de chacune d'entre eles.*
>
> Enrique Dussel[2]

---

[1] No início, este capítulo foi a conferência de abertura do Ateliê internacional, "Pós colonialismo? Conhecimento e política dos subalternos", 17-18-19 de setembro de 2013, USP-FFLCH-Departamento de sociologia-PPGS, Cenedic. Em seguida, foi ampliado para ser apresentado no encerramento da conferência "Quarenta Anos de Independências", organizada pelo Instituto de História Contemporânea (IHC-FCSH/NOVA), o Centro de Estudos Internacionais (CEI-IUL), o Centro de Estudos Sociais (CES-Coimbra) e a Fundação Mário Soares, na Biblioteca Nacional, Lisboa, 18-20 de novembro de 2015. O presente texto é uma adaptação desta conferência.

[2] Enrique Dussel, "Pour un dialogue mondial entre traditions philosophiques", *Cahiers des*

Num artigo publicado em 2011 no periódico francês *Revue historique*,[3] chamei a atenção para o fato de uma das dificuldades para entender o teor das análises póscoloniais[4] vinha do fato de que, quase sempre, havia uma confusão entre duas maneiras bem diferentes de pensar sobre este tema. Mas antes de discuti-las, irei tecer algumas considerações sobre a passagem da crítica política anticolonial à crítica epistemológica póscolonial.

Vimos na introdução a genealogia do pensamento póscolonial, desde o período colonial até os dias de hoje, passando pela Havana "tricontinentalista" de 1967, pela Índia "subalternista" dos anos 1980, pela América andina "decolonial" do final do século xx, etc. Porém, se a abordagem póscolonial nessas suas três vertentes foi ou é anticolonialista, foi de uma maneira específica, já que, em sua esmagadora maioria, não foram os combatentes anticolonialistas que viriam a desenvolver eles próprios as análises póscoloniais, mas uma nova geração de pensadores, além do mais majoritariamente acadêmicos. E como, na maioria dos casos, os territórios concernidos já não eram colônias, utilizou-se mais e mais a expressão *decolonial* (ou *descolonial*), em vez de anticolonial, para exprimir o fato de levantar-se, epistemológica e politicamente, contra "algo de colonial" que não é bem colonização ou colonialismo, e para uma ruptura com os paradigmas oriundos do colonial. Vamos voltar a isso.[5] Mas a ligação entre o epistemológico e o político não é tão simples.

É inegável que Frantz Fanon, Cyril Lionel Robert James e outros foram ao mesmo tempo militantes e pensadores póscoloniais e, recuando ainda mais

---

Amériques latines, 62, 2009: 111-127, p. 111 <http://cal.revues.org/1619>.

3 "À propos d'un débat contemporain: Du postcolonial et du post-colonial", *Revue Historique,* outubro de 2011, 660 : 899-914.

4 Explica-se *infra* o porquê desta ortografia ("póscolonial", e não "pós-colonial" ou "pós colonial").

5 Aníbal Quijano, "Coloniality and Modernity/Rationality", Cultural Studies 21 (2), 2007, pp 168-178. De Walter D. Mignolo, entre muitas referências, eis algumas: "The Decolonial Option and the Meaning of Identity in Politics", *Anales Nueva Epoca* (Instituto Iberoamericano Universidade de Goteborg), 2007, 9/10: 43-72; "Epistemic Disobedience and the Decolonial Option: A Manifesto", *Subaltern Studies: An Interdisciplinary Study of Media and Communication*, 2008, 2; "Epistemic Disobedience, Independent Thought and Decolonial Freedom", *Theory, Culture & Society* 2009 (Los Angeles, etc., Sage), XXVI (7-8): 1-23. Ver também o dossiê dos *Cahiers des Amériques latines* (Paris), Georges Couffignal (ed.), "Philosophie de la libération et tournant décolonial", 62, 2009: pp. 7-140.

no tempo, podemos citar Antônio Gramsci, dirigente comunista, só que obviamente nenhum deles sabia que viria a ser qualificado de póscolonial. Por sua vez, Edward Saïd é o momento da transição. Mas num contexto onde os novos países descolonizados eram mais e mais perfeitamente neocoloniais – com a exceção de Cuba –, com as suas elites bem integradas no sistema-mundo capitalista, os pensadores póscoloniais que foram aparecendo na segunda metade dos anos 1980, quer oriundos das *Subaltern Studies* da Índia, quer independentemente delas, foram pensadores de um período onde a revolução colonial (ou pelo menos uma fase da revolução colonial) já acabara, com poucas exceções (resistência palestiniana, Irlanda do Norte, Tibete, Irian Jaya...). Por isso, foram pensadores quase sempre separados das tarefas concretas da revolução (colonial). Isso é provavelmente uma explicação da viragem de uma *crítica política anticolonial* para uma *crítica epistemológica pós-colonial*,[6] embora essa constatação tendencial possa e deva ser matizada, como vimos na introdução.

Aliás, no final dos anos oitenta, os próprios subalternistas aderiram à crítica de seus trabalhos como sendo demasiado fragmentados, focalizados sobre tal ou tal revolta ou movimento, e decidiram que precisavam ampliar a reflexão. Não era possível eternamente fazer o retrato do rebelde subalterno como o novo sujeito soberano da história. Aqui deu-se a confluência com os estudos póscoloniais que já existiam como teoria literária,[7] embora me pareça incerto considerar que todos os grandes autores dos estudos subalternos aceitem ser considerados como pensadores pós-coloniais. Até o conceito de "póscolonial" está completamente ausente no artigo que Partha Chatterjee escreveu em 2012 para anunciar a morte da corrente de estudos subalternos.[8] Mas, pelo menos,

---

[6] Ver o capítulo de Matthieu Renault neste livro, bem como as suas obras, *Frantz Fanon. De l'anticolonialisme à la critique postcoloniale*, Paris: Éditions Amsterdam, 2011; ___, *C. L. R. James. La vie révolutionnaire d'un "Platon noir"*, Paris: La Découverte, 2016.

[7] Bill Aschroft, Gareth Griffiths & Helen Tiffin, *The Empires Wites Back. Theory and Practice in Post-Colonial Literatures*, Londres, Nova York, Routledge, 1989, 246 p.

[8] As raríssimas aparições da palavra "postcolonial" no seu artigo incidam sempre sobre o sentido meramente cronológico da palavra ("the postcolonial developmental state", etc.). Partha Chatterjee, "After Subaltern Studies", *Economic and Political Weekly* (Mumbai, Sameeksha Trust), 1° de setembro, 2012, XLVII (35): 44-49. O artigo é baseado sobre a conferência de abertura ("Key Note Address") apresentada à conferência "After Subaltern Studies" ocorrida na Universidade de Princeton aos 27-28 de abril de 2012 (para

essa confluência é muitas vezes apresentada como se os *Subaltern Studies* fossem parte integrante dos estudos póscoloniais desde o final dos anos 1980.

Não vou discutir aqui o conteúdo dos estudos subalternos "tardios", no entanto sublinho que alguns problemas levantados não eram nada específicos dos estudos sobre a Índia. Por exemplo, a recusa em doravante ver qualquer ato subalterno como característico de uma "consciência rebelde" lembra fortemente a crítica de escritos sobre a "tradição de resistência" em África,[9] como se durante os ditos séculos de colonização, os africanos tivessem sempre resistido em vez de, muito mais frequentemente *e como qualquer população vítima de opressão,* terem se acomodado durante a grande maioria do tempo histórico segundo o conhecido fenômeno da "servidão voluntária" descrita por Étienne de la Boétie em 1547.[10]

No entanto, o afastamento do "chão" das revoltas camponesas na Índia parece ter provocado uma viragem em que a história social e a economia política recuaram a favor de uma visão mais e mais cultural – para não dizer culturalista – do mundo, em que a vontade de "provincializar a Europa" (título de um livro célebre de Dipesh Chakrabarty),[11] isto é, de repor a Europa no seu lugar devido e já não no centro de toda e qualquer civilização, acaba por se tornar uma mera reivindicação do reconhecimento das diversas maneiras de ser e estar no mundo. Não quero em nada dizer que uma política de identidade não fosse necessária, apenas que, por vezes, fica a impressão de que a "cultura" *substituiu* a luta de classe, que o "ocidente" ou o "eurocentrismo" substituíram o sistema-mundo capitalista e que o "Sul" ou o "Sul global" substituiu a periferia do capitalismo.

Hoje em dia, nos encontramos num momento em que os próprios estudos subalternos anunciam sua morte, sem indicar claramente um caminho para o futuro, e que os estudos pós-coloniais, depois de terem provocado polêmicas

---

o programa da conferencia, veja: <http://princetonsouthasiaconference.wordpress.com/archives/after-subaltern-studies_participant/>.

9 Para esta orientação, veja por exemplo Allen F. Isaacman & Bárbara Isaacman, *A Tradição de resistência em Moçambique : o vale do Zambeze, 1850-1921*, Porto : Afrontamento, 1979.

10 *Discours de la servitude volontaire*, Paris, Mille et Une Nuits, 1997 [1547]. Para uma versão em português, ver <http://www.ebooksbrasil.org/adobeebook/boetie.pdf>.

11 *Provincializing Europe: Postcolonial Thought and Historical Difference*, Princeton, Princeton University Press, 2000 (nova edição com novo prefácio pelo autor, 2007).

nos países em que se manifestaram tardiamente, principalmente na França,[12] em Portugal[13] e no Brasil, sobretudo no que toca às ciências sociais, parecem também estar saindo de moda. Será que se deve somente deixar o trem passar? Penso que nunca é bom deixar problemas não resolvidos.

E aqui, vou voltar ao meu propósito inicial, isto é, aos dois sentidos da palavra pós(-)colonial.

Pós-colonial, póscolonial

Com efeito, reina a confusão mais completa entre, de um lado, o que é pós-colonial/pós colonial (em francês com traço, em português com traço ou espaço), isto é, uma *situação* que permaneceria (ou seria principalmente) herdeira da situação colonial no sentido cronológico da expressão e, de outro lado, o que é póscolonial (sem traço nem espaço), ou seja não uma situação mas uma *análise* que consegue ir *além* das heranças epistemológicas coloniais –sem dúvida é "pós", mas no raciocínio e não no tempo: *a análise é que é póscolonial*, independentemente da situação analisada (pré-colonial, colonial ou pós-colonial). Os autores póscoloniais serão unânimes em dizer que a definição correta é a segunda e, aliás, como já observamos, usa-se cada vez mais uma outra palavra, vinda da América do Sul (ou de especialistas da América do Sul) a partir de 2006 e alimentada por experiências *não* anglo-saxônicas,[14] que é *decolonial* ou *descolonial*.[15] Em larga medida oriunda do marxismo, a abordagem póscolonial/decolonial vai, no entanto, evitar o frequente hiper-classismo de certo marxismo segundo o qual as únicas identidades relevantes são as identidades de classe –essas últimas além disso reduzidas somente às duas classes "fundamentais" constitutivas do modo de produção capitalista. A abordagem póscolonial permanece fiel, tal como os primeiros subalternistas, ao conceito gramsciano (e pois, igualmente marxista) da subalternidade, isto é, um fato social interclassista relevante para definir

---

12 Sobre a crítica anti-póscolonial na França, ver a introdução deste livro.
13 Em Portugal, as polémicas anti-póscoloniais foram em larga medida também anti-pós-modernas na medida em que um dos principais autores, Boaventura de Sousa Santos, reclamava-se de um "pós-modernismo de oposição". *Cf. infra.*
14 C. Boidin, "Études décoloniales et postcoloniales dans les débats français", *Cahiers des Amériques latines,* 62, 2010: 129-141, 130.
15 Walter D. Mignolo, "Epistemic Disobedience…", *op. cit.*

largas camadas sociais, até sociedades inteiras. Assim, a abordagem póscolonial pode estudar questões pré-coloniais, coloniais ou "pós-coloniais com traço". Em princípio, tudo está claro...

Só que os mesmos autores que dão essa definição, falam de imediato em "França pós(-)colonial", "Portugal pós(-)colonial", "ruptura pós(-)colonial", "situação pós(-)colonial", e além disso, na maioria dos casos sem traço![16] Ora, a expressão "situação pós-colonial" (mesmo corretamente com um traço) refere-se necessariamente ao artigo fundador de Georges Balandier, "La situation coloniale", de 1951.[17] Mas não é possível estabelecer um paralelismo *situação colonial/situação pós-colonial*. No caso de Balandier, tratava-se de descrever e entender a sociedade indígena sob dominação colonial, de descrever a situação de *uma sociedade inteira*, quando o póscolonial é (ou devia ser) uma abordagem específica de assuntos coloniais ou pós-coloniais (aqui no sentido elementar de posterioridade), ou até de outros assuntos (imaginários nacionais, relações sociais de sexo, etc.). Aceitar o paralelismo "situação colonial/situação pós-colonial" implica considerar que, *numa sociedade inteira,* pode haver uma "situação pós colonial" (por exemplo "a França pós-colonial", "o Brasil" ou "Portugal pós-colonial"), e a "pós-colonialidade" seria o conceito para exprimir a realidade desta sociedade. Assim seria, a França, *como sociedade,* uma sociedade pós-colonial? Nas sociedades africanas descolonizadas, cinquenta anos depois de uma colonização efetiva de cem anos, já é bem discutível, mas se a França é obviamente "pós-colonial" no sentido cronológico porque perdeu as suas colônias, falar de "situação pós-colonial" significaria que essa herança seria o elemento principal (ou mesmo um dos elementos principais) de estruturação contemporânea da sua sociedade. Ora isso não é nada mais do que uma reificação, até uma essencialização, das heranças e das memórias, subestimando fortemente a dialética do movimento social e a *produção contemporânea* de discriminações.

Motins pós-coloniais na França de 2005?

Para ilustrar melhor, vou pegar um exemplo concreto, um exemplo francês. Em novembro de 2005, em bairros degradados da maioria das cidades francesas,

---

16 Ver a introdução para a diferença entre pós colonial (ou pós-colonial) e póscolonial.

17 Georges Balandier, "La situation coloniale. Approche théorique", *Cahiers internationaux de sociologie* (Paris, Presses universitaires de France), XI, 1951: 44-79.

houve motins violentos de jovens contra quaisquer e todos os símbolos do Estado, fosse a polícia, os bombeiros ou os ônibus, os amotinados atearam fogo em carros, escolas etc. Ora, nesses bairros degradados – não como favelas, mas urbanizações muito ruins com prédios em mau estado etc. – concentram-se populações estrangeiras, populações *francesas* de origem estrangeira africana, árabe e outros, de nível social baixo, com altíssima taxa de desemprego, em particular dentre as camadas jovens, e com forte presença de traficantes de droga. Esses motins, juntamente com outros acontecimentos, levaram 2005 a ser considerado como o ano da entrada das análises póscoloniais na França. Mas esses motins foram realmente pós-coloniais?

Considerar que foram pós-coloniais significa supor que a origem colonial de uma parte considerável dos amotinados foi o fator determinante da revolta (ou pelo menos dos contornos que ganhou), e, de uma maneira geral que essa origem tenha sido o fator estruturante do seu ser e estar contemporâneo. Isto implica a transmissão de uma subalternidade passada (até de uma *indigenidade*, segundo alguns),[18] de uma maneira *em grande medida autônoma* dos processos contemporâneos de produção da discriminação, uma mera *projeção* da situação colonial em situação pós-colonial.

Essa visão parece bastante criticável. No entanto, ao criticarem essa maneira de ver, alguns autores foram longe demais, negando na prática qualquer papel à memória da colonização, focando só na situação social atual desses jovens.[19] É um erro, claro. No entanto, se mantida uma memória da colonização nesses estratos populacionais, essa memória se mantém até hoje *se e somente se* por ter uma utilidade funcional num contexto de discriminação *contemporânea*. A memória precisa sempre de quadros sociais.[20] Heranças coloniais consideráveis desapareceram muito rapidamente porque as pessoas concernidas não as sentiam como sendo socialmente úteis. Assim, apesar do fato de Goa, na Índia, ter sido, juntamente com Macao, a única colônia onde os portugueses realmente permaneceram por 450 anos (sendo que 95% dos territórios africanos foi conquistado

---

18 "L'appel des indigènes de la République", 20 janvier 2005, <http://indigenes-republique.fr/lappel-des-indigenes-de-la-republique/>, consultado em 16 de novembro de 2015.

19 Por exemplo, Romain Bertrand, *Mémoire d'empire. La controvese autour du "fait colonial"*, Paris: Éditions du Criquant, 2006.

20 Maurice Halbwachs, *Les cadres sociaux de la* mémoire, Paris: Félix Alcan, 1925.

nos fins do século XIX), absolutamente ninguém fala português hoje em Goa, e já pouquíssimas pessoas – menos de 1% – tinham o português como língua materna em 1960, quando do último censo colonial, feito às vésperas da entrada do exército indiano no território em 1961. É que a elite brâmane konkani não precisava do português nem para sua identidade, nem socialmente, já que aprendeu o inglês e emigrou para Bombay, para a África oriental inglesa, etc. Da mesma maneira, a elite filipina continua a ter nomes de consonância espanhola, mas há muito que ninguém fala espanhol. Em contrapartida, na cidade de Malaca (Malásia), onde os portugueses ficaram somente 130 anos (1511-1641), há poucos anos ainda existia uma comunidade, provavelmente oriunda dos mercenários asiáticos da tropa de Afonso de Albuquerque, que falava um crioulo de raiz portuguesa – hoje tenta-se revitalizar este uso : a língua portuguesa, combinada com a religião católica, tornara-se um vetor de identidade para uma humilde comunidade de pescadores num contexto de esmagadora maioria muçulmana – aliás, o crioulo que poucos ainda falam chama-se *kristang*, cristão, quer dizer, "português".[21] Mais recentemente, em 1975, a invasão indonésia no Timor Leste fez da língua portuguesa, também combinada com a religião católica, um vetor de resistência e de identidade, e há muito mais lusófonos atualmente do que em 1975.[22][23]

Pois, a questão da herança deve ser examinada caso a caso, à luz da sua utilidade social contemporânea. Em particular, o fato de considerar as comunidades imigradas como marcador de uma França pós-colonial desfaz-se rapidamente na medida em que pelo menos a metade dos imigrantes na França não

---

21 Gerard Fernandis, "Papia, Relijang e Tradisang. The Portuguese Eurasian in Malaysia: Bumiquest, a Search for Self Identity," *Lusotopie*, VII, 2000: 261-268.

22 Ryoko Hattori *et alii*, *The Ethnolinguistic Situation in East Timor*, Honolulu, University of Hawaï, 2005; Geoffrey Hull, "The Languages of Timor, 1772-1997: a Literature Review," *Studies in Languages and Cultures of East Timor*, 1 (1998), 1-38.

23 Este parágrafo é em larga medida a retomada de reflexões publicadas nos meus artigos "Lusitanidade e lusofonia. Considerações conceituais sobre realidades sociais e políticas", *Plural Pluriel. Revue des Cultures de langue portugaise*, 2010, 7 (dossiê "Langues, voix, cultures"), <https://www.academia.edu/18917601/>; e " 'Portugal is in the sky'. Conceptual considerations on communities, Lusitanity and Lusophony", cap. 13 *in* Éric Morier-Genoud & Michel Cahen (eds), *Imperial Migrations. Colonial Communities and Diaspora in the Portuguese World*, Basingstoke (R.-U.): Palgrave MacMillan, 2012, pp. 297-315.

tem qualquer origem colonial ou provém de colonizações não francesas. Em Portugal, não se vê bem a ligação pós colonial com os ucranianos e moldavos imigrados, ou com os ciganos; no Brasil, o mesmo vale para os Decasségui (nipo-brasileiros), os Sírios, os Alemães... Mas voltando aos nossos amotinados de 2005, penso que pode existir uma especificidade pós-colonial mantida: isto é, pode haver uma *dimensão pós-colonial* (com traço) na vida social de certos meios sociais portadores de identidades, isto é, uma memória ainda relevante no imaginário deles e na maneira de integrarem-se na sociedade. E isto pode ser estudado por meio da abordagem póscolonial (sem traço), sendo que a análise simplesmente em termos de classes ou de frações de classes é insuficiente para explicar os motins. Mas trata-se bem da *dimensão* pós-colonial de uma *situação* contemporânea de produção da discriminação, e não de uma "situação pós-colonial", sob pena de essencializar heranças e de paradoxalmente transformar as "hibridações" e "crioulizações" caras à abordagem póscolonial em novos estados primordiais. Em outras palavras e tomando sempre o exemplo dos motins de 2005 na França, se houver uma dimensão pós-colonial, é notadamente porque quarenta anos de política de alojamento concentraram certas populações nos mesmos bairros, e quaisquer que fossem essas populações (com ou sem passado colonial francês), tal política provoca efeitos identitários – que depois serão denunciados por almas boas como "comunitarismos", o que é muito pejorativo no vocabulário político francês.[24] Mas, para *uma parte dessas populações,* a situação contemporânea assim criada entra em ressonância com lembranças da terra colonial, das origens ou das humilhações silenciosas da primeira geração que chegou na França. A identidade é assim cotidianamente reinventada no novo contexto.[25] A sociedade francesa não é pós-colonial, mas

---

24 Sobre o "comunitarismo" na França, é imprescindível o recente livro de Fabrice Dhume, *Communautarisme. Enquête sur une chimère du nationalisme français*, Paris, Démopolis, 2016.

25 Muitas outras características devem ser apontadas em relação aos amotinados: eram jovens na sua esmagadora maioria (18-25 anos), rapazes (pouquíssimas meninas), proletários ou lumpen-proletários (não houve quem provinha da classe média ou burguesa), oriundos da imigração magrebina ou africana urbana (não asiática ou caribenha; não houve rurais), quebravam coisas nos bairros pobres (não foram atacar os bairros burgueses), etc. Obrigado a Joëlle Palmieri por ter solicitado que eu precisasse tudo isto. É importante porque a discriminação contemporânea não incide da mesma maneira sobre as mesmas pessoas

existem certos meios sociais cujo ser social inclui uma *dimensão pós-colonial em sua identidade contemporânea*.

Pode-se dizer a mesma coisa da situação nos ditos "bairros degradados" dos arredores de Lisboa, neste caso na realidade "auto-produzidos" (como a Cova da Moura e o 6 de Maio, na Amadora), com população maioritariamente oriunda de Cabo Verde e Guiné-Bissau, ou ainda cigana, onde decorre um processo de etnicização/racialização da discriminação social. Isto não é uma herança colonial, é um fenómeno inteiramente novo, um produto da discriminação social espacializada contemporânea, mesmo se, obviamente, em particular a jovem geração desses bairros reivindica-se da África (onde nunca foi nem pensa ir viver) como leme identitário.[26]

Também é possível pensar os atentados em Paris na noite da sexta-feira 13 de novembro de 2015 como uma sexta-feira sangrenta.[27] Mas, apesar da

---

segundo essas numerosas características. Na altura, estudara esses motins num artigo de opinião: "À bas la politique de la ville !", *Gai Monografikoak* (Bilbao, Manu Robles-Arangiz Institutua), 25, 2006 : 4-7 <http://www.mrafundazioa.eus/fr/centre-de/gai-monografikoak/gai-monografikoak-25-banlieues-le-modele-francais-en-question>.

26 João Pina Cabral, "Racismo ou etnocentrismo?", *in* Henrique Gomes de Araújo, Paula Mota Santos e Paulo Castro Seixas (eds), *Nós e os outros: a exclusão em Portugal e na Europa*, Porto, Gradiva, 1998, pp. 19-26; Ana Paula Beja Horta e Jorge Macaísta Malheiros, "'Social Capital and Migrants' Political Integration: The Case Study of Capeverdean Associations in the Greater Lisbon Area", *Finisterra*, XLI (81), 2006, pp. 143-170; Fernando Luís Machado, "Jovens como os outros? processos e cenários de integração dos filhos de imigrantes africanos em Portugal", *in* António Vitorino (ed.), *Imigração: oportunidade ou ameaça?*, Estoril: Princípia, 2007; Jorge Macaísta Malheiros & Manuela Mendes, (eds) *et alii*, *Espaços e Expressões de Conflito e Tensão entre Autóctones, Minorias Migrantes e Não Migrantes na Área Metropolitana de Lisboa*, Lisboa: Alto-comissário para a Imigração e Minorias Étnicas, 2007, 306 p.; Andreas Hofbauer, "Crioulidade *versus* africanidade: percepções da diferença e da desigualdade", *Afro-Ásia* (Salvador), 43, 2011, pp. 91-127; Jorge Macaísta Malheiros & Maria Lucinda Fonseca (eds), *Acesso à habitação e problemas residenciais dos imigrantes em Portugal*, Lisboa, Alto Comissariado para a Imigração e Diálogo Intercultural, 2011, 228 p. ("Observatório da Imigração, Estudos," 48); Eduardo Ascensão, "A barraca pós-colonial : materialidade, memória e afeto na arquitectura informal", *in* Nuno Domingues & Elsa Peralta (eds), *Cidade e império. Dinâmicas coloniais e reconfigurações pós-coloniais*, Lisboa, Edições 70, 2013, pp. 415-462. Obrigadíssimo a Isabel Raposo (Faculdade de Arquitectura, Lisboa) por ter recomendado uma parte dessas leituras.

27 Nesta data, atentados organizados pelo "Estado Islâmico" (Daesh) com tiroteios e ataques-suicidas tiveram lugar em Paris e nos arredores por três comandos distintos, fazen-

dor, da emoção, do luto e da ira, o papel dos cientistas sociais num tal contexto também é de pensar mais além.[28] Penso que o que disse a propósito dos motins de 2005 fica, grosso modo, válido para esta nova catástrofe, com a diferença importante de que o fator externo desta vez é muito maior do que em 2005 – mas é só um grau suplementar de globalização. Permito-me uma comparação, quiçá esquisita: Helder Câmara, arcebispo de Olinda e Recife entre 1964 e 1985 contava que, quando dizia que era necessário ajudar aos pobres, era considerado um santo; quando começou a perguntar por quê é que havia pobres, foi denunciado como "comunista" – e estávamos no tempo da ditadura militar no Brasil. Hoje, quem perguntar "por que há terroristas?", correrá o risco de ser taxado de amigo dos terroristas, acusado de justificar, pelo menos em parte, seus atos. Mas temos que entender e explicar. Será que o que acontece no Oriente Médio e, por extensão, na França, é mera herança colonial que se tornou pós-colonial? Ou uma herança medieval projetada na contemporaneidade, isto é, a manifestação de um atraso secular de povos? Ou será que é produto de setenta anos de política imperialista nesta região do mundo (digo setenta anos por causa da aceleração da destruição da Palestina a partir de 1947)? Quer dizer, o que acontece é produto da contemporaneidade, *mesmo que a memória* colonial tenha o seu papel. Quer dizer, o fato de ser relacionado com países cujas populações podem ser consideradas globalmente como subalternas não deve levar a considerar os acontecimentos presentes como pós-coloniais. É bem nosso mundo atual que produziu o que aconteceu. É bem uma expressão terrível da modernidade, sem "pós" algum.

O pós-colonial, ciência dos fragmentos?

Mais longe dos acontecimentos e voltando ao pensamento póscolonial, sua trajetória reconhece na prática, ainda que implicitamente, o fato de não haver, na maioria dos casos, situações pós-coloniais: com efeito, se fosse a *sociedade*, se

---

do centenas de vítimas.

28 Para uma excelente reação aos atentados enquanto cientista social, ver Mathias Delori, "Bombarder Bruxelles ? Ou quelques contradictions de la guerre contre le terrorisme…", Le Blog de Mathias Delori (Médiapart,), 18 de novembro de 2015, <https://blogs.mediapart.fr/mathiasdelori/blog/181115/bombarder-bruxelles-ou-quelques-contradictions-de-la-guerre-contre-le-terrorisme>.

fosse *o país*, seja França, Portugal ou Brasil, que fosse pós-colonial, então, como vimos na introdução, as análises póscoloniais deveriam incidir sobre *sociedades inteiras*. Na realidade, em 95% dos casos, quando se fala de pós-colonial, fala-se só de imigrantes ou caribenhos (França) ou de africanos (Portugal), ou de negros/indígenas (Brasil) ou de *Blacks* ou *African-Americans* (Estados Unidos): no entanto, se os negros brasileiros são pós-coloniais, só o seriam porque *a sociedade inteira* seria pós-colonial. Se os negros são pós-coloniais, logo os brancos são pós-coloniais. Portanto, é *a sociedade inteira* que deveria ser analisada como tal, na *totalidade dos seus meios sociais*. Já vimos que a proporção das pesquisas pós-coloniais que incidem, no Brasil, sobre os brancos, ou nos Estados Unidos, sobre os WASP é fraca. Assim, uma das críticas feitas à abordagem póscolonial, crítica que adoto e que lembra a crítica que os próprios subalternistas fizeram aos seus trabalhos nos fins dos anos 1980, é a de limitar-se a *ciência de fragmentos,* incapaz de estudar sociedades inteiras, estados, *países*. O que explica, por sua vez, a quase inexistência da economia política nos estudos pós-coloniais.

Aliás, por mais que esteja longe de considerar que a pesquisa acadêmica deve sempre ter imediatas consequências para a militância emancipalista, é difícil vislumbrar consequências políticas trazidas pelos estudos póscoloniais, pelo menos valores que possam propor novas linhas gerais para uma luta política. A viragem epistemológica dos estudos póscoloniais permite evocar "epistemologias do Sul" com certeza, mas não (ou ainda não) forneceu ferramentas para a luta como a crítica anticolonial permitiu *(cf. infra)*. Até acontece o contrário, como vimos na introdução, com a tendencial suavização da colonização, provocada pela tese do "Encontro colonial".

A universalidade da colonialidade

Deste ponto de vista, a terceira componente do que, hoje em dia, é geralmente considerada como fazendo parte do pós-colonial, embora isso me pareça duvidoso, é a abordagem em termos de colonialidade. Vou contestar certos aspectos desta, mas não há dúvida que o conceito de colonialidade permite pensar as sociedades na sua globalidade e não como justaposição de comunidades e fragmentos, e pode permitir pensar de uma maneira nova os estados no seu relacionamento com o sistema-mundo e na longa duração.

A genealogia da abordagem em termos de colonialidade é bem diferente dos *Subaltern Studies* ou do pós-colonial porque encontra a sua origem na escola pós braudeliana de Immanuel Wallerstein sobre o sistema-mundo – ainda que tenha se distanciado dela depois – e não vem dos mundos anglófonos, mas da América do Sul, em particular andina. Não é por acaso, já que trata-se de uma América onde a população indígena permanece importantíssima, América que produziu José Carlos Mariátegui, cujo marxismo foi altamente original e centrado na questão indígena em vez de operária. Aqui, obviamente, é preciso citar o sociólogo peruano Aníbal Quijano, que apresentou o conceito de colonialidade pela primeira vez em 1992 em Lima,[29] em particular na forma da "colonialidade do poder".[30]

A colonialidade segundo Aníbal Quijano

Por definição, os estudos em termos de colonialidade incidem *indissociavelmente* sobre as heranças e a *reprodução* de traços estruturais *coloniais* no âmbito do sistema-mundo ao longo dos séculos e até hoje. Essas estruturas são coloniais, isto é, *não diretamente* moldadas pelo *modo de produção capitalista* – como é o caso da matriz racial, constitutiva do mundo moderno e que existe bem antes deste modo de produção –, mas são estruturas das quais o capitalismo precisa em escala de Estados e de sociedades inteiras, e não só de tal ou tal estrato social. Estudos em termos de colonialidade foram feitos principalmente sobre a América andina e central, havendo ainda poucos sobre África – onde a colonialidade exprime-se de maneira obviamente diferente – ou Ásia. Aliás, na tentativa de romper com o póscolonial "anglo-americano-indiano-centrado", os autores defendendo o conceito sofrem, por sua vez, de

---

29 Aníbal Quijano, "Colonialidad y modernidad/racionalidad", Péru Indígena (Lima) XIII (529), 1992 e, com o mesmo título em Heraclio Bonilla (ed.), Los Conquistados. 1492 y la Población Indígena de las Américas, Bogotá: Tercer Mundo Editores, 1992: 437-447.

30 O CLACSO (Conselho Latino-Americano de Ciências Sociais) publicou recentemente uma antologia de Aníbal Quijano, *Cuestiones y Horizontes. De la Dependencia Histórico-Estructural a la Colonialidad/Descolonialidad del Poder*, Buenos Aires, CLACSO, 2014. Sobre a relação entre Quijano e Mariátegui, ver Anibal Quijano, "A Raza, Etnia y Nación em Mariátegui: cuestiones abiertas", *in* Roland Morgues (ed.), *Mariátegui y Europa: El Outro Aspecto del Descubrimiento*, Lima: Editora Amauta, 1993, pp. 167-187.

um evidente latino-centrismo, mas é justamente isso que se deve discutir.[31] No Brasil, este país que hesita sempre em se considerar latino e que os outros hesitam em considerar como tal,[32] os estudos em termos de colonialidade têm tido tardia e fraca inserção nas ciências sociais, o que com certeza tem a ver com a reduzidíssima proporção da população indígena que sobreviveu ou não se mestiçou. No entanto, quando se vê que, numa cidade como São Paulo, ainda há pelo menos dois grandes monumentos à glória dos bandeirantes, é de se pensar que não seria nada mal uma difusão mais forte do conceito de colonialidade…

Segundo Quijano, a colonialidade *não é*, em absoluto, somente *o que ficou* de colonial depois das independências formais do século XIX. A colonialidade é um dos elementos *constitutivos* e específicos do modelo mundial do poder capitalista. É constitutiva ao mesmo tempo da modernidade e do capitalismo; portanto, não é somente uma simples consequência do capitalismo. É distinta do colonialismo na medida em que *concerne tanto as metrópoles como as colônias* na época colonial e vai sobreviver até muito depois do colonialismo stricto sensu. Com efeito, segundo Quijano, é a constituição da América que materializou a constituição do capitalismo como sistema mundial, ao mesmo tempo em que este mundo tornava-se moderno. Nisso Quijano está muito próximo de Fernand Braudel e Immanuel Wallerstein.

Mas essa viragem do século XV para o século XVI também é, segundo ele, o da constituição da raça como fundamento do eurocentrismo do poder mundial capitalista. Assim, a raça, ao mesmo tempo modo e resultado da dominação colonial moderna, integrou todos os campos do poder e do saber. Em outras palavras, a colonialidade constituiu-se na matriz deste "poder, capitalista, colonial-moderno, eurocentrado" (e não só "capitalista" ou "capitalista mercante"). Assim, nas sociedades moldadas pela colonialidade do poder, as vítimas combatem para estabelecer *relações de igualdades entre as "raças"* e é somente a título excepcional e muito recentemente que se encontram opiniões ou correntes hostis, além do racismo, à ideia mesmo de raça. (Se me permitir um

---

31 Fernando Coronil, "Les études postcoloniales latino-américaines et la décolonisation du monde". In: Neil Lazarus (ed.), *Penser le postcolonial. Une introduction critique*, Paris: Éditions Amsterdam, 2006, 450 p.: 331-358.

32 Leslie Bethel, "Brazil and 'Latin America,'" *Journal of Latin American Studies,* 42, 2010: 457-485.

parênteses, dentro dessa explicação das teses de Quijano, direi que, no caso do Brasil, isso é óbvio: combate-se "os mitos da democracia racial" pela igualdade entre as raças – diz-se "igualdade nas relações étnico-raciais" –, mas não pelo *desaparecimento* das raças).[33]

Obviamente, as relações de classificação combinaram todas as formas de dominação social, mas segundo Quijano, em escala mundial, *a associação entre a mercantilização da força de trabalho e a hierarquização da população mundial foi em termos de raça e de gênero*. É por isso que Quijano considera como eurocêntrica a insistência marxista sobre a forma salarial da dominação, na medida em que o proletariado foi sempre minoritário à escala mundial no seio das populações dominadas. Propõe substituir a "teoria eurocêntrica das classes sociais" por uma "teoria histórica da classificação social". A visão vinda da Europa, das duas classes fundamentais ligadas ao processo capitalista – a burguesia e o proletariado – sendo eurocêntrica, a teoria da classificação social vai denunciar as relações de poder como nichos estruturais onde as pessoas estão distribuídas. Isto é, o poder é *um lugar* de conflitos constantes – pelo que penso poder concluir que, como *lugar* de conflitos, *já não tem natureza de classes*. É um "poder" capitalista na medida em que a sociedade é capitalista, na medida em que o capitalismo explora os trabalhadores de todas as maneiras possíveis e que os mecanismos de dominação para isso – a raça e o gênero – são utilizados de maneira diferenciada no mundo heterogêneo dos trabalhadores.

Haveria muito mais para dizer para descrever honestamente as posições de Quijano, o que não vai ser possível aqui, mas devo dizer que tenho divergências em relação a essa utilização do conceito de colonialidade, o que é uma pena porque, ao meu ver, restringe a sua operacionalidade.

Contra o latino-centrismo da colonialidade segundo Aníbal Quijano

Quijano e os seus seguidores apresentam a colonialidade como um conceito de âmbito universal e têm toda a razão em fazê-lo, visto tratar-se de um elemento

---

33 Debrucei-me sobre este aspeto no prefácio "Pode uma política de multiculturalidade existir sem uma grande narrativa?", *in* Lorenzo Macagno, *O dilema multicultural*, Curitiba, Editora UFPR – Rio de Janeiro, Editora Graphia, 2014, pp. 17-35, <https://www.academia.edu/30891880/_Pode_uma_pol%C3%ADtica_de_multiculturalidade_existir_sem_uma_grande_narrativa_>.

constitutivo do mundo moderno, capitalista, colonial, que concerne os espaços da periferia bem como os espaços centrais. No entanto, as características precisas que os "quijanistas" identificam são estreitamente latino-centradas. Para melhor historicizar e universalizar, teria sido indispensável beber na fonte de outras periferias: por exemplo, a raça no mundo árabe-muçulmano, onde os escravos foram majoritariamente negros só depois do século xvi, mas sem ligação com qualquer processo de formação capitalista? Também parece um pouco simples fazer aparecer a noção da raça, derivada da cor, na virada dos séculos xv e xvi como movimento *sistemático* e *generalizado*. A noção da raça já era patente em Castilha, desde antes da expansão (por exemplo, os massacres de judeus em 1391), mesmo se é verdade que a *limpieza de sangre de tiempo inmemorial* tenha sido formalizada um pouco mais tarde, no século XV, quando a expansão já tinha começado. Contudo, mesmo no mundo colonial europeu, será que a raça foi sempre a forma principal de estruturação social? Trabalhos recentes sobre a presença portuguesa na África ocidental nos séculos xv-xvii mostram que a discriminação não se exprimia, neste primeiro mundo colonial, com base na raça e ainda menos na cor.[34] Quer dizer, a cor era obviamente um fenótipo notado, mas nem sempre era racializada: nos arquivos do século xvi, encontram-se, por exemplo, textos descrevendo tal ou tal africano, dizendo dele que "é um homem de valor *ainda que preto*" etc.[35] Não se coloniza da mesma maneira quando se é um grupo de trinta portugueses vindos numa pequena caravela até a costa ocidental da África, sem ameaçar a hegemonia dos Estados africanos, do que quando já se formou um sociedade colonial com vários estratos sociais e... raciais, como nas Américas ou em Cabo Verde. Nos meus próprios estudos sobre o trabalho forçado em Angola e Moçambique no século xx, encontrei uma situação onde a raça está bem presente, mas onde o indigenato[36] é muito mais importante como ferramenta de discriminação,

---

34 José da Silva Horta, *A "Guiné do Cabo Verde": Produção Textual e Representações (1578-1684)*, Lisboa: Fundação Gulbenkian e FCT, 2011 ; José da Silva Horta & Peter Mark, *The Forgotten Diaspora : Jewish Communities in West Africa and the Making of the Atlantic World*, Cambridge: Cambridge University Press, 2011.

35 Cito aqui o historiador português José Silva Horta, conversa particular.

36 Na colonização portuguesa contemporânea, o indigenato é o estatuto legal e jurídico dos indígenas, isto é, 99% da população africana negra, sendo uma pequena minoria consi-

sendo definido não tanto pela cor, mas em função da comunidade de seres humanos que não vivem na esfera da civilização ocidental. Isto é uma definição totalmente racista, mas racial de uma maneira específica na medida em que é um racismo social – a exclusão de toda uma categoria *socialmente* definida – mais do que fenotípico – que seria a exclusão generalizada com base na cor (nem todos os negros eram considerados indígenas na África portuguesa).[37] Finalmente, a manutenção da raça como matriz principal de estruturação do capitalismo até o período contemporâneo mereceria uma abordagem mais prudente por parte de alguns autores desta escola de pensamento.[38] Pode-se subalternizar um ser humano com base na nacionalidade, na etnicidade, na casta, na religião, no gênero, etc., sem que a raça seja o critério dominante. Muitas vezes é uma mistura de tudo isso.

A leitura quijaniana do marxismo também é muito reducionista.[39] Longe de mim negar que Marx teve análises eurocêntricas, mas não a propósito da teoria das classes. Quijano baseia a sua censura no fato de que Marx teria olhado só para a Europa e, como o proletariado era a classe dominada majoritária, teria (ele próprio ou os epígonos) expandido mecanicamente este modelo. *Só que é falso.* Quando Marx escreve o *Manifesto do Partido comunista* em 1848, o proletariado era uma classe muito minoritária numa Europa ainda rural. Não foi por razão "numérica" que Marx desenvolveu a teoria das classes, mas porque teve a

---

derada como cidadã. Depois do fim (oficial) da escravatura em 1878, os indígenas foram submetidos ao trabalho forçado até 1962.

37 Michel Cahen, "Seis teses sobre o trabalho forçado no império português continental em África", *Revista África* (Universidade de São Paulo), 35, 2017: 129-155, <http://dx.doi.org/10.11606/issn.2526-303X.v0i35p129-155>.

38 Quando Ramón Grosfoguel escreve que, hoje em dia, "todos nós fazemos parte de um sistema-mundo que articula várias formas de trabalho em função de uma classificação racial da população mundial", pode-se pensar que ele exagera e simplifica muito (R. Grosfoguel, "Les implications des altérités épistémiques dans la redéfinition du capitalisme global : transmodernité, pensée-frontalière et colonialité globale", *Multitudes* (Paris), 26, 2006: 4). Aliás, A. Quijano é mais prudente, reconhecendo que o eixo raça/classe da classificação social está em declínio em proveito do eixo classista e que a relação salarial foi sempre "estruturalmente dominante", mas "demograficamente minoritária" (A. Quijano, "Colonialidad del poder y classificacion social". In: "Festschrift for Immanuel Wallerstein/Part I", *Journal of World-Systems Research,* VI (2), dossiê especial, 2000: 342-386, 370).

39 A. Quijano, "Colonialidad del poder y classificacion social", *op. cit.*

formidável capacidade de antevisão, de compreensão de que, com base nas meras premissas que ele observava, um novo modo de produção estava crescendo e iria *polarizar* (e não resumir) a evolução mundial. Não testemunhava o nascimento do capitalismo, bem anterior, mas o *modo de produção capitalista* em que a duas classes *fundamentais* iam exercer um efeito polarizador na sociedade – digo bem, as classes fundamentais, isto é, ligadas a esse modo de produção, o que não quer dizer que não havia outras classes ou corpos sociais. Quero dizer, a teoria das classes segundo o europeu Marx não apresenta, em si, nenhum freio à análise da heterogeneidade de outras formações sociais subalternas.

De um lado, bem sei que houve quem se pensava marxista e que por isso buscou uma classe operária a todo o custo em territórios onde não havia nem a sombra de um proletário, indo até inventar "etnia-classe" para, custe o que custasse, poder aplicar o conceito simplista que tinham do marxismo. Mas, de outro lado, reconhecer plenamente a heterogeneidade não significa que não haja um modo de produção hegemônico em escala mundial e que não se possa combinar a existência de duas classes fundamentais com outros estratos sociais muito numerosos. Aliás, se há um conceito de Marx bem ultrapassado hoje é o de "modo de produção asiático" – Marx estava longe de ter as fontes de informação suficientes. No entanto, esta tentativa infeliz pelo menos demonstra que, para Marx, o capitalismo não era a única possibilidade de evolução histórica e que podia haver outras formações sociais além da burguesia e do proletariado.

Uma lei da expansão capitalista: subalternizar para não proletarizar

Afinal, Quijano desvanece a necessária nitidez de um fenômeno considerável: se ocorreu e durou até hoje, tudo o que ele explica – a matriz racial, o gênero, a heterogeneidade social, etc. – é porque *a expansão do capitalismo deve ser cuidadosamente diferenciada da expansão do modo de produção capitalista*. Primeiramente, o capitalismo nasce em Genova durante o século xiii, sob forma bancária, expandindo-se à Península Ibérica sob forma mercantil entre os séculos xiv e xvi e, depois, ao mundo, sendo que o modo de produção capitalista nasce no século xviii na Europa do Norte, mercê em particular da acumulação arrancada do Sul. Mas há uma outra razão: mesmo quando o modo de produção capitalista já existia, foi de todo o interesse deste capitalismo *não expandir o tal modo de produção, evitar a proletarização dos subalternos*. Immanuel Wallerstein e, antes dele, Rosa Luxemburgo[40] explicaram isso, que pode ser resumido assim: uma família inteiramente proletarizada deve ser paga ao custo da sua reprodução social, caso contrário morre porque não dispõe de outras fontes de sustento; logo, é muito mais rentável não proletarizar e explorar sociedades inteiras, onde vão subsistir outros modos de produção capazes de assegurar parte do sustento dos habitantes. Assim, pode-se pagar abaixo do custo da reprodução social. O trabalho forçado no capitalismo colonial do século XX era exatamente isso: para funcionar, precisava da manutenção do modo de produção doméstico, da agricultura tradicional praticada pelas mulheres, enquanto os homens estavam na fazenda do colono.[41] Subalternização e "generização" foram intrinsecamente ligados neste modelo exploratório. A *articulação desigual dos modos de produção* era mais rentável do que a mera expansão do modo de produção capitalista.

Chegamos ao ponto fulcral: a existência de *formas não capitalistas de exploração* – quero dizer: formas de exploração não constitutivas do modo de produção capitalista – foi, ficou e ainda é *indispensável à dominação capitalista*. A escravatura nas Américas, o indigenato e o trabalho forçado na África, a predação quando das conquistas ou das repressões, a guerra do ópio na China, o paternalismo e a dívida imaginada dos seringueiros da Amazônia[42] etc., tudo isto faz parte de um vasto leque de *formas de exploração não capitalistas da dominação capitalista*.[43] A presença dessas formas não capitalistas dentro do capitalismo não é em nada exclusiva das periferias; ao contrário, é extremamente frequente, mesmo no centro do capitalismo (por exemplo, as relações de domesticidade, ou a manutenção de uma atividade camponesa numa população já proletarizada – neste caso,

---

40 Veja o capítulo de Isabel Loureiro neste livro.
41 Claude Meillassoux, *Mulheres, Celeiros & Capitais,* Porto: Afrontamento, 1976.
42 Christian Geffray, Chroniques de la servitude en Amazonie brésilienne. Essai sur l'exploitation paternaliste, Paris, Karthala, 1995 [a edição brasileira tem um título bastante diferente: *A opressão paternalista: Cordialidade e brutalidade no cotidiano brasileiro,* Rio de Janeiro: Educam-Editora universitária Candido Mendes, 2007].
43 Para um exemplo brasileiro, conferir Philippe Léna, Christian Geffray & Roberto Araújo (eds) "L'oppression paternaliste au Brésil", dossiê, *Lusotopie,* III, 1996.

trata-se de uma forma de articulação de modos de produção[44] – etc.). No entanto, essas formas não são dominantes no processo da produção de valor mercante nas áreas centrais do capitalismo contemporâneo,[45] sendo que são – demograficamente e economicamente – ainda massivas nas periferias.

Isto permite entender que, *por causa* da expansão do capitalismo, e *não por causa da raça em si*, houve um *enorme espaço de produção de formações sociais*, com certeza integradas no sistema-mundo capitalista, mas não diretamente moldadas pelo seu modo de produção, até hoje, e, pois, diversamente moldadas segundo outras regulações opressivas. Neste quadro, a raça foi, sem dúvida, uma das principais formas de regulação. Mas não se deve confundir efeito e causa: não é a raça que criou o sistema-mundo capitalista mesmo se, muito cedo, tornou-se uma ferramenta social indispensável. Nessas formações sociais, o proletariado pode existir – e existe mais e mais – mas não é obrigatoriamente o estrato social mais explorado e obviamente não o mais numeroso quando, no capitalismo central de hoje, a esmagadora maioria da população é, nos termos de Marx, proletária.[46]

Para uma definição materialista da colonialidade

Isso parece-me a definição mais ampla da colonialidade da qual precisamos, ou seja: *o conjunto das formações e relações sociais produzidas pelas formas de exploração não capitalistas da dominação capitalista ao longo da sua expansão,* com todas as consequências culturais, políticas, identitárias, etc., em sociedades inteiras. Como acabamos de ver, isto não quer dizer que todas as formas de exploração não capitalistas da dominação capitalista estão no âmbito da colonialidade – como o trabalho doméstico das mulheres nas sociedades

---

44 Em Portugal, um caso bem estudado foi o da formação da classe operária no têxtil do norte do país, que combinou proletarização e atividade camponesa.

45 Essas formas podem ser massivas – como o trabalho doméstico das mulheres –, mas não produzem valor mercante.

46 Hoje em dia existe a tendência de não falar mais em proletariado, mas em salariado. Penso que este segundo conceito é menos preciso (um patrão também recebe salário!) do que o de Marx, e que não se deve ser confundido com "pobre" – em certos casos, um proletário pode ter um salário relativamente importante, mas vive exclusivamente deste, oriundo da venda da sua força de trabalho (e competência).

capitalistas centrais. Trata-se de formações e relações sociais que foram historicamente produzidas no longo processo de expansão capitalista a partir do período mercantil. Também não quer dizer que a expansão do capitalismo fora das suas áreas centrais produza sempre colonialidade: hoje em dia (fim do século XX e século XXI), a nova expansão territorial capitalista possibilitada pelo colapso dos países do stalinismo senil (frequentemente e de maneira inadequada chamados de "países do comunismo real", ou simplesmente "países comunistas") faz-se, em sua maioria, *diretamente* pela expansão do modo de produção capitalista. Se houver produção de colonialidade nessas áreas, não será o fenômeno determinante. Mas em vastas áreas historicamente produzidas, a colonialidade permanece como característica fundamental das sociedades.

Isto é, pode-se falar, como Quijano, de colonialidade do poder, ou como mais e mais fazem os quijanistas, de colonialidade do saber,[47] mas também pode-se usar o conceito em relação à colonialidade de um Estado (de forma diferenciada na América e na África, por exemplo), de uma nação, de um país. Quando Evo Morales, com base na nova constituição da Bolívia, declarou o seu país como "Estado Plurinacional", não estava contestando, pelo menos em parte, a colonialidade não só do *poder* mas do imaginário nacional e do *país*? Não estava ele a *deslatinizar*, pelo menos em parte, um país que, como indica o próprio nome, teve origem bolivariana, ou seja, a criação de um estado *colonial* e *hispânico* – apesar de toda a fantástica reconstrução que hoje em dia faz de Simon Bolívar, não mais um independentista colonial, mas um revolucionário anticolonial![48]

Isto é: se a colonialidade for entendida como mera "continuação da colonização" depois de uma "independência formal", é um conceito de pouco interesse, um mero substantivo da expressão "situação colonial" de Georges Balandier. Perde-se a dimensão de longa duração da colonialidade, nascida com a expansão capitalista *antes* da colonização, atravessando o período colonial para persistir ainda hoje em vastas partes do planeta. Simplifica excessivamente o que

---

47 Edgardo Lander (ed.), *La colonialidad del saber: eurocentrismo y ciencias sociales. Perspectivas latinoamericanas,* Buenos Aires: Clasco, 2005: 201-246.

48 Sobre a minha análise dos Estados latino-americanos com Estados coloniais *até hoje,* ver o meu capítulo "'État colonial' ... Quel État colonial?", *in* Jordi Benet, Albert Farré, Joan Gimeno & Jordi Tomàs (eds), *Reis Negres, cabells blancs, terra vermella. Homenatge al professor d'història d'Àfrica Ferran Iniesta i Vernet,* Barcelona: Bellaterra, 2016, pp. 129-158.

foram as "independências formais", visto que, nas Américas, as independências foram *independências sem descolonização* ao passo que os colonos criaram os Estados das suas próprias colônias, isto é, *Estados coloniais*; quando, em África, mesmo se as independências tenham sido muitas vezes *neocoloniais*, foram *independências com descolonização*, com novos países que já não eram colônias, mas que se tornaram indígenas. Nesses países africanos, a colonialidade do poder exprime-se de maneira diferente do que nas Américas, com a manutenção das fronteiras e de espaços coloniais supostamente criadores da nação, contra as nações africanas pré-coloniais.[49] Mas não se deve confundir colonialidade e neocolonialismo. Autores decoloniais dizem que não houve verdadeira descolonização porque os poderes pós-coloniais (com traço) perpetuaram uma política de integração subalterna ao sistema-mundo capitalista e não emanciparam os seus povos. Significa confundir coisas e espaços diferentes: nas Américas Latina e do Norte, não houve descolonização, houve ruptura com as metrópoles imperiais mercê da tomada do poder pelos colonos, o que quer dizer que a independência fez *nascer* Estados coloniais. Na África, é completamente diferente: pode-se criticar a política dos governos senegaleses ou angolanos[50] por serem

---

[49] Pode-se dizer que, na América Latina, também as fronteiras atravessaram nações indígenas pelo meio. Mas aqui, foi o fato de Estados *exógenos* (coloniais) terem provocado a partição das nações indígenas. Na África, os anticolonialistas *indígenas* aceitaram o espaço colonial e criaram eles próprios Estados indígenas de matriz colonial.

[50] Uma palavra sobre Angola: hoje em dia, às vezes, ouve-se que há uma inversão da relação entre Portugal e Angola visto que a pequeníssima e riquíssima elite angolana compra muitas empresas e bancos em Portugal. Ao meu ver, isso não é suficiente para caracterizar tal "inversão": o fato de uma elite africana praticar a extraversão dos seus capitais é bem típico de uma situação neocolonial. Esta elite não tenciona enriquecer-se principalmente por um processo burguês, isto é mercê da sua capacidade em organizar a extração da mais-valia dos seus trabalhadores locais dentro do processo produtivo, mas prefere continuar a auferir rendas vindas da proximidade familiar ou política com a presidência do país. O caso angolano só foi específico na medida em que, durante anos, essa extraversão foi baseada sobre os altíssimos preços do petróleo. Mas a quantidade do capital não modificou fundamentalmente a estrutura do capital. É interessante ver que, hoje em dia, a baixa dos preços do petróleo e a crise orçamental em Angola não provocam em nada o retorno dos capitais da elite no país, como a crise de 1929 tinha provocado nos Estados Unidos (alargando assim tanto mais a crise no mundo). Se a acumulação do capital em Angola fazia-se principalmente pela organização de um sistema produtivo no país, os capitais deveriam obrigatoriamente voltar. Sobre esses temas, conferir Jorge

neocolonialistas, *mas esses países já não são colônias*. A política dos *governos* é que é neocolonial, porém em *países* que foram verdadeiramente descolonizados/indigenizados, visto já não serem colônias. Sua formação social, oriunda das sociedades indígenas, com etnicidades, clãs, linhagens, classes de idade, castas, etc., é completamente diferente daquela existente nas Américas, em larga medida produzida pelo colonizador europeu. A colonialidade vai exprimir-se de maneira diferente quando o país e o Estado permaneceram coloniais, ou quando um governo segue uma política neocolonial num país descolonizado que voltou a ser indígena.[51]

Em outras palavras, há vários *regimes de historicidade nas colonialidades*. Uma definição redutora da colonialidade como mera continuação da colonização (neocolonialismo ou "situação colonial" pós-colonial) traz todos os problemas já vistos, quando falamos da abordagem pós-colonial, da reificação e essencialização da herança. A colonialidade não é uma mera herança, é uma *produção específica de subalternidade enraizada na história*. Pela mesma razão, não achei feliz o conceito de "pós-colônia" (*post-colonie* em francês) forjado por Achille Mbembe. Com certeza, os países africanos foram colônias e já não o são, mas permanecem imbuídos de colonialidade. "Pós-colônia" induz em confusão sobre a natureza desses países, sobre o peso das heranças em vez de peso da inserção subalterna contemporânea no sistema-mundo capitalista.[52]

Costa, João Teixeira Lopes, Francisco Louçã, *Os Donos Angolanos de Portugal*, Lisboa, Bertrand, 2014; Ricardo Soares de Oliveira, *Magnífica e Miserável: Angola desde a Guerra Civil*, Lisboa: Tinta-da-China, 2015.

51 Por exemplo, Ramon Grosfoguel, "Les implications des altérités épistémiques dans la redéfinition du capitalisme global: transmodernité, pensée-frontalière et colonialité globale", *Multitudes* (Paris), 26, 2006, <http:// multitudes.samizdat.net/spip.php?article2674>, 10 p., p. 6, fala de "independências coloniais" e até de "independências sem descolonização", mas trata-se então da totalidade dos Estados da periferia, incluindo de África e Ásia que, no entanto, bem são Estados *africanos* ou *asiáticos* e não (neo-)*latinos*. Para Grosfoguel, o neocolonialismo é que fez com que não houvesse descolonização, como se não pudesse haver descolonizações burguesas. Ele confunde claramente duas categorias diferentes de análise e, paradoxalmente, não vê que são as independências latino-americanas do século xix que *criaram* os Estados coloniais por ruptura com a metrópole imperial. Obviamente que não houve descolonização nesses países, mas não especificamente por causa da política neocolonial dos seus governos, mas por terem nascido e permanecido países coloniais!

52 Achille Mbembe, *De la postcolonie. Essai sur l'imagination politique dans l'Afrique con-*

Qual "pós-colonialidade"?

Se entendermos a colonialidade como conjunto de formações e relações sociais moldadas pelas formas de exploração não capitalistas de dominação capitalista, também já não faz sentido o conceito de pós-colonialidade. Com certeza, nos textos onde encontra-se o uso de tal conceito, a "pós-colonialidade" é o mero substantivo do que é "pós-colonial".[53] Mas temos que ser precisos nos conceitos e aqui foi contestada a possibilidade de uma "situação pós-colonial" dezenas de anos depois da colonização. Em contrapartida, com Quijano, mas diferentemente dele, foi afirmada a possibilidade de uma *situação de colonialidade* como produção permanente de subalternidade ligada à expansão capitalista, mas não necessariamente à colonização. Portanto, a "pós-colonialidade" seria uma situação em que já não haveria colonialidade, exprimiria o contrário do que se quer dizer...

Um outro conceito que, ao meu ver, deve-se banir de vez, é o de "pós(-)colonialismo", que é bastante frequente.[54] Este é um condensado de todas as confusões já apontadas. O colonialismo é a política da colonização. Pois, o que pode ser o pós(-)colonialismo senão a política do pós-colonial? Mas o que pode ser uma política do pós-colonial? Se o pós-colonial é considerado – e criticamos aqui esta visão – uma situação persistente e estruturante de herança colonial nas sociedades centrais bem como periféricas, a política dele seria, por conseguinte, uma política a favor dessa persistência, sua organizadora. Ora, é obviamente o contrário que querem dizer os numerosos autores que usam a expressão, para os quais é mero substantivo de "teoria póscolonial", ou de uma política que seria oriunda dessa teoria póscolonial. Isso entra em contradição

---

temporaine, Paris: Karthala, 2005. Este livro, no entanto, contém muitas outras matérias interessantíssimas.

53 Por exemplo, Sheila Pereira Khan, *Portugal a lápis de cor - A Sul de uma pós-colonialidade,* Coimbra: Almedina, 2015.

54 Por exemplo entre muitos: em Anthony Soares (ed.), *Towards a Portuguese Postcolonialism,* Bristol, Universitry of Bristol, 2006 ("Lusophones Studies", 4), *postcolonialism* parece ser um equivalente de *postcoloniality*. Tinha sido a mesma coisa com Boaventura de Sousa Santos, "Entre Próspero e Caliban: colonialismo, pós-colonialismo e inter-identidade", *in* Maria Irene Ramalho & António Sousa Ribeiro (eds), *Entre ser e estar. Raízes, percursos e discursos da identidade,* Porto: Afrontamento, 2001.

com o fato de que a grande maioria dos autores póscoloniais de hoje limitarem-se à crítica epistemológica, sem entrar nas possíveis consequências políticas. Afinal, "pós(-)colonialismo", regra geral, não é entendido como uma política contra as sequelas do pós-colonial (com traço). De qualquer maneira, é de se evitar um enunciado que pode significar o contrário do que se pretende dizer.

As grandes diferenças entre os estudos póscoloniais e os estudos em termos de colonialidade são que, de um lado, as últimas permitam analisar sociedades inteiras, ao passo que as primeiras privilegiam o fragmento social; por outro lado, as últimas mantém a crítica política, quando as primeiras retrocederam para a crítica epistemológica – embora a tendência atual em estudar mais e mais a *colonialidade do saber* e menos a *colonialidade do poder* mostra a pressão da virada culturalista dos estudos póscoloniais sobre os estudos em termos de colonialidade.[55]

Essa pressão culturalista é facilitada por uma visão redutora da modernidade, feita sistema de pensamento homogêneo durante séculos, quando foi mais um período de grande criatividade cultural e filosófica, obviamente eurocêntrico, mas onde houve correntes contraditórias, por exemplo a favor ou contra a escravatura, cristocêntricas ou não. Hoje, isto traz a discussão sobre o universalismo, muitas vezes usado como sinônimo da expressão da modernidade eurocêntrica. Ora, uma coisa é combater o *universalismo abstrato*, oriundo do triunfo das burguesias europeias que impuseram ao planeta a(s) sua(s) maneira(s) de ver; outra coisa é, por causa da suposta filiação entre modernidade, eurocentrismo e universalismo, esquecer o *universalismo concreto* dos movimentos emancipalistas e assim condenar o *universalismo tout court*. Isso leva a um beco sem saída. Com efeito, as análises em termos de colonialidade aceitam a constatação de que, hoje em dia, já não há nenhum "exterior", nenhum *"afuera puro"* ao sistema-mundo capitalista, incluindo culturalmente[56] –

---

[55] Outra diferença que tem importância é que, enquanto os estudos póscoloniais de língua inglesa nasceram como teoria literária, os estudos da colonialidade nasceram das ciências sociais, em particular da sociologia. Neste sentido, os estudos da colonialidade aproximam-se mais das *Subaltern Studies,* nascidas da história. Os estudos póscoloniais tem um forte pendor textual que não têm nem os *Subaltern Studies,* nem os estudos de colonialidade.

[56] Ramón Grosfoguel, "Descolonizar as esquerdas ocidentalizadas: para além das esquerdas eurocêntricas rumo a uma esquerda transmoderna descolonial", *Contemporânea. Re-*

senão seria uma negação da globalização. Mas o vazio deixado pela condenação de todo e qualquer *uni*versalismo traz a tese do "di-versalismo" ou do "pluri--versalismo" que deveria substituí-lo.[57] Essas palavras são bonitas, mas o que podem ser tais "-versalismos" senão uma tese diferencialista que acredita na perpetuação de sistemas culturais completamente autônomos uns dos outros ao longo dos séculos? Se for assim, cai a tese de que não pode haver um "exterior puro", um *"afuera puro"* à globalização, indo para caminhos bem idealistas e irrealistas. De um ponto de vista heurístico, mas também político, parece mais fecundo voltar à oposição entre o universalismo abstrato que impõe os valores dos dominantes e o universalismo concreto que une a diversidade humana, respeitando-a, numa dinâmica de emancipação.

Até a palavra "decolonial" traz problema ao induzir a ideia de que um pensamento e uma política decolonial vão combater o que é *colonial*, quando, na realidade, trata-se de combater a *colonialidade*. O próprio Walter Mignolo, no seu "Manifesto"[58] alimenta em parte a confusão:

> "if coloniality is constitutive of modernity since the salvationist rhetoric of modernity presupposes the oppressive and condemnatory logic of coloniality […], then this oppressive logic produces an energy of discontent, of distrust, of release within those who react against imperial violence. This energy is translated into *de-colonial projects that, as a last resort, are also constitutive of modernity*". [Grifo no texto][59]

O autor define bem os "projetos de-coloniais" como sendo opostos às consequências da *colonialidade*. Mas como ele liga o conceito ao que é constitutivo

---

vista de Sociologia da UFSCar (São Carlos, SP), II (2), 2012, pp. 337-362, em particular 354-355.

57 Ramón Grosfoguel, "Hacia un pluri-versalismo transmoderno decolonial", *Tabula Rasa. Revista de humanidades* (Bogotá), 9, 2008, pp. 199-215.

58 O texto de Walter D. Mignolo, "Epistemic Disobedience and the De-Colonial Option: A Manifesto", que circulou a partir de 2006-2007, teve várias versões (veja nota 5), com títulos por vezes ligeiramente diferentes. A versão aqui utilizada está em *Transmodernity: Journal of Peripheral Cultural Production of the Luso-Hispanic World* (Merced, Universidade de California) I (2), 2011: 44-65.

59 W. Mignolo, "Epistemic Disobedience…", *op. cit.*, pp. 45-46.

da modernidade, por sua vez um processo que decorreu durante séculos – o que se entende, mas remete principalmente a um período onde a forma dominante de colonialidade era a colonização –, o seu "decolonial" foi e é produzido pelo descontentamento engendrado pelo colonial e assim parece mera continuação do "anticolonial". Isto é lógico quando se considera que a situação mundial permanece em larga medida colonial e não moldada pela colonialidade na definição materialista que dei. Mas ele tem toda a razão em dizer que o anti-colonial (ao meu ver: antes) ou o decolonial (ao meu ver: hoje) produzem também modernidade, modernidades alternativas.

O problema é que não temos um adjetivo correspondente ao substantivo "colonialidade", tal qual os adjetivos "colonial" e "colonialista" correspondem aos substantivos "colonização" ou "colonialismo". Uma vez, propus a uma doutoranda o adjetivo "colonialitário" (*"colonialitaire"* em francês).[60] Talvez não seja muito bonito, mas o objetivo era evitar a confusão entre o que é anti-"situação colonial" e o que é anti-"situação de colonialidade". Deste ponto de vista, o conceito de *decolonialidade* é mais compreensível se não for erroneamente utilizado como sinônimo moderno de anti-colonialismo.[61]

Afinal, apesar das nuances, mantenho a operacionalidade do conceito de colonialidade, evitando, no entanto, o latino-centrismo de Aníbal Quijano e dando-lhe uma definição materialista, historicizada e universal.

Sempre no mesmo estudo conceitual, deve-se discutir se o uso de "Sul" pode ser um sinônimo cômodo para os espaços de e as lutas contra a colonia-

---

60 Joëlle Palmieri, *Genre et société numérique colonialitaire. Effets politiques des usages de l'internet par des organisations de femmes ou féministes en contexte de domination masculine et colonialitaire : les cas de l'Afrique du sud et du Sénégal*, Tese de ciências políticas, Sciences Po Bordeaux/Université de Bordeaux, 2011.

61 Deve-se notar que o próprio Aníbal Quijano não fala muito frequentemente em "decolonial" ou "decolonialidade". Parece que ele usa desses conceitos mais no nível epistemológico do que em termos de luta concreta. Por exemplo: "First of all, epistemological decolonization, *as decoloniality,* [grifo meu] is needed to clear the way for new intercultural communication, for an interchange of experiences and meanings, as the basis of another rationality which may legitimately pretend to some universality. Nothing is less rational, finally, than the pretension that the specific cosmic vision of a particular ethnie should be taken as universal rationality, even if such an ethnie is called Western Europe because this is actually pretend to impose a provincialism as universalism". Aníbal Quijano, "Coloniality And Modernity/Rationality", *Cultural Studies,* 21 (2), 2007: 168-178, p. 177.

lidade. Este vocábulo rapidamente substituiu o de "terceiro-mundo" depois da queda da União soviética.[62] Um autor que fez um grande esforço para explicar e popularizar esta visão é o sociólogo português Boaventura de Sousa Santos, através de uma teorização em volta das "epistemologias do Sul": será que podem ser uma ferramenta operacional no combate às relações sociais desiguais da colonialidade?

"Epistemologias do Sul": retorno ao velho terceiro-mundismo ou rumo a um novo orientalismo?

"Epistemologias do Sul" não é um conceito muito novo no pensamento de Boaventura de Sousa Santos. Foi formulado inicialmente em 1995[63] e reelaborado em várias publicações.[64] Mas é sobretudo a partir de meados dos anos 2000 que ele faz dele a sua batalha conceitual principal.[65]

---

[62] Depois de muitos anos de resistência, ou talvez porque nem é sempre fácil para uma revista mudar o seu título, é de reparar que a venerada *Revue Tiers-Monde* (Paris), fundada em 1960, mudou o seu título em janeiro de 2017 para *Revue internationale des études du développement*. Será um progresso, havendo sempre um espaço mundial em que o "desenvolvimento" é a tarefa histórica e um outro espaço, não nomeado, mas que se pensa como centro, que seria "já desenvolvido"?

[63] Boaventura de Sousa Santos, *Toward a New Common Sense: Law, Science and Politics in the Paradigmatic Transition,* Nova York: Routledge, 1995.

[64] Boaventura de Sousa Santos, *Um discurso sobre as Ciências,* São Paulo, Certez, 2003; ___, "A Critique of Lazy Reason: Against the Waste of experience", *in* Immanuel Wallerstein (ed.), *The Modern World-System in the Longue Durée,* Boulder: Paradigm Publishers, 2004, pp. 156-197; ___, Maria Paula Meneses & João Arriscado Nunes, "Para ampliar o cânone da Ciência: a diversidade epistemológica do mundo", *in* ___, *Semear outras soluções: os caminhos da biodiversidade e dos conhecimentos rivais,* Rio de Janeiro, Civilização Brasileira, 2005, pp. 23-101; ___, *A gramática do tempo. Para uma nova cultura política,* Porto: Afrontamento, 2006.

[65] Boaventura de Sousa Santos, *Toward a New Common Sense...,* op. cit.; Maria Paula Meneses (ed.), "Epistemologias do Sul", dossiê da *Revista Crítica de Ciências Sociais,* 80, 2008: 5-211. Boaventura de Sousa Santos & Maria Paula Meneses (eds), *Epistemologias do Sul,* São Paulo, Cortez, 2010; ___, *Epistemologías del Sur,* Madrid: Akal, 2014 ("Cuestiones de antagonismo"); Boaventura de Sousa Santos, *Epistemologies of the South. Justice against Epistemicide,* Paradigm Publishers (Routledge), Londres, 2014; Boaventura de Sousa Santos, *Epistémologies du Sud: Mouvements citoyens et polémique sur la science,* Paris: Desclée De Brouwer, 2016 [as diversas edições de *Epistemologias do Sul* não têm exatamente o mesmo conteúdo].

Ele parte da ideia (e da constatação) de que a história da expansão do capitalismo provocou não só uma opressão social e econômica, mas igualmente cognitiva e que essa opressão cognitiva ainda continua nos dias de hoje (ele usa de vez em quando o conceito quijaniano de "colonialidade do saber"). Ele caracteriza o "pensamento ocidental" como "abissal", um pensamento com determinantes visíveis e invisíveis que estabelece um fosso entre ele e todo o resto, negando qualquer outra epistemologia.[66] Ele considera que muitos "epistemícidios" foram cometidos, provocando um gigantesco desperdício da experiência. A tarefa dos "póscoloniais de oposição"[67] seria, pois, de recolher o que fica dessas epistemes, em larga medida desaparecidas (o que ele designa por "sociologia das ausências"), de valorizá-las, de aprender com elas e para elas e de poder utilizá-las nos mundos centrais (o que ele designa por "sociologia das emergências"). A emancipação deverá ser social, mas igualmente cognitiva, com o ressurgimento de saberes dominados, dialogando com os outros saberes de maneira igualitária numa "ecologia de saberes". Chama este conjunto de atitudes intelectuais e militantes "epistemologias do Sul". Segundo ele, as epistemologias do Sul seguem três orientações: aprender que existe o Sul, aprender a ir para o Sul, aprender a partir do Sul e com o Sul.[68]

Aqui, é impreciso: com efeito, não se trata simplesmente de ouvir as "vozes do Sul", de conhecer o conjunto das epistemologias *existentes* no Sul, mas também de um conjunto de atitudes militantes e intelectuais permitindo "aprender com o Sul global", de uma coligação mundial de militantes e intelectuais "pro-Sul", estejam eles situados no Sul ou no Norte ou Ocidente (ele emprega os dois termos e advoga também por um "ocidente não ocidentalista").

---

66 Boaventura de Sousa Santos, "Para além do Pensamento Abissal. Das linhas globais a uma ecologia de saberes", *Revista Crítica de Ciências Sociais,* 78, 2007: 3-46.

67 Depois de se considerar "pós modernista de oposição" na medida em que era muito crítico para com o pós modernismo "de contemplação", B. Sousa Santos reivindicou-se (pelo menos a partir de 2004, quando do Congresso Luso-Afro-Brasileiro realizado em Coimbra) da teoria póscolonial, sempre como "de oposição". Hoje em dia, parece que ele já não se reivindica mais do póscolonial, centrando tudo nas "epistemologias do Sul". O seu grande projeto de pesquisa "Alice – Espelhos Estranhos, Lições Imprevistas: Definindo para a Europa um novo modo de partilhar as experiências do Mundo" testemunha isso (<http://alice.ces.uc.pt/en/index.php/about/?lang=pt>).

68 Ver as referências da nota 65.

Os Fóruns Sociais Mundiais foram, nesta visão, a emergência de um fenômeno que qualificou, ao meu ver de uma maneira extremamente otimista, de "globalização contra-hegemônica".

Uma teoria social metafórica?

No entanto, isto traz problemas. Para ele, as "epistemologias do Sul" são um esforço para dar corpo aos saberes e experiências do "Sul global", como *metáfora* da exclusão, do silenciamento e da destruição de povos e saberes. Mas será que pode-se fundamentar uma teoria social com base em uma metáfora? Quando Marx, bem ou mal, pensou a teoria das classes sociais antagônicas, não se tratou de metáfora, mas da observação do que era, segundo ele, *diretamente* uma realidade. Pode-se dizer a mesma coisa de Pierre Bourdieu na *Distinction*[69] etc. No entanto, como não é somente a metáfora de um esforço intelectual e militante, mas também uma área a ser definida, Boaventura dá precisões sobre o Sul como espaço: o "Sul metafórico" não é exatamente o "Sul geográfico" na medida em que a Austrália e a Nova-Zelândia não fazem parte dele, mas que, em contrapartida, o Sul Global está presente no Norte na forma de imigrantes e o Norte global está presente no Sul na forma das elites globalizadas. Ao meu ver, é um náufrago num mar de confusão.

Em primeiro lugar, aquilo que ele descreve já possuía uma antiga designação – o terceiro-mundismo –, logo podemos indagar quanto à contribuição desta nova designação – Sul –, ainda mais imprecisa que "terceiro-mundo". Em segundo lugar, a análise em termos de "Sul" e "Norte" para designar sociedades afasta toda análise em termos de classes e de formações sociais. É um empobrecimento conceitual nítido, mesmo comparado com o antigo conceito de terceiro-mundo. Com efeito, se a noção de terceiro-mundo era contestável pela sua imprecisão, pelo menos incluía uma analogia política com o *tiers état*, o état

---

69 Pierre Bourdieu, *La distinction. Critique sociale du jugement,* Paris: Éditions de Minuit, 1979.

tiers (e não "terceiro"),[70] o estado[71] dos subalternos opostos aos privilegiados dentro da formação social do país de então. O "Sul" é uma designação que apareceu depois da queda do stalinismo senil e do triunfo da ditadura mundial do capital financeiro, o que se designa *naturalmente* por "globalização". Com a dita "queda das ideologias", os conceitos de "imperialismo", "dependência", "proletariado" etc., tornaram-se inaceitáveis para aqueles que venceram. O capitalismo triunfante tratou de "naturalizar" todos os conceitos exprimindo a desigualdade das relações sociais internacionais: já não havia mais que a "economia", o "desenvolvimento", a "pobreza", o "planeta", o "global", etc. E como o "segundo mundo" (dito "comunista") desapareceria, já não fazia sentido falar em "terceiro-mundo" – encontramos de novo a confusão total sobre o sentido de *tiers*.[72] Assim apareceu o "Sul", em vez de terceiro-mundo ou, melhor, de periferia do capitalismo. "Sul" é um conceito 100% neoliberal que naturaliza a dependência. Não traz progresso conceitual algum.

Em segundo lugar, afirmar que o Sul está presente no Norte na forma dos imigrantes e que o Norte está presente no Sul na forma das elites globalizadas é uma confusão na análise das formações sociais do mundo globalizado. O "Sul" – se me permito utilizar por pouco tempo este conceito – é constituído de *sociedades inteiras*, com suas classes, corpos e formações sociais. Quem é "rico" no Sul não faz parte do Norte; é uma *produção das economias subalternas integradas no sistema-mundo capitalistas*. Quem é pobre no Norte não faz parte do Sul, podendo ser proveniente do Sul se for imigrante, mas integra-se na estrutura

---

70 É preciso notar que, em português, na expressão "tiers monde", *tiers* foi traduzido por *terceiro*, que induz uma confusão com uma numeração (primeiro, segundo, terceiro, etc.). Foi a mesma coisa em inglês *("Third World)*, em alemão *(Dritten Welt)*, etc. No entanto, em francês, língua na qual foi forjado o conceito, os sentidos são bem diferentes: o *tiers* neste sentido não é o *troisième* ("terceiro"), é o Outro, mesmo que a analogia com o *tiers-état* pode induzir a confusão porque havia três ordens na sociedade de antigo regime (a nobreza, o clero e o *tiers-état*). Mas se o *tiers-état* era *tiers*, não era por ser terceiro numa lista, mas porque era o estado dos Outros, de todos aqueles que não eram privilegiados, era *tiers* frente ao *conjunto* privilegiado da nobreza e do clero. O *tiers* era o subalterno desta época. Em português, nem "terceiro", nem "terço" traduzem bem este sentido específico de "tiers" em francês.

71 A palavra francesa "état" (não confundir com "État") significa aqui uma "ordem" (organização de tipo corporativo), a Ordem dos não privilegiados.

72 Conferir nota 70.

das economias do Norte, que têm todo o interesse em utilizar esta reserva de mão-de-obra abundante e barata. Mobuto Sese Seko, o ditador zairense que já foi a segunda fortuna mundial, Isabel dos Santos, a riquíssima filha do riquíssimo pai presidente de Angola desde 1979, fazem parte do "Sul", *justamente porque o "Sul" é globalizado*. Muito frequente, hoje em dia – quase que obrigatória em certos círculos –, a expressão "Sul global" perde todo o sentido se não leva em conta as *sociedades inteiras* produzidas pela integração das periferias no sistema-mundo capitalista. Considerar que "rico" é sinônimo de Norte e "pobre" sinônimo de Sul é aniquilar toda e qualquer análise em termos de classes sociais nas sociedades consideradas, mas, sobretudo, significa essencializar sociedades inteiras: *o* Norte (em vez de capitalismo central, onde quer que esteja), *o* Sul (em vez de periferia do capitalismo). É verdade que Boaventura coloca "epistemologia" no plural – "epistemologias do Sul" – mas "Sul" permanece no singular e, mesmo que estivesse no plural ("Suis"?), não modificaria muito uma visão que considera explicitamente que o mundo se divide simplesmente entre os que estão "do lado de cá da linha", e aqueles que estão "do lado de lá da linha" – *numa ótica onde essa "linha" não é uma separação de classes, mas de mundos*. Nesta ordem de visão, os proletários do Norte fazem parte dos opressores e dos dominantes, a não ser por aqueles oriundos dos segmentos de imigração recente.

A "teoria metafórica" das epistemologias do Sul é, pois, um terceiro-mundismo de cunho culturalista. No entanto, seria falso dizer que reproduz simplesmente o terceiro-mundismo dos anos 1960-80. Com efeito, o "antigo" terceiro-mundismo entrava naquilo que censuravam os historiadores subalternistas bengalis nos anos 1980, na medida em que apoiava, na grande maioria dos casos, os nacionalismos de modernização autoritária na África, nos países árabes[73] e na Ásia. Isto foi muito nítido em Portugal entre os intelectuais de esquerda que, salvo raríssimas exceções, apoiaram os partidos únicos "socialistas" oriundos dos movimentos de libertação anticolonial nos PALOPs,

---

73 No caso específico da Argélia com a presença de militantes internacionalistas em apoio à Frente de libertação nacional, nos primeiros anos depois da independência, conferir Catherine Simon, *Algérie, les années pieds-rouges. Des rêves de l'indépendance au désenchantement (1962-1969)*, Paris: La Découverte, 2009 [a expressão "pieds-rouges" (pés vermelhos) é um jogo de palavra com a expressão "pieds-noirs" (pés negros), que designava popularmente os colonos franceses por causa das botas negras que usavam os primeiros a chegar no século XIX].

mas foi também o caso de muitos outros.[74] Embora não tenha lembrança de ter lido textos de Boaventura de Sousa Santos criticando os partidos únicos e de modernização autoritária nos PALOPs antes dos anos 1990, não há dúvida alguma que a teoria das epistemologias do Sul é um terceiro-mundismo *subalternista* e já não modernizador/nacionalista porque valoriza "os saberes que resistiram com êxito e as reflexões que estes têm produzido e investigam as condições de um diálogo horizontal entre conhecimentos".[75] Mas isso não atenua o culturalismo e o essencialismo da proposta.

Uma proposta essencialista

Isso é bem nítido na descrição das principais premissas das epistemologias do Sul, recentemente explicitadas por Sousa Santos, que são (passo a citar):

---

[74] É de lembrar que, nos anos 1970 e 1980, quase ninguém questionava a pertinência dos partidos únicos na África porque se tratava de "unificar tribos" ou "etnias" para "criar a nação" em territórios coloniais inalterados e feitos países, contra as nações africanas pré-coloniais existentes, consideradas em bloco como não pertinentes. Ao mesmo tempo, a *intelligentsia* de esquerda lutava contra as ditaduras de partidos únicos na América latina. Aparece claramente aqui o muito difundido paternalismo autoritário para com a África que "ainda" estava na "etapa da criação da nação" – "nação" que só podia sair da colônia uma vez que se negava a pertinência das nações pré-coloniais, desvalorizadas como "tribos" ou "etnias". Aqui, houve um belo epistemicídio! Mas deve-se notar que as correntes de direita também apoiavam quase todas o princípio dos partidos únicos, bem como as Nações Unidas. Mesmo durante as lutas de libertação, as Nações Unidas não queriam reconhecer mais do que um movimento, declarado "representante único e legítimo do povo de [Argélia, Moçambique, Angola, da Namíbia, etc.]" para fins de apoio político, financeiro e militar. Assim, mesmo durante o tempo da luta, as Nações Unidas implantaram os futuros regimes de partido único. De notar, por fim, que o Movimento das Forças Armadas que derrubou o regime fascista (e de partido único) em Portugal ao 25 de Abril de 1974, nunca questionou o fato de transmitir o poder, nas antigas colônias africanas a partidos únicos (com a meia exceção de Angola, onde os Acordos de Alvor previam a transmissão para os três principais movimentos de libertação – MPLA, FNLA, Unita –, proibindo, no entanto, quaisquer outros, incluindo a FLEC de Cabinda para impor a intangibilidade das fronteiras coloniais. A ideologia "unicista" levou os três movimentos à guerra civil para saber quem seria o partido único no poder).

[75] "Epistemologias do Sul: Boaventura de Sousa Santos em diálogo com ALICE – CES Summer School (2016)", <http://www.ces.uc.pt/cessummerschool//index.php?id=12704&id_lingua=1&pag=12706>, consultado ao 10 de novembro de 2015.

> – "a compreensão do mundo excede largamente a compreensão europeia do mundo"

Mas o que é *a* compreensão europeia ou mesmo uma compreensão *europeia*? A simplificação e a essencialização são aqui patentes.

> – "não faltam alternativas no mundo. O que realmente falta é um pensamento alternativo de alternativas"

Aqui, confesso nunca ter conseguido entender bem, a não ser que, quer a alternativa ao capitalismo já não está na ordem do dia, quer todas as alternativas atualmente conhecidas, até as mais radicais, afinal ficam dentro do paradigma do sistema-mundo e rejeita-se elas em bloco como sistêmicas, esperando por uma mega-alternativa de alternativas ainda desconhecida, mas que supostamente poderá aparecer ao longo de uma esperada "transição paradigmática";[76]

> – "a diversidade epistêmica do mundo é infinita e nenhuma teoria geral pode almejar compreendê-la"

Há duas teses nesta frase que ele liga sem justificação. Da primeira tese pode-se deduzir que, afinal, os efeitos culturais da globalização foram limitados, visto permitirem a existência de uma diversidade epistêmica "infinita" – o *"afuera puro"* de que falei *supra* afinal existiria. Voltando-se para a história, esta tese está em contradição total com a tese anteriormente citada dos epistemícidios: se a expansão do capitalismo provocou – e penso que provocou! – um

---

[76] Uma obra anterior de B. de Sousa Santos bem dava a impressão de que este é o seu pensamento. Em *A crítica da razão indolente. Contra o desperdício da experiência. I. Para um novo senso comum. A ciência, o direito e a política na transição paradigmática*, (Porto: Afrontamento, 2000, 374 p.), todos os pensamentos alternativos que ele citava (a começar pelo marxismo) ficavam, segundo ele, dentro do paradigma da dita "modernidade" com a qual devia-se romper, mas não dispondo mais para isso de um pensamento alternativo. A única coisa que ele podia propor, então, era a de que estávamos entrando num período de "transição paradigmática", que poderia fazer aparecer a alternativa às alternativas, mas sem que se pudesse ainda vislumbrar as suas características. Era cedo demais, como muitas vezes nas conclusões de obras de Boaventura de Sousa Santos que, depois de centenas de páginas de análise crítica, não desembocam sobre quaisquer consequências políticas. Visivelmente, ele está hoje buscando "no Sul metafórico" a resposta.

movimento sistemático de epistemícidios, como é que pode subsistir ainda hoje uma diversidade epistêmica "infinita"? A segunda tese é afirmada como evidência: há infinidade das diversidades epistêmicas do mundo, *logo* não há alguma possibilidade de desenvolver uma teoria capaz de explicar "o mundo" e, em particular (acrescento eu), a evolução do capitalismo globalizado;

> – "a alternativa a uma teoria geral consiste na promoção de uma ecologia de saberes combinados com tradução intercultural"

Pois, estamos aqui na culturalização completa da luta política emancipalista, cujo método e, quiçá, o fim, é simplesmente a promoção de um igualitário "diálogo de saberes" sem mais falar em lutas de classes.[77] Afinal, a reivindicação política limita-se à afirmação das várias maneiras de viver e pensar no mundo, um pouco à maneira de Dipesh Chakrabarty *supra* citado.

Queria voltar um pouco mais sobre a tese de que "nenhuma teoria geral pode almejar compreender" a "diversidade epistêmica infinita do mundo". B. de Sousa Santos exprimiu-a várias vezes de outra maneira: "não precisamos", diz, "de uma teoria geral, mas ainda precisamos de uma teoria geral sobre a impossibilidade de uma teoria geral".[78] Aqui, mais uma vez, penso que há confusão.

De um lado, numa perspectiva emancipalista, é muitíssimo importante reconhecer as modernidades alternativas (ou, nas palavras de Sousa Santos, "os conhecimentos rivais"). Não é importante somente do ponto de visto epistemológico, mas também diretamente do ponto de visto político. Só um exemplo: durante a luta dos indígenas kayapós contra a barragem gigante de Belo Monte no rio Xingu (Estado do Pará, Brasil), a ideologia produtivista dos governos (incluindo petistas) traduziu-se pela afirmação de que não se podia deixar que

---

[77] "Epistemologias do Sul: Boaventura de Sousa Santos em diálogo…", *op. cit.* É de reparar que essas citações foram extraídas de um texto de enfoque pedagógico introdutivo a uma universidade de verão organizada em 2016 pelo projeto de pesquisa "Alice" dirigido por B. de Sousa Santos. Se poderia pensar que, assim sendo, algumas formulações possam ser sujeitas a simplificações: mas de um lado, encontra-se elas em termos quase idênticos em obras do autor, e de outro lado e sobretudo, é muito bom ver o que resulta dessa conceptualização quando do que se trata é convencer estudantes, ativistas, etc.

[78] Boaventura de Sousa Santos, "O futuro do Fórum Social Mundial; o trabalho de tradução", *Osal (Observatorio Social de América Latina, CLACSO)*, V (15), 2004: 77-90.

tal bacia hidrográfica com forte potencial elétrico não fosse "bem explorada" em prol do "povo brasileiro"; o fato de isto comprometer gravemente a vida de uma nação índia não foi considerado relevante, a não ser em termos de indenização, isto é, da suavização de uma decisão inquestionável. O paradigma de vida representado pela companhia Eletronorte, típica da ideologia do desenvolvimento, foi (e permanece) o único válido, a salvaguarda de uma outra maneira de viver, não produtivista, não sendo relevante. Pois, a defesa do direito dos indígenas a continuar a viver em sua terra implicava o reconhecimento da relevância do seu sistema de pensamento. Logo, fica claro aqui que o reconhecimento da diversidade epistêmica da humanidade é uma questão política de maior importância.

Mas, de outro lado, mesmo se seguirmos a afirmação (que critiquei) de que ainda existe uma *infinidade* epistêmica no mundo, isso implicaria a impossibilidade de uma teoria geral? São coisas completamente diferentes. A possibilidade de uma teoria geral não é inviabilizada pelo fato de haver uma profusão de sistemas epistêmicos locais pelo simples fato de que uma teoria geral nunca é o resultado mecânico da confluência de epistemes locais. Ela pode resultar, sim, sendo "eurocêntrica" (preferia dizer "capitalistocêntrica" uma vez que não se trata da "Europa", mas do capitalismo central), mas será isso fatal? Sousa Santos muitas vezes cita o marxismo como sendo um bom exemplo deste eurocentrismo, mas ainda menos do que Aníbal Quijano, nunca fundamenta o que para ele é um dado: marxismo = eurocentrismo, ponto final. Em particular, nunca faz a distinção entre marxismo ou stalinismo (isto é, entre revolução e contra-revolução). Obviamente, uma teoria geral completamente internacionalista traz dificuldades: mas será que o progresso das lutas ambientais, feministas (incluindo do "Sul"),[79] LGBTQ, a luta dos Zapatistas, as revoluções árabes apesar das suas derrotas[80] etc., não enriqueceram consideravelmente as teorias "gerais" emancipalistas, a começar pelo marxismo do século XXI? O capitalismo não entra nessas questões e bem sabe que a sua grande narrativa de naturalização da exploração é necessária. Na época da globalização que mexe na totalidade das

---

79 Em particular, o feminismo transnacional decolonial negro, ou o feminismo muçulmano etc.
80 Gilbert Achcar, *Symptômes morbides. La rechute du soulèvement arabe*, Arles: Sindbad/Actes Sud, 2016.

maneiras de ser e estar na humanidade, é estranho não pensar que isso mesmo abre a *possibilidade* e a *necessidade* de uma teoria geral emancipalista. Sousa Santos é muito pós-modernista nesta ótica. Mas, pode-se fazer uma pergunta: desde 1979, quando Jean-François Lyotard publicou *La condition postmoderne. Rapport sur le savoir*,[81] isto há quase quarenta anos, quais foram as consequências políticas concretas de tal filosofia? Nenhuma.

Por fim, Sousa Santos afirma que "ainda precisamos de uma teoria geral sobre a impossibilidade de uma teoria geral". A fórmula é bonita, mas o que significa concretamente? Já podemos constatar que, de uma certa maneira, ainda é preciso uma certa teoria geral para uma necessidade particular (fundamentar a impossibilidade de uma teoria geral). Gostaria de ver o que Sousa Santos desenvolveria para fundamentar esta teoria geral da impossibilidade de uma teoria geral: para comprovar a dita impossibilidade, ele teria que desenvolver, afinal, uma teoria classicamente... geral. Para evitar esta armadilha, ele propõe não seguir a sua proposta (definir uma teoria geral da impossibilidade de uma teoria geral) mas, como vimos, uma "ecologia de saberes combinados com tradução intercultural", onde os Fóruns Sociais Mundiais seriam um palco paradigmático. Eis de novo a luta mundial para a emancipação reduzida a um diálogo igualitário entre epistemes em iniciativas reduzidíssimas, mesmo que politicamente importantes.

Vale a pena citar uma passagem em que Boaventura de Sousa Santos dá sua análise pessoal do significado dos Fóruns Sociais Mundiais, em 2004:

> A teoria política da modernidade ocidental, tanto na versão liberal como na marxista, construiu a unidade na acção política a partir da unidade dos agentes. De acordo com ela, a coerência e o sentido da transformação social baseou-se sempre na capacidade do agente privilegiado da transformação, fosse ele a burguesia ou as classes trabalhadoras, representar a totalidade da qual a coerência e o sentido derivavam. De uma tal capacidade de representação provinham, quer a necessidade, quer a operacionalidade, de uma teoria geral da transforma-

---

81 Edição em língua portuguesa: Jean-François Lyotard, *A condição pós-moderna*, Lisboa: Gradiva, 1989.

ção social. A utopia e a epistemologia subjacentes ao FSM [Fórum Social Mundial] colocam-no nos antípodas dessa teoria. *A extraordinária energia de atracção e de agregação revelada pelo FSM reside precisamente na recusa da ideia de uma teoria geral.* A diversidade que nele encontra um abrigo está livre do receio de ser canibalizada por falsos universalismos ou por falsas estratégias únicas avançados por uma qualquer teoria geral. *O FSM sublinha a ideia de que o mundo é uma totalidade inesgotável, dado que possui muitas totalidades, todas elas parciais.* Por conseguinte, não faz sentido tentar apreender o mundo a partir de única teoria geral, pois *uma tal teoria irá pressupor sempre a monocultura de uma dada totalidade e a homogeneidade das suas partes.* O tempo em que vivemos, cujo passado recente foi dominado pela ideia de uma teoria geral, é talvez um tempo de transição que pode ser definido da seguinte maneira: não precisamos de uma teoria geral, mas ainda precisamos de uma teoria geral sobre a impossibilidade de uma teoria geral. Isto é, *precisamos de um universalismo negativo* que possa dar lugar às ecologias de saberes e práticas transformadoras. Qual é a alternativa a uma teoria geral? Em minha opinião, a alternativa a uma teoria geral é o trabalho da tradução. A tradução é o procedimento que permite criar inteligibilidade recíproca entre as experiências do mundo, tanto as disponíveis como as possíveis, tal como são reveladas pela sociologia das ausências e pela sociologia das emergências, sem pôr em perigo a sua identidade e autonomia, sem, por outras palavras, reduzi-las a entidades homogéneas. [grifo meu].[82]

É de notar que, nos anos subsequentes, Sousa Santos se mostrou bastante inquieto frente ao declínio dos FSM. Mas fica claro aqui que a bela vontade de *coordenação mundial das lutas* (sociais, ambientais e feministas) exprimida pelos participantes dos FSM é analisada por Sousa Santos, *ao contrário,* como uma vontade de "universalismo negativo", isto é um anti-universalismo (mesmo se for

---

82 Boaventura de Sousa Santos, "O futuro do Fórum Social Mundial...", *op. cit.,* pp. 78-79.

de universalismo concreto que se trata). Há quem possa desenvolver uma análise totalmente oposta, vendo nos FSM, depois da queda do stalinismo e do seu dito "internacionalismo proletário" e frente à globalização em curso, isto é, diante do fracasso de duas grandes narrativas, a busca por uma nova teoria geral de emancipação, por uma nova grande narrativa, de um novo internacionalismo.

Unindo ocidentalismo e orientalismo

Na prática, este "sulismo" subalternista é uma forma de "ocidentalismo", uma invenção e essencialização do "Ocidente" (ou da "Modernidade"), isto é, uma inversão mecânica do orientalismo. Mas, ao invés do ocidentalismo que existiu no império otomano a partir do século xix[83] e que existe ainda hoje como forma de reação ao orientalismo ocidental, o "sulismo" de que falamos aqui é um ocidentalismo ao mesmo tempo inventado por pessoas do Ocidente e do "Sul".[84] Mas este "sulismo" também inventa e essencializa o "Sul". Pode-se pensar então na crítica de Gilbert Achcar contra o que ele qualificou de *"orientalisme à rebours"*, orientalismo invertido, mas ainda orientalismo.[85]

Deve-se fazer última pergunta sobre este assunto: quais são as consequências concretas dessa teoria em termos de luta prática? Já fazem mais de dez anos que Boaventura de Sousa Santos e sua escola de pensamento estão se esforçando para "aprender com o sul". Mas ainda não se vislumbra alguma lição que permita melhorar as lutas no Norte ou as lutas de solidariedade internacional. Não se pode eternamente exaltar formas de comunidade rural índia[86] – que é que vamos fazer com isso em São Paulo, Lisboa, Paris, ou na África? Se uma te-

---

83 Arzu Etensel Ildem, "Occidentalisme versus orientalisme: l'Europe à l'image des intellectuels ottomans à la fin du xixe et au début du xxe", *Frankofoni* (Ancara), 2010, <http://lire.ish-lyon.cnrs.fr/IMG/pdf/arzu_etensel_ildem.pdf>, acessado em 15 de março de 2017. Não estou falando aqui do ocidentalismo russo no império dos Czar, que era meramente uma tendência ocidentalófila na intelligentsia russa liberal.

84 Com efeito, a teoria das epistemologias do Sul tem um certo sucesso na América latina, mas isso não muda o fato de ser um ocidentalismo.

85 Gilbert Achcar, "L'orientalisme à rebours: sur certaines tendances de l'orientalisme français après 1979". In: *Marxisme, Orientalisme, Cosmopolitisme,* Paris: Sindbad/Actes Sud, Arles, Paris, 2015, pp. 53-91.

86 Conferir nota 39 da introdução.

oria de emancipação não traz qualquer ferramenta nova para as lutas concretas, não faz sentido.

No entanto, como vimos, é claro que os movimentos sociais precisam imperativamente de diálogo igualitário e solidariedade em escala mundial. Mas não era isso que significava um conceito bem antigo e já fora de moda, do qual eu gosto muito: o internacionalismo?[87]

Jogar fora o bebê com a água suja do banho?

Para acabar, voltarei às considerações mais gerais pelas quais comecei. Fui muito crítico frente às teorizações póscoloniais, incluindo a teoria da colonialidade. Fiz uma crítica à parte às "epistemologias do Sul". Mas será que se deve jogar fora o bebê com a água suja do banho? Mesmo do ponto de vista marxista que é o meu, não haveria nada a aprender? Certas análises que se pensavam marxistas foram ultra-classistas na medida em que consideravam que só o movimento social oriundo do proletariado, que só as identidades de classe eram relevantes. O resto era secundário. Até o feminismo foi dificilmente aceito no início nessas hostes, considerado como "pequeno-burguês". Na extrema-esquerda, foi difícil, no início, aceitar reuniões não mistas de mulheres. Hoje em dia, a vontade de vez em quando exprimida por subalternos no centro do mundo (em França, usa-se a expressão de *"racisés"* – racializados) de organizar reuniões onde só eles poderiam aparecer foi fortemente criticada, até pelo primeiro ministro francês de então, Manuel Valls, que os acusou de racismo! Belo exemplo de universalismo *abstrato* dado pelo dirigente socialdemocrata francês.

---

87 Hoje em dia, ao conceito de "internacionalismo" é frequentemente preferido o de "transnacionalismo", isto é, uma interligação crescente entre povos sem passar pela intermediação dos Estados. Mas aqui acontece uma deriva. "Internacionalismo" significa exatamente isso (interligações entre nações: inter-nacionalismo). Mas o fetichismo do Estado é tão forte que "internacionalismo" acabou significando "inter-etatismo" (por exemplo, as "relações internacionais" são entendidas antes de tudo como as relações entre Estados). Pois, inventou-se uma palavra nova – transnacionalismo – para exprimir exatamente o que queria dizer a palavra antiga – internacionalismo. Mas assim sendo, capitula-se frente ao fetichismo do Estado. Por isso, pessoalmente, mantive sempre o substantivo de "internacionalismo" ou o adjetivo "internacional", salvo quando uma comunidade se caracteriza pelo pertencimento a duas ou mais identidades nacionais, saltando permanentemente entre várias identidades e criando assim uma nova (que é o caso de certas diásporas).

Precisamente porque a expansão do capitalismo não foi sinônimo da expansão do modo de produção capitalista, houve situações onde o que se expandiu foi *a subalternização de sociedades em vez da sua proletarização,* com todas as consequências culturais que isso pode trazer. Nesse sentido, os estudos pós-coloniais (quando não influenciados demais pelo pós-modernismo), em particular aqueles em termo de colonialidade, parecem-me de grande utilidade. Mas justamente, será que o conceito de colonialidade é afinal diferente do antigo conceito de terceiro-mundo, ou ainda de periferia do capitalismo?

Esses conceitos incidem sobre realidades próximas, mas não idênticas. A "periferia do capitalismo" é um conceito relativo que "posiciona" certas sociedades frente ao centro do capitalismo, mas não diz nada sobre as suas formações sociais. O "terceiro-mundo" não pode ser sinônimo de colonialidade por várias razões. Em primeiro lugar, a colonialidade é um fenômeno mundial: se é verdade que grandes massas humanas vivem sob este regime no terceiro-mundo, a colonialidade concerne também os Estados do capitalismo central que, por sua vez, também desenvolvem formas de exploração não capitalistas de dominação capitalista nas suas relações com a periferia do capitalismo e até com certos estratos sociais nas suas próprias sociedades. Em segundo lugar, em certos países (ou pelo menos regiões) do terceiro-mundo, é o modo de produção capitalista que é doravante totalmente hegemônico sem, no entanto, diminuir a grande dependência (e não somente interdependência) das economias desses países para com os do capitalismo central. Certos países da periferia são doravante profundamente industrializados, com proletariados bem constituídos (Coreia do Sul, certas regiões da China e da Índia), com grandes empresas modernas, sem que se possa afirmar, no entanto, que, como países, saíram do terceiro-mundo.[88]

---

[88] Não se pode aqui entrar numa discussão das definições possíveis do terceiro-mundo. Um pouco como tentei fazer aqui com a colonialidade, tentei, em tempo, dar uma definição materialista do terceiro-mundo, não em termo de pobreza ou de localização mais de estruturação social: "...la question déterminante n'est pas tant de repérer s'il existe ou non une économie de marché – pratiquement partout, il en existe aujourd'hui au moins de consistants rudiments – mais s'il existe ou non, en telle ou telle région, *la chaîne complète des milieux sociaux normalement nécessaires [à la reproduction du] capitalisme.* C'est l'amputation de ce "capitalisme complet" qui sera l'indice majeur de l'appartenance au tiers monde, car le capitalisme incomplet est nécessairement dépendant des régions du monde où il est complet pour l'accomplissement de certaines tâches qui sont indispensables à sa reproduction."

Hoje em dia, a permanência da colonialidade em partes importantes do planeta faz-se obviamente mais e mais em conjunto com o avanço do modo de produção capitalista, mas de modo não linear e desigual. Isso não significa que a expansão capitalista se faz sempre em modo de colonialidade: já citamos *supra* as áreas gigantescas que o capitalismo recuperou depois da queda do stalinismo senil na URSS e da transição na China, onde a expansão capitalista opera principalmente pela *expansão direta do modo de produção capitalista*. Mas nas áreas mais antigamente moldadas pela expansão colonial, onde reinam formas de exploração não capitalistas de dominação capitalista e vivem muitas formações sociais produzidas por esta história, é muito provável que o capitalismo não tenha interesse em impor rapidamente demais a generalização do modo de produção capitalista. A articulação dos modos de produção é que vai permanecer durante um longo período, sob hegemonia capitalista global.

No entanto, o modo de produção capitalista é *condenado a avançar* porque é um modo de produção que só pode sobreviver às suas contradições internas pela expansão produtivista. Mas já tem que digerir os espaços pós-stalinianos e pode expandir-se internamente, transformando em valor de mercado o que era valor de uso, como os serviços públicos, a água, o ar, etc.

O conceito de colonialidade permite estudar sociedades inteiras e questionar a natureza dos estados da periferia que podem permanecer estados coloniais, ou mesmo aparecer como tal depois de uma independência sem descolonização; permite estudar a natureza dos movimentos sociais indígenas, não só como "comunitários", mas de descolonização e deslatinização da América Latina; permite estudar, no Brasil ou nas Antilhas, a criouização como um fenômeno *americano* de produção de novas identidades e não de "afro-descendência";[89]

(Michel Cahen, "Le tiers monde quand même. Réflexions pour un nouveau dépendantisme", in Pierre Dubosc et alii (eds), *Le monde et la centralité. Actes 2, 2002*, Pessac (França), Centro de pesquisa TIDE-CNRS, 2003 [2ᵉ éd. revista e corrigida], pp. 689-719, p. 699 (<https://halshs.archives-ouvertes.fr/halshs-00150003>).

89 Uso aqui o conceito de criouização enquanto categoria de análise e não de sentido visto ser bem conhecido que, no Brasil, diferente das Antilhas, "crioulos" não corresponde a uma autodesignação, sendo até, um qualificativo bastante pejorativo. Mas por que é que se fala em "afro-descendência", gerações depois da chegada dos escravos, no Brasil, e não em "luso-descendência", "italo-descendência", "germano-descendência", etc.? Seriam somente os brasileiros negros que seriam "descendentes", uma "descendência" essencializada que

as fronteiras dos estados africanos como fundadoras da sua colonialidade (embora de modo diferente dos estados latino-americanos); o espaço como marcador da colonialidade, seja nos Estados Unidos, no Brasil, na Austrália, na Argentina, mesmo quando os indígenas quase desapareceram[90] etc.

O último período de expansão capitalista

O capitalismo conhece hoje o seu último período possível de expansão no planeta. Depois, terá que enfrentar diretamente as suas contradições internas, incluindo ambientais. Mas isso pode demorar algumas gerações, durante as quais muitas centenas de milhões de habitantes continuarão a viver sob o regime da colonialidade. Os atentados em Paris de novembro de 2015 não são "pós coloniais" mas com certeza são o produto da permanência da colonialidade, um aspeto central do lado obscuro do capitalismo tardio.[91]

São Paulo, 15 de setembro de 2013
Lisboa, 15 de novembro de 2015
Lisboa, 17 de março de 2017

---

definiria ainda hoje a sua identidade quando os outros seriam simplesmente... brasileiros?
90 A eliminação dos indígenas criou uma situação – um "espaço" – que produziu a capacidade do capitalismo em estender-se no interior desses países sem ter que fazer conquistas coloniais formais no exterior. Pois, a própria existência deste "espaço" é, ainda hoje, estruturante destes países capitalistas: bem é um marcador da colonialidade deles. A "Conquista del desierte" na Argentina (1878-1885) foi um cínico exemplo disso: por que é que era preciso conquistar militarmente um espaço se fosse deserto? Pode-se dizer a mesma coisa da conquista do "Oeste" americano, ou dos Bandeirantes no Brasil, etc.
91 Walter D. Mignolo, *The Darker Side of Western Modernity: Global Futures, Decolonial Options (Latin America Otherwise)*, , Londres: Durham, Duke University Press, 2011.

Parte I

Pós(-)colonial, uma abordagem
teórica em busca da sua própria realidade?

2

Rosa Luxemburgo e a expansão do capitalismo: uma chave marxista para compreender a colonialidade?[1]

Isabel Loureiro

> *Para os economistas e políticos burgueses liberais, ferrovias, fósforos suecos, esgotos e lojas significam 'progresso' e 'civilização'. Essas obras em si, enxertadas nas condições primitivas, não significam civilização nem progresso, porque são compradas ao preço da rápida ruína econômica e cultural dos povos, os quais sofrem de uma só vez todas as calamidades e todos os horrores de duas épocas: a das relações de dominação da economia natural tradicional e a da exploração capitalista mais moderna e refinada.*
>
> Rosa Luxemburgo, *A crise da social-democracia*, 1916.

---

[1] 'Versão ampliada do artigo "Die Aktualität von Rosa Luxemburgs 'Akkumulation des Kapitals' in Lateinamerika", *Jahrbuch für Forschungen zur Geschichte der Arbeiterbewegung*, maio 2013, e da contribuição apresentada no Colóquio Internacional "Pós-colonialismo? Conhecimento e política dos subalternos" (USP, 17/19 de setembro de 2013). Uma versão condensada foi publicada em Jörn Schütrumpf (org.), *Rosa Luxemburgo ou o preço da liberdade* (São Paulo: Fundação Rosa Luxemburgo, 2015).

Rosa Luxemburgo foi ao mesmo tempo marxista ortodoxa – nos escritos de juventude e naqueles de caráter mais doutrinário de divulgação do marxismo – e não-ortodoxa – sobretudo na sua obra de economia política. É precisamente em virtude da sua não-ortodoxia que essa obra continua atual, sobretudo nos antigos países coloniais. Este artigo tem como objetivo mostrar de que modo *A acumulação do capital* (1913), a mais importante obra de economia política da revolucionária polonesa-alemã, contém ideias que ajudam a entender a presente fase da acumulação do capital na América Latina.

Como se sabe, esse livro de 1913 foi criticado por várias gerações de economistas. Mesmo os que simpatizam com as ideias de Rosa reconhecem o fracasso da solução encontrada por ela para os problemas da teoria da acumulação de Marx. Contudo, existem outras leituras que, deixando de lado os erros técnicos e teóricos da sua análise, enfatizam que Rosa foi a primeira marxista a compreender o *capitalismo como um sistema mundial*. Nessa perspectiva, ela aparece como a teórica que, pela primeira vez, deu lugar permanente, na civilização ocidental, aos países da periferia do capitalismo, não somente porque serviram como fonte de acumulação primitiva do capital, mas porque *sempre*, desde a época da colonização até agora, foram um elemento imprescindível do desenvolvimento capitalista mundial. Essa novidade foi reconhecida na América Latina dos anos 1970 por intelectuais de esquerda não-stalinistas[2] que se deram conta de que ela havia tido uma intuição original (que não desenvolveu) ao enfatizar a unidade dialética entre metrópole e periferia: o sistema capitalista mundial, no seu processo de constituição histórica, gerava o subdesenvolvimento na periferia como um aspecto complementar do desenvolvimento nos países centrais. Nesse sentido, ela teria antecipado 60 anos antes as conclusões a que chegou a teoria da dependência.

Vejamos brevemente do que tratam os capítulos históricos de *A acumulação do capital* (sete de um total de trinta e dois), os mais relevantes da obra,

---

2 *Cf.* Narihiko Ito, "Die Entstehung der 'Akkumulation des Kapitals' von Rosa Luxemburg und ihre Aktualität". In: *Wegweiser zum Gedanken Rosa Luxemburgs*, Tokyo: Jungetsusha, 2007; Isabel Loureiro, "Die Aktualität der Ideen Rosa Luxemburgs aus brasilianischer Sicht". In: Narihiko Ito, Annelies Laschitza, Ottokar Luban (org.), *Rosa Luxemburg. Ökonomische und historisch-politische Aspekte ihres Werkes*, Berlin: Dietz, 2010.

nos quais a autora analisa em detalhe como as economias não-capitalistas são transformadas à força em economias capitalistas.

Rosa Luxemburgo queria resolver um dos problemas centrais da teoria da acumulação de Marx que considerava incompleta e incorreta e, caso fosse bem sucedida, encontrar a chave para a explicação econômica do imperialismo. A partir daí critica os esquemas no volume II de *O capital*, que demonstram matematicamente a possibilidade de uma acumulação ilimitada do capital. Segundo ela, o ponto fraco das considerações de Marx consistia na análise do processo de acumulação num "sistema fechado", composto apenas de capitalistas e proletários, embora reconheça que essa hipótese teórica visava apenas a simplificar o estudo dos problemas. Além disso, assinala que em várias passagens Marx observa que a produção capitalista não é a única existente na face da Terra.

Rosa desenvolve essa observação de Marx, mostrando que, mesmo nos países em que predomina a grande indústria – caso da Europa – continuam existindo empresas artesanais, camponesas, havendo inclusive países em que elas prevalecem (Rússia, Bálcãs, Espanha, Escandinávia); o mesmo se passa nos outros continentes onde a coexistência entre a produção capitalista (minoritária) e as estruturas econômicas que abarcam desde o comunismo primitivo até formas camponesas e artesanais de produção é uma evidência empírica. Rosa procura mostrar assim que coexistem várias formas de produção, tanto na Europa quanto nos países coloniais. Desde o início da era capitalista ocorrem trocas intensas entre essas formas de produção não-capitalistas e o capital europeu, e essas trocas são sempre desiguais e violentas:

> A troca do capital com seu meio não-capitalista se choca em primeiro lugar com as dificuldades da economia natural, com a segurança e a estabilidade das relações sociais, com as necessidades limitadas da economia camponesa patriarcal assim como do artesanato. Aqui o capital recorre aos 'meios heróicos', ao machado (*zur Axt*) da violência política. Na Europa, seu primeiro gesto foi a superação revolucionária da economia natural feudal. Nos países ultramarinos o capital marcou sua entrada na cena mundial submetendo e destruindo as comunas tradicionais; desde então esses atos acompanham constantemente a acumulação. É pelas ruínas

das relações primitivas, da economia natural, camponesa e patriarcal desses países que o capital europeu abre caminho à troca e à produção de mercadorias capitalistas e acelera ao mesmo tempo sua própria acumulação, pilhando diretamente os tesouros e as riquezas naturais armazenadas pelos povos subjugados.[3]

Acrescente-se a isso, a partir do início do século XIX, a exportação do capital acumulado e a exportação de investimentos para fora da Europa – ou seja, a troca constante com camadas e países não-capitalistas, acumulando às suas custas e ao mesmo tempo destruindo-os para pôr-se em seu lugar –, além dos gastos militares por parte do Estado, e teremos um quadro historicamente real do desenvolvimento do capitalismo. Porém, à medida que aumenta o número de países capitalistas em busca de territórios para acumulação e à medida que estes diminuem, "tanto mais as incursões do capital no cenário mundial se transformam numa cadeia de catástrofes econômicas e políticas: crises mundiais, guerras, revoluções."[4] Com o passar do tempo a acumulação tornar-se-ia impossível por falta de espaços não-capitalistas e o capitalismo chegaria ao fim. Mas antes que isso ocorresse, Rosa acreditava que as massas populares entrariam em ação para impedir que a humanidade submergisse na barbárie.

A grande originalidade de Rosa Luxemburgo, que não foi levada em conta pelo marxismo ortodoxo no século XX, consiste em ter percebido que "a pilhagem que ocorre nos países coloniais por parte do capital europeu", que Marx restringia ao período da "acumulação primitiva", é uma característica do capitalismo "mesmo em sua plena maturidade".[5] Nas suas palavras:

> já não se trata de acumulação primitiva, mas de um processo que prossegue inclusive em nossos dias. [...] O capital não conhece outra solução senão a da violência, um méto-

---

3 Rosa Luxemburg, "Die Akkumulation des Kapitals oder Was die Epigonen aus der Marxschen Theorie gemacht haben – eine Antikritik von Rosa Luxemburg". In: *Gesammelte Werke* 5, Berlim, Dietz Verlag, 1985, pp. 429-30. Trad. brasileira: Rosa Luxemburg, *A acumulação do capital*, vol. II, São Paulo: Nova Cultural, 1988, p. 113.

4 *Idem, ibidem*.

5 Rosa Luxemburg, *A acumulação do capital*, op. cit., p. 28.

do constante da acumulação capitalista no processo histórico, não apenas por ocasião de sua gênese, mas até mesmo hoje. Para as sociedades primitivas, no entanto, trata-se, em qualquer caso, de uma luta pela sobrevivência; a resistência à agressão tem o caráter de uma luta de vida ou morte levada até o total esgotamento ou aniquilação.[6]

Assim, nas leis da acumulação do capital, Rosa Luxemburgo acredita ter encontrado as raízes econômicas do imperialismo que, no seu entender, "não é senão um método específico da acumulação."[7] Na boa formulação de Paul Singer para quem a posição de Rosa é diferente da de Lênin:

> para ela o imperialismo *não* é um estágio do capitalismo, é uma característica central do próprio capitalismo desde sempre. Desde o início, o capitalismo precisou capturar mercados externos para ter a razão de ser da sua própria expansão. O capitalismo se expande via Estado, via conquista, transforma economias naturais que não são mercantis em economias de mercado. [...] Esse tipo de interpretação, a meu ver, é extremamente fecundo e interessante para se aplicar a um país como o Brasil.[8]

A posição de Rosa Luxemburgo a favor dos países periféricos – segundo Mario Pedrosa, "o espírito menos europeu-centrista de todos"[9] – foi um dos fatores que estimulou o interesse dos socialistas latino-americanos por sua obra. Enquanto para Marx os lucros procedentes das colônias eram só um elemento entre outros similares que explicavam a acumulação primitiva, para Rosa, como

---

6 *Idem*, p. 32, 33.
7 Rosa Luxemburg, "Die Akkumulation... – eine Antikritik", *op. cit.*, p. 431.
8 Paul Singer, "A teoria da acumulação do capital em Rosa Luxemburg. In: Isabel Loureiro e Tullo Vigevani (org.), *Rosa Luxemburg, a recusa da alienação*. São Paulo: Editora UNESP/FAPESP, 1991, p. 85. Também Mario Pedrosa, para quem a abordagem de Rosa Luxemburgo tinha uma "profunda originalidade", entende que para ela o imperialismo era "o primeiro ato de nascimento do capitalismo" (*A crise mundial do imperialismo e Rosa Luxemburgo*, Rio de Janeiro, Civilização Brasileira, 1979, p. 69).
9 Mario Pedroza, *A crise mundial...*, *op. cit.*, p.17.

dissemos, as regiões não-capitalistas ocupavam uma função necessária no desenvolvimento das metrópoles.[10]

Já na década de 1970, Mário Pedrosa se inspira nessa obra de Luxemburgo para analisar a crise daquela época, admitindo que ela tinha razão quando dizia que os métodos violentos da "acumulação primitiva", combinados com a força do dinheiro e da corrupção, continuavam a ser necessários à reprodução ampliada do capital. Esse mecanismo de "acumulação primitiva", que associa antigas formas de expropriação (privatização da terra e expulsão da população camponesa, mercantilização da força de trabalho e supressão de formas de produção e consumo autóctones, apropriação de recursos naturais, etc.) com novos mecanismos de mercantilização em todos os domínios é o que David Harvey chama de "acumulação por expropriação".[11] Para dar o passo que atualiza a concepção de Rosa, Harvey cita a passagem em que ela diz que a acumulação do capital apresenta dois aspectos distintos: um, formalmente pacífico, que se realiza nos "locais produtores de mais-valia"; o outro, que se realiza

> entre o capital e as formas de produção não-capitalistas. Seu palco é o cenário mundial. Aqui reinam como métodos a política colonial, o sistema de empréstimos internacional, a política das esferas de interesse, as guerras. Aqui a violência, a fraude, a repressão, o saque se apresentam de maneira totalmente aberta e sem disfarces dificultando, sob esse emaranhado de atos de violência política e demonstrações de força, a descoberta das leis férreas do processo econômico.[12]

E Rosa conclui (trecho que Harvey não cita) dizendo que economia e política estão intrinsecamente ligadas: "Na realidade, a violência política é também aqui somente o veículo do processo econômico; ambos os aspectos da acumu-

---

10 *Cf.* Fritz Weber, "Implicaciones políticas de la teoria del derrumbe de Rosa Luxemburg". In: J. Trías, M. Monereo (org.), *Rosa Luxemburg – actualidad y clasicismo*, Madrid, El Viejo Topo, 1999, p. 54.
11 David Harvey, *O novo imperialismo*. São Paulo: Loyola, 2004.
12 Rosa Luxemburg, *A acumulação do capital, op. cit.*, pp. 86-7. Tradução totalmente modificada segundo *Gesammelte Werke* 5, p. 97.

lação do capital estão organicamente ligados pelas condições de reprodução do capital, apenas juntos fornecem a carreira histórica do capital."[13]

Tendo em mente a observação de Luxemburgo sobre a permanência da acumulação primitiva, Harvey também constata que as práticas predatórias e violentas que ocorreram na Europa entre os séculos XV e XVIII, descritas por Marx (remoção dos camponeses de suas terras, mercantilização da força de trabalho, trabalho forçado, comércio de escravos, fim dos *commons*, extração do ouro e da prata e aniquilamento dos povos indígenas na América, apropriação violenta de ativos, inclusive de recursos naturais, sistema de crédito), não são restritas a uma etapa original do capitalismo, que inclusive não são externas ao capitalismo como sistema fechado, como supunha Luxemburgo, – ou seja, a violência é intrínseca, cada vez mais, ao próprio processo de trabalho – mas fazem parte desse processo em andamento.[14] Os exemplos são irrefutáveis: expulsão de camponeses e formação de um proletariado sem terra no México e na Índia (podemos acrescentar o Brasil) desde os anos 1970; privatização de recursos naturais, como água; privatização de indústrias nacionais; substituição da agropecuária familiar pelo agronegócio; persistência da escravidão (sobretudo no comércio sexual); o sistema de crédito e o capital financeiro se tornaram "grandes trampolins de predação, fraude e roubo."[15]

Além disso, foram sendo criados "mecanismos inteiramente novos de acumulação por expropriação",[16] novas formas de privatização dos bens comuns da humanidade: patentes de material genético e sementes; biopiratria em benefício de empresas farmacêuticas; destruição e mercantilização da natureza; mercantilização da cultura, da educação, privatização da saúde e das aposentadorias. A essa lista podemos acrescentar a "economia verde", com seus mercados de carbono, a mais recente fonte de acumulação primitiva.[17]

---

13 "Die Akkumulation des Kapitals", *Gesammelte Werke* 5, p. 398.
14 Ver também David Harvey, *O enigma do capital e as crises do capitalismo*. São Paulo: Boitempo, 2011, p. 47ss, 55, 93.
15 Harvey, *O novo imperialismo*, p. 122.
16 *Idem*, p. 123.
17 Ver Camila Moreno, "Las ropas verdes del Rey". In: Miriam Lang, Claudia López, Alejandra Santillana (org.). *Alternativas al capitalismo/colonialismo del siglo XXI*, São Paulo: Fundação Rosa Luxemburg, 2013.

A perspectiva de Rosa Luxemburgo assume assim nova atualidade na época da globalização. A expansão imperialista, que requeria a apropriação de regiões atrasadas do globo para serem transformadas em zonas capitalistas, foi um processo que praticamente se completou na segunda metade do século XX. Hoje as novas fronteiras de expansão capitalista já não são apenas territoriais (embora na América Latina também sejam) e sim econômicas, com a mercantilização de tudo o que ficou fora da esfera da valorização do valor. É contra esse processo de acumulação por expropriação que os movimentos socioambientais na América Latina, criaram, com enormes dificuldades, suas formas de resistência. Eles denunciam a simbiose entre Estado e grandes empresas como responsável por extorquir os meios de vida das camadas subalternas da sociedade – povos da floresta, indígenas, populações ribeirinhas, quilombolas, trabalhadores sem terra, pequenos agricultores – em favor da mineração e do agronegócio. Ou seja, naquilo que, numa síntese feliz, foi chamado de "consenso das commodities"[18] ou "neo-extrativismo progressista".[19]

Os movimentos de resistência à acumulação por expropriação, diferentemente do desenvolvimentismo socialista tradicional, que apoiava a modernização forçada ainda que à custa de terríveis sacrifícios (p. ex., coletivização forçada da agricultura na URSS, na China e no Leste europeu), valorizam formas sociais tradicionais e muitos deles, como os movimentos indígenas na América andina, não veem o desenvolvimento capitalista como progressista. Essas resistências múltiplas, permeadas de contradições internas, traduzem-se em lutas específicas contra alvos específicos: contra a construção de mega-represas na Índia e na América Latina; contra transgênicos; contra as madeireiras pela preservação das reservas florestais para os povos indígenas; contra o agronegócio e o uso de agrotóxicos etc. Harvey acredita que a luta anti-capitalista só poderá ser bem sucedida se unir as resistências progressistas locais e particulares contra a acumulação por expropriação (equivocadamente consideradas irrelevantes pelos

---

18 Ver Maristela Svampa, "Consenso de los *commodities,* giro ecoterritorial y pensamiento crítico en América Latina", *Revista Observatorio Social de América Latina* (Buenos Aires: CLACSO), vol. XIII, n° 32, novembro 2012.

19 Eduardo Gudynas, "Estado compensador y nuevos extractivismos – las ambivalencias del progresismo sudamericano", *Nueva Sociedad,* n° 237, janeiro-fevereiro de 2012. <www.nuso.org>.

movimentos comunistas e socialistas tradicionais)[20] com as lutas contra a reprodução ampliada, típicas da esquerda tradicional. Porém, considera que na acumulação por expropriação está "a contradição primária a ser enfrentada".[21]

América Latina hoje[22]

Hoje a América Latina é dominada por um modelo de produção apoiado na agroindústria, que tem algumas características importantes: 1. apropriação dos bens comuns; 2. reprimarização da economia,[23] quer dizer, a América Latina voltou a ser provedora de matérias primas para a economia mundial; 3. crescimento do processo de mercantilização da terra (inclusive para especulação, não para produção), o que aprofunda a concentração da propriedade da terra. Nesse processo, as empresas transnacionais, em que a agroindústria se sustenta, representam um papel fundamental. O outro lado da moeda são políticas sociais compensatórias, com um caráter meramente redistributivo, que não questionam esse modelo produtivo e destruidor do meio ambiente. Em resumo, um dos traços principais do processo político e econômico na América Latina é a perda de soberania sobre seus recursos naturais (hidrocarbonetos, minérios, água, biodiversidade). As transnacionais impõem um modelo voltado para a exportação de commodities, baseado na exploração indiscriminada desses recursos. Vamos aqui nos limitar a dois exemplos que se encontram no cone sul: produção de agrocombustíveis no Brasil[24] e produção de soja no Paraguai.

A indústria da cana de açúcar sempre foi vital para o Brasil desde a época da colônia. Da exportação de açúcar manufaturado à exportação de etanol, mais de um século se passou. A principal mudança de lá para cá está relacionada à presença crescente do capital internacional na indústria dos agrocombus-

---

20 Ver também *O enigma do capital, op. cit.,* p.114-16.

21 *O novo imperialismo*, p. 144.

22 *Cf.* II Encuentro de dirigentes sociales e intelectuales críticos de América Latina, Montevidéu, 2010. <http://www.rediu.org/principal.html>.

23 *Cf.* "Reprimarização faz economia brasileira retroceder", <http://www.ihuonline.unisinos.br/index.php?option=com_content&view=article&id=3405&secao=338>.

24 *Cf.* Maria Luísa Mendonça, "Monopólio da terra e produção de agrocombustíveis". In: *Direitos Humanos no Brasil 2010* – Relatório da Rede Social de Justiça e Direitos Humanos, São Paulo: Rede Social de Justiça e Direitos Humanos, 2010, pp. 57-63. [www.social.org.br]

tíveis[25] sem que isso signifique qualquer contradição entre o velho latifúndio e as "modernas" empresas transnacionais.

O atual crescimento econômico do Brasil está baseado na produção extrativista e agrícola para exportação (75%), concentrada nas mãos de empresas transnacionais; a produção de etanol é dominada pelas empresas petroleiras (British Petroleum, Shell, Petrobras); a concentração da terra cresceu (2006: 4,5 milhões de ha; 2010: 9 milhões de ha) assim como a violência contra os trabalhadores rurais nas regiões dominadas pelo agronegócio; a superexploração da mão de obra nas plantações de cana é um dos episódios mais vergonhosos da "modernidade" brasileira: um trabalhador é obrigado a colher de 10 a 15 toneladas por dia e recebe em média R$ 3,87 por tonelada;[26] denúncias de trabalho escravo nas plantações de cana são constantes,[27] assim como assassinatos de trabalhadores rurais, sobretudo na Amazônia. Mas a violência vai além disso. Pequenos camponeses no estado de São Paulo queixam-se de que suas propriedades ficam cercadas pela monocultura da cana que, entre outros problemas, ao utilizar aviões para pulverizar os agrotóxicos, contamina as plantações de alimentos, as fontes de água e os animais de toda a região. O mais espantoso nisso tudo é que o avanço territorial do monocultivo da cana é financiado por recursos públicos,[28] mostrando claramente a subordinação do Estado ao grande capital.

Em 2009/10, Brasil, Argentina e Paraguai foram responsáveis por 50% da produção mundial de soja.[29] A maior parte é exportada para a China, Japão e

---

25 A participação de empresas estrangeiras na indústria da cana cresceu de 1% em 2000 para 20% em 2010. Ver <http://www.social.org.br/revista-monopolio.pdf>, p. 15. Segundo o IBGE, a monocultura da cana no estado de São Paulo cresceu de 57,3% em 1995 para 73,2% em 2009.

26 Ver <http://www.social.org.br/revista-monopolio.pdf>, p. 24.

27 3 mil trabalhadores em média são libertados por ano nas plantações de cana de açúcar pelo Ministério do Trabalho.

28 No Plano Safra 2009/10, o agronegócio obteve R$ 93 bilhões, enquanto a agricultura camponesa conseguiu R$ 15 bilhões (ver Plano Agrícola e Pecuário 2009-2010/ Ministério da Agricultura, Pecuária e Abastecimento. Secretaria de Política Agrícola. Brasília, 2009, p.11). O agronegócio recebe crédito a uma taxa de juros negativa, suas dívidas são renovadas e as grandes dívidas anistiadas.

29 Cf. *Los impactos socioambientales de la soja en Paraguay – 2010*, BASE Investigaciones Sociales, *Repórter Brasil*, agosto de 2010. <http://www.baseis.org.py/base/leermas.php?noticia=171>.

UE, para a indústria alimentícia ligada sobretudo à produção de carne. A soja se expandiu nesses países devido ao baixo preço da terra. No caso do Paraguai o avanço da soja se deu a partir da fronteira com o Brasil, principalmente na última década, produzindo graves impactos ambientais (desmatamento,[30] alterações climáticas, contaminação de rios e fontes de água por agrotóxicos) e sociais (êxodo rural, super-exploração da mão de obra indígena, trabalho infantil e trabalho escravo) que afetaram seriamente as comunidades indígenas e camponesas. O que se passa atualmente no Paraguai em relação ao agronegócio repete o que aconteceu no Brasil a partir da década de 1970. A diferença é que os grandes produtores de soja no Paraguai são brasileiros, que atuam em conjunto com empresas transnacionais, e não paraguaios. Também aqui o Estado é omisso ou colabora na violação dos direitos coletivos e individuais das populações rurais, tanto indígenas quanto camponesas.

Outro modelo de desenvolvimento

Voltemos a Rosa Luxemburgo e ao parágrafo final de *A acumulação do capital*, que termina assim:

> O capitalismo é a primeira forma econômica com força para propagar-se, uma forma que tende a estender-se a todo o globo terrestre e a eliminar todas as outras formas econômicas, não tolerando nenhuma outra a seu lado. Mas ele é, ao mesmo tempo, a primeira forma econômica incapaz de subsistir sozinha, sem outras formas econômicas de que se alimentar. Tendo tendência a tornar-se uma forma mundial, ele sucumbe por sua capacidade intrínseca de existir como forma mundial da produção. O capitalismo é, em si, uma contradição histórica viva; seu movimento de acumulação é, ao mesmo tempo, a expressão, a solução progressiva e a potencialização dessa contradição. A certa altura do desenvolvimento essa contradição só poderá ser resolvida pela aplicação dos princípios do socialismo – daquela forma de economia que por

---

30 Em 1945, o Bosque Atlântico do Alto Paraná tinha 8 milhões de ha na Região Oriental do Paraguai, hoje está reduzido a 700 mil ha.

sua natureza é ao mesmo tempo um sistema internacional e harmônico, por não visar à acumulação, mas à satisfação das necessidades vitais da própria humanidade trabalhadora, por meio do desenvolvimento de todas as forças produtivas do planeta.[31]

Ao dizer que o socialismo pressupõe o desenvolvimento de todas as forças produtivas do planeta, a marxista Rosa Luxemburgo repete maquinalmente a fórmula de Marx, pois não podia imaginar naquela época o desastre ambiental e social implicado no fetichismo do desenvolvimento das forças produtivas, mais apropriadamente chamadas de "forças efetivamente destrutivas".[32]

Em nossos dias, mergulhados numa crise em que não podemos dissociar os problemas sociais dos ambientais, é possível rever "ecologicamente" a tão criticada tese central de *A acumulação do capital*. Enquanto Rosa Luxemburgo acreditava que o capital não podia acumular indefinidamente porque haveria limites geográficos para sua expansão, hoje a sua teoria da acumulação pode ser atualizada a partir da ideia dos recursos limitados. Ou seja, independentemente de o capitalismo ser dotado de infinita flexibilidade, de poder reproduzir-se para sempre (questão para a qual não há nenhuma resposta segura), o que interessa é o *custo* dessa expansão, a hipoteca que ela deixa, em termos sociais e ecológicos.[33]

Tocamos assim na questão mais crucial do nosso tempo: que modelo de desenvolvimento queremos para a América Latina? O atual modelo de "acumulação por expropriação" (ou de "consenso das commodities"), baseado num padrão econômico extrativista voltado para a exportação de commodities supõe uma "troca ecológica desigual", em que os países do Sul abastecem as economias

---

31 *Gesammelte Werke* 5, p. 411.

32 Ver Michael Löwy, *O que é ecossocialismo?*, São Paulo, Cortez, 2014, p. 49.

33 Ver Armando Fernández Steinko, *Rosa Luxemburgo, una teórica de los recursos limitados*. In: Trias, J.; Monereo, M. (org.). *Rosa...*, op. cit., p. 67. Ver também Ulrich Brand, Markus Wissen, "Crisis socioecológica y modo de vida imperial". In: Miriam Lang, Claudia López, Alejandra Santillana (org.). *Alternativas al capitalismo/colonialismo del siglo XXI*, São Paulo, Fundação Rosa Luxemburg, 2013, p. 456. Em *O fim do capitalismo como o conhecemos* (Rio de Janeiro, Civilização Brasileira, 2010), Elmar Altvater defende a tese de que o capitalismo, cuja expansão é indissociável do uso de energias fósseis, está esbarrando em limites intransponíveis não em virtude das contradições e crises internas, mas sobretudo por causa dos limites dos recursos naturais.

do Norte com matérias-primas baratas, contribuindo assim para que o custo de reprodução da força de trabalho seja mantido num nível rebaixado.[34] Além disso, implica práticas agrícolas insustentáveis: expansão das monoculturas, uso de agrotóxicos, degradação dos solos, desmatamento, resíduos tóxicos, destruição da biodiversidade, desperdício de recursos hídricos, poluição das fontes de água, risco para a segurança alimentar, aumento do preço dos alimentos.

Os debates que ocorrem no âmbito de uma parte dos movimentos socioambientais criticam o padrão consumista imposto pelo capitalismo e defendem um modelo de desenvolvimento alternativo, que alia os saberes locais, muitos de origem camponesa e indígena, às contribuições da tecnologia, desde que reconfigurada segundo um modo de vida justo, igualitário e ecológico. Um exemplo é a ideia de "bem viver" que, depois de um processo de ampla participação social, foi implantada nas constituições do Equador (2008) e da Bolívia (2009).[35]

É uma ideia complexa, proveniente das tradições e valores dos indígenas andinos, que consiste basicamente num novo modelo de vida, centrado na integração harmoniosa entre a sociedade e a natureza. Nesse sentido, apresenta-se como alternativa à concepção capitalista de progresso, baseado no crescimento sem limites e que ignora as externalidades negativas, tanto sociais quanto ecológicas. É amplamente reconhecido que a ideia de "bem viver" está em construção e, portanto, em disputa.[36] Segundo um de seus simpatizantes, seria "a contribuição específica que os povos originários de Abya Yala [América] oferecem à construção de uma nova civilização", e que poderia ser traduzida, em termos ocidentais, pela expressão "ecossocialismo" (Michael Löwy, Joel Kovel) ou "socialismo do bem viver" (Boaventura de Sousa Santos).[37]

Não podemos evidentemente esquecer os problemas que uma concepção originária das comunidades rurais indígenas enfrenta para convencer a popu-

---

34 Miriam Lang, Claudia López, Alejandra Santillana (org.), *op. cit.*, p. 462.
35 Além disso, a constituição do Equador também reconhece os direitos da natureza.
36 Ver Maristela Svampa, *op. cit.*, p. 24.
37 François Houtard, El concepto de sumak kawsay (buen vivir) y su correspondencia con el bien comun de la humanidad, s.d. In: <http://www.justiciaypazcolombia.com/IMG/pdf/buen_vivir.pdf>; Thomas Fatheuer, *Buen vivir, A brief introduction to Latin America's new concepts for the good life and the rights of nature*, Berlim: Heinrich Böll Foundation, 2011.

lação urbana de sua viabilidade.[38] Ela implica muitos desafios, dentre os quais o maior de todos talvez seja mudar o imaginário cultural, que se alimenta da ideia dominante de progresso e de que uma boa vida significa consumo contínuo de produtos efêmeros, programados para se tornarem rapidamente obsoletos.

Como contribuição para chacoalhar esse imaginário petrificado, vale a pena refletir sobre algumas propostas de ações concretas que traduzem na prática o conceito de bem viver ou de boa vida. No caso da América Latina, trata-se antes de mais nada de defender alternativas pós-extrativistas, que implicam redução drástica da exploração de minérios, de petróleo e de monoculturas;[39] encarar a energia como bem comum, como parte dos direitos coletivos, e não como mercadoria;[40] desenvolver a agroecologia em vez da agricultura industrial/química. Isso levaria a uma profunda transformação da vida rural e urbana, pois permitiria alimentação saudável, fruto de uma produção agrícola não dependente de agrotóxicos, voltada para o mercado interno e local, o que por sua vez eliminaria uma das maiores causas do efeito estufa, o transporte de alimentos por via aérea ao redor do mundo. Essas são reivindicações dos movimentos socioambientais que lutam por políticas públicas que permitam a transição do agronegócio à agroecologia. Essas medidas proporcionariam a construção de uma vida digna no campo, que, além da infra-estrutura básica, contaria com saúde, educação e cultura.[41] Para esses movimentos é nisso que consiste o progresso e a modernização.

O capitalismo sempre viu a destruição das culturas indígenas e camponesas como preço necessário da modernização e do progresso. No trecho citado

---

38 Para uma discussão sobre a apropriação urbana do bem viver na Bolívia, *cf.* Mario Rodríguez Ibáñez, "Resignificando la ciudad colonial y extractivista". In: Miriam Lang, Claudia López, Alejandra Santillana (org.), *op. cit.*, p. 249 ss.

39 Eduardo Gudynas, "Postextractivismo y alternativas al desarrollo desde la sociedad civil." In: Miriam Lang, Claudia López, Alejandra Santillana (org.), *op. cit.* Este artigo dá notícia da dificuldade, sobretudo no Brasil, de introduzir no debate público a discussão de alternativas ao desenvolvimento fundado no extrativismo.

40 Ver Pablo Bertinat, "Un nuevo modelo energético para la construcción del Buen Vivir." In: Miriam Lang, Claudia López, Alejandra Santillana (org.), *op. cit.*, p. 170.

41 Ver entrevista de Luis Andrango e José Cueva, "Una nueva política para el campo! La agricultura orgânica e campesina: saludable, sustentable y generadora de empleo". In: Miriam Lang, Claudia López, Alejandra Santillana (org.), *op. cit.*

como epígrafe Rosa Luxemburgo questiona esse tipo de modernização, não vendo nele uma alternativa a ser posta no lugar das culturas primitivas.

Tanto o capitalismo quanto o marxismo produtivista, ambos adeptos do desenvolvimentismo "fóssil", justificam a destruição das culturas indígenas e camponesas como preço necessário da modernização e do progresso. Não era o caso de Rosa Luxemburgo que em várias passagens de sua obra questiona esse tipo de modernização como alternativa a ser posta no lugar das culturas primitivas, tal como podemos ver pela epígrafe do presente artigo.

Numa carta à amiga Sonia Liebknecht, Rosa Luxemburgo lembra da profunda emoção que havia sentido, no seu tempo de estudante universitária em Zurique, ao ler um estudo sobre as culturas econômicas primitivas descrevendo a expulsão sistemática dos indígenas norte-americanos do seu território pelos europeus. Ela ficava desesperada:

> não apenas por aquilo ter sido possível mas também porque nada foi vingado, punido, desforrado. Eu tremia de dor por aqueles espanhóis, aqueles anglo-americanos já estarem mortos e putrefatos há muito tempo e não poderem ser despertados para serem submetidos eles mesmos a todos os martírios que causaram aos índios. Mas essas são ideias infantis, e assim também os pecados de hoje contra o Espírito Santo e toda a indignidade se perderão na desordem das contas históricas não saldadas...[42]

Será que mais uma vez a expropriação das camadas rurais subalternas se perderá "na desordem das contas históricas não saldadas"? Ou será que agora, em função da crise ecológica, os "atrasados" povos originários conseguirão finalmente se vingar da modernidade capitalista e levar adiante a sua ideia de bem viver? Essa é uma pergunta para a qual ainda não temos resposta.

---

42 Carta a Sonia Liebknecht, depois de 16 de novembro de 1917. In: Rosa Luxemburgo, *Cartas*, vol. III, São Paulo: Editora UNESP, 2011, p.310.

3

Frantz Fanon e a descolonização dos saberes

Matthieu Renault

É sob a perspectiva de uma "descolonização dos saberes" que consideramos a obra de Frantz Fanon.[1] Comecemos levantando as seguintes questões:

– quais são os efeitos teóricos gerados pela apropriação dos saberes europeus pelo exterior da Europa e contra a hegemonia europeia?
– como estes saberes são afetados e traduzidos quando mobilizados na luta contra a dominação colonial, quando são "voltados contra seus autores"?

---

1   Este artigo é uma versão traduzida e ligeiramente modificada de M. Renault, "Fanon e la decolonizzazione del sapere. Lineamenti di un' epistemologia postcoloniale". In: Mellino, M. (ed.) *Fanon postcoloniale. I dannati della terra oggi*, Verona: Ombre Corte, 2013, pp. 49-61. Agradeço a editora Ombre Corte pela autorização de reprodução.

Teorias viajantes: um discurso do método pós-colonial

Nossa hipótese é que o gesto pós-colonial de descentrar o Ocidente (de seu olhar e de seu lugar de enunciação) possui implicações cruciais não apenas para as teorias políticas e da sociedade, mas também para as teorias do conhecimento – logo, para a filosofia. O que está em jogo não é nada mais do que a formação de uma *epistemologia pós-colonial* que, como não poderia deixar de ser, ecoa e passa a se relacionar estreitamente com as pesquisas desenvolvidas no âmbito de teorias do gênero, especialmente com a construção de "epistemologias feministas". Esta teoria política do conhecimento é fundamentalmente reflexiva no sentido em que não pode se abster de questionar a própria epistemologia que, por sua vez, encontra-se no coração da produção do saber no Ocidente. Se pretendemos questionar o "saber", é igualmente necessário interrogarmos o seu *modus operandi:*[2] a epistemologia pós-colonial ou descolonial também deve ser uma epistemologia descolonizada.

Esta tentativa de descolonização epistêmica se inscreve claramente na linha de diversas iniciativas que buscaram desvendar as ligações íntimas entre relações de poder e fabricação do conhecimento. Contudo, enquanto que, para Foucault, o objetivo costumava ser o de reinjetar a "política" na história e na filosofia das ciências, nós propomos reinjetar o "epistemológico" no centro de discursos geralmente considerados como infra ou parateóricos (tal foi o destino dos escritos de Fanon reiteradas vezes); no centro dos "saberes sujeitados" que habitam as fronteiras da teoria, fronteiras cujo traço não é estrangeiro às divisões do espaço colonial e cuja "fixidez" também requer questionamento.

Mas o que é a descolonização dos saberes se não o próprio projeto da crítica pós-colonial, o projeto dos *postcolonial studies*? De fato e, para dizê-lo de maneira resumida, os *postcolonial studies* — inspirados pelos escritos de Foucault e, de forma geral, pela *French Theory* — dedicaram-se a desvendar e desfazer o nó entre "poder" e "saber" em situação colonial e pós-colonial. Tal iniciativa foi sucessivamente confundida com a crítica de inspiração gramsciana à hegemonia (pós-)colonial, traduzida como *nexus* da colonização dos corpos (pela força) e da colonização dos espíritos (pelo consentimento). Todavia, podemos indagar se tal abordagem não foi acompanhada por um enfraquecimento conceitual dos dois

---

2   Agradeço Lewis R. Gordon pelos conselhos preciosos a respeito deste tema.

componentes do duo saber/poder: por um lado, produziu-se um silenciamento do uso continuado da força pura (ou, em termos fanonianos, da violência) em situação pós-colonial – e ressaltaremos aqui a falta de teorização sobre a guerra (para além das lutas de hegemonia) na literatura pós-colonial –; por outro lado; a formação de uma certa retórica pós-colonial que, sem muita precaução, equacionou "pensamento ocidental" a colonização dos espíritos, frequentemente obstruindo o caminho de uma reflexão propriamente epistemológica acerca da(s) significação(ões) da descolonização.

Por conseguinte, pensamos que problematizar a descolonização dos saberes enquanto questão epistemológica *per se* é legítimo e, mais ainda, essencial. Porém, do que se trata a descolonização epistêmica mais precisamente? Podemos atribuir uma definição geral? Reconhecendo que a "desimperialização é um projeto em andamento" (Chen, 2010: 257), não pretendemos dar uma resposta definitiva a tais questões, nem ocultamos que nossa posição depende de um postulado (pela sua própria definição, não comprovado) que começa por enunciar o que esta descolonização não é: a descolonização dos saberes não é a inversão da lógica binária do colonialismo, a recusa e o banimento de teorias nascidas no Ocidente – ainda que tal exclusão/inversão possa se dar em um momento. Ademais, a descolonização epistêmica deve ser distinguida da reapropriação e do retorno do estigma (tal qual no movimento da Negritude, por exemplo), da revalorização de ideias e argumentos desvalorizadores. Enfim, a descolonização dos saberes não se limita à desconstrução do discurso colonial ou à crítica dos "saberes colonizantes", de saberes que participaram da legitimação, quiçá da realização da empresa colonial. Descolonizar os saberes significa, sobretudo, produzir variações das teorias nascidas no Ocidente, descentrá-las. Em outras palavras, significa deslocá-las, fazê-las viajar para além do Ocidente – a questão quanto a seu retorno não sendo menos capital.[3] Neste sentido, teorizar a descolonização epistêmica implica em analisar as leis de transformação que regem a formação das "teorias viajantes" em situação (pós-)colonial.

Acrescentaremos que esta perspectiva epistemológica que leva em conta os "locais do conhecimento" é atenta quanto aos processos de deslocalização e

---

3 Para tanto, basta referirmo-nos à recente introdução dos *postcolonial studies* na Europa continental e aos debates, críticas e resistências que a acompanharam, em especial na França.

relocalização dos saberes – processos que, por vezes, repousam em verdadeiras estratégias de deslocamento, especialmente na crítica pós-colonial – e também renova aquilo que comumente chamamos de "história das ideias", sua difusão, sua circulação, suas influências, etc. Portanto, trata-se de dar origem a uma geopolítica pós-colonial. Arriscamos outra hipótese: se há anos se multiplicam as teorias sobre dispersão, diásporas, deslocamento, migrações, exílio, etc., fazer destes objetos do saber instrumentos de conhecimento poderia se revelar interessante heuristicamente ao movimentá-los para um plano epistemológico com o intuito de pensar as transformações que afetam a "identidade" das teorias europeias em situação pós-colonial de dispersão.[4] A questão é conceituar aquilo que podemos chamar de "teorias de dispersão".[5]

Retornemos à conceptualização das teorias viajantes descritas por Said e Clifford. Said dedicou dois ensaios a este tema. Apesar de, no primeiro (Said, 1983), afirmar que a viagem das teorias, sua relocalização,[6] afeta e atenua seu potencial crítico, ele corrige sensivelmente este julgamento no segundo, "*Traveling Theory Reconsidered*" (Said, 2008) de 1994, no qual confere um poder de *reatualização* à "viagem" e podemos dizer que até mesmo um revigorar da teoria. Ora, ao lado de Adorno, é Fanon – leitor (presumido) de Lukàcs – que Said toma como exemplo. Mais de dez anos separam estes seus dois textos. Neste intervalo, Clifford publicou em 1992 seu célebre ensaio "*Travelling Cultures*" (Clifford, 1997), mas também publicou um texto menos conhecido, porém igualmente fascinante, no periódico *Inscriptions*, intitulado "*Notes on Theory and Travel*" (Clifford, 1989). No texto, Clifford saúda Said por ter apreendido a teoria "em termos de lugares e deslocamentos; de viagens", por ter "questionado a propensão da teoria em buscar um local estável, flutuando acima de

---

4   Isto já é feito em parte por Paul Gilroy em *O Atlântico Negro* com relação às figuras de W.E.B. Du Bois e Richard Wright (Gilroy 2010).

5   Acrescentamos que tal gesto teórico implicaria em uma reversão de perspectivas na medida em que é normalmente o "não europeu" que é considerado como sujeito por excelência das migrações. Enfim, este gesto nos obrigaria a pensar também nos fenômenos contrários de i-mobilidade dos saberes, a problematizar não apenas os deslocamentos geoepistêmicos, mas igualmente as fronteiras do conhecimento europeu.

6   No caso, apropriação da filosofia do jovem György Lukàcs — formulada no contexto da luta pela República dos Conselhos da Hungria – por Lucien Goldmann, "historiador expatriado na Sorbonne".

conjunturas históricas". Porém, também ressalta e parece se surpreender com o fato de que a viagem retraçada por Said em seu primeiro texto seja "confinada à Europa", acrescentando que o ensaio de Said precisaria de "modificações se quiséssemos estendê-lo a um contexto pós-colonial". A partir disso, podemos perguntar se a "reconsideração" e a revalorização que Said faz a propósito das teorias viajantes em seu segundo texto não estão intimamente ligadas a esta "saída" das teorias europeias para fora da Europa, que ele então imagina através da figura de um intelectual engajado na luta de libertação nacional argelina, Frantz Fanon. Clifford também faz de Fanon o precursor da viagem pós-colonial das teorias:[7] "pelo menos a partir de Fanon, os teóricos não-ocidentais ocuparam regularmente os territórios da teoria ocidental, trabalhando de maneira oposicionista [Said teria dito "contrapontística"] com e contra (ao mesmo tempo no interior e no exterior) termos e experiências dominantes" (Clifford, 1989).

Para nós, é pertinente considerar os escritos de Fanon em termos de teorias viajantes.[8] De fato, o discurso anticolonial/pós-colonial de Fanon é regido por um duplo movimento de ruptura *e* de repetição, de descentramento *e* de tradução, de abandono *e* de retomada (por vezes, além de toda negação e toda imitação) das teorias nascidas na Europa: psicanálise e psiquiatria, hegelianismo, filosofia existencial, antropologia política, etc. Em Fanon, estas teorias encontram-se literalmente transformadas em virtude de sua reapropriação e relocalização a partir de um ponto de vista anticolonial. A prática teórica de Fanon tem raízes em uma série de deslocamentos geoepistêmicos que, como escreve Žižek, afetam "a substância da teoria em si" e têm "consequências teóricas e políticas [...] devastadoras" (Žižek, 2007: 12).

Enfim, este gesto fundamental de deslocamento é suscetível de abrir caminho para aquilo que poderíamos chamar de discurso sobre o método pós-colonial com a condição de não esquecermos que o método em si deve ser

---

[7] Em particular, o precursor de uma psicanálise viajante: "Tal é o uso e o deslocamento fanoniano destes termos. Há lugares no mundo onde a psicanálise nunca pode viajar com um grau mínimo de conforto" (Clifford, 1989).

[8] "Viagem" também pode ser uma noção-chave para "reconciliar" as figuras dividias do "Fanon teórico" e do "Fanon revolucionário". Na verdade, urge "reestabelecer" a unidade (perdida) da teoria e da prática na vida-obra de Fanon. Isto poderia ser feito através da análise das relações entre os deslocamentos epistêmicos produzidos por Fanon e seus incessantes deslocamentos "físicos" pelo Império francês...e mais: Fanon como teórico viajante.

descolonizado, tal qual o próprio Fanon afirma desde as primeiras páginas de *Pele negra, máscaras brancas* (1952): "Existe um ponto em que os métodos se dissolvem" (Fanon 1971: 153). Como afirma Lewis R. Gordon, Fanon demonstra que também há uma "colonização no sentido metodológico": "Para avaliar o "método", o melhor "método" é a suspensão do método" (Gordon 2008, p. 108). E por isso que é necessário se munir de todo "fetichismo metodológico"; assim como dissemos, não saberíamos descolonizar os saberes sem problematizar os seus modos de produção.

Cinco métodos de deslocamento epistêmico

Ainda assim, nos parece que Fanon dá um passo além ao estabelecer os fundamentos de um verdadeiro método pós-colonial ou, mais exatamente, ao aplicar cinco métodos de deslocamento epistêmico.[9]

1. Apropriação e aprofundamento da tradição autocrítica europeia

O primeiro método é um método de apropriação e aprofundamento da tradição autocrítica europeia. Assim como ressalto merecidamente Said, o pensamento de Fanon encontra suas raízes no movimento crítico de exploração dos "alicerces subterrâneos do edifício da razão ocidental" (Said, 2000: 375), movimento cujas figuras tutelares são Freud, Marx e Nietzsche. A crítica fanoniana do colonialismo jamais apela a argumentos não ou anti-europeus, mas utiliza conflitos e divisões internas à Europa. Ashis Nandy ressalta com razão que "a mais violenta denúncia do Ocidente, produzida por Frantz Fanon, foi escrita com o mesmo estilo elegante de Jean-Paul Sartre" (Nandy 1998: XII). Os escritos de Fanon são o exemplo de um desejo de ruptura radical que permanece, nas palavras de Nandy, informado pelo "pensamento ocidental".

Para dar um exemplo concreto, a concepção fanoniana do racismo colonial enquanto maniqueísmo — regido pelo esquema antidialético do duplo —

---

[9] Acrescentamos que a prática teórica de Fanon possui fortes relações – digamos mesmo que relações dialéticas – com sua concepção do destino das "doações" do colonizador durante e após as lutas de libertação nacional. Seus deslocamentos epistêmicos fazem parte daquilo que ele chama de "digestão", "incorporação" ou "quase-invenção" das "verdades" europeias (ideias, valores, técnicas, etc.) pela comunidade em processo de descolonização. A descolonização é um recomeço que implica ruptura *e* renovação indissociáveis.

prolonga a crítica psicanalítica ("intra-civilizacional") da civilização, sendo esta última concebida por Freud e Jung como processo de clivagem da vida psíquica do homem branco civilizado, de dissociação dos móveis instintuais/sexuais (reprimidos) de um lado e dos motivos morais e intelectuais (valorizados) do outro. Mas a intervenção fanoniana não se trata de modo algum de uma simples repetição. Assim, Said nota novamente que Fanon "fixa geograficamente seus predecessores — eles são do Ocidente — para melhor libertar-lhes as energias da matriz cultural opressora que os gerou" (Said 2000: 375). Neste sentido, podemos ler o primeiro livro de Fanon, *Pele negra, máscaras brancas*, como uma tradução de *O Mal-Estar na Civilização* de Freud com perspectiva anticolonial. Ao passo que Freud destaca antes de tudo a formação do Superego enquanto introjeção da autoridade, Fanon afirma que o mecanismo civilizacional fundamental é a projeção sistemática pelo homem branco de sua "parte maldita" (animal) no homem negro que, devido à repetição desta atribuição, vira o preto, o selvagem oposto do civilizado. O preto é, assim, símbolo daquilo que o Branco rejeita em si mesmo. É apenas um fragmento dissociado, projetado e personificado da psique do homem branco. Esta posição permite a Fanon, ao mesmo tempo, "estender" a psicanálise para além da Europa e criticar-desfazer a nostalgia primitivista que continua a lhe assombrar.

2. Adoção da perspectiva (psíquica e cognitiva) do colonizado

O segundo método pós-colonial aplicado por Fanon é um método de adoção da perspectiva do colonizado a partir do ponto de vista do subalterno. Fixar a atenção nas subjetividades colonizadas (sujeição e subjetivação) tornou-se a marca da fábrica dos estudos pós-coloniais e, se Fanon é hoje considerado como um dos precursores, isto sem dúvida se deve ao fato de que ele foi um dos primeiros a tematizar os efeitos psíquicos do colonialismo sobre suas vítimas.

Para Fanon, problematizar a projeção racial enquanto *catarse* coletiva é inseparável da seguinte pergunta: qual é o efeito para o colonizado/Negro de ser representado como representante das pulsões do Outro-branco? Pois não é suficiente dizer que a imagística e o imaginário do racismo são constitutivos de um espaço espetacular da raça, sendo também necessário demonstrar que, para o Negro, este espaço é, antes de tudo, um espaço especular, um espelho que reflete incessantemente uma imagem deformada dele mesmo. Igualmente, não basta colocar que o racismo tem seu fundamento no dualismo da civilização, sendo também necessário mostrar que tal cisão é a causa de uma divisão análoga na experiência vivida pelo colonizado, a fonte de uma dupla consciência. Enfim, não é suficiente afirmar que o racismo nada mais é do que uma ideia-ideologia (ou ainda, para citar Sartre, uma "paixão"), que a "natureza negra" nada mais é do que uma criação do homem branco, ou mesmo que o Negro é um símbolo sem referente, um "significante" sem "significado", sendo também necessário perguntar o que significa fenomenologicamente ser um símbolo (e nada além) para o outro, logo privado de toda expressão: "O que é o símbolo?" É necessário analisar não apenas a personificação dos complexos do homem branco, mas também a encarnação do símbolo "preto" para o homem negro, assim como sua luta contra si mesmo enquanto símbolo. É o que chamamos de revanche do símbolo, uma estratégia teórica crucial em Fanon.

Em seus escritos posteriores, Fanon continuou a pensar a partir do outro lado do casal binário colonizador/colonizado. Neste sentido, *L'an V de la révolution algérienne (O ano V da revolução argelina)*, publicado em 1959 (Fanon 2001) pode ser lido como uma fenomenologia política (em primeira pessoa) da consciência em processo de descolonização. Na conclusão, a inversão fanoniana dos pontos de vista tem profundas consequências teóricas. Questionar os efeitos da colonização sobre o colonizado é indissociável da indagação quanto aos "efeitos epistemológicos" de tal questionamento, pois esta inversão afeta, altera, transforma a própria teoria.

3. *Reposicionamento geopolítico dos discursos teóricos*

O terceiro método de deslocamento epistêmico é um método de (re)localização geopolítica dos discursos teóricos. Ao "localizar" e reinterpretar as teorias europeias em contexto colonial, Fanon contesta sua "pretensão à verdade" a qualquer tempo e em qualquer lugar, independentemente da singularidade de suas condições de produção e de seus locais de enunciação.

Ao tematizar a clivagem do homem negro, Fanon não se contenta com a aplicação de argumentos psicológicos e psicanalíticos "universais" a um caso aparentemente "particular", seja para, como dizemos às vezes, revelar os limites (culturais e políticos) para além dos quais estes argumentos se tornam insustentáveis, "falsos". Mais radicalmente, reposicionar (relocalizar) os discursos teóricos significa recusar toda "atopicidade" teórica. *A priori*, os escritos de Freud e Jung não são menos "particulares" ou localizados em comparação com os de Fanon e suas teses sobre a dupla consciência podem ser interpretadas como uma crítica geral do caráter a-histórico e apolítico das concepções psicanalíticas do *ego* e do inconsciente – ao menos em algumas interpretações da obra de Freud –, posição que não deixa de lembrar a atitude do sociólogo afro-americano William E. B Du Bois a respeito da psicologia de William James (Zamir, 1995).

Nosso segundo exemplo trata da ilustre questão das relações da alma e do corpo. No capítulo teórico de sua tese em psiquiatria (Fanon, 1951) — capítulo intitulado "O transtorno mental e o transtorno neurológico" (Fanon, 1975: 1079-1090) —, Fanon refuta as concepções de "espírito" enquanto entidade separada e, seguindo Kurt Goldstein, Henry Ey e Merleau-Ponty, define a vida psíquica como integração da vida orgânico-corporal em uma estrutura de ordem superior. Inversamente, a doença é desintegração, dissociação da "alma" e do "corpo". Ora, em *Pele negra, máscaras brancas*, Fanon tematiza justamente a clivagem nos antilhanos do "corpo" negro e da "alma" branca; da pele negra e das máscaras brancas. O Negro percebe seu corpo como um "obstáculo". Ele sente que existe fora e distante de seu próprio corpo (heautoscopia), um corpo que é objeto de desprezo, ódio e fobia. Para o Negro, o corpo é belo e um túmulo da alma. Portanto, tal desintegração é simplesmente o efeito do olhar racializante, o efeito da dialética mestre/escravo na qual, como escreve Judith Butler, o senhor diz ao escravo para "ser o corpo que ele se esforça *em não ser*" (Butler, 1999: 53): "Seja o meu corpo" (Butler, 2010: 82) exige do escravo. Para Fanon, o corpo já está sempre integrado a um campo político, é um corpo político. E o dualismo alma/corpo é por si só um produto das políticas civilizacionais e coloniais.

O terceiro exemplo aborda a concepção fanoniana de alteridade. Fanon rejeita a ontologia da alteridade de Sartre — sua figura indiferenciada do "Outro" — na medida em que obstrui a compreensão adequada da singularidade da situação do indivíduo racializado: "Se os estudos de Sartre sobre a existência do outro permanecem exatos (na medida em que, como devemos lembrar, *O Ser e o Nada* descreve uma consciência branca), sua aplicação a uma consciência negra se revela falsa. É que o branco não é apenas o Outro, mas o senhor, real ou imaginário." (Fanon, 1971: 112). Fanon condena o próprio processo de aplicação e defende uma desontologização como contrapartida teórica necessária ao confinamento do homem negro ao nada.

O quarto exemplo remete aos escritos revolucionários de Fanon inspirados por uma filosofia política de vida e morte. Em *L'an V de la révolution algérienne*, Fanon afirma que o colonizado vive um trágico estado de "morte em vida"; forças de morte não cessam de penetrar sua vida nua, que não é nada mais do que a morte em suspense, diferida: viver é sobreviver. A cena colonial é cena mortuária. A vida nas colônias é uma luta contínua contra a morte. Em outras palavras, esta vida é aquilo que resiste à morte, fórmula que encontra eco na doutrina médica de Bichat na medida em que, tal como escreve Foucault em *O Nascimento da Clínica*, Bichat concebe a morte como "aquilo a que a vida se opõe e aquilo a que ela se expõe", aquilo que por si só "[dá] à vida uma verdade positiva" (Foucault, 2003: 147-148). Mas, novamente, esta caracterização da vida não é em nada uma definição atemporal-atópica para Fanon, independente de todo contexto. A vida enquanto vida-contra-a-morte é uma "invenção" das políticas coloniais. Inversamente, a luta pela independência será uma manifestação de forças vitais, de uma vida concebida como poder de afirmação e de realização. Fanon dá origem a um vitalismo político.

O último exemplo diz respeito à Negritude de Senghor — ela própria precisando ser deslocada na medida em que repete ao lhe inverter a lógica racial e colonial, confirmando-a assim em seu primitivismo. Segundo Fanon, Senghor tem razão quando afirma que o Negro é um ser de emoção para o qual o "ser" e a "vida" são idênticos. No entanto, é inútil apelar para qualquer "metafísica africana" para explicitar esta incrível sensibilidade, sendo que ela é mais o efeito de uma situação na qual a vida é reduzida à "vida nua", uma situação na qual o corpo colonizado encontra-se permanentemente ameaçado pelas agressões do colonizador. A hipersensibilidade do colonizado é, antes de tudo, um mecanismo corporal de defesa espontânea contra a sujeição, sendo, em parte, uma reação mórbida. Incontestavelmente, Fanon se inspira na negritude, mas com o intuito de desfazê-la, "esvaziando-a" de todo culturalismo e de todo racialismo. O vitalismo fanoniano é uma repetição paródica do emocionalismo de Senghor.

4. A subversão da ordem (ocidental) do discurso

Definimos o quarto método fanoniano como método de subversão da ordem (ocidental) do discurso. Aqui, esta estratégia consiste em jogar, desordenar e reordenar as sequências teóricas de momentos lógicos, fenomenológicos, históricos, etc.

O quinto capítulo de *Pele negra, máscaras brancas*, "A experiência vivida do Negro", também pode ser lido como uma releitura subversiva da Fenomenologia do Espírito de Hegel. Para Fanon, a viagem da consciência (negra) começa pela "consciência infeliz", por uma "clivagem original". Em seguida, quando Fanon se baseia no "primitivismo" senghoriano para recorrer à certeza sensível imediata enquanto arma contra o racismo, ele não o faz para afirmar que tal irracionalidade será posteriormente ultrapassada por uma posição mais racional, mais objetiva. A irracionalidade não é mais o "passado" da razão; ao contrário, é uma reação ao fracasso desta no combate contra o racismo. A "certeza sensível" não é mais, como em Hegel, o começo da história; é sobretudo o efeito do seu fim na medida em que o colonialismo – visto que ele congela o processo dialético/histórico – pode ser definido como um fim (prematuro) da história.

Nas mãos de Fanon, os estados da consciência (branca) tornam-se também armas para a consciência (negra): "Por pura necessidade havia adotado o método regressivo" (Fanon, 1971: 99). Fanon dá origem a uma dialética estilhaçada; para a consciência negra, não se trata de repetir a viagem fenomenológica da consciência branca, sua história, mas de dar outra sequência aos seus diferentes momentos, combinando suas etapas de outra forma. A fenomenologia fanoniana multiplica as modalidades de historicização e, neste sentido, prefigura de forma totalmente original as críticas pós-coloniais subalternas do historicismo. Analogamente, Fanon evoca uma distensão do marxismo em *Os condenados da Terra* (1961). Ora, se o primeiro significado de "distender" é aumentar a superfície ou o volume de um corpo, sua proposta consiste em estender o marxismo para além das fronteiras da Europa, o que significa desprender as ligações que unem um "todo" – no caso, um "todo" do marxismo – para reorganizar (reordenar) de outra forma seus momentos, seus conceitos, suas figuras.

Enfim, a estratégia de desordem e reordenamento privilegiada por Fanon consiste na inversão das relações de causa e efeito. Sua reinterpretação do estádio do espelho lacaniano é, neste sentido, eloquente. Para Lacan, o "medo da morte, do "Senhor absoluto", suposto na consciência por toda tradição filosófica desde Hegel, está psicologicamente subordinado ao medo narcísico da lesão do corpo próprio" (Lacan, 1999: 122). Fanon inverte os termos: a angústia de deslocamento do corpo negro está subordinada ao medo do senhor branco, cujos poderes de morte são apenas imaginários. O estádio colonial do espelho como identificação com o homem branco não é uma solução ao desmembramento; é sobretudo a causa. Daremos um segundo exemplo inspirado nas famosas linhas de *Os Condenados da Terra*: "O colonialismo não é uma máquina de pensar. [...] É a violência em estado bruto" (Fanon 1991: 92). A referência a Hobbes é evidente, o que pode ser atestado por outros escritos, especialmente o artigo "Conduites d'aveu en Afrique du Nord" (Fanon, 1955, 1975b). Fanon mostra que, nas colônias, o estado bruto não é mais a pré-história do político, de origem imemorial. É sobretudo o seu "futuro", o efeito do poder colonial enquanto máquina criadora do primitivo. Precisemos que esta inversão é apenas uma parte do deslocamento pós-colonial da antropologia política operada por Fanon.

5. "Regressão" teórica

O quinto e último método de deslocamento é um método de *retorno* ou, melhor, de regressão teórica. Este método já se encontra na obra *Pele negra, máscaras brancas*, na qual Fanon retorna às teorias de raça, para além ou, mais precisamente, para aquém das teorias do racismo — então desenvolvidas sob a égide da Unesco. Mais do que banir os nomes de raça (preto, mulato) enquanto produtos do racismo, Fanon escolhe adentrar o campo inimigo e utilizar a "raça" de forma performativa a fim de desfazê-la, revelando seu não-sentido. Ao passo que para Senghor e outros, o estigma "preto" era ligado a determinações raciais e biológicas, sua apropriação por Fanon dá-se num sentido puramente linguístico; seus jogos de palavras não têm outro objetivo senão a desconstrução da gramática da raça.

Posteriormente, Fanon, profundamente envolvido com a revolução argelina, concebeu as lutas de libertação nacional como lutas pela vida, fontes de "mutações" num sentido quase biológico. Porém, tal teoria da revolução misturado o "vital" e o "político" e representando o conflito colonial como uma luta opondo duas "espécies" antagônicas (Fanon, 1991: 70) é, novamente, uma subversão paródica das concepções de inspiração darwiniana da luta racial.[10] Ademais, os argumentos e o estilo de Fanon em *Os Condenados da Terra* fazem

---

[10] É precisamente esta concepção "biopolítica" que Arendt — que infelizmente se tornou *persona non grata* para os *Fanon studies* — percebe devidamente, mas interpreta "indevidamente", pois não chega a compreender a dimensão estratégico-subversiva das teses de Fanon (Arendt, 1994).

um grande eco ao discurso da "guerra de raças"— tal explicitado por Foucault posteriormente em É Preciso Defender a Sociedade (Foucault. 1997) —, esta "repetição" sendo uma resposta à negação do processo da luta de classes nas colônias. Contudo, Fanon realiza mais uma vez um retorno estratégico e não simplesmente uma subversão do racismo colonial, um "contra-racismo". De fato, assim como afirma Foucault, o discurso da guerra de raças ainda não atribui sentido biológico estável à raça. Ainda, o discurso fanoniano sobre a guerra de raças — mais como "dualismo estratégico" do que no sentido de "essencialismo estratégico" de Gayatri Chakravorty Spivak — autoriza um descentramento, uma multiplicação de lugares a partir dos quais o conflito pode ser narrado contra o monólogo do discurso racial e colonial. É a "voz dos sem voz" que Fanon exalta.

Uma fenomenologia pós-colonial: a propósito das estratégias (teóricas) de guerra

Aqui, concluímos a apresentação dos cinco métodos fanonianos de deslocamento geoepistêmicos. Não discorreremos apenas acerca de métodos, mas também de estratégias. Isto se deve, pois, para Fanon, os métodos (epistemológicos) são sempre estratégias (políticas) também. Fanon nos faz pensar naquilo que podemos chamar de políticas pós-coloniais de conhecimento. Poderíamos ser questionados por nossa interpretação em termos de estratégias-performance teóricas ser um pouco anacrônica e correr o risco de ocultar o fato de que os conceitos fanonianos não foram produzidos na tranquilidade de uma biblioteca, mas em situação de urgência e, em grande parte, em contexto de guerra. São, por assim dizer, "conceitos sujos".[11] Em outras palavras, "no caso de um intelectual de campo como Fanon, não se deve pensar que o estratégico esgota o racional".[12] Concordamos inteiramente com esse argumento, porém também pensamos que não há antinomia alguma entre estes dois termos-atitude: a guerra não é por excelência o campo da estratégia? Para o bem e para o mal, Fanon

---

11 Agradeço a Sandro Mezzadra por seus comentários críticos sobre este assunto.
12 Luste Boulbina. In: "Rapport de soutenance de M. Matthieu Renault présenté par Étienne Balibar, président du jury" (M. Renault, "Frantz Fanon et les langages décoloniaux. Contribution à une généalogie de la critique postcoloniale", Tese de doutorado de filosofia política, Université Paris 7 Denis Diderot e Università degli Studi di Bologna).

instituiu o conhecimento no campo de batalha (não metafórico), nos fazendo repensar e renovar a própria ideia de estratégia teórico-discursiva.

Expliquemos de outra forma. Acima, afirmamos que o vitalismo político de Fanon também era uma subversão do racismo biológico; contudo, não dissemos que é "somente" isso. Sem dúvida, mantemos firmemente a ideia de que o discurso biopolítico de Fanon é, antes de tudo, um discurso de contraponto, ou seja, que nasce e se desenvolve em combate permanente contra o discurso biológico-racial do colonialismo. Todavia, este argumento não se presta a atenuar a radicalidade das teses fanonianas, fazendo com que sejam mais fáceis de "tolerar".[13] Não podemos deixar de ouvir as interrogações que suscitam uma concepção biológico-política das lutas anticoloniais e, de forma mais geral, revolucionárias. Logo, não podemos nos interessar unicamente pelo discurso que Fanon desfaz, mas também questionar as consequências daquilo que ele refaz, daquilo que podemos designar como efeitos não-performativos da performatividade. Destacamos uma última objeção potencial que seria o fato de que o próprio Fanon debocha da descolonização dos saberes *per se*. É verdade, porém isto não o impede de maneira alguma de ser um grande precursor da descolonização epistêmica. Neste sentido, nosso objetivo – e nossa "infidelidade" – não era somente propor uma interpretação da obra de Fanon que esperamos original, mas também contribuir para a gênese de uma gramática de interpretação das obras anticoloniais-pós-coloniais em geral, ou seja, novamente, um discurso do método pós-colonial.[14]

Concluiremos a respeito da unidade dos métodos fanonianos de deslocamento. Estes métodos se unem dentro daquilo que chamamos de *fenomenologia pós-colonial* de Fanon. Na verdade, já a introduzimos ao evocarmos o estilhaçamento fanoniano da dialética hegeliana. De forma mais geral, os escritos de Fanon são o lugar de uma luta permanente com/contra a fenomenologia he-

---

13 De forma mais geral, o perigo seria fazer da prática teórica pós-colonial apenas uma perpétua performance, o que traria o risco de reproduzir uma forma de dependência colonial ao fixar um papel de "imitação" à crítica pós-colonial que foi subversiva, ou seja, privando-a de toda autonomia.

14 Desenvolver esta gramática de maneira sistemática pressuporia o estudo dos métodos e das estratégias aplicados por toda uma série de escritores anticoloniais e pós-coloniais, ou seja, criar aquilo que outrora chamamos de "genealogia da crítica pós-colonial" (Renault 2011).

geliana – tal traduzida no hegelianismo francês por Jean Wahl, Jean Hyppolite e, antes de tudo, Alexandre Kojève. Fanon produz uma gama de variações — em um sentido quase musical, como retomada e transformação de um tema — sobre conceitos hegelianos: consciência infeliz, reconhecimento, desejo, amor, luta pela vida e a morte.[15] Para ele, trabalhar por uma fenomenologia pós-colonial significa inventar novas viagens da consciência colonizada, viajando na teoria hegeliana e fazendo-a viajar para além da Europa.

Esta fenomenologia pós-colonial culmina com a teoria fanoniana da violência. Fanon substitui no centro da dialética senhor/escravo o estádio da (violenta) luta de corpos – o que ele mesmo chama regularmente de "corpo a corpo" —, um estádio pressuposto nas teorias (pós-)hegelianas da emancipação, mas raramente descrito como tal. Ele concebe a luta de libertação nacional como processo de remembramento, de corporização, que não deve colocar fim à clivagem-desmembramento colonial. A teoria fanoniana da violência é realmente o desfecho de sua fenomenologia pós-colonial. Ademais, esta teoria pode ser lida como uma crítica pós-colonial da razão europeia. Enquanto recusa todo "arraciocínio", a violência anticolonial revela a "violência epistêmica" gerada pela imposição colonial da razão europeia, uma razão que, por sua vez, é fundamentalmente atravessada pela violência, tal qual Jung e ouros já haviam afirmado. O *pós-colonialismo de guerra* de Fanon combina também uma teoria política radical com uma profunda crítica epistemológica. Esta unidade, como dissemos, é frequentemente "perdida" na crítica pós-colonial contemporânea. É por isso que, mais do que nunca, precisamos nos "lembrar de Fanon" (Bhabha, 1986).

Referências

ARENDT, H. 1994, *Du mensonge à la violence*, Paris: Pocket.

BHABHA, H. K. 2007, *Les lieux de la culture: Une théorie postcoloniale*, Paris: Payot & Rivages.

---

15 É por isso que é equivocado opor, como fez Homi K. Bhabha, um "Fanon bom" teórico proto-pós-estruturalista a um "Fanon mau" filósofo hegeliano/sartriano em busca de unidade e de reconciliação (Bhabha, 2007: 185-220). É também no campo epistemológico que o maniqueísmo (a lógica do "se não... se não") deve ser combatido. Fanon não é nem o "discípulo" de Hegel, nem o seu contemplador. Ele nunca nega a filosofia hegeliana, porém a desloca; tais deslocamentos sendo um elemento decisivo de sua crítica pós-colonial.

_____ 1986,"Prefácio: Remembering Fanon". In: F. Fanon, *Black Skin, White Masks*, Londres, Pluto Press, pp. vii-xxvi.

BUTLER, J. 2010, "Le corps de Hegel est-il en forme : quelle forme?". In: J. BUTLER & C. MALABOU, *Sois mon corps, Une lecture contemporaine de la domination et de la servitude chez Hegel*, Montrouge: Bayard, pp. 55-84.

BUTLER, J. 1999, *Subjects of Desire: Hegelian Reflections in Twentieth-Century France*, Nova Iorque: Columbia University Press.

CHEN, K.-H. 2010, *Asia as Method: Toward Deimperialization*. Durham e Londres: Duke University Press.

CLIFFORD, J. 1997, "Traveling Cultures". In: ___. *Routes: Travel and Translation in the Late Twentieth Century*, Cambridge: Harvard University Press, pp. 17-46.

CLIFFORD, J. 1989, "Notes on Theory and Travel". In: J. Clifford & V. Dhareshwar (eds), "Traveling Theories, Traveling Theorists" *Inscriptions* (Santa Cruz: University of California), 5, <http://ccs.ihr.ucsc.edu/inscriptions/volume-5/james-clifford/> (última consulta em 28 de outubro de 2013).

FANON, F. 1951, *Altérations mentales, modifications caractérielles, troubles psychiques et déficit intellectuel dans l'hérédo-dégénération spino-cérébelleuse, À propos d'un cas de maladie de Friedreich avec délire de possession*, Tese apresentada na Faculté Mixte de Médecine et de Pharmacie de Lyon para obtenção do título de Doutor em medicina.

FANON, F. 1971, *Peau noire, masques blancs*, Paris: Le Seuil.

FANON, F. 1975, "Le trouble mental et le trouble neurologique", *L'nformation psychiatrique*, LI (10): 1079-1990.

FANON, F. 1991, *Les Damnés de la terre*, Paris: Gallimard.

FANON, F. 2001, *L'An V de la révolution algérienne*, Paris: Éditions La Découverte.

FANON, F., LACATON, R. 1975, "Conduites d'aveu en Afrique du Nord", *Congrès de Psychiatrie et de Neurologie de langue française*, LIIIe session, Nice, 1955, pp. 657-660. Reproduzido em *L'information psychiatrique*, LI (10): 1115-1116.

FANON, F., LACATON, R. 1995, "Conduites d'aveu en Afrique du Nord. Résumé de communication", Inédito, *Frantz Fanon Archives*, Institut Mémoires de l'Édition Contemporaine.

FOUCAULT, M. 2003, *Naissance de la clinique*, Paris: Gallimard.

FOUCAULT, M. 1997, *"Il faut défendre la société"* : *Cours au Collège de France (1975-1976)*, Paris: Le Seuil/Gallimard.

GILROY, P. 2010, *L'Atlantique noir: Modernité et double conscience*, Paris: Éditions Amsterdam.

GORDON, L. R. 2008, "Décoloniser le savoir à la suite de Frantz Fanon", *Tumultes*, 2 (31): 103-123.

LACAN, J. 1999, "L'agressivité en psychanalyse". In: ___. *Écrits 1*. Paris: Le Seuil.

NANDY, A. 1988, *The Intimate Enemy: Loss and Recovery of Self under Colonialism*, Oxford e Nova Iorque: Oxford University Press.

RENAULT, M. 2011, *Frantz Fanon: De l'anticolonialisme à la critique postcoloniale*, Paris: Éditions Amsterdam.

SAID, E. W. 1983, "Travelling Theory". In: ___. *The World, The Text, and the Critic*, Cambridge: Harvard University Press.

SAID, E. W. 2008, "Retour sur la théorie voyageuse". In:___. *Réflexions sur l'exil et autres essais*, Arles: Actes Sud.

SAID, E. W. 2008, *Culture et impérialisme*, Paris: Fayard/Le Monde diplomatique.

ZAMIR, S. 1995, *Dark Voices : W. E. B. Du Bois and American Thought, 1888-1903*, Chicago e Londres: The University of Chicago Press.

ŽIŽEK, S. 2007, "Introdução". In: Mao Zedong. *De la pratique et de la contradiction*, Paris: La Fabrique.

4

Liberdade e comunalidade: leituras do póscolonial

Catarina Antunes Gomes

A bird sings blindness.
A boy hears a speachless speech.
'Who are you?',
Both write in perennial sand.

C.G.

 Uma das constatações mais pertinentes relativamente aos chamados "Estudos Pós(-)Coloniais" refere-se à ambivalência seminal do conceito 'póscolonial', podendo este ser interpretado como referindo-se a uma dada 'situação que se pense que é (ou é principalmente) herdeira da situação colonial', e/ou como designando, não uma dada situação, mas uma "análise" que tenha a capacidade de "ir mais além das heranças epistemológicas coloniais".[1]

---

1 Extrato da Chamada para comunicações do Ateliê Internacional 'Pós-colonialismo? Conhecimento e política dos subalternos'. Organização: Programa de Pós-Graduação em Sociologia e Departamento de Sociologia da Universidade de São Paulo, 17-19 de Setembro de 2013.

Complexas e internamente diversificadas, as análises póscoloniais têm sido, de facto, desenroladas predominantemente em torno de duas perspectivas. Por um lado, a que identifica o pós-colonial como período histórico iniciado com a independência das colónias. Esta tem sustentado grande parte dos estudos sobre processos de construção e institucionalização do Estado pós-colonial e sua inserção no sistema mundo. Neste âmbito, inserem-se, v.g., as críticas dirigidas contra a reprodução de modelos coloniais nas sociedades pós-coloniais, consubstanciadas nas teses sobre fenómenos de endocolonialismo. Uma segunda perspectiva, desenvolvida sobretudo no campo dos estudos culturais e literários, procura desconstruir as narrativas coloniais e dar lugar privilegiado às narrativas produzidas pelo sujeito colonizado.

De grosso modo, estas duas perspectivas padecem de três limites. Por um lado, como argumenta Santos (2006), a relação colonial não é a única relação de poder desigual, devendo ela ser articulada com (e a sua crítica expandida através) outras relações de poder, como classe, sexismo, racismo, etc. Por outro lado, a ênfase na cultura e no discurso, como a que é patente na segunda perspectiva, na qual assentam parte significativa das análises contemporâneas sobre a temática da colonialidade (Quijano, 2000, Mignolo, 2003, entre outros), não dispensa a análise da economia política (muito especialmente no que diz respeito ao capitalismo global). Esta ausência é, de facto, séria, na medida em que tende a menorizar o papel da articulação entre, por um lado, a crítica e, por outro, a acção, isentando a primeira da sua função política de transformação social e contribuindo, subsequentemente, para a invisibilização de modos contemporâneas de poder e dominação (como os que se encontram, por exemplo, em situações de neocolonialismo), e tem sido apontada por diversos autores. É, por exemplo, o caso de Stuart Hall que argumentou como o conceito de 'pós-colonialismo' pode correr o risco de veicular a ideia de ruptura em detrimento da ideia de continuidade. Para o autor, essa formulação conceptual implica uma nova narrativa que

> desloca a 'história' da modernidade capitalista do seu centro europeu para as 'periferias' dispersas; de uma evolução pacífica para uma violência imposta [...]. Em retroperspectiva, é o re-frasear da modernidade no seio da 'globalização' nas suas várias formas e nos seus vários momentos de ruptura,

[...] que é o elemento distintivo da periodização "pós-colonial" (1996: 247-250).

Daqui decorre uma significativa multiplicidade de análises que, partindo de diversas interrogações, busca explorar as especificidades que resultam de trajectórias históricas marcadas pelas distintas dominações coloniais numa pletora de tempos e espaços. Desde análises que decorrem, como referido, de abordagens literárias e/ou culturalistas a perspectivas que procuram focar os processos históricos e políticos, ancorando-os em explicações que necessariamente deveriam dialogar com a economia política,[2] as interpretações construídas em torno daquilo que se assume ser uma situação pós-colonial tendem a ser guiadas por uma evidente preocupação para com questões de justiça histórica, as quais são pensadas como sendo indissociáveis da renovada afirmação de diferenças historicamente desqualificadas e objecto de conversões múltiplas. Neste sentido, uma política de diferença e identidade emerge como a força tectónica de tais análises (v.g., Masolo, 1997).

Neste capítulo, procurar-se-á problematizar o esforço conducente à instauração de uma análise fora do escopo da biblioteca colonial. Tal esforço é mormente retratado como o recuperar de vozes e epistemes silenciados, desqualificados pelas representações normativas veiculadas pela biblioteca colonial. Pressupõe a ideia de um "out there" que, em versões mais militantes ou romantizadas, poderá estar associada às *perturbadoramente* clássicas (ou também *perturbadoramente* transversais a distintos universos culturais) ideias-satélite de essência, autenticidade, pureza e à dicotomia identidade/diferença.

A discussão deste esforço conduz, por sua vez, a um complexo debate epistemológico associado a uma discussão de cariz ontológico sobre as possibilidades de auto-nomeação. Na realidade, nos projectos de cariz póscolonial assim inspirados e mobilizados (enunciar a identidade e a diferença fora do escopo da biblioteca colonial), a noção de "subalternidade" tem sido empregue como central, bem como o conceito de "essencialismo estratégico". Em ambos, é-se confrontado novamente com uma política da identidade e da diferença susci-

---

2 Este diálogo com a economia política não deverá conduzir a uma perspectiva de reducionismo/estereotipização local, mas numa óptica que enfatize as profundas interdependências globais destes processos de dominação.

tada por preocupações para com uma indispensável justiça histórica (v.g., Irele, 1992; Loomba, 1998).

Para dar início a esta problematização, importa sublinhar, em primeiro lugar, aquela que parece ser, do ponto de vista epistemológico, a principal preocupação dos estudos pós-coloniais: saber se há epistemologia que não seja de uma epistemologia de conquista, posse e conversão. Tal interrogação exige, por sua vez, uma formulação clara sobre o conceito de epistemologia. Para os intuitos desta reflexão, seguir-se-á a conceptualização avançada por Mudimbe, segundo a qual:

> Em vez de utilizar *epistemologia* num sentido estritamente técnico [...], vamos procurar entendê-la como designando simplesmente um 'savoir' [saber] relacionado com um sistema de conhecimento funcional e sua practicabilidade. Esta definição corresponde às utilizações populares da palavra no domínio dos estudos pós-coloniais. Tem ainda outra vantagem: a de englobar o campo dos conhecimentos normativos, bem como dos sistemas não científicos e marginais. Neste sentido, o conceito é aplicado a *saberes* e competências de qualquer sistema cultural de ontem e de hoje (2013: 5).[3]

A admissão desta conceptualização permite realizar várias operações analíticas. Por um lado, implica claramente a possibilidade de se pensar em termos de diversidade epistemológica (v.g., Santos, 2006). Por outro lado, permite visibilizar o problema central da violência epistémica. A consideração segundo a qual a violência epistémica se produz necessariamente num contexto de diversidade de significações (ou num contexto de diversidade de anseios, interpretações e possibilidades dentro de uma mesma configuração epistémica) alerta para o facto de aquela ser um elemento central nos esforços de conversão da diferença, os quais, obrigando ao paradoxo e à perplexidade, são realizados em função do desejo por uma mesmidade normalizada ou por uma diferença domesticada. O exercício da violência epistémica tem sido profundamente asso-

---

3   Todas as citações de textos em inglês ou francês foram todas traduzidas para português pela autora.

ciado à biblioteca colonial e à normatividade e enviesamento das suas práticas representacionais. De fato, a

> Biblioteca Colonial é o espaço transdisciplinar que, durante séculos, transcendeu os eixos de separação entre as ciências naturais e sociais. O seu enorme capital foi colocado ao serviço de aberrações absolutas como o tráfico de escravos. A Biblioteca justificou o injustificável numa ética perversa e envergonhado a inteligência humana (Mudimbe, 2013: 19).

É perante o bloqueio de possibilidades epistemológicas e humanas atribuído à biblioteca colonial que assoma a urgência do distanciamento e da re--presentificação do que foi por ela negado. Emerge, assim, uma política de identidade assente na ideia da diferença, da autenticidade e da originalidade, a qual foi servindo de base a importantes desenvolvimentos da história intelectual e política do Continente durante o século XX, sobretudo no que diz respeito, por exemplo, a teses nacionalistas ou africanistas.

Uma arena: a filosofia africana

Uma das mais interessantes arenas para discutir a complexidade do esforço de auto-nomeação fora do 'hábito possessivo' das práticas enunciativas e representativas da epistemologia moderna colonial e das suas heranças, dirá provavelmente respeito ao debate sobre a existência, ou a possibilidade, de uma filosofia africana. Este já longo debate tem uma particularidade. É que encarna a geografia política e epistemológica dos conceitos como uma espécie de "guerra de posições". Neste sentido, o debate é uma declinação de uma discussão mais vasta, pertencente à tradição clássica da filosofia europeia, e que tende a estruturar, ainda de maneira bastante influente e hierarquizante, distintos campos e agentes de produção de conhecimento. A este respeito, Sakai (2010) discutindo a dicotomia "humanitas" e "anthropos" como campos diferenciados de produção de teoria e de narrativas etnográficas que espelham relações de poder, argumenta de forma particularmente ilustrativa:

> Lembremos que quando Husserl negou o estatuto de filosofia às 'filosofias Chinesa e Indiana', classificou em 'tipos antropoló-

> gicos' o conhecimento produzido por filósofos indianos e chineses. [...] Os Asiáticos bem podem produzir certa sabedoria, mas esta nunca poderia transcender a sua particularidade étnica e, assim, alcançar o domínio da universalidade teórica. O que faltava nas filosofias Indiana e Chinesa era o compromisso prático para com a teoria, uma atitude de universalidade teórica que se abriria para além das condições institucionais dos seus mundos de vida particulares (2010: 452-453).

Na realidade, o desenvolvimento da chamada etnociência e da etnofilosofia durante a década de 1960 constituiu, fundamentalmente, uma metamorfose do posicionamento descrito por Sakai. O ímpeto aparentemente re-qualificante da etnociência e da etno-filosofia desvelou, todavia, a sua inocuidade. Assim, a conceptualização dos sistemas cognitivos como sistemas de crenças acabou por reproduzir a marca diferenciadora dos sistemas de conhecimento não ocidentais. E a esta primeira instância de reprodução outra foi adicionada: pese embora o reconhecimento dos sistemas cognitivos e filosóficos locais, estes deveriam ser explicitados de acordo com a grelha analítica elaborada pela tradição filosófica ocidental. A impossibilidade de auto-nomeação livre que aqui se apresenta constitui uma importante força motivacional para a crítica epistemológica e filosófica produzida em África e por autores na diáspora. A este respeito, Irele (1992) argumenta que o pensamento moderno africano tem sido guiado pela necessidade de definir uma identidade, afirmando a diferença face ao colonizador. O esforço consciente por esta diferenciação permitiu o desenvolvimento de perspectivas historicamente importantes, tais como as que são elaboradas pela ideia de "personalidade africana" e pelo movimento da negritude, as quais, contudo, ao re-interpretarem predominantemente o colonialismo como uma disrupção da autêntica historicidade africana, procuram sistematizar, a partir das recuperações do passado pré-colonial, o sentido e a essência irredutível de uma identidade africana.

É, pois, evidente a atenção dada às condições de/para tematizar a diferença no contexto de preocupações e engajamentos (científicos, éticos e políticos) para com a reposição da justiça histórica. Não questionando o valor ou a pertinência de tais posicionamentos, será talvez possível levantar uma série de questões inter-relacionadas: não se perderão importantes oportunidades heurísticas ao aprisionar tais interpretações na obsessão enunciativa da diferença póscolonial? Não será tal perda agravada ainda mais quando se considera, por exemplo, que

> a financiarização e a intensificação do capitalismo neoliberal produz dois resultados interessantes: por um lado, dada a cosmovisão eurocêntrica que os suporta, estes processos funcionam como pilares de reprodução de uma visão eurocêntrica do mundo. Isto tem uma implicação óbvia, mas importante: a Europa não tem o monopólio do eurocentrismo. Por outro lado, dadas as transformações geopolíticas e económicas globais, a Europa está a ser descentrada, apesar de o eurocentrismo não estar a ser "provincializado"? (Gomes, 2013)

Ou, como refere Serequeberhan, quando se considera o eurocentrismo como a "consciência global da nossa era" (1997: 155)? Como é que o princípio da diferença poderá ser defendido sem o recurso ao essencialismo estratégico, na medida em que este último, ao cristalizar um fraco momento dialéctico (Mudimbe, 2013), tende a conduzir ao solipsismo e à privação dialógica, ferindo gravemente dinâmicas de reciprocidade, identificação, ressonância, ambivalência, hibridação e criatividade? E, por fim, será possível repensar as tradições do conhecimento histórico e filosófico para acomodar tais questões?

Interrogar aqui a produção do conhecimento histórico não é acto fortuito. Enquanto trilho analítico, a história permite ancorar a análise a ser produzida pelas propostas que se definem como póscoloniais no quadro do sistema-mundo, bem como permite, por essa mesma razão, aceder à complexidade das relações entre escalas e entre fenómenos, tais como colonialismo e capitalismo, políticas de identidade e diferença, passados e presentes. Quer isto dizer que a história – caso não seja lida unidireccionalmente como um exercício global de poder de conversão e, por conseguinte, da ampliação da mesmidade por via das forças históricas da globalização *epitomizada* pela expansão europeia[4] – poderá ser desvelada como campo de questionamento recíproco de realidades, posi-

---

4 Trata-se, fundamentalmente, da "ideia de que a história tem sentido e direção únicos e conhecidos". (Santos, 2006: 96). O historicismo afigura-se, assim, como um objecto prioritário da crítica pós-colonial.

cionamentos e escalas.⁵ Como manifestação desta historicidade unidirecional e unilateral analise-se, brevemente, a discussão sobre o denominado sentimento de aceleração da história, cunhado na primeira metade do século XX por Daniel Halévy. Este sentimento é descrito por Pierre Nora (2002) como decorrendo do reconhecimento, segundo o qual a experiência do mundo moderno é marcada pela mudança e não pela continuidade. Pese embora o facto de Nora discutir as forças de democratização da história, associadas, v.g., às lutas contra a opressão colonial, e o seu contributo na visibilização de silêncios impostos, a ideia subjacente à noção de aceleração moderna da história encontra-se predominantemente associada à proclividade em equacionar a experiência europeia a um universalismo de absoluto poder heurístico para a compreensão do mundo. De facto, a noção de aceleração da história parece carregar consigo toda uma constelação simbólica em que permanecem vigentes ideias relativas a uma modernidade europeia como centro motriz e inaugurador da história mundial, restando às múltiplas histórias do mundo ou a pacatez estagnada da ausência de progresso que a integração na modernidade europeia poderia trazer ou, em alternativa, o dinamismo moderno, e sendo, inclusivamente, de extraordinária dificuldade conceber que a vivência da aceleração da história constitui uma experiência primordial dos povos sujeitos à dominação colonial. Jewsiewicki e Mudimbe denunciavam criticamente os efeitos de uma historicidade linear e única do seguinte modo:

> Ao aceitar (esta) historicidade como a única leitura racional do mundo, transformando dimensões espaciais em hierarquias de poder e retirando ao Outro da sua própria agencialidade criativa e, consequentemente, a sua humanidade, a cultura imperialista reduziu a sua própria experiência do mundo a uma única dimensão. Promoveu um discurso de ventríloquo do Outro, discutindo a 'política de confronto e hostilidade' e opondo versões incompatíveis do passado até

---

5 Estas reconceptualizações, eminentemente reflexivas e críticas, sobre história, historicidade e historiografia têm sido desenvolvidas nas últimas décadas a partir de vários ângulos e a partir de vários lugares de enunciação. Repare-se, a título ilustrativo, na diversidade das seguintes referências: Fabian (1983); Hutton (1993); Mudimbe (1993); Depelchin (2005) e, no âmbito dos Estudos Subalternos, Guha (1996).

ao momento do confronto final – sendo a "Guerra do Golfo" um bom exemplo. A reflexão de Said sobre a incapacidade da teoria crítica contemporânea em dar conta da espacialidade como estrutura de desigualdade do mundo enfatiza o fosso histórico existente entre o discurso, por um lado, e, por outro, as práticas políticas e culturais [...]. Esta nova leitura descreve uma interacção entre a história europeia e a história de outros povos, para quem o discurso dominante tem o seu peso. No modo da polifonia, esta leitura produz uma síntese sem reduzir outros temas ao silêncio e dando-lhes um novo protagonismo, o que permite a emergência de novas narrativas (1994: 39-48).

Assim, se sob a égide da ciência moderna positivista, o historiador detinha o monopólio sobre a produção do passado e do seu conhecimento, hoje deverá partilhar esse papel com uma pletora de novos actores. Nestas condições, o desafio consiste em concretizar a reciprocidade enquanto interpelação mútua. Por exemplo, não será possível identificar os ângulos cegos dos limites e as contradições do modelo ocidental de democracia liberal e representativa, bem como do modelo de desenvolvimento capitalista a partir dos programas de modernização e desenvolvimento implementados em várias partes do mundo? Por outro lado, será possível que a interrogação sobre as reconfigurações societais em sociedades saídas de dominações coloniais tenha eco numa correlata interpelação da contemporaneidade de ex-poderes coloniais? Numa outra instância, será possível que os efeitos contemporâneos da radicalização e intensificação da ortodoxia neoliberal, mesmo em roupagens pós-modernas, sejam interrogados a partir das experiências históricas das dominações coloniais, desvelando aqueles como transfigurações destas últimas (Gomes, 2013)?

O problema das bibliotecas: na face dos verbos que nos enunciam sem nos anunciar

Na obra seminal, *The location of culture*, Bhabha (2004) problematiza o sistema de dominação colonial britânico na Índia, a partir da crítica a uma concepção e prática de história que qualifica de monumental. Tal concepção e tal prática são enformadas por pilares ideológicos eurocêntricos, os quais sustêm a autoridade colonial na produção dessa mesma história monumental e da biblioteca colonial que lhe está associada. Em ambas, é-se confrontado com redutores processos de essencialização que fixam a diferença em práticas representacionais que sustentam, por seu turno, sistemas de dominação e discriminação, e cuja vitalidade reside, de modo significativo, na prática da repetição da enunciação, da classificação e da atribuição da diferença como desigualdade. Para Bhabha,

> as práticas de representação da autoridade colonial não dependem tanto de um símbolo universal da identidade britânica, mas mais da sua produtividade como sinal de diferença. [...] O exercício da autoridade colonial [...] requer a produção de diferenciações, individuações e efeitos de identidade através dos quais as práticas de discriminação podem mapear populações inteiras (2004: 154-158).

Esta compulsão para a enunciação obsessiva da diferença no intuito de a normalizar em esquemas representacionais e em sistemas de discriminação constituiu, como é reconhecido, um elemento central em vários projectos de dominação colonial. Enquanto a enunciação obsessiva da diferença por parte dos poderes coloniais foi exigindo a renovação constante dos quadros epistemológicos e discursivos que a procuram captar e mapear (renovação esta visível ao nível, por exemplo, das re-orientações formuladas no seio da antropologia), a episteme subjacente reproduziu o seu carácter colonial e moderno. Assim, no que se refere a África, a diversidade e a evolução de discursos produzidos pela autoridade colonial são qualificadas por Mudimbe como variações que testemunham a mesma episteme – uma episteme de domesticação e de conversão do continente que desvelam "procedimentos intelectuais para reduzir a alteridade não ocidental à mesmidade ocidental; ou, de um ponto de vista diacrónico, estabelecer a ordem do seu aparecimento" (1988: 72). Tal processo manifesta uma auto-referencialidade epistémica que converteu a Europa no campo único da produção epistemológica de alcance universal, isto é, de *teoria*, como argumenta Sakai (2010).

A partir desta crítica à "Europa", enquanto referencial silencioso do conhecimento histórico, Chakrabarty, por exemplo, discute os efeitos complexos da dominação colonial nas possibilidades de auto-enunciação, ou auto-nomeação, do sujeito colonizado. A discussão sobre tais possibilidades e respectivas condições encontra, por seu turno, em G. Spivak (*cf.* 1985, 1999, 2006), uma profundidade analítica que influenciou o desenvolvimento da abordagem pós-colonial e, em particular, dos "Estudos Subalternos" de maneira significativa. De grande complexidade, o seu trabalho ilumina as modalidades da produção daquilo a que Santos denomina de "não existência", sendo esta produzida "sempre que uma dada entidade é desqualificada e tornada invisível, ininteligível ou descartável de um modo irreversível" (2006: 95).

Através da desconstrução da hegemonia do logocentrismo eurocêntrico, G. Spivak elabora, provocadora e pragmaticamente, uma noção de "essencialismo estratégico", pelo qual se invertem as estruturas binárias de dominação, visibilizando e ampliando, desse modo, a figura existencial do subalterno. No seu entender, tal acarreta importantes implicações para as possibilidades e práticas de representação, as quais apenas poderão ser revistas criticamente com a abertura de novos espaços discursivos. O problema da representação é, pois, pensado como um problema de conhecimento e, em ambos os níveis, subjaz um problema de relação.

Este problema de relação pode ser pensado em termos da diferença entre *"speak"* ('falar') e *"talk"* ('dizer'), sendo que o primeiro é equacionado com um registo de relação específico, assente num espaço discursivo onde a figura do Outro se auto-nomeia, fala e é ouvido. A inexistência deste nível dialógico transfigura o Outro na figura do subalterno que *"does not speak"* ("que não fala"). Nesta perspectiva, a problemática da subalternidade encontra-se ancorada claramente num problema de relação. Ressoando Gramsci – para quem "uma dimensão fundamental da desigualdade [...] é a incapacidade do povo subordinado de produzir relatos coerentes do mundo em que vive com o potencial para contestar de uma maneira *eficaz* os relatos hegemónicos vigentes" (Crehan, 2002: 128) –, G. Spivak (2006) elabora, pois, uma conceptualização de subalternidade em que esta não é apenas um sinónimo de opressão, despossessão ou incapacidade, mas designa a diferença que não acede ao espaço dialógico para efectivamente *"speak"*; a diferença à qual se acede apenas na linguagem que a nega enquanto sujeito. Diz-nos a autora que

> Nenhuma perspectiva crítica do imperialismo pode transformar o Outro em self [si-mesmo], porque o projecto do imperialismo historicamente sempre distorceu o absolutamente Outro num Outro domesticado que consolida o self imperial. (2006: 253)

Neste sentido também, a produção da subalternidade é germana de um processo histórico de violência, nomeadamente epistémica, exercida pelo projecto imperial e colonial. Lazarus explicita esta conceptualização de subalternidade de modo bastante claro:

> Spivak define subalternidade de um modo muito vigoroso e em termos de uma desarticulação estrutural ao nível da elite, do estado e da sociedade civil – de tal modo que estar-se numa posição subalterna em qualquer contexto discursivo é sermos incapazes de nos representarmos a nós próprios nesse contexto. O subalterno é objecto de discurso, nunca sujeito (2005: 86).

De fato, nesta perspectiva, o sujeito colonizado torna-se no Outro da autoridade colonial. E esse momento da constituição do sujeito colonizado é o preciso momento da sua desarticulação, enquanto sujeito, e da sua constituição enquanto subalterno. Vozes críticas alertam para as implicações políticas da teorização de G. Spivak, onde se é confrontado com uma espécie de dissociação irreparável e irreconciliável entre a condição de subalternidade, enquanto impossibilidade de se ser sujeito, e a própria noção de sujeito. Estas apontam, sobretudo, para a admissão implícita da impossibilidade efectiva da luta anticolonial, pois "a belicosidade epistémica imperial dizimou a cultura antiga e deixou o colonizado sem as referências com que proferir palavras de confronto" (Parry, 2006: 49).

Situações dilemáticas emergem, pois, a partir de uma dupla impossibilidade: a impossibilidade de se ser enunciado por uma linguagem e por um tipo de conhecimento que nega o sujeito e a impossibilidade de se ser reconhecido em pé de igualdade, através de uma linguagem e de um conhecimento não hegemónicos. É perante esta dupla impossibilidade que Thiong'o propõe uma "busca por relevância", a qual "só pode ser entendida e resolvida de modo significante dentro do contexto da luta geral contra o imperialismo" (1986: 88). Contudo, esta demanda por relevância enfrenta paradoxos de profunda ambivalência, produzidos historicamente pela dominação colonial. Centrando-se na discussão sobre as condições de representação fora do escopo de influência da biblioteca colonial (Lazarus 2005), Mudimbe retrata este paradoxo a propósito da produção académica africana durante os anos de 1950-60, argumentando que

> é fácil denunciar o paradoxo enfrentado por estes académicos africanos: por um lado, em benefício do seu próprio orgulho e identidade, negam o exotismo e as suas premissas; por outro lado, estão sinceramente empenhados em praticar uma ciência social positiva [...]. Este paradoxo pode explicar algumas das discussões mais entediantes, segundo as quais, *em África, repetem-se as 'oscilações do pensamento social europeu' [defendendo ainda que] não se pode inferir que os Africanos têm que criar a partir da sua alteridade uma ciência social radicalmente nova [...] a tradição ocidental de ciência, tal como o trauma do tráfico de escravos e a colonização, são parte da herança contemporânea de África* (1988: 79, sublinhado nosso).

Todavia, marcadas pela ansiedade fundadora concernente à reposição da justiça histórica para com sujeitos subalternos, as análises póscoloniais tendem a descurar várias questões. Em primeiro lugar, importa referir a sua potencial violência. Para Masolo:

> Apesar da visão política mais ampla da póscolonialidade como um movimento emancipatório ser completamente justificada, um problema surge no que diz respeito a uma dupla premissa, a qual prevalece nos textos mais influentes: primeiro, que todas as pessoas outrora colonizadas devem ter consciência do impacto do colonialismo e devem unir-se para o derrotar; segundo, que a derrota do colonialismo deve implicar a sua substituição por uma outra identidade libertada e assumidamente autêntica [...]. Pois enquanto estas ideias permanecerem monolíticas, os esforços da póscolonialidade

serão apenas e somente válidos para algo que permanecerá elusivo (1997: 285-287).

Saliente-se, aliás, que este constitui um problema dilemático com o qual se debatem as abordagens pós-coloniais e, de modo particular, os chamados "Estudos Subalternos". Denunciando as resistências e as re-actualizações do que denomina de logocentrismo eurocêntrico, G. Spivak (2006) critica os limites e as insuficiências das abordagens póscoloniais ao subalterno que o retratam pela voz mediada do observador numa representação colectiva e homogénea, argumentando que a (re)apresentação de uma ideia de colectividade subalterna consiste num desdobramento da noção de totalidade essencializada – noção esta que se configura, como observado, numa espécie de *intratável* da tradição intelectual dominante do Ocidente.

Um outro processo tendencialmente negligenciado refere-se às formas múltiplas pelas quais essa mesma biblioteca colonial pode ser mobilizada para diferentes fins, nomeadamente para subverter relações de dominação. Um exemplo: entre os finais do século XIX e a primeira década do século XX, emerge em Angola uma acérrima crítica à autoridade colonial portuguesa, descrita como "atrasada", "retrógrada", "avessa ao progresso". A partir desta crítica, é elaborado o conceito de "falso civilizador". A este nível, a obra emblemática, datando de 1901, foi *Voz de Angola Clamando no Deserto, Oferecida aos Amigos da Verdade pelos Naturais*. Trata-se de uma colectânea de artigos publicados na imprensa luandense entre 1889 e 1901, a maior parte deles escritos por africanos mestiços. Da obra emerge um profundo sentimento de injustiça da comunidade de velhos assimilados que, na época, começava a ser subjugada e secundarizada por Portugal. Constituindo um apelo à consciência africana contra a presença civilizadora de Portugal, a colectânea criticava fortemente a natureza da "civilização portuguesa": a cultura e a economia portuguesas eram consideradas miseráveis e o governo colonial composto por iletrados e mal-educados. Embora não fosse pró-indígena, esta visão actualizou o criticismo que a presença portuguesa foi gerando. Outro exemplo de relevo a este propósito será o de Cordeiro da Matta. Nascido em 1857, Joaquim Dias Cordeiro da Matta foi autor das mais relevantes obras durante o período de liberalismo constitucional, tais como *Ensaio de Dicionário de Kimbundo-Portuguez, Philosophia Popular em*

Para além do pós(-)colonial

Provérbios Angolenses e a *Cartilha Racional para se Aprender a Ler o Kimbundo*. Publicada em 1892, esta última constituiu um apelo forte e explícito à aprendizagem do Kimbundu. No prefácio, Cordeiro da Matta propõe:

> Rimatekenu. Akua'xi. O karivulu aka kosónêke mu kimbundu, pela ambundu (ana'ngola) kuijiia kutânga ni kosonêka mu rimi riia, ô mu kabâsa ka. O mutu pala kuijiia o kutânga ni kusôneka u binga a mu long'ela mu rimi riiê, ka mu long'ela mu rimi rieng'i, iene i ban'esa kiki o mutu anga mu lon'ela mu rimi rieng'i, kejiiê malusôlo, mukônda o maka moso ma mu longa ka mejiiê, ka mevuê. Üoso kana kejiiê o rimi riiê, o ri a makuâ anga a mu longo náriu kiambote, ka rijiiê uê kiambote. Ivenu, Ivenu, Akua'xi iami! Se muandâla an'enu arimúka ni ejiiê o mikanda, ni akale atu, pala kizúa kuabanga mbote o ixi ietu, tuabing'i tualong'ela mu rimi rietu; o rimi riazuelêle o jikúku jetu. Ndokuenu! Tualong'ienu ! ejiiê! akâle atu! Mutu anga kana kejiê kima u rufangana pang'e a kiama: kikurisa o mutu o kuijiiia; o kuijia kima kionêne; uoso kejiiê kima a mutobêsa, a mubanga kixenênu. Rilong'ienu o Kutânga kiambote, ana'Ngola Kiluanji ki a Samba! Tang'enu: tang'enu! O karivúlu aka kosónêke ni muanhu uoso kua makua makua'xi ienu, u a mizola kiavúlu, ni henda ioso ia muxima uê kizua ki muijiia o kutânga ni kusonêka kiambote mu rimi rietu, kiene ki muijiia kuma mukua'xi ienu ki jirilie kiavúlu, maji u a kalakalêle pala mbote ienu.

> Prefácio. Este livrinho é escrito em quimbundo, para os negros (filhos de Angola) aprenderem a ler e escrever na sua língua e no seu ambiente. A pessoa para saber ler e escrever precisa de ser ensinada na própria língua e não em língua estranha; por isso é que aquele que é ensinado em língua estrangeira e não na própria língua não aprende rapidamente porque as falas que lhe ensinam não as conhece nem as ouve; não as compreende. Aquele que desconhece a sua língua não consegue compreender a língua estranha, ainda que bem ensinada porque nada lhe diz. Escutai, escutai homens da mi-

nha terra! Se quereis que vossos filhos se instruam e aprendam a ler, sejam gente para amanhã engrandecerem a nossa terra, há que lhes ensinar a nossa língua; a língua dos nossos antepassados. Vamos! Ensinemo-los! Para que aprendam! Para que sejam homens! O indivíduo ignorante assemelha-se ao irracional; o que engrandece o homem é o saber; o Saber é um valor especial; o Ignorante é facilmente ludibriado; faz--se dele um autómato. Aprendei a ler correctamente filhos de Ngola Kiluanji ki a Samba! Lêde! Lêde! Este livrinho é escrito com todo o amor do vosso compatriota, que vos estima do coração; quando souberdes ler e escrever bem a nossa língua, entenderei que este vosso compatriota não era um sábio, mas trabalhou para o vosso bem (Matta, 1892).

Por outro lado, provavelmente dado o peso e a influência das versões historicamente mais mobilizadas, a biblioteca tende a ser lida como produto exclusivo do olhar colonial sobre o colonizado. Esta espécie de autoria exclusivista é efeito de uma atribuição – atribuição essa que corre o risco de negligenciar os complexos processos de participação, subversão, desarticulação, hibridação, bem como a própria diversidade interna da biblioteca.[6] Novo exemplo: a partir do século XVIII, assiste-se, na região do Congo, ao despertar de importantes movimentos messiânicos. A este nível uma das referências mais eloquentes é a de Kimpa Vita. Oriunda do Soyo, reino do Kongo, Kimpa Vita (1682-1706) foi uma profetisa que, apropriando-se de referências fundacionais do catolicismo (como Santo António de Pádua, Jesus, Maria, etc.) e afirmando-as como figuras congolesas, deu início ao chamado movimento antoniano, o qual sobreviveu mesmo após a condenação de Kimpa Vita à morte pela fogueira. O movimento terá sido, de facto, mobilizado pelo rei Ksaku-a-Muemba do Kongo (1694-1710) como parte da sua estratégia de unificação do reino. A compreensão deste fenómeno passará pela colocação de duas considerações epistemológicas. Estas foram já avançadas por Mudim-

---

[6] Nesse âmbito, explica Mudimbe que, por exemplo, a literatura cristã foi quase totalmente dominada por pensadores de origem africana do século I ao século III: "Tertullianus, Minucius, Felix, Cyprianus, Commodianus, Arnobius, Lactantius, e outros pensadores menores são de África. O que teria sido da tradição cristã sem eles?" (*cit in* Smith 1991: 972).

be e poderão ser sumariadas da seguinte forma: I) "o fenómeno da aculturação como figura de *mestiçagem* – isto é, 'hibridação' cultural testemunhando as dinâmicas contemporâneas dos diálogos entre povos ehistórias", e II) "situar a religião e o religioso como dimensões a ser decifradas e compreendidas num contexto político" (1997: 1). Tendo em mente tais considerações, leia-se a narrativa histórica a partir do olhar de um cristão angolano:

> ... eclodiu (em 1693) um movimento liderado por Kimpa Vita, aristocrata Mukongo, baptizada com o nome cristão Béatrice, pregando o profetismo bacongo e a restauração do antigo reino dos manicongos em Mabanza Kongo, livre da escravatura que o tinha reduzido à miséria. [...] Kimpa Vita começou a proclamar uma mensagem política, revestida de um conteúdo religioso cristão e africano ao mesmo tempo. Durante uma doença grave, ela teve a visão na qual sonhou que se havia personificado no S. António. [...] A única diferença foi que o Santo António de Kimpa Vita não era um santo branco [...]. Kimpa Vita deu à religião estrangeira uma personalidade africana e esse era o seu objectivo fundamental: o de estabelecer uma Igreja Africana com base nas tradições bíblicas. Assim, o Congo passaria a ser a verdadeira Terra Santa. Que Cristo deveria ter nascido em Mbanza Kongo de uma virgem negra. Que a cruz não deveria ser venerada 'porque era o instrumento da morte de Cristo'. Que os fundadores do Cristianismo eram africanos. [...] Kimpa Vita conseguiu organizar ou criar, em menos de dois anos, uma nova Igreja com o seu próprio dogma (Carvalho, 1995: 67-68).[7]

---

7 Do movimento antoniano, emergiram ainda outros cultos messiânicos que, no século XX, serviram de base à pregação de Simon Kimbangu (1887-1951). Este líder religioso foi, em 1921, condenado à prisão pelas autoridades belgas que o acusavam de potenciar a insurreição através da sua pregação de oposição ao domínio europeu e através da organização e mobilização dos seus seguidores. Neste sentido, o Kimbanguismo constitui-se como movimento de base religiosa e de forte contestação social e política contra o poder colonial (Carvalho, 1995, Gonçalves, 2003). Para Mudimbe, "Nas culturas africanas, como Anthony Appiah observa, há aqueles que não se vêem como o Outro. Todos estes 'profetas' encarnavam o que o mapa colonial não podia integrar" (Mudimbe, 1997: 66 71-72).

Por fim, importará também reflectir sobre a ideia segundo a qual a superação da impossibilidade representada pela biblioteca colonial (nomeadamente em termos de auto-nomeação) apenas poderá ser realizada fora da esfera de influência daquela, por uma outra linguagem não contaminada, corre o risco de se constituir, fundamentalmente, como uma negação da possível *comunalidade* (enquanto comum-pertencer) dessa mesma biblioteca. Por exemplo, se o conceito de sociedade civil for apenas descrito como produto da sociedade burguesa europeia dos séculos XVIII e XIX, será que o mesmo não tem nenhuma ressonância noutros contextos?[8] Em sentido similar, Mudimbe argumenta o seguinte:

> Há, no final de contas, a questão do *instrumentarium*. Quero dizer, a questão dos meios e das grelhas conceptuais que os intelectuais Africanos usam para descrever ou compreender uma dada situação, uma dada realidade. Essa realidade pode ser um costume africano ou um problema europeu, o que for. Sobre estes conceitos, eu estou, de facto, a referir-me à dialéctica entre representações cognitivas e experiências empíricas ou factos. Os meios conceptuais estão lá. Porque não usá-los? Poderás argumentar que eles vêem da tradição científica do ocidente. Sim, e depois? São apenas meios. Podes usá-los como instrumentos para descrever algo que é especificamente 'Africano' ou especificamente 'Asiático' ou 'Europeu'. Dito isto, eu penso que o problema mais importante que o intelectual Africano poderá enfrentar é um problema que diz respeito ao espaço epistemológico a partir do qual está a falar, e até ao momento, sim, é certo, nós falamos a partir dos espaços epistemológicos ocidentais. [...] O que é importante é o resultado que podemos ter e não o facto apenas de se ser alienado. A tua consciência tem um impacto no que estás a observar e a dizer e, inclusivamente, na forma como irás manipular os meios. Em segundo lugar, tu estás a falar a partir de um dado espaço que pode ser africano, do Caribe ou Americano. Isso significa que há uma interacção entre ti e outras pessoas, as tuas representações cognitivas e as tuas ex-

---

8   Veja-se, por exemplo, as discussões reunidas em Kasfir (1998).

periências vividas, a realidade que estás a observar e estudar e tu próprio. Esta segunda dimensão deve estar ligada a uma Terceira, que é o tempo. Nós estamos a viver o fim do século. […] Como consequência, por causa destes três factores, seja o que for que escreveres, seja qual for a tua alienação, o resultado do que fazes ou dizes será completamente diferente. Será marcado pelo que és, pelo facto de a tua voz ou a tua percepção emanarem de algum lugar num dado tempo (*in* Smith, 1991: 979-980).

Tendo em mente estes processos, poderá ser de utilidade a interrogação sobre a possibilidade de se pensar tal diversidade epistemológica, incluindo a biblioteca colonial, em termos de *comunalidade* ou de arquivo comum, cujas activações – contingenciais e selectivas – condensam opções e identidades particulares em dinâmicos processos de re-actualização e, talvez mais relevante ainda, de reposicionamento face ao outro. Neste âmbito, importa sublinhar que a ideia de arquivo[9], associada a uma noção de *comunalidade*, enquanto comum-pertencer, poderá ter a virtualidade de ser pensada como instrumento de uma ampliação particular do real – ampliação essa caracterizada pela hibridação (o que implica, no mínimo, uma profunda relativização do essencialismo estratégico) e pela persistente admissão do novo. Tal significa colocar a hipótese se tal virtualidade pode ser pensada como um momento de transcendência, não como realidade última de uma síntese dialéctica pré-determinada, fixa e perene, mas como momento inaugural do novo, isto é, como momento em que novas possibilidade de ser são inauguradas na sua dignidade e se encontram disponíveis e não restringidos a regimes exclusivistas de verdade, autoria, identidade e diferença.

A construção da comunalidade

Como referido, uma das principais forças tectónicas das abordagens pós-coloniais é a preocupação dupla para com a diferença e a justiça histórica. E uma das críticas mais perturbadoras dirigidas contra a configuração epistemológica

---

9 A proposta aqui esboçada distancia-se da crítica derridiana ao arquivo enquanto sedimentação da tradição, controlada pelo poder encarnado pelos arcontes.

da modernidade ocidental que sustentou processos de expansão europeia colonial e capitalista, refere-se também à dupla impossibilidade de se ser sujeito: impossibilidade instituída pela linguagem (bem como pelas disciplinas, poderes e instituições) dessa mesma configuração, e impossibilidade de se ser reconhecido fora dessa linguagem e respectiva biblioteca. No limite, a única existência possível para um sujeito impossível é a sua reificação.

Na tradição moderna positivista, bem como na perpetuação das suas actualizações, esta transmutação (a qual assinala uma mudança na natureza do ente) é institucionalizada. Conhecer o real passa, por conseguinte, a ser concebível apenas nas condições epistemológicas que determinam a necessidade de um distanciamento objetivo e neutro e de uma evidente diferenciação entre fenómeno e agente de conhecimento, por forma a obviar efeitos de contaminação que deturpem o conhecimento. Conhecimento e realidade passam, assim, a constituir-se como dois pólos de uma relação, idealmente unilinear, que concebe o primeiro como a representação reificada do segundo. No contexto da actividade científica moderna, a representação constituir-se-á, portanto, como a tradução científica do real.

Até aqui, nada de novo. Mas, respondendo a este limite com as consequências do radical, o essencialismo estratégico emerge como uma tentativa, ainda que politicamente orientada, de superação desta situação. Mesmo que imbuída por projectos emancipatórios, a reificação produzida tende a tornar praticamente impossível a relação empática entre diferenças (Grosfoguel, 2012), como se a solidariedade e a própria possibilidade de identificação dependessem da subscrição da mesmidade.

A partir de um outro ângulo, considere-se agora a possibilidade de repensar a história enquanto questionamento recíproco. Poderá ser o arquivo da diversidade epistemológica o resultado desse questionamento recíproco? E o que significa tal questionamento? Assente na reciprocidade que funda interpelações mútuas, tal questionamento dependerá do estabelecimento de relações transescalares. Esta ideia de transescala tem sido aprofundada por Santos e "pressupõe uma certa desaprendizagem dos actuais critérios de determinação de relevância", convidando-nos "a perscrutar a realidade social através de diferentes mapas cognitivos a operar em diferentes escalas" (Santos 2002: 233). Não se trata aqui de negar a problemática envolvida na comparação de incomensuráveis, mas sim de reconhecer a existência de múltiplas participações no desenrolar de fenómenos e processos históricos, cuja compreensão depende precisamente da sua plurivocalidade.

No contexto desta plurivocalidade, é-se confrontado com significados e temporalidades em disjunção. Por outro lado, nessas disjunções, a cultura torna-se lugar de enunciação que re-inscreve outras histórias, outras experiências, outros olhares e outras interpretações. Bhabha (2004) discute esta dimensão enunciativa da cultura a par da sua dimensão epistemológica. A primeira dimensão está associada à possibilidade de significação; a segunda concentra funções descritivas e reflexivas. O desafio colocado por Bhabha, em linha com o seu enquadramento analítico pós-colonial, reside na transformação do sujeito da cultura: de uma função epistemológica a uma prática enunciativa. Significa isto explorar as condições pelas quais o sujeito, enquanto objecto descrito, passa a sujeito que se nomeia. Em suma: nessa transformação da cultura como objecto epistemológico à cultura como lugar de enunciação/anunciação, a complexidade deixa de obedecer a coerências cabais de uma mesmidade epistémica auto-referencial e passa a pautar-se pelas disjunções e descontinuidades que permitem novas formas de articulação e interpelação entre narrativas, temporalidades, referenciais, experiências e interpretações.

No entanto, o potencial emancipatório dessas novas formas de articulação reside num passo posterior: depois da nova conceptualização de Bhabha, em que cultura passa a ser lugar de enunciação e não mais apenas objecto epistemológico de um observador externo privilegiado, há que reconhecer que essas mesmas enunciações são detentoras de valor epistemológico e heurístico não só para quem as profere, mas também para quem as ouve. Como tal, são parte integrante do que poderá ser um arquivo em processo de *comunalização*. Por um lado, sem tal reconhecimento, o risco da cultura ser reconduzida a um mero lugar de enunciação em risco de folclorização torna-se evidente (Santos, 2006). Por outro lado, um lugar de enunciação emancipatório, deverá constituir-se também como campo epistemológico, como força constituinte e constitutiva, não apenas da enunciação do sujeito contextualmente situado, mas também dos sujeitos de outros lugares de enunciação. Ou seja, deverá estar disponível. Trata-se, no fundo, do alargamento da base epistemológica de conhecimento e da actividade reflexiva indispensável à prática de uma ontologia crítica, conceptualizada por Foucault como:

> A ontologia crítica de nós mesmos deve ser considerada certamente, não como uma teoria, uma doutrina ou mesmo um corpo permanente de conhecimento que se acumula; deve ser concebido como uma atitude, um ethos, uma vida filosófica na qual a crítica do que somos é, simultaneamente, a análise histórica dos limites que nos foram impostos e a experiência de ir além deles (1984: 10).

As condições de construção desta possibilidade poderão ser, por seu turno, escalpelizadas a partir da hermenêutica de Gadamer, especialmente no que toca duas noções fundacionais: a fusão de horizontes e a consciência histórica efectiva. A importância do processo de comunalização do arquivo reside no facto de facilitar a dialéctica e de ambos se basearem na hermêutica histórica. O esforço hermenêutico é, em si mesmo, um esforço dirigido à construção de um espaço inédito em regime de co-autoria e em possibilidade de co-pertença. Longe de implicar a mesmidade ou, em alternativa, o solipsismo, tal espaço é retratado pela noção gadameriana de "fusão de horizontes", a qual se ancora, por seu turno, numa indispensável "consciência histórica efectiva": "plena consciência da historicidade de todo o presente e da relatividade de todas as opiniões", e pela qual se estará pronto "a compreender a possibilidade de uma multiplicidade de pontos de vista relativos", através de "uma reflexão que se coloca, deliberadamente, na perspectiva do outro" (Gadamer, 1998: 17-18). A fusão de horizontes poderá, assim, vir a encarnar um momento de transcendência, não como diluição dos particulares, eliminação de identidades ou obscurecimento das especificidades históricas, mas como momento inaugural do novo, enquanto expressão dupla de liberdade e libertação, que constitui a meta da ontologia crítica.

A liberdade e o comum-pertencer: epistemologia e ontologia

Dificilmente um debate epistemológico, como o que é desenrolado no seio dos chamados estudos póscoloniais, pode ser dissociado das suas implicações ontológicas. Significa isto que uma preocupação para com a "política de diferença e identidade" manifesta, num sentido fundamental, uma preocupação ontológica. A questão que se coloca, porém, é explorar como o diálogo entre o foco na "política da diferença" com base nas possibilidades permitidas epistemologicamente e uma abordagem ontológica, entendida não como construção de definições, mas de interrogações, poderá permitir ir além de novos essencialismos, literalismos e solipsismos. Fundamentalmente, trata-se aqui de explorar a possibilidade de conceber e explorar o arquivo como instrumento disponível para o exercício de uma ontologia crítica.

Em face das situações dilemáticas descritas anteriormente, múltiplas respostas têm sido elaboradas. Para além da proposta relativa ao essencialismo estratégico, outras têm procurado afirmar-se como sendo "pós-abissais" (Santos 2002, 2006). Tais respostas incluem, na sua diversidade, noções como "descolonização epistémica", "crítica ao eurocentrismo e ao capitalismo" e "tradução inter-cultural", entre outras. Foque-se, por instantes, a atenção nesta última.

A proposta de tradução inter-cultural foi recentemente re-elaborada por Santos no âmbito da sua ecologia dos saberes (2006). Partindo do reconhecimento da incompletude de cada sistema cultural e da impossibilidade de uma teoria geral, o conceito opera como conceito charneira e como prática situada de reciprocidade que impede práticas coloniais de canibalização, de neutralização e domesticação da diferença em prol da mesmidade epistémica. A tradução inter-cultural constrói-se, assim, numa zona de contacto, onde as culturas trazem aquilo que de seu consideram ser passíveis de tradução recíproca. Trata-se de uma zona de contacto de carácter cosmopolita na medida em que, por via do princípio da reciprocidade, há uma recusa consciente do multiculturalismo reacionário que mantém e sustenta a auto-referencialidade da modernidade ocidental como parâmetro, regra e limite do diálogo. A questão que se poderá colocar a este propósito é a de saber se a prática da tradução inter-cultural, enquanto estratégia de inteligibilidade mútua, poderá constituir-se também como uma propedêutica de um comum-pertencer que sustenta a comunalização do arquivo. Ou seja, constituirá a tradução inter-cultural um momento de transcendência, enquanto momento inaugural do novo (o que não significa "teoria geral"), de acordo com a conceptualização atrás discutida?

A prática de tradução inter-cultural auxilia a inversão dos sentidos dominantes. E que nos diz o mundo a partir desta inversão? O que sucede aos sentidos da história? O que sucede aos sentidos identitários e de pertença? A inversão da normatividade traz-nos, assim, evidentes desafios históricos, ontológicos – identitários e epistémicos. A título de exemplo, conceitos tidos por estabilizados revelam-se instáveis e polissémicos: guerra colonial ou guerras de libertação nacional, resistência (quem resiste a quem?), movimentos nacionalistas, descolonização, independências, definições de pertença, cidadania, são alguns dos conceitos que tendem a ser questionados e ampliados numa perspectiva comparada e transdisciplinar.

A aversão normalizada às ideias de transcendência, transculturalidade e comunalidade, advém na recepção acrítica de processos sedimentares de esteorotipização conceptual e poderá ser mitigada através da revisitação crítica de dois conceitos que estruturam as noções (e ambições) relativas à identidade e diferença: o particular e o universal. A subjugação histórica do particular pelo universal tornou este último numa *entia non grata*. Todavia, o problema colocado pelo postular, ou não, do universal e da sua relação com o particular, dominou o pensamento filosófico, tal como é manifesto em Platão, Aristóteles, no nominalismo medieval e moderno, bem como nos acesos debates de Quine e Goodman, entre muitos outros (*cf.* Zimmerman, 2011).

A questão do universal tem sido mormente conotada com o postular de uma dada realidade, princípio, valor ou prática que é válida independentemente de qualquer tipo de variável ou especificidade. O universal absorve e, assim, disciplina o particular. Percursor do idealismo absoluto hegeliano, o idealismo transcendental de Kant radicava exemplarmente a universalidade nas características internas da própria razão. Erigindo o racionalismo radical como a postura filosófica e científica por excelência, a revolução kantiana afirma a autonomia irredutível da razão que impõe as suas leis ao real. Esta possui um carácter universal, no sentido de único, e necessário, na medida em que se afigura como o caminho da verdade e do conhecimento. O papel da razão consiste, pois, em assegurar a plena aplicação da lei da unidade universal e necessária, pese embora as antinomias dilemáticas encontradas ao procurar, como via única disponível, construir o acesso ao absoluto por via das categorias que detêm apenas efectividade no plano sensível. Aliás, é de salientar como, na história das ideias modernas do Ocidente, especialmente durante o século XIX, no contexto da tradição epistemológica do positivismo, o universal passa a ser explicitamente associado à ideia de evolução, enquanto espécie de maiêutica aplicada à diversidade das formas de vida. Recorde-se, a este propósito, que Spencer conceptualiza a lei universal da evolução como integração da matéria e dissipação do movimento:

> A evolução é uma integração da matéria acompanhada duma dissipação da mesma, durante a qual a matéria passa duma homogeneidade indefinida, incoerente a uma heterogeneidade definida, coerente, e durante a qual também o movimento retido sofre uma transformação análoga (cit. *in* Thonnard, 1953: 753).[10]

Nesta acepção, tornam-se facilmente compreensíveis as objecções dirigidas contra esta noção abstracta de universalismo: os seus usos (ideológicos e políticos) constituíram frequentemente um atentado à lei da (e ao direito à) diferença e, consequentemente, a reais e concretas possibilidades ontológicas. Tal manifesta-se na vivacidade da discussão sobre a possibilidade e, inclusivamente, a pertinência de uma filosofia que seja africana. Eze, por exemplo, critica Irele (1992) neste sentido quando este último, ao assumir analiticamente o colonialismo não como uma disrupção histórica da historicidade africana, mas como um elemento integrante desta que influenciou estruturalmente a existência contemporânea, problematiza uma distinção analítica entre o potencial emancipatório dos valores universais abstractos propostos pelo Iluminismo e a distorção de que são alvo historicamente. Para Eze, de facto, a discussão sobre valores ou ideias como esquemas universalmente neutros obscurece o facto de esses mesmos valores e ideias serem parte integrante de práticas concretas. Nas suas palavras, "os ideais não têm significado num vácuo histórico" (1997: 13).

Encontra-se aqui, pois, uma nova instância da dupla impossibilidade atrás discutida. Se a filosofia é definida pelo facto da sua actividade ser conduzida pelo, e em função, do universal, o pensamento africano deverá deixar de ser africano para se afirmar como filosofia; se, por outro lado, a filosofia deve ser guiada pelo particular, o pensamento africano poderá ser erigido como filosofia, mas sem poder explanatório, isto é, o seu potencial de compreensão da experiência e existência humana ficará aprisionado pelas especificidades que o originaram. É neste sentido que Janz discute os limites dos modelos de filosofia particularizante e universalizante:

---

10 Referência primária: Spencer, Herbert, (1907) 1862, *System of synthetic philosophy: I. First principles*. Londres.

> O resultado é que a filosofia concreta ou particularista se pode parecer muito com a filosofia universalista, mas que tem uma base não-europeia. A alternativa recorrente [...], a filosofia universalista também é problemática. [...] as filosofias universalistas [...] ironicamente falham em representar toda a experiência humana, generalizando a partir de uma dimensão. Se a filosofia universalista afirmar representar toda a experiência humana, é porque essa experiência foi coagida ou forçada a integrar essa dimensão a partir da qual é feita a generealização. As filosofias universalistas são incapazes de criticar radicalmente as suas próprias pressuposições e fundamentos, muito menos reconhecer a sua própria parcialidade, e a emancipação por elas oferecida é apenas a conformação individual a algum ideal. [...] Em que medida é que a filosofia da situação particular vivida é filosofia e não simplesmente um apelo especial ou um relativismo glorificado? (1997: 222-223).

Contudo, na sua origem etimológica, o vocábulo 'universal' está associado precisamente à ideia de um comum-pertencer – ideia esta que é basicamente o reconhecimento de uma condição, ou qualidade, partilhada à qual se pode ter acesso, e não o postular de uma dissolução identitária numa totalidade homogeneizante. Na realidade, no domínio da lógica, a ideia de universal interroga "o que é para as coisas partilhar um traço, um atributo ou qualidade" (Zimmerman, 2011). De modo ainda mais enfático, Mudimbe esclarece que

> A partir do século XV [...], o universal e o particular foram usados para deturpar o óbvio e adaptar falácias pobres, incluindo essencialismos culturais que são [...] reificações. O facto é que, desde os manuais de lógica até ao senso-comum, (a) o universal e os particulares não existem em si mesmos, (b) os universais existem em função dos particulares; por outras palavras, os universais procedem dos particulares, e (c) os universais não são entidades mas qualidades de elementos, de coisas empírics, de elementos abstractos de *realia* inventada (2013: 68-69).

Recusando uma visão monolítica sobre os legados das inúmeras abordagens filosóficas ao problema dos universais, a qual decorre, fundamentalmente, da estereotipização conceptual atrás mencionada, poderá ter alguma relevância recuperar criticamente algumas conceptualizações que integram a tradição filosófica no intuito de re-colocar e de re-significar as questões e os problemas por elas levantados. Essa recuperação tem como objectivo identificar potencialidades que possam permitir reformular a ideia de universal em termos de comunalidade. O exercício será realizado por referência a dois autores, pertencentes a distintas tradições: Aristóteles e Plotino.

Procurando superar a dupla antinomia entre uma realidade múltipla e o ser uno, bem como entre o conhecimento sensível e o conhecimento intelectual, Aristóteles (354 - 322 ac) procura dar resposta ao problema da relação entre o universal e o particular por meio da sua teoria da abstracção. No contexto da sua teorização,

> O objecto da ciência [...] é o ser; mas este ser não será, nem uma realidade universal e espiritual intuitivamente apreendida, porque só existe o concreto exposto; nem o concreto e o individual como tal, porque não possui estabilidade; será o elemento estável e uno liberto da realidade sensível por abstracção (Thonnard, 1953: 87).

O particular e o concreto são libertados, em Aristóteles, das suas condições individuantes para que, em seguida, "por um trabalho de reflexão" seja verificada "a sua aptidão para existirem na pluralidade dos indivíduos, isto é, a sua universalidade". Aristóteles refuta, desse modo, o idealismo platónico que pressupõe a impossibilidade por parte do universal para existir no estado de substância individual e reafirma a *"necessidade para o princípio que unifica o múltiplo, de estar no múltiplo e não fora dele"* (Thonnard, 1953: 87-88, sublinhado meu).

Tal necessidade é explicitada, por seu turno, por meio da teoria da analogia da ideia do ser e da teoria do acto e potência, através das quais é erigida a ontologia aristotélica. De acordo com a primeira, o ser, ao invés de se afirmar como um conceito bem delimitado, cuja inteligibilidade, dessa forma, se esgotaria, conduz apenas ao conhecimento das coisas de um modo particular: geral e inadequadamente. É precisamente por essa forma de concretização que o ser se realiza na multiplicidade. Por outro lado, o facto de os objectos serem múltiplos e mutáveis revela, para Aristóteles, que a sua constituição é determinada pelo princípio de perfeição (Acto) e pelo princípio da imperfeição (Potência). Pelo princípio da perfeição, os objectos participam no ser. Pelo princípio da imperfeição, os objectos não realizam, contudo, perfeitamente o ser. Desta constatação, procede a compreensão da multiplicidade e da mudança – processos estes pelos quais se processa a aquisição de novas perfeições.

Uma segunda referência é o trabalho de Plotino (205 - 270 d.c), estudioso de filosofia em diálogo com os sistemas filosóficos persas e indianos do seu tempo, e fundador do que ficou conhecido como Escola Neoplatónica em Roma. Embora seja reconhecido o peso da herança platónica no seu pensamento, pelo que a sua abordagem difere da de Aristóteles, Plotino reconfigura de modo inédito o problema da relação entre o universal e o particular através da conceptualização de Uno, enquanto nome próprio de Deus e mediante uma sofisticada elaboração da sua teoria da procissão (v.g., Gerson, 1996). O vocábulo Uno foi escolhido para exprimir o carácter distintivo de Deus (*Hypertheos*, o Primeiro, Fonte e Princípio): a transcendência, em virtude da qual possui em grau infinito as perfeições determinadas e multiplicadas nas criaturas (Thonnard, 1953). Mas Plotino não se limita a postular a relação entre o Uno e o diverso; questiona directamente a natureza do Uno. Segundo Gatti,

> Plotinus formulou outra questão extremamente difícil que nenhum filósofo grego tinha colocado antes: porque é que o Uno existe e porque é que é o que é? Colocar esta questão significa questioner o próprio Absoluto, perguntando [...] pela razão do primeiro princípio de todos. Em concreto, este problema seria um resultado absurdo dentro do contexto da metafísica de Platão e Aristóteles, na qual o primeiro princípio é algo incondicionado, a explicação última [...]. Plotinus [...] deu uma resposta altamente revolucionária no contexto do pensamento grego, afirmando que *a causa ou a razão do Uno é a liberdade: o Uno existe porque é actividade auto-produtiva livre*(1996: 28, sublinhado meu).

O que podem trazer de novo estas re-leituras? Procurando distanciar-se criticamente da estereotipização conceptual, ambas podem contribuir para re-significar a ideia de universal e, por arrasto, as de transcendência e comunalidade. Por um lado, a consideração aristotélica, segundo a qual o uno apenas pode existir no múltiplo, permite pensar o universal como mantendo uma relação de dependência embrionária relativamente ao múltiplo. O universal é, pois, a interrogação sobre o que poderá ser partilhável pela infinitude dos particulares: uma interrogação sobre os significados da ideia de 'condição humana' e uma busca eticamente orientada por ressonâncias empáticas que ampliem o espectro da liberdade e da auto-nomeação. Não significará, assim, nesta acepção, a disciplinarização pré-determinada dos particulares em função de uma ideia ou referencial absolutamente independente. Por outro lado, Plotino faz referência a uma questão fundamental: a da liberdade. No seu trabalho, trata-se de uma liberdade enquanto processo aberto de realização e não o caminho único para a explicação última. Evocando os contributos do existencialismo, poder-se-á pensar, pois, nesta liberdade como processo em aberto e comprometido para assegurar eticamente, *in-potentia* e *in-acto*, a infinitude humana. Tal estará próximo da conceptualização de Beauvoir (1976) que, explorando e assumindo plenamente a fundamental ambiguidade da existência humana e as dificuldades que daí decorrem, re-significa a liberdade como a condição original de todas as justificações da existência.

E como conceber o arquivo em processo de comunalização a partir daqui? A ideia de uma comunalidade cuja qualidade seja transcultural (isto é, esteja disponível), construída a partir da inter-culturalidade recebe uma objecção fácil: a de repetir a dialéctica hegeliana e, desse modo, re-afirmar um universal disciplinário. Uma primeira contra-objecção poderá, por sua vez, ser formulada a partir de uma reconceptualização da noção de dialéctica: dialéctica como espaço libertador de uma ontologia crítica pela qual se inauguram as possibilidades de se ser e que se mantém numa relação de disponibilidade e de transferibilidade entre sujeitos e comunidades. Ao contrário dos efeitos reificantes e aprisionantes do essencialismo estratégico, as identidades dialécticas poderão assumir-se como o resultado mais fecundo da comunalização do arquivo, pois, "embora sejam basedas num conjunto de experiências e na internalização do que é comum nessas experiências, elas não excluem a possibilidade de futuras experiências perverterem identidades no presente" (Masolo, 1997: 298). Uma segunda contra-objecção argumentará que este arquivo em comunalidade existe apenas enquanto disponibilidade que pode, em liberdade, ser activado no contexto de uma ontologia crítica – a qual é, necessariamente, não essencialista, processual e relacional. Enfatizando a centralidade da relação inter-cultural para o estabelecimento de um horizonte universal para a humanidade, Amato apresenta uma reconceptualização deste último:

> Em vez de um artifício retórico que permite a uma tradição cultural absorver a individualidade de todas as outras [...], a ideia de um horizonte humano universal pode ser simplesmente a localização geral de conceptualizações sobre a natureza humana que as nossas culturas intelectuais podem produzir através de um diálogo real [...]. Ao invés de serem assumidas logo de início, as convergências necessitariam de ser vistas como o resultado desejável de um diálogo plural que não pode ser condicionado (ou imposto) *a priori* (1997: 75).

A liberdade como exercício: filosofia como ontologia crítica

É à luz deste arquivo que se considerará a abordagem hermenêutica-histórica de Tsenay Serequeberhan a propósito da filosofia africana. A primeira tarefa crítica identificada pelo autor é a crítica ao etnocentrismo. Será, precisamente, esta crítica uma das principais forças motivacionais do desenvolvimento contemporâneo da filosofia produzida no Continente: "a ideia de 'filosofia africana' [...] tem as suas raízes [...] nos esforços dos pensadores africanos em combater a exploração política e económica e em examinar, questionar e contestar as identidades que lhes foram impostas pelos europeus" (Eze 1997: 11-12). Mas tal tarefa tem, em Serequeberhan, uma particularidade que importa salientar. Nas suas palavras:

> Qualquer discurso sobre filosofia está já necessariamente implicado numa noção de filosofia que é pressuposta. Como Martin Heidegger e Hans-Georg Gadamer nos dizem, ler ou interpreter um texto significa estar já envolvido com ele. O que precisa de ser feito então, é não tentar evitar o inevitável, mas sim em assumi-lo plenamente. Por outras palavras, trazer à luz – tanto quanto possível – os pre-conceitos operativos

que estão presentes no nosso engajemento filosófico (Serequeberhan (1991) citado por Amato 1997: 71-72).

A crítica ao etnocentrismo aqui preconizada assenta duas importantes reivindicações: a de que ele integra o arquivo e a de que essa crítica deverá ser desenvolvida ao serviço de uma ontologia crítica, assente no trabalho hermenêutico. Tal significa o desenvolvimento de uma abordagem histórico-hermenêutica, ou seja, uma hermenêutica que seja desenvolvida a partir da experiência histórica do Continente. Tornar a reflexão filosófica sensível à historicidade e ao campo vivencial que a origina significa explorar as preocupações da existência histórica vivida.

O desafio colocado por esta perspectiva passa por uma dupla subversão: a subversão do essencialismo e das práticas representacionais associadas à etnociência, à etnofilosofia e a certas ansiedades obsessivas das análises pós-coloniais, por um lado, e, por outro, a subversão do cânon analítico ocidental. É nesta insubordinação que reside a esperança identificada por Masolo no trabalho de Mudimbe. A saber: a abertura de uma nova "perspectiva para pesquisar e construir positivamente espaços discursivos africanos e, como Masolo indica, 'erigir o sujeito africano'" (Kresse, 2005: 7-8).

Uma elucidativa demonstração do exercício desta ontologia crítica baseada numa abordagem histórico-hermenêutica é providenciada pela análise concernente ao trabalho de Said, um dos mais influentes autores pós-coloniais, por Jewsiewicki e Mudimbe. Explorando o contributo de Said, ambos os autores explicitam as condições pelas quais a apropriação das tradições qualificadas como parte integrante do imperialismo constitui um acto de libertação e não de sujeição:

> Para reflector criticamente sobre o seu próprio discurso, sobre as condições da sua possibilidade, Said tem que se virar contra a tradição que, com grande esforço, adquiriu; e depois questionar o seu postulado fundamental, nomeadamente a sua historicidade. [...] O acto de desafiar a historicidade como a única autoridade do seu discurso [...] é para Said um acto de auto-reconhecimento como sujeito do imperialismo; *é porque ele assume a sua condição histórica que ele pode ques-*

tionar a sua sujeição e libertar-se sem perder os laços com a tradição que foi adquirindo [...] É o esforço, e não a herança, que decide a apropriação legítima de uma tradição" (Jewsiewicki & Mudimbe 1994: 39, sublinhado meu).

Permitirá o exemplo de Said pensar na possibilidade do universal (na figura de um arquivo *comunalizado*) como uma relação que disponibiliza e que coloca em aberto particulares em comunicação? Assinalará, por seu turno, essa possibilidade um momento de transcendência, entendido como processo dinâmico de exceder uma dada realidade, ampliando-a? Trarão estas questões algum sentido diferente à enunciação da diferença? Do ponto de vista ético e político, haverá busca efectiva pela ressonância empática entre sujeitos em liberdade e em relação? Tornar-se-á a enunciação em anunciação? Poder-se-á, na verdade, usufruir do mote sartriano "Eu sou o que não sou e não sou o que sou"?

Colocar estas interrogações implicará o exercício constante de uma ontologia crítica, isto é, um exercício constante de questionamento dos discursos identitários. O desígnio desse questionamento afigura-se como prática epistémica e ética de ampliação do real em prol da compreensão da experiência de sujeitos e processos históricos. Tal obriga necessariamente a uma revisitação de determinados conceitos e suas relações, tais como as noções de identidade, de inter-cultural e de transcultural. Essa re-colocação, por seu turno, é, em certo sentido, inescapável, se se considerarem os impasses simultaneamente epistemológicos, éticos e políticos, a que a radicalização da gramática pós-colonial da subalternidade e do essencialismo estratégico conduziu. Afinal, qual é a biblioteca que nos anuncia sem nos enunciar em definitivo?

Referências

AMATO, Peter 1997, "African philosophy and modernity". In: Emmanuel Chukwudi Eze (org.), *Postcolonial African Philosophy. A critical reader*. Oxford: Blackwell Publishers. 71-100.

BHABHA, Homi K. 2004, *The location of culture*. Londres: Routledge.

BEAUVOIR, Simone de 1976, *The ethics of ambiguity*. Nova York: Kensington Publishing Corp.

CARVALHO, Emílio 1995, *A igreja Africana no centro da sua história (Subsídios para a história daIgreja nos Países de Língua Oficial Portuguesa)*. Luanda: Edição do Autor.

CHAKRABARTY, Dipesh 2000, *Provincializing Europe. Postcolonial thought and historical difference*. Princeton: Princeton University Press.

CHATTERJEE, Partha 1993, "Nationalism as a problem in the history of political ideas»". In: Partha Chatterjee, *Nationalist thought and the colonial world: a derivative discourse*. Londres: Zed Books, 1-35.

DEPELCHIN, Jacques 2005, *Silences in African History. Between syndromes of discovery and abolition*. Dar Es Salaam: Mkuki na Nyota Publishers

EZE, Emmanuel C. 1997, "Introduction". In: Emmanuel Chukwudi Eze (org.), *Postcolonial African Philosophy. A critical reader*. Oxford: Blackwell Publishers. 1-22.

FABIAN, Johannes 1983, *Time and the other: how anthropology makes its object*, Nova York: Columbia University Press

FOUCAULT, Michel 1984, "What is Enlightenment?". In: Paul Rabinow (ed.), *The Foucault Reader*. Nova York: Pantheon Books. 32-50.

GATTY, Maria Luisa 1996, "Plotinus: the platonic tradition and the foundation of neoplatonism". In: Lloyd P. Gerson (ed), *The Cambridge Companion to Plotinus*. Cambridge: Cambridge University Press. 10-37.

GOMES, Catarina Antunes 2013, "When Sofia listens to Miguel or trying to transcend abyssal lines: why does it matter to Europe?" "Deconstructing "Democracy"". Οὖτις*! Revue de Philosophie (post)Européenne*, 4: 313-333.

GONÇALVES, Custódio 2003, *Tradição e modernidade na (re)construção de Angola*. Porto: Afrontamento.

GROSFOGUEL, Ramon 2012, "El concepto de 'racismo' en Michel Foucault y Frantz Fanon: teorizar desde la zona del ser o desde la zona del no-ser?", *Tabula Rasa*, 16: 79-102.

GUHA, Ranajit 1996, "The small voices of history". *Subaltern Studies: Writings on South Asian History and Society*, 9: 304-318.

GYEKYE, Kwame 1997, "Philosophy, culture, and technology in the Postcolonial". In: Emmanuel Chukwudi Eze (org.), *Postcolonial African Philosophy. A critical reader*. Oxford: Blackwell Publishers. 25-44.

IRELE, Abiola 1996, "In praise of alienation". In: V.Y. Mudimbe (ed.), *The surreptitious speech: Présence Africaine and the politics of otherness. 1947-1987.* Chicago: The University of Chicago Press. 201-226.

JANZ, Bruce 1997, "Alterity, dialogue, and African philosophy". In: Emmanuel Chukwudi Eze (org.), *Postcolonial African Philosophy. A critical reader.* Oxford: Blackwell Publishers: 221-238.

JEWSIEWICKI, Bogumil & Mudimbe, Valentin Yves, 1993 "African's Memories and contemporary history of Africa". In: V.Y. Mudimbe; B. Jewsiewicki (org.), "History Making in Africa", *History and Theory,* 32 (4): 1-11.

_____ 1994, "For Said", *Transition,* 63: 34-50.

KRESSE, Kai 2005, "Reading Mudimbe – an introduction", *Journal of African Cultural Studies,* 17 (1): 1-9.

HALL, Stuart, 1996, "When was 'the post-colonial'? Thinking at the limit". In: Ian Chambers; Lidia Curti (org.), *The post-colonial question. Common skies; divided horizons.* Londres: Routledge. 242 – 260.

HUTTON, Patrick K. 1993, *History as an art of memory.* Hanover: University Press of New England.

KASFIR, Nelson (org.) 1998, *Civil society and democracy in Africa. Critical perspectives.* Londres: Frank Class.

LAZARUS, Neil 2005, "Representation and terror in V. Y. Mudimbe", *Journal of African Cultural Studies,* 17 (1): 81-101.

MASOLO, Dismas A., 1997, "African philosophy and the postcolonial: some misleading abstractions about 'identity'". In Emmanuel Chukwudi Eze (org.), *Postcolonial African Philosophy. A critical reader.* Oxford: Blackwell Publishers. 283-300.

MIGNOLO, Walter D. 2003, *Historias locales/disenos globales: colonialidad, conocimiento subalternno y pensamiento fronteirizo.* Barcelona: Ediciónes Akal.

MUDIMBE, Valentin Yves 1988, *The invention of Africa. Gnosis, philosophy and the order of knowledge.* Londres: James Currey.

_____ 1991, *Parables and fables. Exegis, textuality and politics in Central Africa.* Wisconsin: The University of Wisconsin Press.

_____ 2013, *On African fault lines. Meditations on alterity politics*. Scottsville: University of KwaZulu-Natal Press.

PARRY, Benita 1995, "Problems in current theories of colonial discourse". In: B. Ashcroft, G. Griffiths & H. Tiffin (org.), *The Post-Colonial Studies Reader*. Londres/Nova York: Routledge, 44-50.

PRIEST, Stephan (ed.) 2001, *Jean-Paul Sartre. Basic Writings*. Londres: Routledge.

QUIJANO, Aníbal 2000, "Colonialidad del poder, eurocentrismo y América Latina". Disponível em: <www.Cholonautas.edu.pe/modulo/upload/Anibal%20Quijano.pdf>, consultado em 13 de Julho de 2011.

SANTOS, Boaventura de Sousa 2002, *A crítica da razão indolente. Contra o desperdício da experiência*. Porto: Afrontamento.

_____ 2006, *A gramática do tempo. Para uma nova cultura política*. Porto: Afrontamento.

SAKAI, Naoki 2010, "Theory and Asian humanity: on the question of *humanitas* and *anthropos*", *Postcolonial Studies,* 13 (4): 441-464.

SEMUJANGA, Josias 2004, "La mémoire transculturelle comme fondement du sujet africain chez Mudimbe et Ngal", *Tangence*, 75: 15-39.

SEREQUEBERHAN, Tsenay 1997, "The critique of eurocentrism and the practice of African philosophy". In: Emmanuel Chukwudi Eze (org.), *Postcolonial African Philosophy. A critical reader*. Oxford: Blackwell Publishers, 141-161.

SMITH, Faith 1991, "A conversation with V.Y. Mudimbe", *Callallo*, 14 (4): 969-986.

SPIVAK, Gayatri Chakravorty 1985, "Three women's texts and a critique of imperialism", *Critical Inquiry*, 2 (1): 243-261.

_____ 1999, *A critique of postcolonial reason: toward a history of the vanishing present*. Cambridge: Harvard University Press.

_____ 2006, "Can the subaltern speak?". In: B. Ashcroft, G. Griffiths & H. Tiffin (org.), *The Post-Colonial Studies Reader*. Oxford: Routledge. 28-37.

THIELE, Leslie Paul 1995, *Martin Heidegger e a política pós-moderna: meditações sobre o tempo*. Lisboa: Instituto Piaget.

THIONG'O, Ngugi wa 1986, *Decolonizing the mind. The politics of language in African literature.* Nairobi: East African Educational Publishers KLLtd.

THONNARD, François-Joseph 1953, *Compêndio de história de filosofia.* Paris, Tournai, Roma: Desclée e CNA, Editores Pontifícios. Sociedade de S. João Evangelista.

ZIMMERMAN, Dean W. 2011, "Universals". In: Encyclopedia Britannica. Disponível em <http://www.britannica.com/EBchecked/topic/618006/universal>, consultado a 10 de Outubro de 2013.

5

Liberalismo e anti-negritude: será o Outro racializado um sujeito subalterno?

Franco Barchiesi

A recente controvérsia acerca do projeto de *"subaltern studies"* gerada pela publicação de Vivek Chibber (2013) *Postcolonial Theory and the Specter of Capital* trouxe de volta ao primeiro plano dos debates sobre pós-colonialismo a questão da importância do universalismo normativo para o estabelecimento da hegemonia global do capitalismo ocidental. Será que, como defendem os subalternistas, foram as ideias liberais de autonomia e liberdade individuais da lógica universalizante do capitalismo que encontraram seu limite na dominação colonial e no silenciamento de sujeitos não europeus considerados imaturos em relação a tais qualidades? Ou, como retorque Chibber, a universalização capitalista se deu com base em uma dinâmica essencialmente econômica que, sendo fundamentalmente iliberal e despótica desde o início, viu-se forçada a enfrentar os clamores por liberdade e democracia decorrentes da batalha mundial de pessoas oprimidas com o mesmo anseio de liberdade e justiça? Quando se trata de lidar com a diferença, os limites do capital são uma questão de cultura – incapacidade de incorporar o subalterno em termos de discurso e valores – ou de política – choque dos universalismos de Chibber, do opressor e do oprimido? O liberalismo do mundo colonial é apenas uma promessa oca e falsa de dominadores ou também é uma arma que os dominados podem usar ao se apropriarem da retórica de seus mestres em busca de uma autorrealização como parte integral da natureza humana?

Branquitude liberal e seus outros no colonialismo e pós-colonialismo

Minha intenção aqui não é resolver a disputa entre Chibber e seus adversários e não farei isto nesta apresentação, explorando os méritos ou falhas de seus respectivos posicionamentos. Meu interesse está voltado para como essa nova repetição de um debate de décadas sobre universalismo capitalista e subalternidade continua a evitar questões relativas à articulação do colonialismo com escravidão e racialização. Neste sentido, a escola dos *Subaltern Studies* pode invocar circunstâncias tranquilizadoras, pois, como Partha Chatterjee (2010) lembrou recentemente, suas preocupações progrediram no Sudeste da Ásia. No entanto, a ausência da narrativa do escravo enquanto outro racializado em Chibber parece mais marcante se levarmos em consideração o fato de que ele invoca "o interesse universal de agentes sociais pelo seu bem-estar, o que os leva a resistir ao avanço expansionista do capital" (Chibber, 2013: 291) com o potencial de atingir igualmente no Ocidente e no Oriente, "liberdades políticas liberais" (*Ibid*.: 202).

Por outro lado, a historiografia e as teorias liberais gostaram bastante de situar conexões normativas do mundo colonial entre capitalismo, liberdade e modernidade. Assim, modalidades coloniais de racialização despótica e trabalho forçado foram contextualizadas quando não como "males necessários", como contingentes e não essenciais a um ponto mais amplo do colonialismo e pós-colonialismo como condições de, assim como em Kwame Anthony Appiah (2007), hibridez e reconhecimento mútuo ou, como em Achille Mbembe (2002), de "formas africanas de auto-inscrição", repertórios de autoimagem, reinvenção e provisionalidade. Com um tom mais escusatório, as comemorações do centenário da abolição do comércio escravo testemunharam um fluxo de trabalhos históricos proclamando o triunfo dos valores ocidentais sobre as imoralidades da escravidão, às quais o capitalismo é alegada e estruturalmente adverso, apesar das visões críticas que documentaram como os primeiros teóricos liberais deram justificativas morais e teóricas à escravidão dos negros (Losurdo, 2011). Outro exemplo seria o interesse renascido pelo estudo de impérios europeus como avatares da modernização conduzida pelo mercado e das subjetividades empreendedoras responsáveis, como na comemoração dos *"killer apps"* da civilização do Ocidente em Niall Ferguson (2012).

Contudo, no início de sua ascensão como ideologia hegemônica, o liberalismo denotou de forma autoconsciente um entendimento muito mais instável das bases de seus universais normativos. As reflexões perturbadas de clássicos liberais são um lembrete para nossa era, na qual "liberalismo" e "democracia" são vistos como sendo conceitos intercambiáveis e perfeitamente compatíveis e onde, tanto a direita quanto a esquerda, tomam a universalidade fundamental de valores mais ou menos como certa, tanto quando veem estes valores arrancados do capitalismo pelo proletariado global (Chibber), afastados por lutas dentro do colonialismo (como no caso dos subalternistas) ou totalmente sustentados pelo alcance providencial do império (como em Niall Ferguson). Falta uma interrogação quanto ao papel estruturante da racialização em noções e práticas confusas como liberdade e falta de liberdade que moldam o liberalismo, assim como uma reflexão a respeito do lugar da branquitude (não só "Europa" ou "Ocidente") em ideias liberais de natureza humana e sua universalidade quando do encontro da branquitude com o Outro, com a negritude, em uma relação intersubjetiva à qual se posiciona.

Um dos primeiros a comentar sobre as relações do liberalismo com o mundo colonial e de assentamento foi John Stuart Mill que, por exemplo, esclareceu algumas contradições que ficaram conhecidas. Para ele, a sociedade centrada no mercado incorporava liberdade, autonomia individual, moralidade pessoal, limites às intrusões do Estado e empreendedorismo pessoal como atributos humanos universais, daí sua oposição à escravidão como sujeição pessoal legalizada. Todavia, ele acreditava que, em se tratando de "raças" imaturas, aqueles traços supostamente naturais do Humano não se manifestavam de forma espontânea, logo tinham que ser manifestadas, se necessário por meio de coerção:

> [O] despotismo é um modo legítimo de governo para tratar com bárbaros desde que a finalidade seja aprimorá-los e os

meios realmente se justifiquem para realizar tal fim. A liberdade, em princípio, não é aplicável a nenhum estado ou coisa que anteceda o momento em que a humanidade tenham se tornado capaz de melhorar através da livre discussão entre iguais. Até então não haverá nada para eles, salvo a obediência absoluta a um Akbar ou a um Carlos Magno se tiveram sorte de encontrá-los (Mill, 1863: 73, *cit. in:* Losurdo, 2011: 225).

Para Mill, na verdade, a "escravidão" – não tanto a propriedade de pessoas como se fossem bens, mas não questionando a "obediência" das "raças incivilizadas" aos ditames produtivos do Império – poderia ter um papel positivo, ainda que doloroso e excepcional, no "aprimoramento" de "selvagens", não apenas através da "livre discussão entre iguais", mas também do trabalho, da prosperidade e da diligência (Losurdo, 2011: 225).

As reflexões de Mill são uma lição daquilo que Jennifer Pitts (2006) chama de "liberalismo em prática". Na segunda metade do século XIX e início do século XX, a costa do Atlântico era um laboratório particularmente significativo para a governança branca da diferença. Ideias liberais propagavam simultaneamente noções como autogoverno do colonizador ou do descendente europeu e conceitos paternalísticos enfatizando a sujeição, frequentemente com objetivos ostensivos de "liberdade" do outro racializado. O liberalismo apresentava suas normas centrais – liberdades individuais, propriedade privada, governo representativo, liberdades da sociedade civil para contrabalancear o Estado – como sendo o cume da evolução natural humana. Contudo, Bentham, Mill e Macaulay endossaram a autoridade imperial como ferramenta para inculcar as ideias presumidamente universais em pessoas de culturas diferentes, o que foi progressivamente definido em termos raciais. Na prática, o liberalismo encapsulou modalidades de governo que serviam para administrar a contradição entre o proclamado progresso universal da humanidade em direção à liberdade e a violência e coerção consideradas necessárias para viabilizar este mesmo progresso. Como projeto global, o liberalismo conferia a possibilidade de haver governo despótico para "reformar" e "aprimorar" vidas não-brancas a padrões morais e comportamentais da civilização ocidental e aos fundamentos do mercado. À medida que movimentos políticos da classe trabalhadora forçaram elites liberais do Ocidente a incorporarem políticas sociais e procedimentos eleitorais em seu arsenal de técnicas de legitimação e governança – moldando a "democracia liberal" como encarnação moderna e relativamente recente da racionalidade liberal – a "alterização" violenta deixou de ser aplicada a operários e pobres brancos e, eventualmente, a mulheres brancas. Contudo, permaneceu central em projetos de racialização agressiva, que deram forma ao trabalho forçado no mundo colonial, assim como Jim Crow nos Estados Unidos[1]. Como resultado paradoxal da democratização do liberalismo, a branquitude foi enfim definida como um limite para a violência do liberalismo – exceto em casos de contingência (como a repressão ao radicalismo de trabalhadores) –, mas não de forma estrutural e persistente.

Imagens de atividade econômica e disciplina laboral foram transfiguradas pela retórica colonial de "dignidade do trabalho" na medida em que o humanitarismo cristão endossou a imposição da tutela branca de trabalho produtor de mercadorias como condição para que sociedades africanas e descendentes de africanos pudessem ascender à racionalidade moderna, bem como a seus corolários de ambição pessoal, autossuficiência, prudência e vida familiar sadia. O liberalismo permitiu que a supremacia branca se apoiasse não no racismo biológico bruto, mas em suposições de diferenças culturais tão profundas que os negros foram considerados incapazes de, como disse Achille Mbembe (2001: 4), "articular o universal". A premissa de que a branquitude deve definir os significados, as formas, as condições e a extensão da agência *(agency)* e liberdade negras é central à violência que permeia a sociedade civil liberal.

Na vasta literatura sobre o tema, Catherine Hall (2002) e Robin Blackburn (2011) fizeram brilhantes exposições acerca das conexões ideais e estruturais entre a emancipação legal do escravo, o colonialismo africano e a anti-negritude institucional moderna nas Américas. Para eles, abolição não significa a origem de uma genealogia da liberdade, mas um modo de autoafirmação da ética colonizadora do branco que se posicionou persistentemente em oposição aos outros racializados e subordinados. Hall mostra que, no caso da Jamaica, o impulso abolicionista – alavancado pelo humanitarismo missionário de confissões protestantes dissidentes – manifestou a crença segundo a qual a apreciação da

---

1 "Jim Crow" refere-se ao conjunto de leis que instituiu a segregação racial no sul dos Estados Unidos após o período de Reconstrução (1865-1877). Parte da legislação Jim Crow permaneceu em vigor até o início dos anos 1970.

irmandade e igualdade entre os cristãos não era absoluta, mas condicional para a adoção por parte dos negros livres de conceitos ocidentais como ética do trabalho, estilo de vida, formas familiares, respeitabilidade e papeis dos gêneros. Neste sentido, o progresso deveria ser constantemente monitorado por formuladores de políticas e líderes espirituais brancos. A relutância dos escravizados do Caribe e de outros lugares em se adequar à subjetividade desejada pelos colonos e (antigos) senhores, mesmo dentro das igrejas cristãs e comunidades missionárias – em outras palavras, a luta da Negritude pela sua própria liberdade ou, nos termos de Fanon (1967: 109), "[para] estar na origem do mundo" –, aumentaram o descontentamento branco em relação à emancipação como projeto que nunca deixou de relegar o corpo negro, para citar novamente Fanon (*Ibid.*), a um "objeto em meio a outros objetos". De um ponto de vista negro, a proibição ontológica da agência como marco definidor da escravidão caracterizou a abolição mais como continuação da escravidão por outros protocolos legais do que como evento que dava início a novo um momento histórico.

As decepções com a emancipação levaram, todavia, a um declínio do humanitarismo e sua substituição pela economia política – para a qual o crescimento depende mais da eficiência produtiva do que do pulsar interno de moralidade ou a discussão sobre liberdade de Mill – como expressão-chave da modernidade ocidental. A filantropia missionária gradualmente se alinhou com a agenda colonial, reforçando-a. Eric Foner (1988) analisou um processo similar em sua clássica discussão sobre a passagem da Reconstrução para Jim Crow no pós-guerra civil nos Estados Unidos. Lá, mais uma vez, o liberalismo emergiu como ideologia autoconsciente de reforma social e boa governança, na qual a supremacia branca foi reafirmada com a aversão oficial – de forma mais tecnocrática do que racionalmente motivada – ao radicalismo dos trabalhadores, a intervenções governamentais redistributivas e a políticas de empoderamento negro (*black advancement*). A mudança foi uma resposta à percepção crescente dentre a opinião branca de origem radical e abolicionista de que negros emancipados eram fundamentalmente incapazes de determinar sua própria subjetividade, frequentemente descrita por estereótipos populares como sendo indolente, impulsiva e contrária à virtude e à vida monogâmica em família e virtuosa. Paralelamente, no caso da África do Sul, o "Cape Liberalism" dos colonos brancos da segunda metade do século XIX teve duas fontes de inspiração principais. Primeiro, a mudança na agenda humanitária religiosa, que passou da "proteção" aos indígenas Khoesan ameaçados pela sua conversão ao cristianismo ao apoio – em nome da modernização capitalista – à erradicação das estruturas políticas independentes Xhosa e suas economias de subsistência. Segundo, parcelas limitadas de africanos que eram proprietários e tinham alta renda e "*coloreds*" deveriam ser incorporados ao estado colonizador como sócios júnior, pois a Constituição do Cabo de 1853 os definia como relativamente "civilizados" – como sanção formal à anti-negritude institucional –, logo, separados do estado "bruto" dos africanos (Legassick & Ross, 2010).

No mundo atlântico, a proibição de acesso à terra por negros independentes, a aplicação de contratos de trabalho por meio de medidas legislativas de restrição de liberdade e a supressão de representação política não-branca não representavam necessariamente reversões dos ganhos obtidos com a emancipação escrava ou paralisações momentâneas na marcha pela liberdade. Na verdade, isto fez com que a escravidão e a emancipação fossem complementares – conferindo a esta complementaridade uma estabilidade que perdura até os dias de hoje – enquanto processos determinados pela objetivação e infantilização de corpos negros, com o objetivo de assegurar a coerência ética e a eficiência econômica da sociedade civil branca. Robin Blackburn (2011: 336) pertinentemente comenta:

> Os termos anti-escravidão, abolicionismo e emancipação realçam todos eles o negativo; denotam a condição que deve ser liquidada, dando a entender que as pessoas emancipadas passarão a gozar de alguns tipos de liberdade. No entanto, como sabemos, aquela liberdade pode ser especificada ou negada de muitas formas diferentes – exercício de autonomia pessoal implícito na da vida em família, liberdade de circulação, abolição do trabalho forçado, acesso a meios de subsistência, proteção da lei, participação no sistema político e assim por diante. A diversidade das formas e os resultados da emancipação apontam um confronto de forças sociais e de noções conflitantes de liberdades civis, tendo em mente que a escravidão teve que ser substituída, bem como destruída.

O colonialismo e a formação do estado colonizador "substituíram" a escravidão por modalidades de racialização que mantiveram uma hostilidade paradigmática à ideia de plena autodeterminação negra. Tais modalidades sustentaram a economia política e sua crítica – em outras palavras, a competição pelas condições e demandas oriundas do trabalho abstrato juridicamente "emancipado"– como um campo de conflitos que obscureceu antagonismos mais fundamentais e refratários entre a branquitude e o seu outro.

A proletarização do outro subjugado tornou-se, então, um dilema central do colonialismo. O colonizado ou resistiu ou escapou, tornando-se produtor de mercadoria – um ponto enfatizado pelos subalternistas –, negociando, enquanto taticamente se apropriava de ideias europeias de direitos trabalhistas – como argumenta Frederick Cooper (1996) em seu estudo sobre a questão trabalhista colonial e pós-colonial – ou se aproveitando para o desenvolvimento e nation-building da agenda de nacionalismo anticolonial. Como estão todos mergulhados na política econômica da dialética capital-trabalho, estas posições têm uma orientação similar acerca das relações entre violência, sofrimento e temporalidade. Para todos eles, a proletarização acarreta em subjugação e coerção historicamente contingentes, mas, ao final, está aberta a resoluções progressivas na forma de modernidades alternativas decorrentes da insubordinação (para os subalternistas), solidariedade trabalhista internacionalista (para análises de esquerda, incluindo a supracitada de Chibber), ou alguns tipos de modernização (para o nacionalismo pós-colonial). Mesmo a subalternidade, apesar da afirmação de Gayatri Spivak (1996: 217) de que "[é] o limite absoluto do lugar onde a história tem sua narrativa composta como lógica" contém seu próprio potencial de consciência que, em rebelião contra a imposição do domínio elitista, do conhecimento ocidental ou do trabalho abstrato (Das 1989; Chakrabarty, 2000), institui cronologias de devir e acontecimento históricos.

Anti-negritude, economia política e o problema da política

Contudo, cabe ressaltar que o posicionamento estrutural da branquitude e da negritude enquanto prática de racialização essencialmente desumanizadora articula um tipo de violência e sofrimento que não são levados em consideração pela temporalidade progressiva da economia política. A desumanização da negritude na escravidão e no colonialismo faz com que o antagonismo brancopreto seja qualitativamente diferente de outros tipos de oposição – tais como classe, gênero ou lutas nacionais –, o que acontece dentro da esfera do humano. O último pode admitir uma resolução progressiva que não ameaça, mas, na verdade, fortalece valores humanos. Porém, o primeiro só pode ser resolvido com a abolição da própria definição da humanidade que faz de corpos negros seus outros objetificados. Conflitos de classe, gênero e linhas nacionais – incluindo as mobilizações do subalterno – podem encontrar sua racionalidade no registro da economia política, que pressupõe sujeitos com *agency* e capacidades de significação. Mas, por esta mesma razão, a economia política não pode explicar totalmente a posicionalidade da negritude na medida em que denota uma condição desprovida de subjetividade e significação. Em resumo, a economia política é incapaz de suturar a fissura que separa coletividades vivendo socialmente (incluindo operários e subalternos) de, como Orlando Patterson (1985) disse, corpos negros socialmente mortos, mas conscientes, sujeitos a um paradigma de subjugação violentamente racializada que se relaciona com a escravidão, que sobrevive à passagem das formas jurídicas de escravidão.

Frank Wilderson (2010) pesquisou – em sua conversa intelectual com Frantz Fanon, Hortense Spillers, Saidiya Hartman, Jared Sexton e outros aos quais se refere como "afropessimistas" – os limites da economia política e das relações trabalho-capital como fontes da imaginação emancipatória. A definição de Negritude como condição ontológica – ao invés de descrição racial ou conjunto de experiências, como no caso de teóricos críticos de raça, subalternos e pós-coloniais – foi central para sua investigação. A sociedade civil branca/ colonizadora, constituindo-se como um sistema-mundo sob o capital, transforma, em outras palavras, sujeitos africanos em escravos negros como condição de "morte social", que Orlando Patterson (1985) define como alienação natal, desonra permanente e violência gratuita. Imposta pela violência estrutural e ontológica e não apenas contingente, a negritude-enquanto-escravidão existe independentemente das circunstâncias históricas, principalmente a sujeição pessoal legalmente definida que a originou. Tal violência é, de fato, encenada na exploração colonial, na segregação Jim Crow, no apartheid, ou no complexo industrio-prisional americano. Havendo uma vasta literatura empírica documentando este ponto, basta citar *The New Jim Crow* de Michelle Alexander (2010), que mostra como a porcentagem da população negra dos Estados Unidos que se encontra sujeita a regimes de coerção de vários tipos é maior hoje do que no século XIX. Assim, Jared Sexton (2011: 23), resumindo as intervenções de Hartman e Wilderson, define "afro-pessimismo" como um projeto ético e intelectual.

> [que nos] desafia a questionar o entendimento prevalecente de uma sociedade pós-emancipação e a revisar as questões mais básicas sobre as condições estruturais da anti-negritude no mundo moderno. Em outras palavras, perguntar o que significa falar em "continuidade trágica entre escravidão e liberdade" [...] na verdade, falar sobre um tipo de vida que sobrevive após um tipo de morte [e] um ontologia política que separa o Escravo do mundo do Humano de maneira constitutiva.

Sexton e Wilderson discutem a negritude-enquanto-escravidão não como uma condição de exploração e alienação (os registros da economia política) que habilita o trabalhador enquanto sujeito, mas como posição de "acumulação e fungibilidade" que coloca os objetos "mortos, porém conscientes" em um estado de "absoluto abandono", privados de capacidade e relacionalidade. O estabelecimento da negritude pelo colonizador também constitui o corpo negro como fronteira não humana que valida a auto-definição da sociedade civil branca como lugar de possibilidade humana, afetando também a reflexão moral branca a respeito do que é bom para o próprio negro. Por exemplo, tais reflexões articularam a negritude como alvo de imposições de disciplina produtiva e de trabalho assalariado nas ordens colonial e pós-emancipatória, onde o elemento branco/colonizador reclamava para si a prerrogativa de definir os significados e as fronteiras da "liberdade" dos outros. Porém, ainda que o corpo negro tenha acabado sendo explorado como trabalhador e experimentado um grau de precariedade que foi suavizado para a classe trabalhadora colonizadora com os *"wages of whiteness"* (numa tradução ao pé da letra, "remunerações de branquitude") de David Roediger, ele não participa destas modalidades desumanizadoras principalmente como trabalhador. O significado ontológico de negritude como condição de existência baseada na negação de capacidade, relacionalidade e agência serve, sobretudo, para que a branquitude enquanto classe transversal, enquanto construção de gênero transversal, defina-se como "humana" com base na possessão de tais atributos ou na realização de sua plenitude.

O corpo do escravo marca o limite de narrativas de modernidade como projeto político progressista no qual mesmo as formas mais precárias de incorporação capitalista subscrevem crises, conflitos e sujeitos como produtores de tempo histórico. A temporalidade do negro enquanto escravo é incomensurável com a do subalterno, pois se trata de uma temporalidade constituída não apenas de opressão e silenciamento, mas de erradicação violenta da subjetividade, que leva a uma ausência – de identidade, comunidade, cultura, descendência – que não pode mais ser denominada. Como diz Wilderson, é um *tempo paradigmático*, um apagamento de distinções entre passado, presente e futuro em virtude de uma permanência inerte e impositiva que aniquila a própria possibilidade de *tempo histórico*,

Na verdade, a proletarização, a mercantilização, a exploração e seus danos retém a capacidade de uma trajetória narrativa viabilizada por uma perda – de trabalho decente, de bem-estar, de poderes produtivos – que subscreve o trabalho imaginativo de resoluções progressistas. Mas a Negritude existe como uma condição que obscurece o que é perdido, tornando sua possibilidade de narrativa subjetiva impossível. Na experiência material dos trabalhadores – tanto negros quanto brancos –, a extrema precariedade pode ganhar formas daquilo que foi para os africanos o momento precedente da morte social, ou seja, antes de terem sido transformados em negros. Cornel West (2011) sugeriu isto ao se referir à *"niggerization of America"* como

> "um povo, não apenas os negros" para afirmar que, "uma vez transformado em *nigger*, você se torna inseguro, desprotegido, sujeito a violência aleatória, odiado por quem você é. Você fica tão assustado que cede quaisquer poderes e se dispõe a consentir com a sua própria dominação. E esta é a história dos negros na América".

O curioso desta história é que o momento anterior à morte social, o momento de extrema precariedade é a última escravização que os negros vivem como humanos, ou seja, antes de serem objetificados na forma de propriedade. Para não-negros, a precariedade e a exploração fazem parte experiência histórica, mas quando relativos à negritude, pertencem ontologicamente a um estádio desprovido de capacidade para transformar um tempo sem propósito em eventos significativos, eventos que podem ser reconhecidos e incorporados na "família de eventos".[2] Enquanto condição ontológica, a negritude é o limite intransponível da analogia entre a precariedade do Escravo e a do Trabalhador ou a do Subalterno, pois marca a relação díspar destas entidades com o tempo e com a possibilidade de demandas, direitos e reconhecimento.

Ao passo que o conforto da analogia afasta políticas progressistas ou se faz ao preço de omissões gritantes, a ameaça que a negritude representa para a sociedade civil organizada pelo capitalismo liberal e policiada pela branquitude dificilmente pode ser compreendida em termos de política subalterna. Não se deve concluir erroneamente que as lutas negras, incluindo as mobilizações de trabalhadores negros, não são importantes. Na verdade, seus êxitos na luta contra o racismo institucional e o colonialismo são numerosos e decisivos, mas não são essenciais para conter o fato de que, independentemente de suas vitórias, as lutas negras enquanto experiências históricas não desfazem a negritude enquanto posicionalidade ontológica reconstituída. Christina Sharpe (2010) captou de forma brilhante a tensão entre o "desejo de ser humano", que sustenta a busca negra por *agency* em uma era de "liberdade" legal, e a rotinização da violência anti-negro, que constitui "os horrores mundanos do dia-a-dia que não são reconhecidos como horrores" por categorias éticas brancas que relutam em aceitar o "fato da negritude" ou "a experiência vivida do negro", no sentido fanoniano. Da mesma forma, Hortense Spillers (2003: 155) reflete sobre como a articulação de papeis produtivos e reprodutivos – uma questão que o feminismo branco e de classe média enfatiza como sendo central para estratégias de visibilidade "interseccional" – vis-à-vis a institucionalidade e o patriarcado é uma receita de invisibilidade na medida em que a sociedade civil configura a sexualidade do negro (homem e mulher) como uma patologia, transformando o corpo feminino negro no "principal ponto de passagem entre o mundo humano e não humano". A ameaça de ser considerado não humano leva a conflitos categorizados como "lutas de gênero", que induzem tanto a repulsa ao corpo

---

2   Agradeço a elucidação de Frank Wilderson quanto a este ponto em uma comunicação pessoal, 2 de setembro de 2012.

negro (homem e mulher) como alinham suas demandas dentro dos limites reconfortantes do legalismo liberal.

Reduzir a violência estrutural da anti-negritude a um problema de economia política capitalista significa defini-la, nas palavras de Wilderson (2010: 5), "[como] um conflito" ou "uma rubrica de problemas que podem ser colocados e conceitualmente resolvidos" como uma recomposição progressiva sem a negação de uma das entidades conflitantes. Portanto, mistifica a oposição ontológica negro/morte versus branco/vida, que Wilderson (*Ibid.*) define como "uma luta irreconciliável entre entidades ou posições, cuja resolução não é dialética, mas acarreta o apagamento de uma das posições".

Análises pós-coloniais de Fanon, ao contrário das "afro-pessimistas", tentaram resgatar o corpo negro como um agente de projetos políticos com base em lutas anticoloniais, o que normalmente requer a excisão brusca da leitura de Fanon sobre negritude como receptora de violência paradigmática e não apenas contingente, que desestabiliza todo o horizonte de possibilidades e liberdades pós-coloniais. Em outras palavras, a analogia entre o corpo negro e a agência pós-colonial só se sustenta quando o primeiro significa o corpo do colonizado que, assim como os americanos indígenas de Wilderson enquanto sujeitos "genocidados", mas não escravizados, ainda pode ter um "registro de soberania" na sociedade civil ou uma forma de denominar a perda de uma cultura, uma comunidade, um regime de propriedade de terras, uma integralidade de si como condição imaginativa para sua recuperação através de uma política de emancipação. Mas a analogia não é mais aplicável – ao menos na sociedade civil e em movimentos sociais por reconhecimento de direitos – quando o negro é o escravo, ou aquilo que Fanon viu como uma posição ontológica na qual a obliteração do desejo do negro é a condição de existência da sociedade civil. Portanto, a afirmação deste desejo não pode ser tratada por analogia teórica e encontros multiculturais dentro de movimentos sociais, mas apenas através da abolição da sociedade civil; Fanon diria "o fim do mundo" tal qual nós o conhecemos.

A persistência da anti-negritude como forma de posicionamento ontológico nos convida a observar as experiências materiais daqueles para os quais a violência fundamental da ordem existente das coisas revela como questão central da modernidade não "o que significa ser livre?", mas, de acordo com os termos lacanianos e fanonianos evocados por Wilderson (2010: 73), "o que significa sofrer?". Sem dúvida, a situação da negritude também encontra eco na realidade daqueles que "produzem" apenas através da apropriação violenta de vidas e formas de subsistência do capital, que passam a ser descartáveis, sacrificadas e "agrupadas" por políticas de autoridade apresentadas como sendo necessárias para a regeneração e preservação futura da comunidade política. No entanto, a anti-negritude apresenta uma combinação particularmente letal de violência e sofrimento, cuja alusão pode ser vista na pergunta de Elizabeth Povinelli (2011: 10): "como novas formas de vida, sem falar nos pensamentos políticos que elas alimentam, podem perseverar em tais espaços? Como novos mundos sociais podem suportar o "vaguear da morte" que define estes lugares?"

Todavia, o projeto político de Povinelli permanece fiel à possibilidade de "capacitar vida" e promover uma ordem pós-liberal ao privilegiar o que chamei, de acordo com Wilderson, de campo de "conflito", que priva ainda mais, dissolvendo questionamentos em antagonismos mais essenciais. No entanto, através de suas histórias violentas, o liberalismo e o capitalismo definiram existências negras em suas modalidades disciplinadoras, para as quais tornar-se "produtivo" opõe-se de maneira irreconciliável ao reconhecimento enquanto trabalhadores, sujeitos ou até mesmo humanos. Tais condições demandam uma genealogia conceitual que não tem suas raízes na economia política e em sua crítica e não está confinada à subalternidade, estando relacionadas com a agência e a consciência na produção ou cultura. Também representam uma diferença dramática entre as formas através das quais o branco se torna um sujeito político e o negro encontra dificuldade. O último tem que lidar com a força gravitacional da anti-negritude como morte social, o abismo incapacitante do abandono que se encontra nas próprias origens da sociedade civil sendo, simultaneamente, o local onde movimentos sociais se manifestam e a condição capacitadora para a opção do branco de se tornar político. Inversamente, o branco não tem que se confrontar com nenhuma "força" para se afirmar como ser político.

Mesmo quando recuperados pela política liberal de direitos e reconhecimento, o subalterno e o trabalhador têm apenas que se imaginar neutros ou indiferentes com relação à negritude para se tornarem capazes de negociar a extensão, os termos, as trocas e as compensações para serem atores na sociedade civil. Sua captura pelo capital não destrói a agência subalterna ou da classe trabalhadora, mas a captura do escravo pelo colonizador sim, definindo uma posição que não consegue negociar os termos de sua própria incorporação. A branquitude, por sua vez, não tendo sofrido violência ontológica e abandono absoluto, tem a opção de reclamar uma subjetividade política coletiva, um "nós" universalizado, imbuído de capacidade e relacionalidade, fazendo sua existência consoante com uma imagem de vida como força afirmativa e puramente positiva. Pelo contrário, qualquer protesto de agência política negra por meio de movimentos e luta se posiciona em relação à anti-negritude como uma força que nega a historicização e a auto-narrativa. Ignorar isto ou subestimar o impacto diferencial das formas pelas quais a branquitude e a negritude vieram ao mundo sobre a agência política branca ou negra significaria supor que a agência – não apenas a capacidade de "narrativizar a história como lógica", mas a capacidade de se querer como história ou devir – é proporcionalmente distribuída ou que cada posicionalidade tem possibilidades incomensuráveis de traduzir sua temporalidade em história e narrativa. Em resumo, significaria apagar a negritude como condição que as lutas negras têm que confrontar diariamente e a reconstrução de tais lutas de acordo com a neutralidade não dita e assumida da branquitude como centro da pretensão de produção de "mudança" e "transformação" dos conflitos sociais, que relegam o antagonismo à esfera do literalmente indizível. Reconhecer o quanto tais modos de operatividade infletem a política de movimentos sociais iria muito mais longe na resposta à questão "por que não há mais negros no Occupy Wall Street?" (ou a "Batalha de Seattle" por exemplo) do que qualquer análise sociológica do tema.

No centro da modernidade ocidental – como projeto da auto-definição do branco/colonizador como humano – há uma posição que incorpora *simultaneamente* produtividade e incapacitação enquanto descarta seus objetos negros como socialmente mortos, fungíveis, matéria acumulada, trabalho sem vida. Na verdade, esta posição – a negritude – é o que torna a modernidade possível em termos de reflexão ética e econômica. Projetos de movimentos sociais subalternos que celebram de forma acrítica a capacidade e a relacionalidade – a plenitude da vida – como referências normativas e naturais não abordam a questão da distribuição desigual de sofrimento e incapacitação, nem as formas por meio das quais constituem entidades desumanizadas. Não é inerentemente impossível para tais projetos pensar em confrontos políticos para além do humano, mas isto pressuporia um nível de violência e sofrimento tão vigorosos quanto os potenciais produtivos da vida. O risco de *pressupor* confrontos que ressaltam capacidade e relacionalidade é o de dissolver questões de incapacitação em uma complacente e auto-serviente animação otimista.

Finalmente, uma crítica voltada para a anti-negritude como posição ontológica que diferencia antagonismo e conflito confronta a dialética histórica de dominação e resistência – um legado da esquerda do século XX que ainda desempenha um papel proeminente nos movimentos sociais contemporâneos – com questões não resolvidas. Na verdade, revela o quanto "resistência" e conflitos participam da governança ao definirem a sociedade civil como um campo de recuperação que mantém os antagonismos à distância (Harney & Moten 2013). Reconhecer a sociedade civil como um instrumento da governança, os movimentos sociais como seus atores e o par dominação-resistência como seu pragmatismo são os primeiros passos, mas são passos necessários para decidir se as dores destes tempos de crise global neoliberal são uma condição transitória ao cabo da qual a promessa do capitalismo e da democracia liberal poderá se renovar ou se, ao contrário, são um convite para encararmos uma violência aterrorizante e mais enraizada, que faz parte de nossa ordem social, pois controla e policia as fronteiras da vida.

Referências

ALEXANDER, M. 2010, *The New Jim Crow: Mass Incarceration in the Age of Colorblindness*, Nova York: New Press, 312 p.

APPIAH, K. A. 2007, *Cosmopolitanism: Ethics in a World of Strangers*, Nova York: Norton, 224 p.

BLACKBURN, R. 2011, *The American Crucible: Slavery, Emancipation and Human Rights*, Londres: Verso, 512 p.

CHAKRABARTY, D. 2000, *Provincializing Europe: Postcolonial Thought and Historical Difference*, Princeton: Princeton University Press, 336 p.

CHATTERJEE, P. 2010, "*A Brief History of Subaltern Studies*". In: ___. *Empire and Nation: Essential Writings, 1985-2005*, Nova York: Columbia University Press, p. 289-301.

CHIBBER, V. 2013, *Postcolonial Theory and the Specter of Capital*, Londres: Verso, 320 p.

COOPER, F. 1996, *Decolonization and African Society: The Labor Question in French and British Africa,* Cambridge: Cambridge University Press, 700 p.

DAS, V. 1989, "Subaltern as Perspective", *Subaltern Studies* (Delhi: Oxford University Press), n.6, pp. 310-324.

FANON, F. 1967, *Black Skin, White Masks,* Nova Iorque: Grove Press, 206 p.

FERGUSON, N. 2012, *Civilization: The West and the Rest,* Nova Iorque: Penguin Books, 432 p.

FONER, E. 1988, *Reconstruction: America's Unfinished Revolution, 1863-1877,* Nova York: Harper & Row, 736 p.

HALL, C. 2002, *Civilizing Subjects: Metropole and Colony in the English Imagination, 1830-1867,* Chicago: University of Chicago Press, 556 p.

HARNEY, S. & F. MOTEN 2013, *The Undercommons: Fugitive Planning & Black Study,* Brooklyn (NY): Minor Composition, 166 p.

LEGASSICK, M. & R. ROSS 2010, "From Slave Economy to Settler Capitalism: The Cape Colony and Its Extensions, 1800-1854". In: HAMILTON, C., B. MBENGA & R. ROSS (eds), *Cambridge History of South Africa,* Vol. I: *From Early Times to 1885,* Cambridge: Cambridge University Press, p. 253-318.

LOSURDO, D. 2011, *Liberalism: A Counter-History,* Londres: Verso, 384p.

MBEMBE, A. 2001, *On the Postcolony,* Berkeley: University of California Press, 292 p.

_____ 2002, "African Modes of Self-Writing", *Public Culture* (Durham, NC, Duke University Press), vol. 14, n.1, pp. 239-273.

MILL, J.S. 1863, *Utilitarianism,* Londres: Parker, Son and Bourn, 95 p.

PATTERSON, O. 1985, *Slavery and Social Death: A Comparative Study,* Cambridge (MA): Harvard University Press, 511 p.

PITTS, J. A. 2006, *Turn to Empire: The Rise of Imperial Liberalism in Britain and France,* Princeton: Princeton University Press, 400 p.

POVINELLI, E. 2011, *Economies of Abandonment: Social Belonging and Endurance in Late Liberalism,* Durham (NC): Duke University Press, 256 p.

ROEDIGER, D. 1999, *The Wages of Whiteness: Race and the Making of the American Working Class,* Londres: Verso, 195 p.

SEXTON, J. 2011, "The Social Life of Social Death: On Afro-Pessimism and Black Optimism", *InTensions Journal* (Toronto: Department of Fine Arts, York University), n. 5, p. 1-47.

SHARPE, C. 2010, *Monstrous Intimacies: Making Post-Slavery Subjects,* Durham (NC): Duke University Press, 272 p.

SPILLERS, H. 2003, *Black, White and In Color: Essays on American Literature and Culture,* Chicago: University of Chicago Press, 584 p.

SPIVAK, G. 1996, "Subaltern Studies: Deconstructing Historiography". In: LANDRY, D. & G. MACLEAN (eds), *The Spivak Reader,* Nova York: Routledge, p. 203-236.

WEST, C. 2011, "Attica Is All of Us: Cornel West on 40th Anniversary of Attica Prison Rebellion", *Democracy Now!,* 12 de Setembro, disponível em <http://www.democracynow.org/2011/9/12/attica_is_all_of_us_cornel>, acesso em: 6 Out. 2012.

WILDERSON, F. 2010, *Red, White & Black: Cinema and the Structure of U.S. Antagonisms,* Durham (NC): Duke University Press, 408 p.

Parte II

Múltiplos regimes de colonialidade

6

Branquitude à brasileira: hierarquias e deslocamentos entre origem, gênero e classe

Lia Vainer Schucman

O objetivo deste capítulo é discutir como a ideia de raça construída ao longo do século XIX ainda é apropriada e constrói sentidos e significados na produção de identidades raciais brancas na contemporaneidade brasileira. Este olhar sobre a categoria racial branca nos estudos de relações raciais se insere no que foi chamado nos Estados Unidos de estudos críticos sobre a branquitude (*critical whiteness studies*). Partindo do pressuposto que a categoria raça é necessariamente relacional, os estudos da branquitude[1] passam também a estudar e colocar o branco em questão, retirando assim o negro do foco problemático no qual recaem os estudos sobre as desigualdades de raça. A

---

1 A escolha pelo termo *Branquitude* ao invés de *Branquidade* é apenas uma opção por seguir a escolha de Maria Aparecida Silva Bento (2002), primeira a trazer o termo para o Brasil. Segundo Lourenço Cardoso, a relação entre os dois termos tem haver com o processo de tradução do conceito em inglês, em que, de acordo com sua revisão literária, no Brasil, ambos têm o mesmo significado. Sendo assim, a utilização dos termos encaixa-se por critérios opcionais (Cardoso 2008).

lógica aqui segue duas formulações: a primeira, é tirar o olhar das identidades consideradas de margem e voltar para a autoconstrução do centro com o intuito de olhar, revelar e denunciar também o seu conteúdo, que até então tem sido privado de uma análise crítica, pois olhar apenas para os grupos minoritários contribuí com a ideia de norma dos grupos hegemônicos, ou seja, olhar apenas para o negro[2] nos estudos de relações raciais ajuda a contribuir com a ideia de um branco em que a identidade racial é a norma. A segunda é pensar que se podemos admitir a problemática pós colonial brasileira para os negros é porque estamos todos inseridos em uma sociedade pós colonial, logo não podemos localizar apenas um estrato da sociedade nesta posição. Assim, se os negros brasileiros são pós-coloniais os brancos também o são.

Neste sentido este trabalho situa-se dentro do campo de estudos pós coloniais sobre branquitude, que têm como objetivo central colocar o branco em questão com a perspectiva de compreender como o racismo sustenta as construções identitárias de sujeitos considerados socialmente brancos. Entendemos neste trabalho que a branquitude se caracteriza nas sociedades estruturadas pelo colonialismo como um lugar de privilégios materiais e simbólicos. Ruth Frankenberg (2004) aponta que a branquitude é produto da história e é uma categoria relacional. Como outras localizações raciais, não tem significado intrínseco, mas apenas significados socialmente construídos. Nessas condições, os significados da branquitude têm camadas complexas e variam localmente e entre os locais; além disso, seus significados podem parecer simultaneamente maleáveis e inflexíveis (*id.*: 312).

Outra consideração fundamental para se pensar a branquitude é que esta identidade racial para além de criar uma fronteira externa entre brancos e negros tem fronteiras e distinções internas que hierarquizam os brancos através de outros marcadores sociais, como classe social, gênero, origem, regionalidade e fenótipo. Neste capítulo faremos uma reflexão com o intuito de compreender como a branquitude é deslocada dentro destas diferenças e a partir do contexto local: a cidade de São Paulo, demonstrando assim como que a categoria branco

---

2 No Brasil, de maneira geral, a questão da negritude tem sido mais investigada do que a do indígena e dos orientais, e estes estudos mostram que o contraponto do branco no imaginário coletivo tem sido o negro.

no Brasil é uma questão internamente controversa e que alguns tipos de branquitude são marcadores de hierarquias da própria categoria.

Aqui é relevante compreender o conceito de identidade não como semelhança entre sujeitos, mas sim como um processo histórico aberto e inacabado que se caracteriza pela unificação de histórias, projetos e significados comuns, construídos socialmente e compartilhados em contraposição a outros grupos (Maheirie 2002). Assim, ao falar em identidade racial branca – branquitude – entendemos que ela se constrói a partir de movimentos dialéticos que articulam semelhanças e diferenças, permanência e transformação, raízes e opções (Santos 1995). Sob esta ótica, o conceito se apropria da noção de diferença e o incorpora na sua interioridade: identidade é semelhança e diferença ao mesmo tempo. Ou seja, ela se constrói como semelhante em oposição à diferença de outros grupos.

Estes estudos sobre branquitude se formaram como um campo de estudo transnacional e de intercâmbio entre ex-colônias e colonizadores: isto corresponde à cadeia de fatos históricos que começou com o projeto moderno de colonização, que desencadeou a escravidão, o tráfico de africanos para o Novo Mundo, a colonização, as formações e construções de novas nações e nacionalidades em toda a América e a colonização da África. Portanto, é nestes processos históricos que a branquitude se construíu como posição ideológica de em que os brancos tomavam sua identidade racial como norma e padrão, e dessa forma outros grupos apareciam, ora como margem, ora como desviantes, ora como inferiores. Neste sentido, é importante pensar que as culturas nacionais e as identidades brancas e não brancas têm sido historicamente criadas, recriadas, significadas e redefinidas através das trocas circulares de símbolos, ideias e populações entre a África, a Europa e as Américas, e assim este campo de estudo também aparece como trocas de pesquisas e ideias entre estes continentes.

Com o propósito de pensar o branco nesta relação apresentarei neste trabalho os resultados de minha pesquisa de doutorado (Schucman 2014) e com continuidade atualmente no pós doutorado[3] onde procuro perguntar: quais os significados da branquitude na cultura brasileira? De que forma ela se carac-

---

3 Projeto "Famílias Inter-raciais, estudo psicossocial das hierarquias raciais em dinâmicas familiares", Universidade de São Paulo (USP): Instituto de Psicologia (IP), Bolsa FAPESP 2013 à 2016.

teriza? Quais as identificações, semelhanças e diferenças nas formas em que os sujeitos brancos se relacionam com a branquitude? Quais os processos em que a raça opera na constituição dos sujeitos como brancos? E como a própria ideia de raça e os valores da branquitude diferenciam e hierarquizam internamente o grupo de brancos em nossa sociedade? A questão é entender como pressupostos falsos ou imaginários sobre a raça – quando esta, do ponto de vista biológico, não existe – passam a ter efeitos concretos tão poderosos na regulação das práticas cotidianas, percepções, comportamentos e desigualdades entre diferentes grupos humanos.

A investigação se deu a partir de entrevistas[4] realizadas com pessoas de variadas classes sociais, idade e sexo, sendo que os diferentes sujeitos se auto-identificaram como brancos. A partir das falas transcritas, procuramos compreender como o significado de raça se inscreve no corpo, através das representações que os sujeitos têm sobre ele e, a partir disso, sobre si próprios como brancos e sobre *os outros*.

Dentre os entrevistados para esta pesquisa há sujeitos de diferentes classes sociais, moradores de diferentes bairros de São Paulo, de diferentes gerações e gênero e identificações com a branquitude. O único dado em comum nas vivências destes sujeitos é que todos se consideram brancos. Cada sujeito, no entanto, atribui sentidos diferentes às práticas e vivências da branquitude ocorrendo, portanto, uma auto-identificação afetiva e emocional, num jogo de igualdade e diferenças de modo particular. Isso se dá de tal forma que a constituição dos sujeitos *como* brancos é, ao mesmo tempo, singular e coletiva.

Sobre este ponto, as entrevistas e as falas anotadas no caderno de campo nos inclinam a concluir que a identidade racial branca é internamente marcada por inúmeras diversidades. E é quando pensamos os brancos entre brancos que surgem outras divisões e diferenças. Classe, gênero, origem, status social e regionalidade. A seguir, veremos alguns dos depoimentos que ilustram estas diferenças.

Corpo, Fenótipo e poder: A ilusão da Origem

Para pensar a branquitude e sua heterogeneidade um dos fatores que apareceu como significativo para a compreensão das fronteiras, diferenciações e

---

[4] Todos os nomes são fictícios.

hierarquizações entre os indivíduos brancos foi o fenótipo. A aparência física ligada a variação entre cor da pele, cor das mucosas e traços físicos, que incluem cabelo, nariz e boca, apareceu nas falas dos entrevistados e em conversas informais diretamente associada a uma ideia de origem e ancestralidade. Assim, mesmo que a ciência já tenha provado que variações fenotípicas ou características visíveis são uma reduzida parte da herança genética dos seres humanos – já que indivíduos com aparências radicalmente opostas podem partilhar um maior número de genes do que pessoas que partilham o mesmo tipo físico ou de cor de pele – o fenótipo está ligado, no imaginário dos paulistanos, a uma ideia de pertença étnica e origem dos indivíduos. É exatamente por isto que minha análise de campo recai na compreensão de como os fenótipos brancos são hierarquizados e de que forma isto acontece.

Mesmo que parte de um imaginário fundador sobre o Brasil tenha como discurso o triunfo e orgulho da mestiçagem e da morenidade, o que aparece nas falas desses paulistanos é que alguns mestiços brancos só são considerados brancos quando o que está em jogo é a oposição aos negros. No entanto, no interior do grupo dos brancos há características da mestiçagem que hierarquizam, por assim dizer, esta brancura. No subgrupo que alega ter origem europeia, há uma distinção entre o "branco brasileiro" e o "branco original". Assim, o depoimento de uma entrevistada que diz ter origem europeia pode nos esclarecer sobre o que é esta diferenciação dentro desse contexto:

> ...eu faço parte de um mundo que se eu fizer uma escova no cabelo melhor ainda, que meu cabelo é ondulado. Se eu colocar uma maquiagem, meu olho é claro, eu tenho cara de europeia, não tenho cara de brasileira... Tem aquele branco meio sujinho né ? Um branco brasileiro que às vezes até tem olho mais claro, mas é meio encardido. Uma cor meio assim suja, diferente do branco de verdade... O branco ralé é o mestiço, é o sarará, é aquele que tem a pele branca e o cabelo bem pixaim. A pele dele é branca, mas ele tem traços de negro, então ele não é branco, é sarará... (Denise, 30 anos)

Na fala de Denise, podemos identificar algumas facetas da branquitude. A primeira é que o valor da branquitude, como afirma Sovik (2009), está vinculado a origem étnica europeia e ao eurocentrismo e que, portanto, há uma hierarquia entre os brancos que está associada a quanto um branco tem desta origem. Podemos perceber também que o cabelo, os tons de pele branca e os traços do rosto são os marcadores que apontam a falta ou a presença desta origem. O fato de Denise achar que se fizer uma escova no cabelo ela estaria "melhor", pois "os olhos e a pele clara ela já tem" significa dizer que o cabelo encaracolado lhe retira um pouco da sua auto-identificação branca. Denise aponta, ainda, que o indivíduo branco de cabelo enrolado e com traços de negros não é branco e, sim, sarará. Significa, para ela, que o branco brasileiro sofre algum tipo de impacto identitário pela mistura com os negros e índios. Essa mesma lógica parece estar presente, para Denise, na própria mistura das nacionalidades europeias ao longo do tempo, ou seja, haveria uma hierarquia entre as etnias europeias. Arrisco dizer que esta hierarquia é baseada em uma suposta ideia imaginária de pureza e de mistura como apontam os depoimentos abaixo:

> "Meu irmão é moreno, não é mulato, mas é moreno, moreno do sul da Itália, bem moreno. Meu pai era moreno, mas pele clara, cabelo preto. Meu irmão cabelo preto, cabelo crespo que é do sul da Itália. E ele dizia: "ah, agora, a negro nesta casa sou eu!!" Por que ele tinha um cabelo crespo, bem crespo, mas no sul da Itália tá cheio... e vem de onde?, vem da África! Aquela mistura ! mas ele é branco.
>
> *Lia.– Quando você acha que a pessoas deixam de ser brancas, qual é essa fronteira?*
>
> É a cor. Tem beiço, tem a cor das mucosas, é ter um pé na cozinha, né, essa famosa frase, "ah, aquela família tem pé na cozinha".
>
> *Lia.– E você acha que tem diferença entre os brancos? Há um branco que é mais branco?*
>
> O meu privilégio, eu diria que foi muito mais internacional, eu não fui discriminada fora, nos EUA. Hotel... teve brasileiro branco que chegou em hotel e foi posto para fora. Você sabe disso. Eu não corri riscos sendo branca tipo europeia. Branca,

branca, risco de ser tomada por mestiça... qual é a fronteira que separa? A mestiçagem." (Fernanda)

Lia.- Quem é branco para você ?

"Quanto mais limpa a genética vinda da Europa, você tem o branco mais puro, tipo propaganda de sabão em pó. Que vem do norte da Europa e Rússia, aquela região. Eu sou bem branco, deve ser a descendência russa, norte da Europa é diferente do sul, norte e sul da Itália, por exemplo, no sul as pessoas são mais morenas, cabelo mais enrolado por exemplo tem gente misturada da invasão dos otomanos. No norte já são mais "suíças" por exemplo, no sul as pessoas são mais morenas, e já é tudo mais bagunçado mais desorganizado. Você pode ver da Suíça para cima onde não teve mistura é tudo melhor. O branco brasileiro não é tão branco, não é branco puramente branco. Mesmo porque o branco brasileiro descende de Portugal e o português é misturado, sempre foi colônia de férias de outros povos, da África , dos árabes." (Marcelo)

Nas falas de Marcelo, Denise e Fernanda é possível perceber que os paulistanos descendentes de imigrantes europeus não se consideram como misturados, ou como não brancos, como propaga o discurso sobre mestiçagem no Brasil tão bem enunciado na música "Olhos coloridos" de Sandra de Sá: "A verdade é que você/ todo brasileiro tem!/ tem sangue crioulo/ tem cabelo duro/ sarará, sarará/ sarará, sarará/ sarará crioulo". Ao contrário disto, os entrevistados afirmam uma branquitude sem misturas, é ainda uma branquitute "melhor", pois vêm de etnias que, diferentes da portuguesa, não se misturaram com outras. E assim, apesar de brasileiros, os entrevistados apontam que há um branco que é branco só no Brasil, mas fora não é. Não à toa, Fernanda e Denise apontam que tiveram facilidades, para circular na Europa, que outros brancos brasileiros não tiveram. Aqui, percebemos a fluidez da raça na própria fala dos sujeitos. E cabe perguntar, qual é a fronteira que faz com que os entrevistados percebam que alguns fazem parte da branquitude brasileira, mas não fariam parte da branquitude de países Europeus ou dos Estados Unidos?

Marcelo responde a isto definindo que há uma hierarquia nas nacionalidades europeias. Esta hierarquia está relacionada às nacionalidades que, em seu imaginário, tiveram misturas e a outras que não tiveram. Aquelas que não sofreram misturas demonstraram, para ele, melhor organização e uma "superioridade cultural". Esta hierarquia de nacionalidades é associada diretamente a uma hierarquia de fenótipo descrito por Denise que, quando questionada sobre as diferenças entre os brancos, classificou-as em graus hierárquicos de brancura até chegar no fenotípico mais branco, que seria o alemão:

Lia.– Você consegue pensar uma escala de brancos?

"Consigo. Tem o branco que a pele é branca, o cabelo é escuro e crespo. Tem o branco que tem o cabelo escuro, mas liso, olho claro. Tem um branco que tem cabelo castanho claro, mas crespo. Acho que o cabelo crespo tá sempre pior, o cabelo liso é o sonho de consumo.

Lia.– E os traços?

Os traços, à medida que o nariz vai ficando menor e mais fininho, vai ficando mais branco. Apesar de que italiano tem narigão, enorme pra frente. Mas eu acho isso, daí vai dar num alemão, se você for pra Alemanha, tu vai ver que as pessoas tem o nariz menor, mais fininho tal. O branco mais puro é loiro de olho claro... Que horror, né! É um conceito muito nazista, de raça pura. Mas é assim que eu vejo". (Denise)

Na concepção de Denise, é necessário entender que o que está em jogo quando se fala em mistura e mestiçagem não diz respeito ao étnico, propriamente, pois a descendência entre brancos não é suficiente para estabelecer um conceito de mestiçagem, no plano imaginário em questão. Isso parece ser o que Fernanda aponta quando diz que os italianos do sul são morenos porque estão perto da África, ou quando Marcelo diz que Portugal era colônia de férias de africanos e árabes. Quando um branco de origem alemã se mistura com um branco de origem francesa não parece haver "espaço" para a ideia de mistura, nem tampouco quando um negro da nação angolana se mistura com um negro da nação ioruba. Mais uma vez, fica claro que, neste imaginário construído a partir da ideia de raça, há graus e graus de brancura, e que a desvalorização hierárquica está associada aos sujeitos que, apesar da pele clara, têm características de negros e índios, como cabelo, nariz, boca e formato do rosto. Esta ambiguidade projetada no fenótipo dos sujeitos não é só percebida por brancos que se auto-identificam apenas com a descendência europeia mas também nas falas dos mestiços brancos, que muitas vezes não fazem ideia de sua origem – embora saibam que não são tão brancos quanto outros. É o caso de Lilian e Vinicius :

> "já falaram que eu sou negra, porque eu tenho os lábios grossos, o nariz, bunda grande, sabe, falam: ah você é uma branca negra, já falaram isso, mas eu nunca procurei estudar, aprofundar. Mas nesse ponto acredito também que existe o negro que é branco, tipo estes de lábios e nariz finos eu por exemplo sou branca mas sou um pouco negra por causa do nariz boca, sabe, do porte físico" (Lilian).

> "Ah tem vários tipos de brancos, eu sou aquele branco meio encardido né? Eu nem sei de que origem eu sou, sei que sou branco e meus parentes sempre contaram histórias da Paraíba acho que sempre foram de lá, e tem alguns que vieram pra cá pra São Paulo." (Vinicius).

Os fragmentos acima mostram que a própria branquitude tem divisões que são construídas através da categoria de raça produzida no século XIX, pois as características estão ligadas ao fenótipo dos indivíduos e são hierarquizadas com o auxílio de uma noção biológico-científica, inscrita exatamente no século XIX. Um exemplo disto é a fala de João sobre as diferenças entre o que ele chama de branco e de nordestino:

> "Tem muito nordestino branco. Mas nordestino para mim não é branco, é nordestino. É uma mistura geral de português índios e negros. O nordestino não é que nasceu no nordeste, mas sim uma mistura, por exemplo o cantor Otho nasceu no nordeste mas não é o que eu chamo de nordestino, ele tem cara de branco europeu, já o branco nordestino tem cabeça chata, é baixinho, uma outra coisa." (João)

A fala de João, que define o nordestino por características fenotípicas e não pelo pertencimento à esta região brasileira, pode nos ajudar a pensar que tanto os estereótipos quanto o preconceito do paulistano no que diz respeito ao nordestino podem estar associados a um grau elementar de racismo. Ou seja, o que faz com que João retire a nordestinidade do cantor e compositor recifense Otho (ruivo de olhos claros) e não daqueles com características físicas que João define como uma mistura entre português, índios e negros? Neste caso, a retirada de Otho do grupo dos nordestinos por João mostra que foram apagadas e neutralizadas a história e a ligação do cantor com esta cultura e regionalidade, em nome de um olhar racializado, em que a anatomia é o paradigma. Em contrapartida, Vinicius, paraibano residente em São Paulo, que durante toda sua entrevista afirmou que os brancos têm atitudes melhores do que os negros, tomou para si a auto-classificação de branco encardido, mostrando que, mesmo se sentindo parte da branquitude, sabe que há graus de brancura, e que nesta lógica racial ele é menos branco que outros.

Pensando ainda sobre o fenótipo como fronteira da branquitude, as falas citadas neste tópico demonstram dois aspectos muito importantes para o entendimento da ideologia do branqueamento e do discurso sobre a mestiçagem no Brasil. Sobre a primeira, percebemos que como qualquer ideologia, ela afeta a todos, brancos, negros, mulheres, homens. No universo branco, o que parece é que nossa sociedade se apropriou dos significados compartilhados sobre superioridade e pureza racial e, desta forma, desenvolveu um sistema hierárquico silencioso e camuflado de atribuição de status social que desvaloriza as pessoas na proporção direta em que elas se afastam do modelo ideal de brancura, representado aqui nos depoimentos dos sujeitos como: tom de pele muito claro, cabelos lisos e loiros, traços finos, olhos claros e ascendência norte-europeia.

Neste sentido, afirma David Le Breton em *A Sociologia do Corpo*, "ao mesmo tempo que em que é lugar de valor, o corpo é lugar de imaginários, de ligações contestáveis cujas lógicas sociais é preciso compreender" (2006: 72). Assim, este ideal de branco, internalizado por todos aqueles com diferentes "graus" de brancura, opera para favorecer os mais fenotipicamente "brancos" em detrimento dos "menos brancos" em diferentes planos das relações sociais, ou seja, quanto mais alguém se parece com um negro ou indígenas, mais sua imagem destoa do que esse sistema generalizado de atribuição de status define como belo, desejável ou admirável.

Percebemos, portanto, que esta hierarquia de classificação da brancura aparece nas falas carregadas de descrições e marcas corporais. No entanto, mesmo que estas falas façam alusão ao fenótipo, o corpo descrito engloba significados propriamente raciais, que muitas vezes remetem à origem ou ascendência, sendo que estas funcionam como metáfora da raça. Como afirma António Sérgio Guimarães:

> Ainda que tal classificação [baseada no fenótipo] seja diferente de uma classificação racial, que na maioria das vezes carrega consigo uma doutrina racialista mais ou menos explícita, parece claro que as classificações não apenas sugerem a mesma doutrina, afinal usam a mesma nomenclatura, como dificilmente mantêm-se sem serem contaminadas com expressões abertamente raciais, tais como "mulato" ou "mestiço" (Guimarães, 2008: 45).

A partir da análise sobre as relações de poder hierarquizante exercidas através da percepção dos fenótipos, é possível constatarmos que, mesmo que um sujeito se torne consciente da ideologia racista e a partir disto lute contra ela, no seu corpo estão inscritos significados racializantes, ou seja, o corpo está imerso em um campo de significados construído por uma ideologia racista. Portanto, ao ser percebido socialmente, esse corpo emerge do campo ideológico marcado, investido e fabricado por significados inscritos na sua própria corporeidade, uma heterogeneidade que corresponde a uma escala de valores raciais, segundo a qual o corpo branco, ou melhor, alguns sinais/marcas físicas atribuídos à branquitude balizam uma hierarquia, na qual alguns brancos conseguem ter mais status e valor do que outros.

Atravessamentos entre gênero e raça

> "Acho que é diferente ser mulher branca e homem branco, porque aí tem as vantagens de ser branca, mas as desvantagens de ser mulher" (Vanessa).

Como retratado nos últimos dados do IPEA fica evidente as desigualdades sociais entre brancos e não brancos quanto aos acessos a bens materiais e valores simbólicos. Evidencia-se uma hierarquia em que no topo estão os homens brancos e que vai descendo para as mulheres brancas, homens negros e mulheres negras.[5] Essa realidade resulta de complexos mecanismos de discriminação, preconceito, diferenciação, super exploração, cuja compreensão está nas análises das determinações histórico-estruturais em que se articula gênero e raça. Tal abordagem extrapola os limites deste tópico. Contudo, pretendo compreender as associações feitas entre raça e gênero nas falas dos sujeitos, e como elas se objetivam em seu cotidiano. Para tal análise, é necessário uma pequena contextualização de como entendemos a categoria gênero para posteriormente associá-la e entrecruzá-la à branquitude.

Os estudos de gênero ganham força a partir da década de 70 do século passado quando a teorização feminista, através dos Estudos Feministas, propunha uma virada epistemológica sustentada na desnaturalização e desessencialização dos sexos, que levou à substituição da categoria de papéis sexuais pela categoria de gênero, a partir da qual masculino e feminino passaram a ser compreendidos de um ponto de vista relacional (Lago, 1994). Segundo definição da historiadora Joan Scott (1990: 86): "1) o gênero é um elemento constitutivo de relações sociais baseadas nas diferenças percebidas entre os sexos e 2) o gênero é uma forma primária de dar significado às relações de poder". Gênero, portanto, caracteriza algo que não está propriamente no corpo, mas no modo como ele é percebido a partir das significações culturais construídas nas relações sociais entre homens e mulheres, sendo também por meio dessas significações que essas relações se configuram hierarquicamente, como relações de poder (Reis, 2007). À luz dessas considerações, é o jogo do discurso que constrói a visibilidade dos corpos dentro dessa oposição binária e desigual entre feminino e masculino (Nicholson, 2000, Butler, 2003).

O gênero é uma forma de problematizar, de compreender determinadas relações de poder. Se o gênero está na origem dos processos de significação e de legitimação do poder isso significa que ele não atua independente de outras categorizações sociais. As relações de gênero funcionam por meio de um sistema de signos e símbolos que representam normas, valores e práticas que transformam as diferenças sexuais de homens e mulheres em desigualdades sociais,

---

5   Ver Hasenbalg & Valle Silva (1987).

sendo estas tomadas de maneira hierárquica valorizando o masculino sobre o feminino. Sobre isto Daniel Welzer-Lang em *Les hommes aussi changent* afirma que "Os homens dominam coletiva e individualmente as mulheres. Esta dominação se exerce na esfera privada ou pública e atribui aos homens privilégios materiais, culturais e simbólicos" (2004: 34)

A fala de Vanessa, citada como epígrafe deste tópico nos mostra que em uma sociedade de estruturas hierárquicas de gênero de dominação do masculino sobre o feminino, a branquitude não exerce o mesmo valor para homens e mulheres, assim o que pretendemos aqui é compreender as interseccionalidades entre raça e gênero nas estruturações destas diferenças que forma se estrutura esta diferença.

Apesar das distinções acadêmicas separarem os marcadores de raça, classe e gênero em categorias isoladas, sabemos que a experiência de qualquer sujeito no mundo não é vivida fragmentariamente. E, consideradas em conjuntos, os marcadores do corpo como raça e gênero agem uns sobre os outros de maneiras diferentes, por isto "as masculinidades e feminilidades brancas e negras não são construídas como simples pares binários" (Ware, 2004: 285) elas operam em relações sistêmicas e assimétricas umas com as outras.

Nas análises das entrevistas e do caderno de campo, a primeira hipótese é que o gênero não era como as categorias como classe, regionalidade e/ou fenótipo que atravessassem a branquitude, inscrevendo ora mais, ora menos, status em relação à branquitude dos sujeitos. Contudo, em uma segunda análise, com um olhar mais apurado, algumas falas me fizeram pensar que a branquitude, como um valor, opera nas relações de gênero. E assim, os dados desta pesquisa mostram que diferentes significados acerca da branquitude são dispositivos dependendo do sexo e das relações de gênero. Os valores da branquitude como poder e status são os mais preciosos para os homens enquanto a própria brancura da pele e a ideia de beleza branca é algo mais almejado, e de maior "preciosidade" para mulheres brancas do que para os homens brancos. A primeira fala que me fez olhar para isto foi a de Isabela, justamente quando perguntei sobre beleza de homens e mulheres:

"Eu acho que mão de homem tem que ser grande, tem que ter veia no braço, tem que ter pescoço largo, são características principais num homem. Tem que ter bocão, tem que ter cara de homem na verdade. Nada de coisa afiladinha precisa ter traços masculino. É homem! É todo masculino. Mulher pra mim, assim, tem que ter traços finos e delicados, nada exagerado, e as branquinhas tem uma coisa mais delicada e angelical. (Isabela)

"Ah, você sabe como é este mundo né ? nós mulheres temos que ser bonitas, com boa aparência, arrumadinhas, homens precisam ser bem sucedidos e másculos." (Denise)

Denise e Isabela apontam o valor dado ao corpo e à aparência do feminino em nossa sociedade. Segundo a socióloga Liza Aparecida Brasílio (2007) em sua tese de doutorado, *Um olhar sócio-histórico sobre a beleza: das amarras à alteridade,* a busca do padrão de beleza e a utilização dos meios tecnológicos são muito mais cruciais para as mulheres do que para os homens pois estes contam com outros valores em relação à sua imagem, como a força e o poder. Para as mulheres, ao contrário, a aparência e o corpo são fundamentais para a sobrevivência nesta sociedade onde a beleza adquire um valor importante para a conquista de um parceiro e para a entrada no mercado de trabalho. De acordo com Gilles Lipovetsky (2000), na procura por um par amoroso nas relações heterossexuais, os homens possuem múltiplos dispositivos à sua disposição, tais como riqueza, posição, prestígio, inteligência, poder, humor. No entanto, para o autor, a arma de sedução primordial das mulheres é a aparência. Assim, afirma o autor que:

"Nos homens, o poder, a notoriedade ou o dinheiro podem substituir um físico pouco atrativo; nas mulheres, é forçoso reconhecer que não é absolutamente assim. A fortuna não chega a compensar o desfavor físico, o prestígio de uma mulher não a torna desejável nem sedutora." (Lipovetsky, 2000: 199)

Podemos então pensar que, em uma sociedade como a brasileira onde a ideologia racista e sexista perpassa todos os campos, exigindo das mulheres flexibilidade e adequação aos padrões estéticos da branquitude, como cabelos lisos e traços afinalados, ser branca pode aparecer como um valor mais desejado para as mulheres, já que, de antemão, na hierarquia de gênero, estas são mais vulneráveis.

Conforme já destacado por diferentes estudiosos das relações raciais, no Brasil existem estereótipos construídos a respeito do comportamento sexual e matrimonial de homens e mulheres de diferentes grupos raciais como por exemplo: a virilidade e masculinidade dos homens negros (Moutinho, 2004, Alves, 2010), a pré-disposição desse grupo à escolha de parceiras brancas (Silva 1991, Alves 2010), a sub-representação de mulheres negras no "mercado matrimonial" (Telles, 2003), a erotização exacerbada das mestiças (Silva, 2006) e a castidade como um valor para mulheres brancas (Moutinho, 2004).

Sobre a escolha da preferência por mulheres com padrões de beleza ligados aos significados da branquitude, Marcelo, apesar de negar que a raça esteja envolvida em suas preferências amorosas reafirma isto categoricamente quando, em relação as preferências, na hora da procura afetivo-sexual diz que :

> "Tem o lance da preferência na hora de escolha por mulheres. De você pegar mulheres com traços mais delicados, mais finos, com formas, corpo mais arredondado, com aparência mais angelical. Tem todo esse lado, mas daí tem mais a ver com relação homem-mulher do que uma raça assim específica. (Marcelo)

Tanto Alves (2010) como Moutinho (2004) apontam que na representação do homem branco o que aparece é uma figura ativa, aquele que como apontou Marcelo "pega" e escolhe, que, se valendo da posição de privilégio da estrutura racista e sexista pode ter mais poder de escolha nas relações sexuais e afetivas. Assim, "homens brancos escolhem, não são escolhidos" (Alves, 2010: 118). Neste sentido, a sexualidade dos homens brancos é percebida como norma. Já, as opiniões relativas à sexualidade do corpo feminino branco, bem como dos corpos negros, são carregadas de significações ora positivas, ora negativas mas, no entanto, aprisionadoras como a "angelical" e "casta" mulher branca, a "super sexualizada" mulher negra e o "viril homem negro". Outra faceta desta possibilidade maior de escolha matrimonial e amorosa dos homens brancos apareceu em uma conversa que ouvi entre dois homens brancos em um bar na zona oeste de São Paulo:

> "Agora está na moda estas mulheres branquinhas da zona oeste gostarem de homens negros, já viu? –Neste momento

ele aponta para um casal interracial que estava dançando no bar. O outro responde: é a fama que eles tem do tamanho do... [faz um gesto com as duas mãos que parecem estar falando do tamanho do pênis]. Mas nem é concorrência, na hora de casar elas não tem coragem e quem acaba escolhendo é sempre a gente. – Mas você já reparou que agora ta cheio destes negros estilosos roubando as nossas mulheres?"

Esta conversa parece bem ilustrativa do que já foi apresentado sobre os estereótipos de sexualidade e oportunidades para escolha amorosa de cada um dos grupos raciais: (I) na hora de escolher o parceiro matrimonial quem tem maior chance são os homens brancos; (II) as mulheres brancas são "roubadas" pelo homem negro, como se estas fossem "propriedade" dos homens brancos; (III) homem negro é reduzido ao órgão genital, e sua sexualidade é ameaçadora; (IV) as mulheres negras não aparecem no discurso, nem como opção matrimonial para estes homens e, ainda, (V) o racismo aparece como fator de privilégio e vantagem para os brancos, que desconsideram que aquela relação poderia ser algo sério ou de encontro genuíno.

Levando em conta o fato de que os homens brancos aparecem no imaginário como aqueles que exercem o papel de ativos nas escolhas amorosas, a fala de Vanessa, pode nos esclarecer o porque os significados produzidos positivamente sobre a beleza branca. Desta forma, a brancura da pele pode ser vista como um valor mais precioso para o gênero feminino do que para o masculino:

"... Quando saio à noite, se vejo um branco muito bonito, tenho certeza de que não tenho chances com ele. Mas sei, e tenho quase certeza, de que tenho chances com um cara negro muito bonito... (Vanessa).

Lia.– O que é um branco muito bonito? E um negro muito bonito? E japonês?

Para mim há diversos tipos de brancos muito bonitos, mas estou falando de um tipo Brad Pitt, loiro de olhos claros...

> Lia.– E por que você acha que, com um branco muito bonito, você não tem chances? E por que teria com um negro muito bonito? Qual a diferença?
>
> É que, para um branco muito bonito eu estou fora dos padrões, né? Eu sei que tenho um rosto muito bonito, mas estou fora do peso (risos)... E com um negro? Eu sei que eles adoram loiras (risos)... não é? Olha os jogadores de futebol, os pagodeiros, eles sempre estão acompanhados de loiras."

Como vimos anteriormente o feminino em nossa sociedade está assujeitado a padrões de normatividade que inclui a tanto exigência de um corpo dentro dos padrões de beleza vigentes como também o casamento. Relacionando esta sujeição, com o menor poder de escolha no "mercado matrimonial", a branquitude aparece como um dispositivo a ser "usado" para negociar relações afetivas e sexuais. Não à toa, Vanessa pode perceber que, em relação ao homem branco, quem tem a escolha é ele, já que ela não se encaixa nos padrões de beleza exigidos e está "acima do peso". No entanto, o fator de ser branca faz com que ela tenha mais oportunidades de escolha com os não brancos, diminuindo então as hierarquias que ela está sujeita quando a escolha do parceiro é do mesmo grupo racial, ou seja, a branquitude dá a ela a possibilidade de negociação desta hierarquia quando a escolha é por alguém de um grupo abaixo na hierarquia racial. É aí que raça e gênero se entrecruzam.

De acordo com os dados censitários do Brasil, é possível dizer que as relações afetivo-sexuais inter-raciais acontecem desde os tempos coloniais[6]. No entanto, este número cresce com o passar dos anos. O censo de 1960 apontou que 8% dos casamentos eram inter-raciais. Em 2010, este número havia saltado para 31%, ou seja, quase um terço das uniões de nosso país acontece entre pessoas que se autoclassificam como sendo de diferentes raças. Apesar de se tratar de grande parte da população brasileira, há ainda poucos estudos em nosso país que procuram investigar de que forma se estruturam internamente as famílias brasileiras no que diz respeito às hierarquias raciais.

---

6 Inicialmente, estas relações aconteciam de formas violentas entre homens brancos e mulheres negras fruto das relações dos portugueses com mulheres escravizadas.

Elza Berquó (1988) em sua pesquisa produzida na década de 1980 sobre padrões de nupcialidade entre os sexos aponta através de estatísticas que há uma maior preferência afetiva de homens negros por mulheres brancas ou mulheres de pele clara do que o contrário. As mulheres negras (pardas e pretas) são as menos preferidas para uma união afetiva estável pelos homens negros e brancos. Há, portanto, um excedente de mulheres negras sem parceiros, sendo estas a maioria entre as mulheres solteiras, viúvas e separadas (Pacheco 2006).

Ana Cláudia Lemos Pacheco (2006) argumenta que este padrão acontece por diversos motivos e que é preciso compreender as formas complexas de interseccionalidades entre raça, gênero e classe que produzem as escolhas afetivo-sexuais. No entanto, para ela, a combinação entre racismo e sexismo regula práticas históricas e colabora para um imaginário social em que as mulheres negras, ainda, têm pouco poder de "escolha" se comparadas com outros grupos raciais.

Conforme mostra Silva (1991), há um maior numero de homens não brancos casados com mulheres brancas do que o par homens brancos com mulheres não brancas. Desta forma, a questão do relacionamento interracial entre homens negros e mulheres brancas é motivo de diferentes embates dentro dos movimentos negros[7] e, ainda, uma questão para mulheres negras que, muitas vezes, pelos estereótipos a que estão submetidas, podem encontrar mais dificuldades na seleção de parceiros amorosos. Assim, são preteridas na hora dos arranjos matrimoniais (Telles 2003). No entanto, não encontramos na literatura dos estudos de relações raciais pesquisas quantitativas e qualitativas que descrevam quem são as mulheres brancas que se casam com homens não brancos, tampouco como estas negociam a branquitute nestas relações[8]. É exatamente

---

7   Durante os quatro anos do doutorado acompanhei inúmeras discussões dentro do movimento negro onde a pauta das relações sexuais e afetivas entre homens negros com mulheres brancas apareceram como uma questão que, ora era vista como traição de grupo, ora como desejo de embranquecimento e desejo de ascensão social. O terreno das relações afetivas vistas pelo prisma racial caracteriza-se como uma discussão bastante complexa e sua análise requer uma estruturação metodológica igualmente extensa.

8   O estudo de Telles (2003) mostra que na maioria dos casamentos interraciais no Brasil o cônjuge negro tem status socioeconômico superior ao branco. Este fenômeno foi estudado em outras sociedades racistas com o nome de *"status exchange in interracial marriage"*. Onde os cônjuges negros teriam um status tão baixo no "mercado matrimo-

pela falta de dados sobre isto que este tópico é uma hipótese que deixo em aberto para os pesquisadores do tema com uma pergunta: estariam as mulheres heterossexuais brancas tão submetidas aos padrões de moral e de beleza apontados aqui por Denise, Isabel e Vanessa, que para aquelas, que se afastam destes padrões, a escolha por um parceiro de outro grupo racial apareceria como uma possibilidade com maior escopo de escolha e equidade? Uma das respostas dada a esta pergunta se encontra na pesquisa de Telles (2003):

> "Para muitos homens jovens, pretos ou pardos, ter uma mulher branca (preferencialmente loura) é símbolo de sucesso, honra e poder, o que é coerente com a ideologia do branqueamento. Burdick[9] também notou que a sexualidade dos homens de pele escura atrai as mulheres brancas. Mulheres brancas também são atraídas para esses homens porque deles receberiam maior dedicação do que de homens brancos." (Telles, 2003: 155)

Até agora, apontamos os privilégios da branquitude para as mulheres brancas. No entanto, é preciso pensar também como estes estereótipos sobre a mulher branca serviram para aprisioná-la e reprimi-la no tocante às expressões de sexualidade e liberdade. Vron Ware (1992), em *Beyond the Pale: White Women, Racism and History*, propõe que o racismo serviu não apenas para subordinar os negros, mas também a mulher branca e que, na luta pela emancipação feminina, é necessário também a luta anti-racista. Para demonstrar esta tese, Ware remonta à construção dos significados da mulher branca na história da escravidão, onde esta foi "posta num pedestal pelo homem branco para controlar e humilhar o negro e para ter livre acesso à mulher negra" (p. 285). Nesta lógica, a mulher branca aparece como casta e angelical e por isto, os homens

---

nial" que seriam obrigados a pagar um alto preço para obter casamentos "vantajosos" ("marry up") com parceiros mais claros. De um modo economicamente realista, sua cor caracteriza-se como uma desvantagem e, em função disso, os conjugues negros precisam de muitas outras vantagens compensatórias (maior escolaridade, maior renda, etc.) para poder competir em pé de igualdade.

9 Se trata de John Burdick, *Blessed Anastacia: women, race, and popular Christianity in Brazil*. NovaYork/Londres: Routledge, 1998.

brancos, donos de escravos para satisfazer as necessidades sexuais "puramente instintivas", deitavam-se com as negras que também estavam subordinas aos estereótipos de hipersexualidade. Assim, a mulher branca era controlada em sua sexualidade e dominada como propriedade dos homens brancos. Se analisarmos as falas dos dois rapazes no bar podemos perceber que esta construção simbólica pouco se modificou nos tempos atuais.

Neste sentido podemos perceber que os estereótipos relacionados à sexualidade da mulher branca fazem eco nos modos de vida atual. Marília e Yara demonstram isto através de falas sobre o comportamento destas no que tange à dança. Yara é professora de dança e conta que freqüenta aulas de dança afro em uma escola no bairro da Vila Madalena e que, para ela é óbvio a diferença entre as brancas e as negras do grupo no tocante à forma em que estas podem ou não se expressar corporalmente:

> Eu sou professora de dança e conheço muito da anatomia humana e tenho certeza que não há nada de fisiológico que faz com que nós brancas na hora da dança ficamos mais travadas e temos menos desenvoltura quando os movimentos são mais sensuais, ao mesmo tempo sinto que lá na aula estes movimentos não são permitidos para a gente, é como se este lugar de ficar na frente da fila, se expressar muito com a voz e o corpo fosse das negras, e não nosso (Yara).

> Bom, meu discurso tá sendo extremamente moralista, tenho que fazer essa ressalva... mas vamos dizer, a extrema brancura pode pegar um avião e ir curtir o Pelô. Ir lá e ver a síntese da sonoridade afro na Bahia, e achar aquilo maravilhoso. Mas se essa brancura total for ali dar uma requebrada, vai ser de forma meio envergonhada, porque ela não vai tá expressando todos os movimentos livres, próprios das culturas e das cores que vivem a vida mais de acordo com o que a vida é, sem tanto isolacionismo. O branco vai lá e pode querer expressar aquele movimento sonoro que toma conta da alma dele e faz a alma dele feliz por um minuto, mas ele se entristece, porque ele sabe, ele sempre se lembra que não pertence áquilo, daqui a dois dias ele toma o avião pra voltar pro núcleo dele. (Marília)

Nas falas acima, percebemos que Marília e Yara também estão presas aos estereótipos da ideia falaciosa de raça, que determina como cada grupo deve agir e se comportar no tocante a expressão do corpo e de sexualidade. Assim, podemos concluir que os significados compartilhados socialmente sobre raça foram apropriados pelas mulheres brancas produzindo sentidos tão fortes que modulam o corpo e a experiência deste no mundo.

Descrever as inúmeras variáveis sociais e subjetivas que articulam gênero e branquitude transcende os objetivos desta pesquisa, assim como meu lastro teórico sobre o tema. No entanto, as análises acima demonstram que há fronteiras internas de gênero entre os brancos que diferem o valor da branquitude para homens e mulheres. Podemos perceber, então, que há uma fronteira interna ao grupo que modula a questão de gênero e, portanto, marca significados diferentes dados aos homens e mulheres brancos. Há, também, a fronteira externa à branquitude, que marca os significados da sexualidade, matrimônio e afetividade dos não brancos.

Classe social e gradações do branco: o branco e o branquíssimo

Dentro da diversidade de sentidos atribuídos ao indivíduo branco, uma das categorias que mais marcou as diferenças internas dentro deste grupo foi a condição socioeconômica de cada sujeito. Os sentidos produzidos e a auto-percepção dos próprios sujeitos como brancos, e de quem são os "não brancos" foram diretamente articulados com a condição sócio-econômica em que estes e os outros pertenciam. No entanto, foi possível perceber na fala dos sujeitos uma associação do branco à riqueza, ao acesso a recursos, e a condição socioeconômica favorável. Esta associação é de extrema importância para entender porque alguns dos sujeitos se afastaram ou se aproximaram dos significados atribuídos à branquitude, e também como que estes incluem e excluem brancos e "não brancos" neste grupo, produzindo fronteiras fluidas e contextuais nesta identidade, chegando em alguns casos haver modificação da classificação racial dos mestiços, dependendo da condição socioeconômica.

Para entender como brancos de diferentes classes sociais articulam os significados dados à branquitude, bem como o próprio pertencimento ao grupo de brancos com a condição socioeconômica procurei investigar como os sujeitos diferenciavam e hierarquizavam os próprios brancos dentro deste grupo. Ficou claro, dentro desta divisão feita pelos próprios sujeitos, que há, definitivamente, um imaginário sobre quem é o branco da elite e quem é o "outro" branco. Neste sentido, a fala de Marília parece esclarecedora. Marília divide o grupo de brancos em brancos e branquíssimos:

> Lia.– Me ajuda a entender o que você esta chamando de branco e o branquíssimo?
>
> O branquíssimo é aquele que faz uma leitura econômica das situações todas, inclusive emocionais. Ele valoriza a riqueza, tal como ela foi posta pelos cânones todos. O branco é aquele que anseia por ser branquíssimo, mas ele tem obstruídos os caminhos daquela brancura total. Ele é branco, ele reflete aquilo, mas ele não é aquilo, porque pra ele chegar lá, é como se fosse uma gincana, vão poucos, ganha um de cada vez na mega sena. O branquíssimo traduz todos os elementos da cultura de forma econômica, tem valor pra ele. Ele faz uma leitura econômica de tudo, no afeto, na profissão. E o branco?... O branco reproduz isso, mas ele tá no meio do caminho, ele espelha, ele almeja aquilo, mas ao mesmo tempo, ele é o primeiro elemento de contato representante daquilo, com o resto, os negros, e os outros todos que não são o branco intermediário. O branquíssimo não tem este contato. Se você pensar num problema pessoal, individual, ele é uma coisa. Se você colocar três branquíssimos juntos, eles já se tornam um problema social importante.

Esta fala de Marília expõe bem que há um grupo de brancos que são "mais brancos" que os outros, ou como ela mesma diz, são os branquíssimos, e esta ideia de branquíssimos está diretamente ligada à posição de poder em que estes se encontram na sociedade brasileira. Marília também argumenta que os branquíssimos são aqueles que não têm contato com outros grupos. Já os brancos são aqueles que fazem a ligação entre o que Marília chamou de "outros" e, neste sentido, fica claro que há uma divisão interna ligada a condição socioeconômica, de quem são os brancos que se "misturam" e os que não se misturam.

O branco e o branquíssimo de Marília já foram pensados por diferentes estudiosos das questões raciais, e pode ser traduzido pela ideia de Telles (2003) de "relações raciais horizontais", em que a proximidade socioeconômica entre negros e brancos tornaria as relações raciais menos assimétricas, mais harmônicas, ou seja, o branco de Marília, aquele que se mistura. E os branquíssimos, em contraposição, seriam aqueles que estabeleceriam "relações raciais verticais" – marcados por contextos mais elitizados, e por um racismo mais explícito e institucionalizado.

Fernanda, uma das entrevistadas que se autodenominou como uma quatrocentona pode ser o próprio exemplo daquilo que Marília chama de branquíssimo – ou Telles (2003) mostra como "relações raciais verticais": mora em Alto de Pinheiros, bairro nobre da cidade de São Paulo e sua entrevista é inteiramente marcada pela associação de cor/raça com dinheiro, herança, posses, trabalho e modos de sobrevivência. Além disso, afirma que seu único contato com não brancos foi em situações hierarquizadas, onde estes eram empregados ou o que ela mesma chamou de "smolers" para designar-se aos pedintes. Das associações entre branco e riqueza, realizadas por Fernanda, quatro delas me pareceram fundamentais para a compreensão de como se articulam essas categorias.

Lia.– O que é ser branco para você?

"Branco não fala sobre dinheiro, ser branco é não falar de dinheiro, não ter problema de dinheiro, entre os brancos principalmente nós que estamos aqui há muito tempo, não há relação entre trabalho e dinheiro. O que que é dinheiro? Dinheiro é uma coisa que a gente herda."

Lia.– E dentro dessa tua família o que se fala ou falava sobre cor? Como é que é ser branco, isso era falado?

Não. Dinheiro não é falado e cor não é falado. De jeito nenhum, o preto não existia. Ele é uma mão escrava, ele traz água, ele abana, ele faz... Existia um preto na família, que era amigo do meu avô Tonico, fazendeiro sempre. Foi criado com meu avô, como irmão, quando da alforria.

> *Lia.– E esse que era meio irmão de seu avô era tratado como alguém realmente da família? Ou tinha diferenças?*
>
> Tinha, porque ele não herdava, ele tinha que trabalhar. Mas como ele era preto, não tinha problema nenhum. O negócio era o branco ter que trabalhar. Se bem que em minha família até que alguns poucos trabalharam. Meu avô trabalhou pra burro, de abrir boca de sertão, plantar, derrubar mata, trabalhou com muitos imigrantes italianos. Ele tinha uma serraria pra derrubar aquela mata atlântica maravilhosa. Agora, esse irmão dele de cor, não era anormal que ele trabalhasse. O branco, no caso do meu avô, trabalhava por que ele estava desbravando o sertão, ele estava aumentando o Brasil, ele estava se apossando de terras que iam torná-lo rico, claro. Mas não estava ligado ao trabalho, estava ligado a posse, entendeu, ao desmatamento e a posse da terra.

Aqui fica claro que o sentido de ser branco de Fernanda não é o mesmo de muitos outros brancos paulistanos. Ela está falando da experiência daquilo que Marília chamou de branquíssimo e que, sim, expressa a realidade de uma pequena parcela deles. Este é o branco da elite, o branco escravocrata, quatrocentão, o branco de Gilberto Freyre. Digo aqui que o branco de Fernanda é o branco da casa grande e senzala, pois assim como Gilberto Freyre em *Casa Grande e Senzala,* Fernanda expõe as ambiguidades desta relação senhor e escravo quando afirma que tinha um "irmão" negro na família. Fala com carinho e afeto, mas não se espanta que para este irmão era "normal" trabalhar e para o "irmão" branco, não. Afirma em diversas passagens que o branco é aquele que irá ajudar os negros, doar aos negros. Para uma maior compreensão de quem é este branco de Fernanda perguntei a ela se o que ela estava falando é algo do passado, ou algo do presente, se hoje em dia os brancos ainda são os que herdam, que não falam de dinheiro, e ela me respondeu:

> "Isto é tão forte que uma vez tive uma experiência maravilhosa, achei minha filha um gênio, as meninas estudaram no Rainha da Paz. Eu morava no Alto de Pinheiros, era o colégio dominicano, até um colégio muito bom. E tinha as freiras,

elas davam aula pras crianças e as mães de uma favela, exatamente em cima do colégio, que era um terreno grande ali no Alto de Pinheiros. Então, as mães chegavam de carro com as suas branquinhas, bonitinhas, e as outras mães com os pretinhos da favela, ficavam alinhadas fora da escola com as crianças, esperando; porque depois que entravam as brancas, as freiras davam de comer, ofereciam prato de comida também pras faveladas. Então eu me lembro disso, nunca mais vou esquecer... Bianca minha filha, dois anos e meio, disse: "mãe, que que é essa gente ai?" Eu disse: "ah, minha filha, essa gente mora ali naquelas casinhas feias, e as freiras fazem uma coisa muito bonita: dão aulas pras crianças aprenderem a ler e escrever, ensinam as mães a cozinhar, trabalhar, pra elas poderem ter uma condição de sair dessas casas e morar de um jeito melhor." Então ela ouviu e: "Mãe, como é que é? Então, eles estudam, eles começam a trabalhar e ai melhora. E ai vão fazer casa de tijolos... e vai fazendo a casa assim, a parede vai subindo, e quando chegar no telhado, eles já ficaram brancos?" Dois anos e meio! Ela não ouviu isso em casa, claro. Observação dela. Então como é que é? Os pretinhos moravam lá na favela, se tão dando condições dele trabalhar e ganhar mais e poder morar melhor, mas tem uma historia na cor que vai acontecer, na medida que a parede vai levantando, ele vai clareando até ficar branco todo, no telhado já está todo branco". (Fernanda)

No discurso de Fernanda ficam claras algumas associações: branco/dinheiro e beleza, negros/pobreza, favela. Aqui, nesta fala de uma menina de dois anos e meio, tem algo esclarecedor deste entrelaçamento de raça e classe que apresenta a chave para o entendimento de como e porque a raça e o racismo vão além dos definidores que constroem a barreira da ascensão socioeconômica do negro na sociedade brasileira, bem como define e diferencia as experiências e vivências entre negros pobres e brancos pobres. Neste sentido, os brancos pobres podem alcançar o status do branco rico, e o negro não. Ao sujeito negro não adianta ter educação, casas de tijolo e ascensão social, pois quando adquirir tudo isto a raça será o fator de interdição do sujeito a este grupo da elite. Assim, a observação de uma criança de dois anos e meio sobre a possível mudança de cor de alguém que enriquece demonstra que, para além das condições socioeconômicas faltará ao negro o efeito de branquitude. Isso demonstra que classe é um diferenciador que hierarquiza as relações de poder entre brancos, mas também que não pode ser o único marcador de desigualdades quando se trata de brancos e "não brancos".

Neste momento da fala de Fernanda já não são as memórias de criança na fazenda, mas sim da São Paulo contemporânea. Podemos ver, então, que o branquíssimo já não engloba apenas os "quatrocentões" descendentes de portugueses, mas todos aqueles de cor branca e os ricos, a elite econômica. Neste sentido, os descendentes de imigrantes italianos, alemães, judeus, libaneses entre outros começam a fazer parte do que a própria Fernanda chama de "sociedade" paulistana ou o que Marília chama de branquíssimo. A todos os brancos as portas estão abertas para a "entrada" na elite econômica e na sociedade. Ao negro, contudo, essas portas continuam fechadas.

Esta relação dos brancos com a riqueza fica ainda mais evidente quando pegamos os depoimentos referentes aos brancos pobres, que aparecem nas falas e atitudes dos sujeitos, ora como um estranhamento, ora para dizer que somos todos iguais. Sobre o estranhamento, percebemos, no discurso dos brancos ricos sobre a pobreza branca, algo que insinua que eles não souberam se apropriar devidamente da branquitude, e que há algo que fizeram de errado para estarem nesta posição. Abaixo, há um fragmento de Fernanda que demonstra bem o estranhamento da pobreza de olhos claros:

> "Mas tem brancos que não tem privilégio algum, também estão miseráveis como os negros, só é branco. Não tem o dinheiro, não tem o poder pronto. Você sabe Americana no interior de São Paulo, a imigração para lá foi depois da Guerra de Secessão, por isso que chama Americana, né, vieram generais e aquele pessoal da Rita Lee, que ela é descendente, um general da guerra e tal. Então, tem muito americano la, sem dente, sem nada, aquele olho azul, azul... miserabilizaram aquilo. Impressionante... você diz: mas como ele se deixou chegar nesse ponto? Porque ele tinha o privilegio de não, ele tinha a condição de não fazer. E ai é estranho..." (Fernanda)

Além de admitir o privilégio contido na branquitude, Fernanda nos mostra como o branco pobre é visto como um branco "inadequado". Ela aponta claramente que este sujeito de olhos azuis e pele clara tinha todas as chances de se apropriar de sua branquitude e não o fez. Aqui, podemos concordar com Wray (2004) que afirma que "na lógica representacional da supremacia branca, os brancos pobres são percebidos como uma anomalia ameaçadora. São percebidos como anômalos porque, supostamente, não exibem a competitividade econômica, o poder aquisitivo, nem a inteligência condizentes com uma raça superior" (p. 342). Para Fernanda há algo de errado no fato do branco ser pobre, e talvez aquilo que ela diz ser "impressionante" é que o branco pobre aparece como uma ameaça ao poder da branquitude, pois isso indica que a pele branca por si só, não dá ao sujeitos os privilégios de uma boa vida material, ou seja, não está na pele o poder da branquitude, mas sim na apropriação, legitimação e reprodução dos significados sócio-históricos racistas construídos sobre o branco em oposição aos outros grupos raciais.

Em contraponto a Fernanda, Tadeu, 22 anos, nascido em uma família pobre na baixada santista, desde os 12 anos morador de rua no centro de São Paulo, mostra que, apesar de não ter se apropriado dos valores da branquitude e tampouco acreditar na supremacia branca, também está sujeito a ser visto como um corpo estranho no lugar social que ocupa. Tadeu nos conta duas situações que podem ser esclarecedoras:

> "Lia – Você acha que morando na rua teve menos discriminação por ser branco?
>
> Tive mais. Porque você morar numa maloca que só tinha negros, mais de trinta pessoas, ai você leva um enquadro lá com todo mundo, o policial mesmo te esculacha: o que você tá fazendo no meio deles, você não é da mesma cor! Saia daí. O policial chega até a oferecer dinheiro pra você sair de perto deles.
>
> *Lia – Me conta isso melhor.*
>
> Era uma maloca ali perto do São Pedro, eram mais de 50 pessoas que moravam dentro. Do nada, todo mundo acor-

dou com uma arma na cara, só eu que não. Eu olhei assim pra todo mundo, aí o policial já perguntou: que você tá fazendo aqui, no meio de negros, esses porcos imundos? E me ofereceu dinheiro pra sair de perto deles. Eu falei que não. Conheço muito policial que veste farda e são corruptos, são brancos e só vão cobrar dinheiro de negros. Pra quem vai na boca sempre vê essa cena. Eu não piso mais na boca por causa disso. Minha namorada usa droga, e eu falei pra ela: um dia eu vou descer na boca pra te buscar. Mas eu não vou porque sempre encontro um policial que fala pra mim: você não tá mais indo na boca, hein. Você vai na boca, só tem gente mulata e negro que usa droga. Alguns brancos só. Aí você não usa mais droga, qual a relação que ele faz: que você vende droga, que você se aliou aos negros. Aqui o centro tá assim hoje em dia, os negros tão fazendo as bases do trafico deles. Os policiais pra tentar corrigir isso, ou mata, ou faz corrupção." (Tadeu)

O fato chocante deste depoimento é que o "inadequado" se refere ao fato de um branco estar neste lugar, e não o lugar ser inadequado a qualquer vida humana. Tadeu também nos mostra o quão naturalizada está a posição do negro em nossa sociedade. Uso a palavra naturalizada pois nos remete a algo da natureza: assim, como uma arvore nasce na floresta e ninguém questiona o porque, os negros aparecem nestes depoimentos como se o lugar social da pobreza fosse naturalmente deles. Este acontecimento retratado por Tadeu é desconcertante em diversos aspectos, primeiro porque naturaliza o fato dos negros serem repetidamente aviltados em seus direitos. Segundo, porque neste acontecimento, o branco aparece como fora de seu lugar, como se o lugar de privilégio fosse seu por direito, e por isto ele é preservado de passar pela mesma humilhação que passam os negros, mesmo que a condição socioeconômica e de modos de vida seja a mesma, e que este mantenha relações raciais "horizontais" com seus colegas. E aqui podemos nos perguntar, fora de que lugar? A resposta dada por Joana e a descrição de Tadeu sobre dar e receber dinheiro na rua pode nos esclarecer isto:

"Parece que inconscientemente quando eu vejo um menino de rua branco eu sinto muita pena, eu olho para aquela bochecha rosa, aquele olhinho claro e me pergunto, o que é que aconteceu para ele estar ali? Eu sempre acabo dando uma grana. Com o negro parece que eu já me acostumei." (Joana).

"Lia – E no seu dia-a-dia aqui na rua, tem diferença você ser branco?

Pras pessoas eu acho. Tipo tem a porta de um banco que às vezes eu fico lá desenhando, que eu conheço todo mundo que é cliente. To lá, eu branco com três pessoas que são negras na porta do banco, eles já me falaram: Tadeu, você ganha dinheiro sem pedir, e nós que tamos aqui pedindo demoramos horas e horas pra conseguir dinheiro. Eu sento na porta do banco pra ficar escrevendo, desenhando e as pessoas passam e me dão dinheiro. Eu até ganhei um fã, tem um coroa que passa todo dia e fala pra mim: eu sou seu fã." (Tadeu)

Tanto o depoimento de Joana como o de Tadeu seguem a mesma lógica de funcionamento, o pertencimento racial dos brancos pobres asseguram a estes a mobilização da ideia de raça para (re)colocá-los em uma posição econômica melhor, ou seja, a situação em que estes se encontram demonstra que há algo de "errado" que precisa ser ajustado, e dar e receber dinheiro é uma tentativa de fazer isto. A fala de Joana também mostra a compaixão pelo sofrimento alheio, ou seja, tanto ela, quanto a fã de Tadeu identificam que há um ser humano ali sofrendo. Uma identificação de que este branco pobre poderia ser um de nós e que, por isto, desperta um sentimento de solidariedade. Tadeu, mesmo sem pedir, ganha mais dinheiro do que seus colegas negros pois, como depreende-se do depoimento de Joana, negro miserável é algo natural, uma certa força do hábito torna aceitável que ele esteja naquela situação.

Sobre esta mesma situação, Nelson Mandela, em sua biografia, demonstra o espanto ao ver uma branca pobre. Em 1955, Mandela está com 38 anos e como as proibições judiciais haviam expirado, ele resolveu viajar para rever a família. Viajou para visitar a mãe no Transkei e depois de alguns dias partiu para a Cidade do Cabo dando seqüência às ações do CNA (Congresso Nacional Africano). Em meados de setembro daquele ano ele se depara com algo inusitado:

"Um dia, andando pela cidade, notei uma mulher branca na sarjeta, roendo espinhas de peixe. Era pobre e aparentemente estava desabrigada, mas era jovem e chegava a ser até atraente. Eu sabia, é claro, que havia brancos pobres, brancos que eram tão pobres quanto os africanos, mas era raro ver um. Estava acostumado a ver mendigos negros na rua, e espantei-me ao ver um branco. Eu dificilmente dava esmolas a mendigos africanos, no entanto tive um impulso de dar dinheiro àquela mulher. Naquele momento percebi como o apartheid nos prega peças, pois as aflições por que passam os africanos são aceitos com naturalidade, ao passo que meu coração se condoeu imediatamente por aquela branca encardida. Na África do Sul, ser negro e pobre era normal; ser branco e pobre, uma tragédia". (1995: 158)

A fala do Mandela por si só já é uma análise da fala de Joana e Tadeu. No entanto, ele fala de um contexto de meados do século passado, de um regime segregacionista, com todo um aparato do Estado que validara o racismo. No Brasil, um país com uma jovem democracia, uma constituição que criminalizou o racismo e um ideal de igualdade racial, a população se espanta, ainda assim, com a miserabilidade dos brancos. Parece ser natural a miséria de um negro, da mesma forma que na África do Sul do Apartheid.

Neste aspecto, percebemos que as fronteiras de classe também são definidoras de significados relativos ao ser branco. Uma primeira distinção é a comparação entre brancos de elite e brancos pobres, que mostra as diferenças internas naquilo que se materializa no processo de ser branco. Dentro desta fronteira percebemos diferentes identificações e (des)identificações com relação à branquitude. Fernanda, por exemplo, nos remete ao grupo de brancos que se identificam com os valores da supremacia branca, não à toa, ela acha a filha um gênio quando a vê perceber, com dois anos e meio, as separações entre brancos e negros. Já Tadeu e Pedro, durante toda a entrevista, mostram sentir um incômodo com estes significados atrelados à branquitude, e procuram se afastar destes significados de diversas formas, uma delas, a aproximação com o *hip-hop* e os grafites de rua.

Na esteira de um fenômeno paralelo, os brancos de bairros residenciais periféricos de São Paulo, que, por razões socioeconômicas apresentam uma série de críticas aos valores dos que aqui foram chamados de branquíssimos, voltam-se para culturas negras periféricas como uma forma de mostrar que, apesar da pele branca, não se identificam com valores e legados europeus de branquitude como, por exemplo, os brancos de elite. Na fala de Pedro, isto fica um tanto evidente:

> *"Lia – Você se lembra quando você se deu conta de raças diferentes pela primeira vez, quando você pensou sobre isso?*
>
> Pensei a sério tinha uns 14 anos, de perceber que só negro era pobre, eu também era. E eu fiquei revoltadíssimo, com uma certa vontade de ser preto, porque eu me sentia mais eles do que os outros. Um pouco mais tarde acho que com 16, porque eu sentia aquela opressão, um povo, não sei se um povo, uma raça, povo social, que era tão grande e tão oprimida e tão violentada. Ai eu só ouvia rap e não gostava mais de nenhum branco quando eu pensava nisso. Não gostava de branco como raça, como grupo, gostava dos meus amigos, mas não gostava como grupo. E é revoltante como ninguém percebe, e é revoltante como só negro se fode... Pela policia, pelo trabalho; eu vi amigo meu, tipo, to andando com amigo meu preto, os caras paravam ele pra revistar e eu era o playboizinho que ficava de lado assim. Já ouvi história de amigo meu que apanhou da policia por fumar maconha, eu já fui pego pela policia pichando muro e não aconteceu nada... Então, parece que com eles pode, sentem menos dor sei lá..."

Pedro nos mostra que quando brancos brasileiros procuram alguma opção para sentirem um alívio do dilema que é a identificação com a branquitude, quando não se espelham nem com a ideologia da supremacia racial nem com os valores desta, voltam-se para uma identificação estética com as culturas não brancas. No entanto, há também aqueles que, como apontou Marília, anseiam e almejam ser o branquíssimo, e que por isto, mesmo estando em condições socioeconômicas não favoráveis, lutam para se encaixar nos padrões exigidos pela branquitude. E nesta questão, a cor da pele os favorece. Portanto, percebemos que há diversas fronteiras internas dentro deste grupo onde a classe social e as condições de vida foram tomadas por todos os sujeitos como um divisor da categoria branco, não apenas em relação ao diferencial de poder entre brancos pobres, classe média e ricos mas, principalmente, como experiência que aproximaria os brancos pobres de outros grupos explorados e aviltados. Ser branco e pobre, nessa interpretação, seria estar sujeito à mesma opressão sofrida por outros pobres independente das divisões de gênero, regionalidade e raça contida na pobreza. Mesmo a pobreza sendo totalmente heterogênea, a opressão que realiza faz com que os sujeitos tenham experiências com resultados semelhantes: lutar diariamente pela sobrevivência. Desta forma, em contraposição aos brancos ricos, os brancos pobres apresentam condições parecidas com relação aos nordestinos e negros que vivem na pobreza paulistana. Contudo, quando comparamos brancos pobres com negros pobres percebemos que os significados construídos em torno da pertença racial branca asseguram a eles privilégios e vantagens em diversos setores sociais, uma possibilidade de ascensão social, por assim dizer.

* * *

Para finalizar este percurso volto a fazer a pergunta apresentada por Ware na introdução do livro *Branquidade: identidade branca e multiculturalismo*: que forças históricas e contemporâneas sustentam as formações particulares da branquitude no Brasil, e que estratégias anti-racistas seriam apropriadas para subvertê-las? (Ware, 2004: 9). Este trabalho se configura como uma possível resposta a essa pergunta, pois procurou compreender de que forma a ideia de branquitude é apropriada e constituída – ao mesmo tempo em que os constitui – pelos sujeitos brancos na cidade de São Paulo. E neste sentido, é importante explicitar que o racismo é ainda apropriado pelos sujeitos, e, é usado para hierarquizar não somente a relação entre brancos e não brancos, mas também para hierarquizar o próprio grupo de brancos.

Entre as diferenças internas do grupo, a primeira divisão que me chamou atenção foram os significados sociais inscritos sobre o corpo, ou seja, o corpo branco também está imerso em um campo de significados construído por uma ideologia racista. Portanto, ao ser percebido socialmente, esse corpo emerge do campo ideológico marcado, investido e fabricado por significados inscritos na sua própria corporeidade, com uma heterogeneidade que corresponde a uma escala de valores raciais, segundo a qual o corpo branco, ou melhor, alguns sinais/marcas físicas atribuídos à branquitude balizam uma hierarquia, na qual alguns brancos conseguem ter mais status e valor do que outros. O fenótipo dos brancos ainda aparece, sobretudo, como marcador de regionalidade e falsas ideias sobre origem que se sobrepõem uma a outra para hierarquizar internamente os brancos.

O estudo sobre a branquitude paulista também demonstrou que há fronteiras internas de gênero entre os brancos que diferenciam o valor da branquitude para homens e mulheres. Podemos perceber, então, que há uma fronteira interna ao grupo que modula a questão de gênero e, portanto, marca significados diferentes aos homens e mulheres brancas. Há, também, a fronteira externa à branquitude, que marca os significados da sexualidade, matrimônio e afetividade para os não brancos.

Há diversas fronteiras internas neste grupo, em que a classe social e as condições de vida foram tomadas por todos os sujeitos como um divisor da categoria branco, não apenas em relação ao diferencial de poder entre brancos pobres, classe média e ricos mas, principalmente, como experiência que aproximaria os brancos pobres de outros grupos explorados e aviltados. Ser branco e pobre, nessa interpretação, seria estar sujeito à mesma opressão sofrida por outros pobres, independente das divisões de gênero, regionalidade e raça contida na pobreza. Contudo, quando comparamos brancos pobres com negros pobres percebemos que os significados construídos em torno da pertença racial branca asseguram a eles privilégios e vantagens em diversos setores sociais.

Além dessa transversalidade heterogênea, estrategicamente dispersiva e constitutiva, este trabalho caracteriza-se, ainda, como uma síntese de diversas análises que poderiam ser aprofundadas em novos estudos que priorizassem pensar qual o papel do branco nas relações raciais brasileiras. Neste sentido, este artigo é uma abertura para outras pesquisas, pois penso que cada questão aqui posta poderia ser investigada separadamente, contribuindo para responder a pergunta feita por Ware sobre branquitude no Brasil, a saber, quais seriam as estratégias anti-racistas apropriadas para subverter as forças da branquitude – nesta cidade?

Referências

ALVES, L. 2010, *Significados de ser branco – a brancura no corpo e para além dele*. Dissertação de Mestrado, São Paulo: Universidade de São Paulo: São Paulo, Departamento de educação.

BENTO, M. A. & Carone, I. (eds) 2002, *Psicologia Social do Racismo*, São Paulo: Vozes. [2ª. ed.]

BERQUÓ, E. 1987, *Nupcialidade da população negra no Brasil*. Campinas: NEPO, UNICAMP.

BRITZMAN, D. P. 2004, "A diferença e tom menor: algumas modulações da história, da memória e da comunidade". In V. Ware (ed.). *Branquidade, identidade branca e multiculturalismo*. Rio de Janeiro: Garamond, pp. 161-182. (V. Ribeiro, trad.)

BUTLER, J. 2003, *Problemas de gênero: feminismo e subversão da identidade* (R. Aguiar, trad.). Rio de Janeiro: Civilização Brasileira.

CARDOSO, L. 2008, *O branco "invisível": um estudo sobre a emergência da branquitude nas pesquisas sobre as relações raciais no Brasil (Período: 1957-2007)*. Dissertação de Mestrado, Coimbra: Universidade de Coimbra, Faculdade de Economia e Centro de Estudos Sociais.

FRANKENBERG, R. 2004, "A miragem de uma Branquitude não marcada". In V. Ware (ed.), *Branquidade, identidade branca e multiculturalismo*, Rio de Janeiro: Garamond, pp. 307-338. (V. Ribeiro, trad.)

GUIMARÃES, A. S. A. 2008, *Preconceito Racial: modos, temas e tempos*. São Paulo: Cortez.

HASENBALG, C. & Silva, N. Valle 1988, *Estrutura Social, Mobilidade e Raça*. São Paulo: Vértice.

LE BRETON, D. 2006, *A sociologia do corpo*. Petrópolis: Vozes.

LIPOVETSKY, G. 2000, *A terceira mulher – permanência e revolução do feminino*. São Paulo: Companhia das Letras.

MAHEIRIE, K. 2002, "Constituição do sujeito, subjetividade e identidade". *Revista Interações*, 7 (13), pp. 31-44.

MANDELA, N. 1995, *Longo Caminho Para a Liberdade: uma autobiografia*. São Paulo: Siciliano. (J. E. S. Caldas, trad.)

MOUTINHO, L. 2004, *Razão, cor e desejo: uma análise comparativa sobre relacionamentos afetivo-sexuais "inter-raciais" no Brasil e na Africa do Sul*. São Paulo: UNESP.

NICHOLSON, L. 2000, "Interpretando Gênero". *Revista Estudos Feministas*, 8 (2), 9-41.

PACHECO, A. C. L. 2006, "Raça, gênero e relações sexual-afetivas na produção bibliográfica das ciências sociais brasileiras – um diálogo com o tema", *Afro-Ásia*, 34, pp. 153-188.

REIS, A. C. 2007, *A atividade estética da dança do ventre*. Dissertação de Mestrado, Florianópolis: Universidade Federal de Santa Catarina, Programa de Pós-Graduação em Psicologia.

SCOTT, J. 1990, "Gênero: uma categoria útil de análise histórica". *Revista Educação e Sociedade*, 16 (2), 5-22. Porto Alegre: UFRGS.

SILVA, N. do Valle 1987, "Distância social e casamento inter-racial no Brasil". *Estudos Afro-asiáticos*, 14, 54-83.

STEYN, M. 2004, "Novos matizes da "branquitude": a identidade branca numa África do Sul multicultural e democrátic". In: V. Ware (ed.), *Branquidade, identidade branca e multiculturalismo*. Rio de Janeiro: Garamond, pp. 115-137 (V. Ribeiro, trad.).

SANTOS, B. Sousa de 1995, *Pela mão de Alice: o social e o político na pós-modernidade*. São Paulo: Cortez.

SCHUCMAN, Lia Vainer 2014, *Entre o Encardido, o Branco e o Branquíssimo: Branquitude, Hierarquia e Poder na Cidade de São Paulo*, São Paulo: Annablume, 2014.

SOVIK, L. 2009, *Aqui ninguém é branco*. Rio de Janeiro: Aeroplano Editora.

TELLES, E. 2003, *Racismo à brasileira*. Rio de Janeiro: Lumará.

TWINE, F. W. & & Steinbugler A. 2006, "The Gap Between Whites and Whiteness: Interracial Intimacy and Racial Literacy". *Du Bois Review*, 3 (2), 341-363.

WARE, V. 1992, *Beyond the Pale: White Women, Racism and History*. Londres: Verso.

WARE, V. 2004, O poder duradouro da branquidade: "um problema a solucionar".Introdução. In V. Ware (ed.), *Branquidade, identidade branca e multiculturalismo*, Rio de Janeiro: Garamond, pp. 7-40. (V. Ribeiro, trad.)

WELZER-LANG, D. 2004, *Les hommes aussi changent*. Paris: Payot.

WINANT, H. 2001, *The World Is a Ghetto: Race and Democracy Since World War II*. New York: Basic Books.

WRAY, M. 2004, "Pondo a ralé branca no centro: implicações para pesquisas futuras". In V. Ware (ed.), *Branquidade, identidade branca e multiculturalismo*. Rio de Janeiro: Garamond, pp. 339-361. (V. Ribeiro, trad.)

7

O Belize independente (1981): políticas culturais, reconhecimento da diferença e pós-colonialismo

Elisabeth Cunin

Pequeno território da América Central cobiçado pela Espanha e pela Grã-Bretanha, o Belize tornou-se oficialmente colônia britânica em 1862. Sua história está ligada à exploração de riquezas florestais da região, primeiramente *logwood* (pau de Campeche) e depois *mahogany* (acaju) e *chicle* (látex usado na produção de goma de mascar). Assim como no resto da região, o início do século XX – especialmente os anos 1930-40 – foi marcado por mobilizações sociais, econômicas e políticas que, por sua vez, também deram origem à criação do primeiro partido político local, o *People's United Party* (PUP), em 1950 e à greve geral de 1952. O governo colonial britânico reconheceu o sufrágio universal em 1954 e o *"self-government"* em 1964. A independência do Belize foi postergada até 1981, sobretudo devido ao não reconhecimento do território belizenho pela Guatemala, que o considerava como parte da antiga Capitania Geral da Guatemala (Bolland, 1988, Shoman, 2009). Assim, quando o Belize finalmente obtém sua independência em 1981, a situação política regional é bem diferente daquela que fora conhecida pelas outras colônias britânicas no Caribe (independentes nos anos 1960): a América Central vive conflitos violentos com impacto direto em Belize (migrações); a América Latina se prepara em adotar políticas multiculturais em favor das populações indígenas e afrodescendentes; os Estados-Nação são questionados com relação à globalização e aos laços transnacionais.

Este país cuja população é pouca numerosa, comumente apresentado como um território caribenho ancorado na América Central, seja em função de sua história, sua população, sua cultura e suas instituições. É caracterizado por ondas de migração sucessivas, inicialmente ligadas ao colonialismo europeu: os primeiros britânicos se instalam em meados do século XVII e as sociedades maias passam a se concentrar no interior à medida que os colonos avançam e progressivamente introduzem escravos para explorar as riquezas florestais da região. Posteriormente, a história do Belize foi marcada por uma sucessão de imigrações de trabalho ou de refúgio que, por sua vez, refletem as circulações pós-coloniais e pós-escravagistas da região ao final do século XVIII e no decorrer do XIX: misquitos das antigas possessões inglesas de Honduras e Nicarágua; garifunas constituindo uma comunidade transnacional na costa caribenha da América Central; mexicanos fugindo dos combates que opõem os maias ao novo Estado mexicano (Guerra das Castas de Yucatán); confederados estadunidenses após a guerra de secessão; trabalhadores indianos e chineses contratados (*indentured labor*). Enfim, novas ondas de migração ligadas à dupla inserção de Belize na globalização e na América Central acompanham sua longa marcha pela independência: comunidades religiosas menonitas no final dos anos 1950, migrantes políticos e econômicos centro-americanos nos anos 1980-90, imigração recente vinda da China, de Taiwan, do Paquistão, do Líbano.

A recente independência de Belize (1981) nos permite estudar o pós-colonialismo "em atos", as continuidades e descontinuidades das estruturas coloniais em um país independente, a difícil construção de um Estado e de uma nação. Dedicarei um interesse especial ao lugar do "outro" e à definição da diferença nos projetos coloniais e nacionais.

Tomarei como ponto de partida de minha análise duas imagens da alteridade em Belize: o *"divide and rule"* (dividir para reinar) colonial e o multiculturalismo nacional. Desde que Belize se tornou colônia britânica em 1862, o *Colonial Office* produziu relatórios regularmente, sintetizando as principais informações coletadas sobre Belize (história, economia, infraestrutura, povoamento, etc.). Certos dados tratam diretamente dos grupos étnicos e delineiam uma imagem imutável e estereotipada da configuração demográfica belizenha, associando os grupos a um território e uma história particular. Esta repetição institucional justifica uma política padronizada, concebida com o nome de *"divide and rule"*. Servimo-nos do exemplo do *Handbook of British Honduras, 1888-1889,* mas encontramos a mesma informação em todos os documentos administrativos entre o fim do século XIX e a segunda metade do século XX. O *Handbook of British Honduras, 1888-1889,* redigido por Lindsay Bristowe e Philip Wright, representantes da Coroa britânica, descreve quatro categorias: "*Native*"; "*Ladino*", também chamados de "*Spaniard*" ou "*Spanish element*"; "*Coloured*" ou "Crioulo"; e "*Carib*" ou Garifunas. Os primeiros encontram-se instalados no norte do território, *"they live in villages industriously and inoffensively scattered over the [Northern and North-Western] district, cultivating their patches of maize and pulse in small and neatly enclosed fields known as milpas."* Os ladinos, igualmente situados no norte, de ascendência espanhola e indiana, são caracterizados da seguinte forma: *"a freedom of thought and manners, as well as information and enterprise. To this class most of the artisans and operatives belong"* (*id.*: 201-202). Quanto aos Garifunas, vivem no sul e são descritos da seguinte maneira:

> *"the usual division of labour among savage nations is observed by them. The daily drudgery of the household belongs to the women, who also cultivate the small fields in which the cassava [...] and other crops are raised. The men pursue their hunting and fishing, and undertake the more severe labours attendant upon the building of their huts"* (*id.*: 203).

Enfim, os Crioulos, de *"European and African descent,"* vivem principalmente no centro da colônia e compõem *"a hardy, strong, and vigorous race of people, who are the woodcutters of the interior, and the main instrument in keeping up the commerce of the colony"* (*id.*: 202).

A segunda imagem é contemporânea, descrevendo uma nação multicultural harmoniosa com base em um tipo de assimilação/associação entre diversidade humana e natural. O site internet do *National Institute of Culture and History*, principal instituição cultural belizenha, é uma boa ilustração.

> "*The history of Belize will show the dynamic origins of a country now rich with cultural diversity. There can be no doubt that the beauty of this nation is owed in part to the colorful assortment of people that can be found here. Set against the lush tropical background of Belize, these accounts will reveal the true birth of the Belizean people - people that have now become the embodiment of charm and exotic allure*".[1]

Assim como no período "*divide and rule*", os grupos étnicos (garifunas, crioulos, mestiços, maias, menonitas, chineses, indianos) são descritos de acordo com uma lógica essencializante. Por exemplo, no caso dos garifunas: "*The Garifuna have largely managed to retain most of its culture, its customs and its beliefs, and they have proven to be a people that have much pride and profound intellect, skills that today enable them to approach any obstacle with firm conviction and artful expression.*"[2]

A confrontação entre estas duas imagens suscita diversos questionamentos:

> – O multiculturalismo de hoje é tão diferente do "*divide and rule*" de ontem?
> – O multiculturalismo é uma estratégia de entrada em uma sociedade pós-colonial, de ruptura com a herança colonial? Ou trata-se da reprodução/transformação das hierarquias étnicas coloniais?
> – A administração colonial britânica implementou uma política coerente e eficaz em Belize? O governo belizenho apresenta uma politica cultural explícita e consensual hoje? Podemos falar em sociedade multicultural sem políticas multiculturais, por sua vez consideradas como uma ameaça para a nação?

---

1 *National Institute of Culture and History*, <http://www.nichbelize.org>.
2 *National Institute of Culture and History*, <http://www.nichbelize.org/iscr-institute-for-social-cultural-research/people-of-belize.html>, última consulta em: novembro de 2013.

– O que dizer do processo de "crioulização": trata-se de uma forma de sincretismo cultural que ultrapassa os laços particulares para construir identidade e cidadania comuns? Por ouro lado, a "sociedade crioula" não remete à hegemonia política e cultural de um grupo cujo status tem como base a associação da herança colonial e a apropriação da independência?

Irei me concentrar mais especificamente na questão das políticas culturais[3] e no papel das administrações que nasceram com a independência. Num primeiro momento, retornarei ao nascimento das políticas culturais para acompanhar a saída do colonialismo no início dos anos 1990. Em seguida, examinarei dois exemplos de confrontação entre a construção da nação e o reconhecimento da diferença: a criação do Museu de Belize em 2000 e o reconhecimento da cultura garifuna como patrimônio da humanidade pela Unesco em 2001.

As políticas culturais do Belize independente: entre continuidade e descontinuidade

O estudo das políticas culturais belizenhas dá a impressão de que, na melhor das hipóteses, o Estado visa salvaguardar ou reconhecer a diversidade, mas certamente não a estimula ou dá início a ela. Para o *National Institute of Culture and History* (NICH), principal órgão de coordenação de políticas culturais, trata-se da *"preservation of diverse culture and heritage"*[4] de um *"Belize that embraces its diverse cultural heritage"* (NICH, 2012: 6). A programação 2006-2007[5] multiplica as fotos e lendas sobre os grupos étnicos e rememora a missão do NICH: *"to encourage Belizeans to better understand their historical and ethnic roots"*. A diversidade cultural e a variedade de grupos étnicos alimentam a *mise en scène* turística do país:

---

3 Este artigo se inscreve em questionamentos mais amplos, realizados com Odile Hoffmann (IRD) e Filiberto Penados (*Institute for Sustainable International Studies*), que também abordam as políticas agrárias e educacionais.

4 "About NICH – National Institute of Culture and History", <http://www.nichbelize.org/about-nich/about-nich.html>.

5 NICH, *Work Plan 2006-2007*, Belize City, abril de 2006 (Archives of Belize, Annual Report, Box 9).

"We are truly a melting pot of colorful personalities, making our 321,115 residents the country's greatest resource for tourism [...]. A blending of cultures has resulted in one of the happiest and most peaceful countries in the region and a widespread reputation as one of the world's friendliest tourist destination".[6]

No entanto, com relação às atividades concretas dos institutos que o compõem, as referências à etnicidade são muito menos evidentes. Se, por definição, o *Institute of Archeology* é voltado para as áreas maias, o *Institute of Creative Arts* desenvolve apenas uma atividade dentre as vinte e seis que foram repertoriadas e que se apresenta em termos étnicos (relativo à cultura crioula). Por sua vez, o *Institute for Social and Cultural Research* menciona uma exposição de tecidos maias e menonitas, o lançamento da obra *African Maya History Project Book* e uma exposição sobre a população indiana.[7] Todas as outras atividades (publicações de livros, concursos de beleza, exposição itinerante de plantas, história da *House of Government*, programação de "danças tradicionais", exposição sobre esporte, classes de leitura etc.) não são qualificadas etnicamente. Em seu artigo sobre as manifestações culturais posteriores a 1981, Michael Stone (2007) mostra que a quase totalidade das iniciativas relativas a um grupo étnico em particular vem "de baixo", às vezes contando com um acompanhamento do Estado. Se prestarmos atenção na apresentação institucional pluriétnica da sociedade, podemos nos perguntar se há políticas de reconhecimento da diversidade. Ademais, desde 1981, a administração não adota nenhuma política distributiva com o intuito de favorecer o acesso de certos grupos marginalizados à cultura, para implementar políticas diferenciais (ensino na língua materna, por exemplo), ou fazer da cultura uma ferramenta de desenvolvimento etc.

As primeiras reflexões sobre o lugar a ser dado para a cultura no projeto nacional nascem com a independência, a respeito de alguns atores e alguns textos (Sanchez 1984, Shoman 1995).[8] Já existiam instituições culturais (*Bliss Ins-*

---

6   Site Web do *Belize Tourist Board*, última consulta em: 2 de novembro de 2013, <http://www.travelbelize.org/facts-about-belize>.

7   Conhecidos como *East Indians,* isto, é Indianos da Índia emigrados como trabalhadores contratados (*indentured laborers*).

8   Conferir Phillips (1993) para uma história das políticas culturais nos anos 1970-80.

titute, National Arts Council, Arquivo Nacional, Instituto de Arqueologia etc.), mas, ou eram associadas à política colonial britânica e a uma visão elitista da cultura, ou oriundas de iniciativas locais. É sobretudo no início dos anos 1990 que constatamos uma grande efervescência com a organização da *First Annual Conference on Culture and the Arts* (Primeira Conferência sobre a Cultura e as Artes) em 10 de novembro de 1990, intitulada *"Releasing National Creativity"* e, dois anos depois, uma segunda conferência nos dias 20 e 21 de fevereiro de 1992, *"Let's diversity reign, let's freedom flourish. Towards a culture policy for Belize"*. Estes dois encontros foram seguidos da publicação dos respectivos atos (Releasing 1991; Let's diversity 1992), que retomam as principais comunicações e fazem recomendações com relação às medidas a serem adotadas (orientações das políticas, tipos de instituições a serem implementadas, definição da cultura). No mesmo momento, foi iniciada uma consulta nacional, *"What the people said. A report on a culture policy for Belize"* (What the people said 1992) com o objetivo de reunir expectativas, proposições e experiências da população. Estas iniciativas são desenvolvidas pelo *National Arts Council* – então presidido por Lita Krohn, por vezes qualificada como *"director of culture"* –, com o apoio da SPEAR (*Society for the Promotion of Education and Research*, Sociedade para a Promoção da Educação e da Pesquisa) – uma ONG de vocação cultural e científica – e da Unesco, que acompanhou estes debates (pessoal, ferramentas teóricas, financiamento).[9] O governo estava amplamente representado, com a participação especial de Said Musa – então Ministro da Educação, dos Esportes, da Cultura e da Informação –, do futuro Primeiro Ministro (de 1998 a 2008) e dos representantes das instituições culturais existentes. Notamos ainda a presença de organizações fundadas sobre uma base étnica, que nasceram naquela época: *National Garifuna Council, Toledo Maya Cultural Council, Caribbean Organization of Indigenous People, Pride Belize* (que se transformará no *Kriol National Council*).

Todavia, todos estes projetos são abandonados em 1993 devido a uma mudança na maioria política: o PUP, *People's United Party*, associado à independência, dá lugar ao UDP, *United Democratic Party*, que faz todo o possível para que as inciativas de autoria do seu rival fracassem, sem que se constate a emer-

---

9   Um pedido de expertise é feito à Unesco em 1989 para formulação de política cultural.

gência de propostas alternativas. Em seguida, com o retorno do PUP ao poder em 1998, as reflexões do início da década se materializam na criação de uma nova estrutura, o *National Institute of Culture and History* (NICH)[10] em 1999 e o *Museum of Belize*, criado em 2000 e aberto em 2002. O NICH reúne em uma mesma administração a direção dos museus, o *Institute of Archaeology* (durante algum tempo chamado de *Institute for Research and Management of Material Culture*), o *Institute of Creative Arts* (que substitui o *National Arts Council*) e o *Institute for Social and Cultural Research* (ISCR), então criado.[11]

As atas das grandes reuniões do início dos anos 1990 e os demais documentos de arquivo que acompanharam o nascimento das políticas culturais são reveladores. Primeiramente, mostram que o Estado belizenho em construção nunca funcionou de forma autônoma, seja por princípio ou necessidade: os organismos internacionais (principalmente a Unesco), ONGs (notadamente aquelas construídas com uma base étnica) fornecem capital humano e conhecimentos. Ademais, os responsáveis pela emergência de políticas culturais têm posições extremamente variadas: alguns incarnam as mobilizações pela independência dos anos 1970, outros são pela continuidade dos dirigentes da administração colonial na administração nacional e, finalmente, outros apoiam a abertura do poder à periferia geográfica e às "minorias étnicas". Portanto, a divergência de posicionamento é marcante, ainda que os atores em questão pertençam ao mesmo partido (o PUP), compartilhem um mesmo objetivo (implementação de políticas culturais), no mesmo momento (início dos anos 1990). Neste sentido, o aparelho estatal nascente está longe de constituir um todo unificado e homogêneo.

Assim, para Said Musa, Ministro da Educação, dos Esportes, da Cultura e da Informação, prioriza-se uma *"culture of freedom"*, que visa construir uma *"national community"*, favorizando *"the fullest expression of everything that is Belizean"* (Let's diversity 1992: 3-4). A etnicidade não tem espaço para este des-

---

10 Portaria No. 616, 1999 e NICH Act de 7 de fevereiro de 2000 (Laws of Belize), Archives of Belize. O NICH há era evocado no manifesto do PUP 1993-98 (*Building on success*) como um *"multidisciplinary body created by statute, operating on the principle of decentralization and co-responsibility between government and society"*. Sua implementação efetivou-se apenas em 2003.

11 Conferir o site Web do NICH: <http://www.nichbelize.org/>.

cendente de migrantes palestinos que foi um dos principais atores da mobilização anticolonial antes de vir a se tornar ministro e, depois, primeiro-ministro. O longo período de transição para a independência (*self-government* entre 1964 e 1981, que dá mais autonomia ao poder local) de fato contribuiu para uma certa continuidade do Estado, sendo que os líderes da independência foram progressivamente cooptados pela administração do *self-government*.

Da mesma forma, observamos a presença de atores como Joseph Palacio, antropólogo responsável pelo campus belizenho da *University of the West Indies*, sendo ele mesmo garifuna e tendo escrito diversos textos sobre os Garifunas, entre outras pesquisas. Para ele, a cultura não deve ser reduzida à etnicidade. Ao atribuir uma definição mais ampla à cultura, englobando etnicidade, nacionalidade, relação rural/urbano, ele associa as políticas culturais a questões de desenvolvimento e igualdade (Releasing, 1991: 2). O "outro", o Garifuna etnicizado, passou a integrar a nação; todavia, ele não se pronuncia a favor desta alteridade, nem em nome desta "diferença".

O último exemplo dentre tantos outros: Lita Krohn, diretora do *National Arts Council*, instituição criada pela administração colonial, muito ativa durante as mobilizações dos anos 1990 pela implementação de uma política cultural, membro da elite de Belize City, que possui uma visão etnicizante de Belize, lembrando que "*the history of Belize is the history of the Maya, the European, the African, the East Indians, The Chinese, The Garinagu, people of the Middle-East and recently people from Central America*" ou que "tal prática cultural é garifuna, aquela outra é crioula ou maia" (Releasing, 1991: 5). Dessa forma, para ela, as políticas culturais servem para valorizar os grupos étnicos de acordo com uma visão paternalista e encantada da sociedade.

Não se trata aqui de compilar estas definições contraditórias da cultura e das políticas culturais, que vão desde a superação da etnicidade até a sua relativização e glorificação, mas chamar a atenção para a falta de consenso no interior da própria elite dirigente e intelectual do PUP quando do nascimento dos primeiros projetos de instauração das políticas culturais. A dimensão "étnica" da cultura não era consensual, mas também não causava polêmica. Ela "estava lá" como recurso disponível, a ser utilizado ou não, seja na forma de herança colonial ou horizonte de uma nação em construção.

O Museu de Belize: entre projetos nacionais e herança colonial

Em 1992, Assad Shoman[12] alertava quanto a um *"cult of the past"* e *"cult of ethnicity"* (Let's diversity 1992: 7). As reflexões sobre a política cultural, que para ele estava muito centrada na preservação de uma "herança", remetiam irremediavelmente à glorificação do passado colonial, pois a celebração da diversidade se ancorava no *"divide and rule"* britânico, política que teria favorecido a afirmação das diferenças para melhor garantir o controle da população (Let's diversity 1992: 9). De fato, para além do entusiasmo que acompanhou a independência e se refletiu nos debates sobre a emergência de uma política cultural nacional no início dos anos 1990, deve-se constatar a reprodução da narrativa colonial, por sua vez ligada à manutenção das relações de poder, mas também de questões práticas (disponibilidade dos acervos, recursos financeiros, etc.). É isto que tentaremos mostrar a partir do caso do Museu de Belize. Como foi que chegamos à criação de um museu nacional localizado em Belize City, antiga capital colonial, associada à elite crioula, e não a Belmopan, capital do Belize independente e que não está ligada a nenhum grupo étnico em particular? Um museu exclusivamente centrado na história colonial – que, por sinal, a jovem nação condena –, assim como em vestígios maias pré-coloniais, completamente desconectados de toda a problemática contemporânea?

A criação de um museu é evocada pelo PUP desde 1969 (PUP Manifesto, 1969-74), pois os líderes independentistas tinham consciência da necessidade de afirmar e produzir uma "identidade nacional". Todavia, foi necessário esperar até 1º de abril de 1990 para que fosse criado o *Department of Museum* e fevereiro de 2002 para que o Museu de Belize (*Museum of Belize*) se tornasse uma realidade. Nos anos 1980-90, diversos projetos foram debatidos, incluindo o boletim informativo *Newseum. Newsletter of the Department of Museums*,[13] criado em dezembro de 1991. O mais ambicioso foi o projeto de Joan Durán,

---

12 Companheiro de Said Musa durante as mobilizações anticoloniais dos anos 1970, também de origem palestina, Assad Shoman ocupou cargos de responsabilidade dentro do governo belizenho a partir de 1981 (ministro de relações exteriores, embaixador, encarregado das negociações com Guatemala, etc.). Posteriormente, deixou suas funções e instalou-se em Cuba.

13 Serial collections – Serials. Box 23. Archives of Belize.

que Richard e Sally Price descrevem em um artigo intitulado "*Executing Culture. Musée. Museo, Museum*":

> "*The Museum of Belize is profoundly informed by Joan Duran's artistic vision [...]. In his more radical moments, Duran contemplated banishing all texts from the museum, leaving only images. Because he hated collections, he'd made a separate building across the road to house the mostly Mayan pieces the government owned*" (Price & Price, 1995: 99)

> "*The nation-building purpose of the Museum of Belize has shaped many of the choices about exhibit content. People's United Party ideologists chose to promote national unity through a strategy that soft-pedals the attribution of meaning to ethnic, linguistic, and phenotypic diacritics, which they view as a direct legacy of the colonial policy of divide and rule*" (Price & Price 1995: 102).

Catalão, filho de republicanos espanhóis, próximo dos movimentos de esquerda latino-americanos, Joan Duran defendeu um projeto ambicioso e original, marcado por uma visão nacionalista e anticolonial. A etnicidade é por ele considerada como uma herança do "*divide and rule*" em um discurso que procura superestimar a coerência e a eficácia da administração britânica em Belize, que foi mais uma colônia de exploração do que de povoamento.

Com a mudança da maioria política em 1993, o projeto de Joan Duran foi abandonado. Criticou-se o seu custo excessivo, sua visão demasiado inovadora da museografia, sua equipe de coordenação composta exclusivamente por especialistas estrangeiros. Então, privilegia-se uma concepção mais "clássica" do papel do museu nacional (conservação e apresentação de acervos ao público, incluindo a criação de dois departamentos administrativos: o *National Museum Council* e o *National Museum Planning and Executive Committee*.[14] Além da dimensão estritamente política desta mudança, a maioria dos atores ligados ao museu concordam que o projeto de Joan Duran era irrealista no contexto belizenho.

---

14 *Newseum*, No. 11, agosto 1993.

Um novo projeto foi iniciado no final dos anos 1990, que mantém o museu em Belmopan, mas modifica radicalmente o seu conteúdo. Ao passo que Joan Duran defendia uma superação da *mise en scène* étnica por meio de uma abordagem artística e nacional, as exposições passam a exibir "os vários grupos étnicos de Belize".[15] As galerias iriam

> "*focus on various ethnic groups, highlighting their contributions to the ethnic mix, so in effect we will have a Mestizo, Garifuna, Creole, Maya (contemporary), Mennonite among other galleries. In these rooms pictures, objects, mannequins, and various modes of representation will be utilized to portray the group. The final gallery will be an interactive type module for those who 'Don't know who they are in the Belize Melting Pot'. The general theme is to show diversity but also how Belize is strengthened by this diversity*".[16]

A diversidade é incontestavelmente valorizada ao mesmo tempo em que se evoca a mistura. Não é apenas a população que se encontra dividida em grupos étnicos, mas a exposição permitiria a cada um de se situar em um grupo. No entanto, se estes projetos exaltam uma representação multicultural, isto não será confirmado na prática: estas exposições serão, por sua vez, abandonadas.

Finalmente, o Museu criado em 2002 não tem mais uma grande relação com a ambição inicial de Joan Duran, nem com o projeto "multiétnico" contemporâneo previsto em Belmopan. Inicialmente, uma jovem arqueóloga crioula é enviada a Londres para estudar museologia e ela se tornará a primeira diretora do museu. Em seguida, o museu é transferido de Belmopan para Belize City. A sede da antiga prisão colonial, propriedade do *Central Bank of Belize*, ficou disponível: por que então investir em um novo edifício? Financeiramente racional, esta escolha leva à instalação do Museu de Belize em um edifício colonial, no coração da antiga capital britânica, fortemente associada a um grupo, a classe superior crioula integrada na administração colonial. Paralelamente, foi previsto que o edifício de Belmopan, inicialmente concebido para ser um depó-

---

15 Três outros temas eram previstos sobre a independência, a flora e a fauna.
16 Ministry of rural Development and Culture, *Annual Report 2000-2001*, Archives of Belize, Anual Report Box 7, No. 57, p.14.

sito, passasse a ser a sede administrativa do museu e recebesse exposições "semipermanentes" que, na verdade, nunca se concretizaram.[17] Enfim, a primeira exposição (realmente) criada para o museu[18] exibe os grupos maias, "dando destaque à cultura dos antigos maias que um dia habitaram em Belize". Esta exposição continua ate hoje no primeiro andar do Museu de Belize: ela apresenta belíssimas peças arqueológicas que tendem a remeter as populações maias a uma história pré-colonial no mesmo momento em que emergem reivindicações territoriais com base na autoctonia (conferir adiante). Recentemente, foi adicionado um acervo mais contemporâneo que, com uma lógica folclorisante, apresenta práticas de caça, vestimentas, alimentos, etc. dos maias. Assim, esta primeira exposição prestava uma homenagem aos maias, porém evitava tomar uma posição a respeito de questões contemporâneas (terras) e desconectava as reivindicações da autoctonia. Sem dúvida, os maias encontram-se ali representados, mas fora da história nacional e de eventuais políticas de reconhecimento ou de distribuição.

Quanto ao resto do museu, uma sala foi dedicada à fauna, à flora e à filatelia, abrindo as portas de uma exposição sobre "a história do Belize". Ocupando todo o piso térreo do museu, esta exposição destaca a história colonial (presença britânica, vida cotidiana, exploração florestal) e as mobilizações pela independência. O boletim informativo *Newseum* nos ajuda a entender a gênese desta museografia. A mesma pergunta é feita de maneira recorrente: como compor os acervos do futuro museu de Belize? Diante da ausência de resposta, é evidente o interesse em se fazer uma exposição sobre os maias pré-coloniais, pois o Instituto de Arqueologia estava há anos em funcionamento e seus sítios de escavação tinham se beneficiado muito com presença de universitários norte-americanos.[19] As peças arqueológicas são muitas, imediatamente disponíveis e se encontravam em Belize City: a questão dos artefatos estava resolvida. Este

---

17 Ministry of rural Development and Culture, *Annual Report 2000-2001*, Archives of Belize, Annual Report, Box 7, No. 57,. O imenso edifício (concebido como um depósito por Joan Duran) construído em Belmopan sedia hoje o *Institute of Archaelogy* e o *Institute for Social and Cultural Research*. Lá, encontram-se alguns objetos abandonados: uma canoa de madeira, uma carroça menonita, um epitáfio maia, etc.

18 *Ibid.*: 13.

19 Acervos arqueológicos já tinham sido reunidos no Bliss Institute nos anos 1960.

não foi o caso de outros acervos, o que obrigou o museu a apelar para doações privadas. Um *Museum Trust Fund* foi criado e os doadores são agradecidos em todos os números do *Newseum*. A direção do museu se confronta com um problema prático: sem financiamento subsequente e sem automóvel, situação que obriga o recolhimento de objetos sobretudo nos arredores, ou seja, na própria cidade de Belize City. A lista de objetos recebidos é significativa. Na rubrica história, encontramos *"old books, old iron safes, iron cooking pots, colonial wooden furniture, religious and pharmaceutical paraphernalia, colonial bottles of ink"*: objetos que ilustram a vida cotidiana das populações crioulas, ligadas aos britânicos, associadas à exploração florestal, residindo em Belize City.

Além da manipulação consciente por um grupo (os crioulos) para conservar o monopólio da representação simbólica da cultura, parece que as dificuldades materiais tiveram uma importância preponderante. Todavia, estas dificuldades são por si só um reflexo da estruturação hierárquica a sociedade herdeira das relações de força coloniais. Como vimos, as políticas culturais e o projeto do museu nunca gozaram de um consenso, nem de um acompanhamento linear e claramente definido. Porém, as opções que foram efetivamente retidas não são mero resultado do acaso. As contingências materiais são o reflexo de uma hierarquia sócio-histórica com a qual o governo belizenho não conseguiu romper.

É interessante ressaltar que, no início, a direção do museu tinha outros recursos à sua disposição para constituir os acervos: aqueles que já existiam em outros distritos do país,[20] notadamente no Melda's Museum em Dangriga (Stann Creek), o Tanah Mayan Art Museum em San Antonio (Cayo) e a El Ba'lum Gallery em Benque (Cayo).[21] Estes acervos eram inteiramente conhecidos e regularmente listados no *Newseum*. Por que não puderam ser utilizados para alimentar o museu nacional, pelo menos em parte? Seria o risco de "esvaziar" o conteúdo das instituições locais? Os acervos não correspondiam às expectativas dos responsáveis pelo museu? Na verdade, é necessário lembrar

---

20 Belize é dividido em seis entidades político-territoriais: Belize, Corozal, Orange Walk, Cayo, Toledo, Stann Creek.

21 Igualmente, quando da criação da exposição sobre os maias, o Instituto National de Antropología e Historia do México, juntamente com o apoio da Embaixada do México em Belize e o banco Bancomex (especializado em comércio exterior), se propôs a emprestar ao Museu de Belize uma exposição sobre os descendentes africanos.

que eles estavam ligados à história regional e destacavam grupos étnicos específicos – garifuna em Dangriga, *mestizos* e maias em San Antonio e El Ba'lum. Ao final dos anos 1990, quando o governo implementou um programa de *Houses of Culture* cujo objetivo era descentralizar a cultura e criar um museu em cada distrito, a primeira (e, durante muito tempo, a única) destas *Houses of Culture* foi a *Government House*. É significativo que ela também esteja situada em Belize City, na medida em que foi a morada do governo colonial e possui retratos da rainha da Inglaterra e dos governos britânicos, assim como louça e móveis dos administradores coloniais. Por outro lado, nasce em 2002 a *House of Culture* de Orange Walk, a segunda cidade do país. A cerimônia de inauguração incluiu uma longa referência à presença maia, à Guerra de Castas, ao folclore mestiço (Mussa 2002). A cronologia histórica nacional foi até mesmo subvertida: os maias e os *mestizos* se tornaram os primeiros habitantes do norte de Belize, "*then came the creoles, the mennonites, the hindus and so many other diverse cultural groups*". Nos outros distritos do país, em Benque Viejo del Carmen (Cayo) e em Dangriga (Stann Creek), observamos negociações entre o governo que tinha o intuito de levar adiante sua política de *Houses of Culture* e as elites culturais locais que oscilavam entre a cooptação estratégica (acesso a alguns recursos financeiros, atribuição de um ou dois cargos etc.) e a manutenção de uma relativa autonomia local (escolha de acervos, conteúdo das referências explicativas).

Os Garifunas: do reconhecimento internacional ao *laisser-faire* nacional

Desde 1991, momento em que emergem os grandes debates sobre uma política cultural, o *National Garifuna Council*[22] organiza o encontro: "Culture as a tool for development" nos dias 26 e 27 de julho de 1991 no University Center de Belize City (1991). Assim, a associação se posiciona enquanto organização étnica nos debates nacionais sobre as políticas culturais, participando das conferências de 1991 e 1992 e organizando sua própria manifestação segundo uma lógica dupla de posicionamento nacional e de afirmação de uma especificidade.

---

22 Criado em 1981, verdadeiramente ativo no início dos anos 1990, o *National Garifuna Council* visa defender os interesses dos garifunas em Belize. Sua atividade é baseada sobretudo em uma iniciativa cultural. Outras organizações de fundamento étnico nascem na mesma época: *Kriol National Council, Toledo Maya Cultural Council*.

Durante o evento, os fundamentos do *National Garifuna Council* são relembrados: "*we were concerned that the Garifuna people would get its fair share of the fruits of the newly independent nation of Belize*" (Culture as a tool for development 1991). A necessidade de preservar e promover a cultura garifuna é muitas vezes afirmada, sendo apresentada como ferramenta de empoderamento e desenvolvimento. Longe de ser a expressão de um folclore étnico, a mobilização garifuna possui um verdadeiro alcance político que, por mais que não seja diretamente conflituoso,[23] pretende fazer da cultura "*integral part of development*" e questiona os projetos de desenvolvimento que tinham "*taken place without culture and ethnicity*".

Analisarei especificamente o processo de atribuição do título de Patrimônio Mundial pela Unesco à língua, dança e música garifunas, obtido em 18 de maio de 2001, a partir do relato de um de seus principais atores, Roy Cayetano, que também foi *Chief Executive Officer* no Ministério de Desenvolvimento Rural e da Cultura entre 1998 e 2006 e fundador do *National Garifuna Council*. Roy Cayetano aparece como um ator central das políticas culturais destinadas aos garifunas. Esta personalização da vida política é uma das características fundamentais em Belize: lembraremos aqui que, apenas no que diz respeito à cultura, o primeiro presidente do NICH foi Yasser Musa, filho do ministro e futuro primeiro ministro Said Musa ou que Ivan Duran, diretor da *Music Industry Association of Belize* é filho de Joan Duran, iniciador contrariado do museu de Belize em Belmopan.

Por meio das ideias que veiculou em uma entrevista (8 de maio de 2013) e em uma obra (Cayetano & Cayetano 2005), Roy Cayetano tem tendência a apesentar este reconhecimento internacional como uma feliz coincidência. Ele evoca sua "ingenuidade" ao se lançar em tal projeto, sem mensurar sua dificuldade ou impacto, sendo que nunca tinha ouvido falar em Patrimônio Mundial da Humanidade. Tudo começou em meados dos anos 1990, quando a Unesco propôs a implementação de um programa educativo piloto em três comunidades: Garifuna em Dangriga, Maya ketchi em Aguacate e Maya mopan em San José. Apenas o projeto de Dangriga foi finalmente apresentado, porém negado,

---

23 ... como no caso do acesso às terras das populações maias: conferir Wainwright & Bryan (2009).

pois o financiamento visava apenas atividades de "patrimônio cultural" e não de educação. Todavia, uma vez lançada a ideia de um pedido de ajuda à Unesco, ela teve prosseguimento de outra forma, passando a privilegiar a noção de "herança cultural".

Além de "um feliz concurso das circunstâncias", é necessário relembrar a posição de Roy Cayetano nos anos 1990-2000. Professor, Roy Cayetano trabalhou no Ministério da Educação (*Deputy Chief Education Officer*) durante muito tempo, depois foi *Chief Executive Officer* no *Ministry of Rural Development* de 1998 a 2006 e senador em 2005. Também ocupou um cargo de responsabilidade (vice-presidente) na comissão local da Unesco. Enfim, como dissemos, foi o fundador e presidente do *National Garifuna Council*. Devido às suas funções no centro da alta administração e a sua proximidade com o partido político no poder, o PUP, Roy Cayetano conhecia muito bem os principais atores políticos da época: Said Musa, primeiro ministro e Francisco Fonseca, ministro da educação. Sendo assim, ocupou cargos de poder dentro do Estado ao mesmo tempo em que era o responsável por uma organização étnica e, em escala internacional, estava diretamente ligado à Unesco. O Estado não apoiou diretamente o pedido feito à Unesco, passando a ter ciência apenas quando os resultados foram anunciados, segundo Roy Cayetano. Porém, o tratamento do dossiê não foi externo ou contrário ao Estado uma vez que seu principal promotor ocupava cargos de poder no seio da administração e era muito próximo aos principais ministros implicados. Como ocorre frequentemente em Belize, é difícil realizar uma análise precisa: o governo não ajudou diretamente no processo de reconhecimento da cultura garifuna como patrimônio mundial, mas também não se opôs e, finalmente, constituiu o quadro dentro do qual este título pode ser obtido.

Um dos critérios para apresentar uma candidatura à Unesco é o risco de desaparecimento da cultura em questão. De fato, o dossiê sobre a cultura garifuna ressaltou os perigos decorrentes da migração de natureza econômica, a discriminação e "*the failure of the school system to acknowledge the language and culture in the educational curriculum*" (Cayetano & Cayetano 2005: 244). Vemos aqui uma acusação velada ao governo por não tomar as medidas necessárias à preservação da herança cultural garifuna. Esta insistência com a educação, na qual fica claro o papel desempenhado por Roy Cayetano, antigo professor, deu origem ao Museu garifuna Gulisi em 2004 e à escola Gulisi em 2007, ambos em Dangriga. O primeiro possui um estatuto ambíguo: não é oficialmente considerado como uma *House of Culture*, o que iria de encontro ao projeto de descentralização da cultura, mas recebe financiamentos do governo. Podemos ver claramente as características da política cultural belizenha: reconhecimento étnico oficial, ausência de medidas étnicas de fato, um *"laisser-faire"* face às iniciativas étnicas vindas do interior do próprio Estado.

A existência da escola Gulisi se deve a uma convenção assinada com o governo, que se inspira num acordo mais amplo entre as igrejas e o governo, permitindo que as primeiras administrassem seus próprios estabelecimentos ao mesmo tempo em que recebiam apoio financeiro do Estado (salário dos professores). Assim, Gulisi abre uma brecha, pois foi a primeira vez que este acordo foi assinado com uma organização civil étnica, o *National Garifuna Council*. A afirmação étnica é explícita e figura dentre as orientações da escola, seja com relação à língua (garifuna) e o conteúdo do programa de ensino (história e cultura), como no tocante à sua localização (Dangriga) ou à escolha do nome (Gulisi, a filha do herói garifuna Chatoyer, considerada como símbolo da transmissão da história garifuna). Vemos, portanto, o papel central da personalização das relações institucionais e ministeriais. O financiamento do museu e da escola Gulisi foi, na verdade, obtido nos anos 2000, após um conversa direta entre Said Musa e Roy Cayetano, quando o primeiro, na véspera de um encontro com o presidente de Taiwan[24] em Salvador, viu ali a possibilidade de obter apoio financeiro e aproveitou para aprovar o projeto do museu e da escola.

* * *

Enfim, o estudo da implementação de políticas culturais em Belize nos permite distinguir três orientações. Primeiramente, uma capa étnica que gera uma imagem "vendável" no cenário internacional (turismo, organizações internacionais, biodiversidade humana e natural), mas que oculta uma profunda heterogeneidade de discursos no interior das próprias elites dirigentes belizenhas. Em seguida, a manutenção de estruturas sociopolíticas e cognitivas herdadas do regime colonial, favorecendo a reprodução da narrativa da colonização europeia e a dominação de um grupo, os crioulos, sobre os demais, perpetuando

---

24 Belize é um dos raros países no mundo a reconhecer diplomaticamente Taiwan. Em troca, Taiwan financia diversas atividades em Belize.

a lógica do *"divide and rule"*. Enfim, a emergência de um grupo étnico, os garifunas, dotado de um forte capital de alteridade na cena nacional, reconhecido internacionalmente, ao qual o governo não ofereceu nem apoio, nem oposição. Neste sentido, para a administração belizenha, o pós-colonialismo está ligado, antes de tudo, à invenção de um Estado-nação, outrora hegemônico e de tradição colonial, num contexto de globalização e circulação transnacional que é frequentemente visto como uma ameaça.

Referências

BOLLAND, Nigel O. 1988, *Colonialism and resistance in Belize: essays in historical sociology*, Belize City: Society for the Promotion of Education, Advocacy, and Research (SPEAR).

BRISTOWE, Lindsay & Wright, Philip 1889, *The Handbook of British Honduras, 1888-1889*, Edimburgo e Londres: Blackwood, 1889.

CAYETANO, Marion & Cayetano Roy 2005, "Garifuna language, dance and music, a masterpiece of the oral and intangible heritage of humanity. How did it happen?". In: J. O. Palacio, *The Garifuna. A nation across borders. Essays in Social Anthropology*, Benque Viejo del Carmen: Cubola Books, pp. 230-250.

Culture as a tool for development... 1991, *Culture as a tool for development. Report on two-day workshop programme, July 26-27 1991*, Belize City: University Center, Sponsored by National Garifuna Council (Belize Archives MC 4613).

Let's diversity reign... 1992, *Let's diversity reign, let's freedom flourish. Towards a culture policy for Belize. Proceedings of the Second Annual Conference on Culture and the Arts, 20-21 February, 1992*, Belize City, National Art Council, Society for the Promotion of Education and Research (SPEAR), Unesco, março (Belize Archives MC-2546).

MUSA, Yasser (ed.) 2002, *Orange Walk. A historical exhibition at the Banquitas House of Culture*, Orange Walk Town: Factory Books, outubro (Archives, MC-130).

National Institute of Culture and History 2012, *National Cultural Policy. Working Document. Our Culture: Our Values, Our Identity, Our Prosperity*, Belmopan: NICH.

PHILLIPS, Michael D. 1993, "The history of attempts to formulate a national cultural policy in Belize", palestra na First Belize Conference, University of North Florida: 6 de março (cópias disponíveis no Belize Archives, referência MC 2722).

PRICE, Richard & Price, Sally 1995, "Executing Culture. Musée. Museo, Museum", *American Anthropologist*, vol. 97, No.1. Março, pp. 97-109.

RELEASING National Creativity... 1991, *Releasing National Creativity. Proceeding of the First Annual Conference on Culture and the arts, 10 November 1990. With an activities update to June 1991*, Belize City: National Arts Council and Curriculum Development Unit, Ministry of Education, junho (Belize Archives MC-2472).

SANCHEZ, Inès E. 1984, *Belize and its cultural identity. Crisis of a people in search of their national identity*, Belmopan: National Library Service.

SHOMAN, Assad 1995, *Backtalking Belize: Selected writings* (seleção de artigos realizada por *Anne Macpherson)*, Belize City: Angelus Press Ltd.

_____ 2009, *Historia de Belice. El surgimiento de una nación centroamericana*, México: Universidad Nacional Autónoma de México, Centro de Investigaciones sobre América Latina y el Caribe.

STONE, Michael 2007, "Cultural Policy, Local Creativity and the Globalization of Culture in Belize". In: Joseph O. Palacio, Barbara S. Balboni (eds), *Taking Stock: Belize at 25 years of Independence*, Benque Viejo del Carmen: Cubola Books, p. 289-309.

What the people said.... 1992, *What the people said. A report on the countrywide consultations on a culture policy for Belize, March-June 1992. Transcribed and prepared by Lita Hunter Krohn and the staff of the National Council*, Belize City, Bliss Institute (Belize Archives MC-2519).

WAINWRIGHT, Joel & Bryan Joe 2009, "Cartography, Territory, Property: Postcolonial Reflections on Indigenous Counter-Mapping in Nicaragua and Belize", *Cultural Geographies*, No.16, pp. 153-178.

8

As ironias pós-coloniais da lusofonia: a propósito de um "erro de tradução" na edição portuguesa de *Casa Grande & Senzala*

Lorenzo Macagno

> *Sou francamente paradoxal e, com isso, tenho tendência a escandalizar aos bem-pensantes. Os paradoxos chocam os bem-pensantes, e chocam também os matemáticos.*
>
> Gilberto Freyre, *O Estado de São Paulo*, 9 de julho de 1979 (*apud* Cohn, 2010: 177)

A relação entre Gilberto Freyre e a teoria pós-colonial é difusa. Recentemente, Peter Burke defendeu a ideia de que essa relação se assemelha mais a um "diálogo de surdos" do que a um vínculo de afinidades recíprocas. Há, no entanto, algumas preocupações compartilhadas que poderiam reduzir essa distância. Por exemplo, a importância que tanto Gilberto Freyre como os protagonistas da teoria pós-colonial atribuem ao "hibridismo" pode abrir caminhos ao diálogo. Mas a aproximação é, ainda, balbuciante. O fato de os intelectuais pós-coloniais não terem conseguido digerir a obra do pernambucano se deve, segundo Burke, a Freyre ser um "antepassado desajeitado que carece das atitudes políticas corretas" (2015: 206). A "forma portuguesa de estar no mundo", tão celebrada por Freyre, funciona aos olhos de seus detratores como um eufemismo para apoiar a causa salazarista no Ultramar: um atributo politicamente incorreto do qual Freyre nunca conseguiu se livrar. Mas há outro elemento – um tanto lateral, mas não menos importante – que o historiador menciona como promotor desse diálogo impossível: Gilberto Freyre teria escrito "na língua errada" (2015: 206). Eis uma primeira ironia pós-colonial difícil de contornar: todos os críticos pós-coloniais se tornaram célebres graças – paradoxalmente ou não – à língua inglesa. Tanto no caso dos indianos como dos latino-americanos, suas respectivas carreiras acadêmicas têm sobressaído graças ao contexto institucional proporcionado por departamentos de literatura e ciências humanas de universidades norte-americanas.

Apesar da nossa constatação inicial, não é sobre os imperativos anglófonos da teoria pós-colonial que pretendemos nos debruçar, mas sobre as ironias lusófonas provocadas por uma obra fulcral: *Casa Grande & Senzala*. A história da recepção dessa obra em Portugal (publicada no Brasil em dezembro de 1933) é relativamente conhecida. O trabalho de Cláudia Castelo mostra que, afora os pequenos círculos intelectuais e acadêmicos, até os anos de 1950, a obra de Freyre permaneceu praticamente desconhecida naquele país. Para termos uma ideia dessa reticência inicial é bom lembrar, a título de exemplo, que no início da década de 1940, os alunos da Escola Superior Colonial desconheciam a obra do intelectual pernambucano (Castelo 1998: 79). Esta indiferença inicial muda quando em 1951, o escritor integralista e, nessa altura, chefe da Divisão de Propaganda da AGC/AGU,[1] José Osório de Oliveira, convence o Ministro de Ultramar, Sarmento Rodrigues, a convidar Gilberto Freyre para realizar uma grande viagem pelas Províncias Ultramarinas. Nesse mesmo ano, o Ato Colonial havia sido integrado na Constituição Política da República Portuguesa. Freyre se torna um propagandista da presença portuguesa no Ultramar e sua obra começa a ser publicada em Portugal. O livro *O mundo que o português criou* que inaugura, por assim dizer, o credo lusotropicalistas, sai à luz em Lisboa também nesse ano (1951). Para os estudiosos dessa fase do colonialismo português, a história

---

1 Agência Geral das Colônias/Agência Geral do Ultramar.

resulta familiar: na década de 1950, as circunstâncias internacionais obrigam Portugal a construir uma narrativa imperial de integração, compatibilidade e plasticidade com as suas "Províncias Ultramarinas"; para tanto, a doutrina do sociólogo pernambucano é convertida num instrumento incansavelmente citado e evocado. Como diria Yves Leonard (1997), o lusotropicalismo assume, pois, a forma de uma nova vulgata.

Após a viagem que em 1951 Freyre realiza pelas Províncias Ultramarinas, sua postura pró-Portugal se mostra inequívoca: "... em contato com o Oriente e com a África portuguesa, [...] senti confirmar-se uma realidade por mim há anos adivinhada ou pressentida através de algum estudo e de alguma meditação [...] esta viagem, apenas, confirmou em mim a intuição do que agora, mais do que nunca me parece uma clara realidade: a de que existe no mundo um complexo social, ecológico e de cultura, que pode ser caracterizado como 'lusotropical' " (Freyre 1953: 14-15). Essa visão já estava presente em *O mundo que o português criou*. Nesses ensaios, Freyre abraça a ideia de que Portugal, Brasil, África, Índia portuguesa, Madeira, Açores e Cabo Verde constituem uma "unidade de sentimento e cultura". O mundo que o português havia criado consiste em "um conjunto de valores essenciais de cultura" (Freyre 1940: 32). Alguns anos depois, Freyre define este mundo em termos de "civilização lusotropical", ou seja, uma cultura e ordem social comuns aos quais confluem homens e grupos de origem étnica e procedências culturais diversas. Nesta confluência, o processo biológico de miscigenação acompanharia o processo social de assimilação (Freyre 1960: 73). A partir, sobretudo, de 1960 (quando Portugal ainda almejava um "futuro português" para a África) as formulações lusotropicalistas de Freyre passam a ser uma fonte de inspiração preciosa para justificar a continuidade do Império Ultramarino.

Casa Grande & Senzala: a "versão" divulgada em Portugal

Nesse contexto de ebulição lusotropicalistas, a editora de Lisboa "Livros do Brasil" decide publicar, em 1957, a primeira edição portuguesa de *Casa Grande & Senzala*. "Livros do Brasil" é tal como anunciava em 2015 a própria página de internet da editora, "um dos mais importantes selos editoriais portugueses".[2] Nas-

---
2 Último acesso realizado em 16 de outubro de 2015: <http://www.livrosdobrasil.pt/>.

cida em 1944 e fundada por António Augusto de Souza-Pinto, tem como objetivo divulgar tanto as grandes obras da literatura clássica e contemporânea brasileira, como muitos dos autores mais conhecidos da literatura universal, cujas obras, já disponíveis no Brasil, ainda não tinham sido divulgadas em Portugal.

Lembremos de passagem que antes dessa tardia edição portuguesa, o livro já havia sido publicado em outros países. A primeira edição "estrangeira" de *Casa Grande & Senzala*, data de 1942: trata-se da versão em espanhol publicada em Buenos Aires e que integrou uma coleção, coordenada pelo Ministério de Instrução Pública, destinada a divulgar autores brasileiros. Em 1946 e 1947, em Nova York e em Londres, respectivamente, foi publicada a sua versão em inglês e, mais tarde, em 1952, a francesa sob os cuidados da prestigiosa editora Gallimard (Sorá 1998: 126).

Nessa altura, cabe uma pergunta quase óbvia: Por que os editores portugueses publicam *Casa Grande & Senzala* com um atraso de mais de vinte anos? Lembremos que nesse mesmo ano de 1957, a versão brasileira encontrava-se nas vésperas de ser reeditada pela nona vez. Há, no entanto, várias razões que podem explicar esse atraso. É possível que em 1933, ano da sua primeira edição brasileira e em pleno ímpeto salazarista, o livro não tivesse passado incólume pelos controles da censura. Afinal, o estilo eleito por Freyre, sobretudo no que diz respeito às detalhadas descrições dos costumes sexuais da sociedade patriarcal e escravocrata do século XVII e XVIII, valeu-lhe em alguns círculos intelectuais o epíteto de "pornográfico". O que formou o brasileiro, dizia Gilberto Freyre em 1933, não foi apenas a miscigenação, mas a sifilização. Como não escandalizar com essas afirmações? Como não provocar inquietações com frases como: "Não é uma 'lenda negra', [...] como a figura do conquistador espanhol, a que envolve o colonizador português, mas uma tradição pegajenta de inépcia, de estupidez e de salacidade" (Freyre, 2006 [1933]: 266 [ed. bras.]; 1957: 191 [ed. port.]). Relações sexuais incestuosas e consanguíneas no seio da Casa Grande; sadismo dos senhores e das suas respectivas esposas brancas em relação aos escravos e escravas. Estas são descrições que saem da pena do "jovem" Gilberto Freyre (não do lusotropicalistas "maduro" que se tornaria mais tarde). Em *Casa Grande & Senzala,* o jovem Freyre incomoda com frases como "... Não há brasileiro de classe mais elevada, mesmo nascido e criado depois de oficialmente abolida a escravidão, que não se sinta aparentado do menino Brás

Cubas na malvadez e no gosto de judiar com os negros" (1957: 354 [ed. port.]; 2006 [1933]: 454 [ed. bras.]). O imperativo da "malvadez" está, aqui, associado à natureza de classe do sistema social escravocrata e pós-escravocrata.

Mas se no Brasil aquelas estocadas podem ferir o narcisismo da nossa boa consciência, talvez em Portugal foram outras as frases que incomodaram. Tomemos, a título de exemplo, a seguinte frase da versão brasileira de *Casa Grande & Senzala*: "O missionário tem sido o grande destruidor de culturas não europeias..." (2006 [1933]: 178). Será que o Estado Novo português, que se encontrava nas vésperas de assinar o grande Acordo Missionário com a Igreja Católica, estava pronto para digerir tamanha acusação? Para nossa surpresa, o termo "destruidor" que aparece na versão brasileira é, na versão portuguesa de 1957, substituído pelo adjetivo "distribuidor". A frase que lemos na versão portuguesa é, pois, "O missionário tem sido o grande distribuidor de culturas não europeias" (1957: 115). Se na versão brasileira o missionário é considerado o promotor de um genocídio cultural, na versão portuguesa ele aparece como um distribuidor tolerante de culturas e, por fim, um pioneiro do lusotropicalismo.

Diante deste "erro" há duas possibilidades que podem ser aventadas. 1. Estamos diante um simples lapso involuntário; um erro tipográfico produto da fatal semelhança entre essas duas palavras: destruir/distribuir. 2. Trata-se de uma substituição proposital. Se considerarmos esta segunda opção ou possibilidade, torna-se difícil aceitar a hipótese de uma substituição realizada pelo próprio Gilberto Freyre. Teria sido a mão do editor/revisor circunstancial da edição portuguesa que, compelido pela censura, efetuou a mudança? Se for esse o caso, se a substituição foi realizada por uma censura incomodada com o papel que Freyre reservou aos missionários, teríamos de concluir que o intelectual pernambucano jamais revisou essa versão de *Casa Grande & Senzala*. Isso significaria que Gilberto Freyre teria confiado cegamente nos seus editores portugueses sem nunca haver se inteirado do assunto. Eis uma primeira e grande ironia colonial: em pleno Portugal salazarista, "destruir" equivale a "distribuir".

Uma das especulações que essa substituição metonímica nos convida a fazer diz respeito à possibilidade de pensar os termos "destruição" e "distribuição" não como opostos, senão como complementares. Afinal, para "destruir" é preciso "distribuir" e vice-versa. Ou melhor, toda "destruição" (de culturas) veicula o imperativo da construção de uma nova ordem, cujos componentes e benefícios são "distribuídos" hierarquicamente ou etnocentricamente. Da mesma forma que toda "distribuição" (de culturas) implica uma imposição ("destruição") sobre as idiossincrasias locais.

Mas retornemos ao aparente "lapso". Talvez pouco importa se a mudança foi proposital ou inconsciente. O resultado objetivo é que essa transposição de termos nos obriga a pensar na existência de duas versões de *Casa Grande & Senzala*; duas versões diferentes e não meramente duas edições em português distantes no tempo e no espaço (2006 [1933] [ed. bras.] e 1957 [ed. port.], respectivamente). Não estamos, portanto, diante de uma simples adequação estilística aos padrões gramaticais do português de Portugal, mas perante a uma mudança de termos que fatalmente incide no significado de um argumento.

Lembremos, também, que na época que Gilberto Freyre começa a ser celebrado em Portugal, sua obra começa a ser criticada no Brasil. Entre as décadas de 1950 e 1960, sua obra foi alvo de ataque por parte de uma renovada sociologia empírica que está se consolidando. As críticas que apontam a ausência de fundamentos sociológicos nos argumentos de Freyre provêm, basicamente, de duas frentes. A primeira pode ser representada pela sociologia de Florestan Fernandes. Já a segunda está relacionada à pesquisa empírica promovida pelo projeto UNESCO na década de 1950 que consistiu num imenso esforço coletivo, realizado em várias cidades do Brasil, para demonstrar a complexidade socioétnica do país (Maio 1999).

Ironias pós-coloniais

Mas o que dizer sobre esta "ironia pós-colonial" na qual o próprio Gilberto Freyre perde, por assim dizer, o controle sobre sua própria obra? Não sabemos se alguma vez Gilberto Freyre esteve ciente de que, na versão "portuguesa" de *Casa Grande & Senzala*, os missionários são grandes "distribuidores de cultura" e não grandes "destruidores de cultura" (como originalmente lemos na versão brasileira). Esta mudança de termos nos afasta do relato histórico sociológico que *Casa Grande & Senzala* pretende ser, para nos aproximar do escorregadio terreno das narrativas míticas. Um mito não tem autoria individual, ensina-nos Lévi-Strauss; ele resulta do trabalho da imaginação coletiva e do inconsciente. E mais: o que compõe um mito é o conjunto das suas diferentes versões. O "lapso de tradução" ao qual nos referimos consagra, pois, *Casa Grande & Senzala* como uma perene narrativa mítica. Suas diferentes "versões" contribuem para a tenacidade do mito. Como analisar esta ironia da lusofonia à luz dos debates sobre o pós-colonial?

É necessário, antes de avançarmos, considerarmos o contexto, no próprio livro, da afirmação na qual Gilberto Freyre trata os missionários como grandes "destruidores" de cultura. Ela se encontra no capítulo em que Freyre se debruça sobre "O indígena na formação da família brasileira". Não é da plasticidade ou da adaptação aos trópicos por parte dos europeus que Gilberto Freyre se ocupa aqui, mas da rigidez que faz com que se produza um "choque de duas culturas" (1957: 114 [ed. port.]; 2006 [1933]: 177 [ed. bras.]). Para desenvolver este argumento, Gilberto Freyre se apoia num livro de George Henri Pitt-Rivers, publicado em 1927: *The Clash of Cultures and the Contact of Races*. Os missionários, diz Freyre, foram os responsáveis por "sufocar muito da espontaneidade nativa: os cantos indígenas, de um tão agreste sabor, substituíram-nos os jesuítas por outros, compostos por eles, secos e mecânicos; cantos devotos, sem falar em amor, apenas em Nossa Senhora e nos santos. À naturalidade das diferentes línguas regionais superimpuseram uma só, a 'geral'" (1957: 115 [ed. port.); 2006 [1933]: 178 [ed. bras.]). Essa denúncia do genocídio linguístico das "diferentes línguas regionais" assume um tom quase multiculturalista, mesmo que este seja um adjetivo impensável para aquele que mais tarde seria o fundador do lusotropicalismo.

Esse é, portanto, o contexto da sua crítica aos missionários. Mas não são apenas os jesuítas ou os missionários do século XVII que Gilberto Freyre ataca. Vamos, portanto, à frase original e completa, da versão brasileira: "O missionário tem sido o grande destruidor de culturas não europeias, do século XVI ao atual..." (2006 [1933]: 178). Será esse ataque à "atualidade" da empreitada missionária o que incomodou, mesmo na inconsciência de um 'lapso' fatal, os editores portugueses ou à censura salazarista?

Até aqui o nosso leitor circunstancial poderá dizer (ou pensar): "para que tanto barulho?"; "afinal, se o que há por detrás dessa confusão na qual o 'destruidor' vira um 'distribuidor' é, simplesmente, o erro de um tipógrafo distraído"; ou o nosso interlocutor, desconfiado, poderá postular que, na verdade, esse "erro" não muda em nada o *corpus* do argumento global da versão portuguesa de *Casa Grande & Senzala* que permaneceria, portanto, idêntica (ou quase) à versão brasileira. Diante desta demanda de moderação e bom senso, poderiamos virar a página e continuar – um pouco cinicamente – com a nossa leitura, como se nada tivesse acontecido.

Mas, longe de virarmos a página, vamos relê-la mais uma vez. Veremos que a ponta desse *iceberg* oculta outras surpresas. Retornemos, pois, ao contexto da frase e a um dos parágrafos que a antecedem. Mas desta vez na versão brasileira: "Entre as populações nativas da América, dominadas pelo colono ou pelo missionário, a degradação moral foi completa, como sempre acontece ao juntar-se uma cultura, já adiantada, com outra atrasada" (2006 [1933]: 177 [ed. bras.]). Aqui, Gilberto Freyre nos fala em termos de degradação moral do indígena, provocada pela dominação do colono e do missionário. Esse termo – "moral" – remete-se a uma instância de *totalidade* (isto é, uma dominação que envolve dimensões econômicas, culturais, sexuais, religiosas, linguísticas etc.). Trata-se da tragédia da colonização como uma tragédia moral; ela assume uma conotação próxima do que mais tarde Aníbal Quijano (2005) chamaria de "colonialidade do poder".

Convido os leitores a consultar este mesmo parágrafo. Mas, desta vez, não na versão brasileira, mas na versão portuguesa de *Casa Grande & Senzala*: "Entre as populações nativas da América, dominadas pelo colono ou pelo missionário, a degradação oral foi completa, como sempre acontece ao juntar-se uma cultura, já adiantada, com outra, atrasada" (1957: 114 [ed. port.]). Aqui, diferentemente da versão brasileira que nos fala de "degradação moral", a versão portuguesa refere-se simplesmente a uma "degradação oral", como se as consequências negativas da colonização se limitassem a uma mera opressão linguística: a "oralidade" do colonizado degradada pela "oralidade" do colonizador. Será que nesta altura deveríamos mais uma vez virar a página como se nada tivesse acontecido?

Na versão brasileira de *Casa Grande & Senzala*, o missionário aparece como "destruidor" de culturas, enquanto que na versão portuguesa, ele é um "distribuidor" de culturas. O que era uma imagem de intolerância e dureza passa a assumir uma forma afável e amável. Da mesma maneira, o que na versão brasileira é uma "degradação moral", na versão portuguesa passa a ser, simplesmente, "degradação oral". Por comodidade ou por conveniência, poderíamos continuar afirmando que em ambos os casos se tratou de um "lapso". Estaríamos, com essa indiferença, fechando os olhos para uma evidência elementar:

o que esse ato oculta é mais relevante e significativo do que aquilo que mostra. Esse sintoma ou indício nos induz a pensar que a versão portuguesa de *Casa Grande & Senzala*, em que os missionários aparecem como grandes "distribuidores" de cultura é, por assim dizer, mais lusotropicalista que a versão original brasileira, em que os missionários aparecem como grandes "destruidores" de cultura. Lembremos que 1957, data da publicação de *Casa Grande & Senzala* em Portugal, representa um ano chave para o futuro do ideário lusotropicalista. Poucos meses depois, em 1958, a Junta de Investigações de Ultramar publica, graças ao estímulo de Adriano Moreira, o opúsculo de Gilberto Freyre intitulado *Integração Portuguesa nos Trópicos*, a carta magna do lusotropicalismo.

Dentro de uma gramática psicanalítica mais ou menos previsível, estaríamos tentados a dizer que o revisor, ou o encarregado da versão portuguesa de *Casa Grande & Senzala* foi traído pelo seu "inconsciente" lusotropicalista. Mas essa interpretação é, ainda, parcial. Preferimos situar o problema no que Franz Boas (1974 [1889]), em sua análise fonológica das línguas não ocidentais, chama de "sons alternantes": trata-se do fenômeno que se verifica quando um número considerável de indivíduos não consegue distinguir a diferença de tonalidade e de timbre sonoros que são facilmente discernidos pelos ouvidos comuns. Na busca de analogias com outros tipos de alternâncias na percepção do som, chegou-se a falar em termos de "daltonismo sonoro" para explicar este fenômeno. No caso em questão – e seguindo a inspiração boasiana – a alternância da percepção entre "distribuição" e "destruição" (ou entre "oral" e "moral") resulta de uma questão de *habitus* e de "tradição" (Boas 1974 [1889]). Dizendo em outros termos, a causa dessa alternância radica na força de uma cosmologia, na eficácia prática de um sistema de pensamento e de ideias. A classificação da percepção é realizada de acordo a um imperativo cultural (lusotropical, estaríamos tentados a dizer...) que ultrapassa o mero "erro" individual. Não existem "sons alternantes", mas "percepções alternantes": no instante em que o olho biológico lê "grandes destruidores de cultura", o olho cultural percebe "grandes distribuidores de cultura".

Palavras finais

"Sou francamente paradoxal", afirma Gilberto Freyre na epígrafe que abre este capítulo. Como se nessa frase estivesse condensada e anunciada uma profecia, agora autorealizada. Essa dimensão paradoxal de seu pensamento foi salientada por vários de seus comentadores, com destaque especial para o livro erudito e pioneiro, sobre Casa Grande & Senzala, de Ricardo Benzaquen de Araújo (1994). No entanto, não temos registros de que seus comentadores, críticos ou apologistas, tenham identificado o "lapso" acima apontado.

Imputar aos missionários, respectivamente, em duas versões de um mesmo livro a "destruição" de culturas e a sua "distribuição" pode, também, resultar paradoxal. A ironia do destino fez com que a distância desse paradoxo se situasse entre a versão brasileira e portuguesa de *Casa Grande & Senzala*. No entanto, essa ironia não é uma simples figura retórica. Sua força reside nas consequências sociológicas e políticas que ela promove. Justamente, ela nos defronta com uma situação na qual aparência e realidade estão em conflito. Trata-se de uma ironia trágica.

Os especialistas em retórica qualificam a ironia como uma situação na qual aparência e realidade estão em conflito. No campo literário, aquilo que costuma denominar-se "ironia situacional" está carregado de um forte componente dramático e trágico quando, por exemplo, o significado de uma situação está oculto para um personagem mas é conhecido pelo público (Wright 2002: 408). O exemplo mais célebre dessa ironia trágica é, talvez, o Édipo Rei de Sófocles, em que o herói busca desesperadamente o assassino de seu pai sem se dar conta que ele mesmo é o assassino. No que concerne ao "erro" de tradução de *Casa Grande & Senzala*, há um aspecto involuntário ou inconsciente, mas que ao mesmo tempo acaba produzindo um efeito coerente e funcional para as expectativas políticas da época. Não poderíamos afirmar que, tal como no drama de Édipo, Gilberto Freyre seja, retoricamente falando, um "culpado" involuntário. De qualquer maneira, no "erro" de tradução da versão portuguesa de *Casa Grande & Senzala* há uma espécie de *self-fulfilling prophecy* que resulta perturbadora. Sabemos, pois, que no Portugal dos anos de 1950 havia um contexto político favorável à ideia de que os missionários – e os jesuítas, em particular – fossem vistos mais como "distribuidores" e não como "destruidores" de cultura. Na famosa explicação de Robert K. Merton (1948), a profecia autorrealizadora parte de uma definição "falsa" de uma situação (neste caso, afirmação de que os missionários são grandes "distribuidores" de cultura). A profecia se realiza quando essa definição errada suscita um novo comportamento que a torna verdadeira.

O conjunto da obra de Gilberto Freyre poderia ser subsumida a essas aparentes contradições irônicas. Logo, o lusotropicalismo opera como um perpétuo oximoro, capaz de consumar a união dos opostos: a apologia de uma hospitalidade hostil; a celebração de uma violência cordial (ou de uma cordialidade violenta); o vaivém de um movimento aparentemente contraditório que ao mesmo tempo que "distribui" culturas as "destrói". É possível que Freyre, se tivesse tomado conhecimento desse "erro" de tradução, o assumisse e o celebrasse como uma perfeita metáfora da sua própria obra, como uma parábola extremamente útil e significativa para entender o seu "paradoxal" e contraditório pensamento. Afinal, esses dois lugares, a Casa Grande e a Senzala, na sua perigosa e recíproca contiguidade, perpetuam essa perturbadora união dos contrários.

É duplamente irônico que tenhamos descoberto este descompasso entre ambas as versões de *Casa Grande & Senzala* justamente quando os debates acerca do "Novo Acordo Ortográfico", no contexto das Comunidades dos Países de Língua Portuguesa (CPLP), têm criado nos dois lados do Atlântico muitos "desacordos". É também por isso que o paradoxal Gilberto Freyre não deixa de nos surpreender: até nos efeitos mais involuntários de sua obra ele nos convida a novas descobertas. Nesta altura, e para além destas ironias pós-coloniais, quem sabe uma insana e tediosa tarefa nos espera: a de cotejar frase por frase, palavra por palavra, uma e outra versão de *Casa Grande & Senzala*. Descobriremos, após esse trabalho hercúleo, outros "lapsos", outros paradoxos, outros "(des)acordos"?

Referências

ARAÚJO, Ricardo Benzaquen de 1994, *Guerra e Paz: Casa Grande e Senzala e a Obra de Gilberto Freyre nos Anos 30*. Rio de Janeiro: Editora 34, p. 215.

BOAS, Franz 1974 [1889], "On Alternating Sounds" in: George W. Stocking, Jr. (ed.) *A Franz Boas Reader. The Shaping of American Anthropology, 1885-1911*. Chicago: The University of Chicago Press, pp. 72-77.

BURKE, Peter 2015, "Gilberto Freyre e a Teoria pós-colonial: um diálogo de surdos". In: CARDÃO, Marcos; CASTELO, Cláudia (orgs.). *Gilberto Freyre. Novas Leituras do Outro Lado do Atlântico*. São Paulo: EDUSP, pp. 199-209.

CASTELO, Cláudia 1998, "*O modo português de estar no mundo*". *O luso-tro-*

picalismo e a ideologia colonial portuguesa (1933-1961). Porto: Edições Afrontamento, 166 p.

COHN, Sergio (ed.) 2010, *Encontros/Gilberto Freyre*. Rio de Janeiro: Azougue, Editorial, 213 p.

FREYRE, Gilberto 2006 [1933], *Casa Grande & Senzala*. 51º ed. São Paulo: Global Editora (Notas bibliográficas revistas e índices atualizados por Gustavo Henrique Tuna), 727 p.

_____ 1957, *Casa Grande & Senzala*. Lisboa: Edição "Livros do Brasil", 525p.

_____ 1940, *O mundo que o português criou*. Rio de Janeiro: Livraria José Olympio Editora, 164 p.

_____ 1953, *Um brasileiro em terras portuguesas*. Rio de Janeiro: Livraria José Olympio, 438 p.

_____ 1960, "Integração Portuguesa nos Trópicos". *Uma política transnacional de cultura para o Brasil de Hoje*. Belo Horizonte: Edições da Revista Brasileira de Estudos Políticos, pp. 65-117.

LÉONARD, Yves 1997, "Salazarisme et lusotropicalisme, histoire d'une appropriation". *Lusotopie*, Paris: Karthala, pp. 211-227.

MAIO, Marcos Chor 1999, "O projeto UNESCO e a agenda das ciências sociais no Brasil dos anos 40 e 50". *Revista Brasileira de Ciências Sociais*, São Paulo, v. 14, nº 41, pp. 141-158.

MERTON, Robert K. 1948, "The Self-Fulfilling Prophecy", *The Antioch Review*, vol. 8, nº 2, pp. 193-210.

QUIJANO, Aníbal 2005, "Colonialidade do poder. Eurocentrismo e América Latina". In: LANDER, Edgardo (org.). *A colonialidade do saber. Eurocentrismo e ciências sociais*. Buenos Aires: Livros CLACSO, Coleção Biblioteca de Ciências Sociais, pp. 227-278.

SORÁ, Gustavo 1998, "A construção sociológica de uma posição regionalista: Reflexões sobre a edição e recepção de Casa-grande & senzala de Gilberto Freyre". *Revista Brasileira de Ciências Sociais, ANPOCS*, vol. 13, n° 36, pp. 121-139.

WRIGHT, Iain 2002, "Ironía". In: Michael Payne (comp.). *Diccionário de Teoría Crítica y Estudios Culturales*. Barcelona: Paidós, p. 408.

9

Herança pós-colonial e fluidez pós-moderna perante uma abordagem sedentária das diásporas: o exemplo de armênios na Etiópia

Boris Adjemian

Na França, os acalorados debates em torno da hipótese de um "legado" pós-colonial e, mais amplamente, pelo uso das teorias "pós-", ecoam em certa medida as divergências entre múltiplas abordagens que trespassam os estudos diaspóricos. A literatura científica sobre diásporas, que conta com a contribuição primordial de sociólogos, antropólogos e geógrafos, abre grande espaço para o estudo de redes e mobilidades, interessando-se também pelas ligações que as diásporas possuem com o território de seus ancestrais e com a perpetuação de uma cultura de origem, enfim levantando questões lancinantes sobre a transmissão de identidades e o "sentimento de pertencimento" das formações sociais desterritorializadas ou transnacionais. É necessário destacar a importância dos trabalhos de especialistas no tocante à concepção comunitária ou étnico-nacional da diáspora, como, por exemplo, na elaboração das primeiras grandes tipologias diaspóricas (Cohen, 1997), por vezes explicitamente baseadas no postulado da existência de traços primordiais e psicológicos coletivos (Sheffer, 2006). Estas diferentes abordagens, apesar de terem muita repercussão, não respondem ao conjunto de questões decorrentes do fenômeno diaspórico. É o que parece ensinar a história da pequena comunidade armênia na Etiópia no século XX, que nos leva a reconsiderar os pesos das heranças culturais, das socializações primárias e a suposta transmissão de "imaginários" entre gerações na formação de comunidades, ensejando questões sobre a capacidade que as diásporas têm para se inscreverem em novos territórios, colocando em evidência a autonomia de atores sociais em situações migratórias ou diaspóricas.

A imigração armênia na Etiópia começou no final do século xix em Harar (anos 1875-1885), seguida de Addis Abeba (fundada em 1886) e Diré Daoua (a partir de 1902, com a construção da ferrovia franco-etíope de Djibouti a Addis Abeba). O efetivo da pequena comunidade chegava a 200 pessoas ao final do reinado do imperador Menelik II (1889-1913), totalizando 1200 no período entreguerras e, depois, em 1950-1960. Apesar do número reduzido, o caso dos armênios é significativo, não apenas da construção social e histórica do nacional e do estrangeiro na Etiópia, mas também da riqueza dos laços que comunidades diaspóricas podem nutrir com sua sociedade de residência, inclusive como parte da própria afirmação identitária. Os imigrantes armênios e seus descendentes não eram considerados como *färändji* ("francos") na Etiópia, ou seja, como estrangeiros.[1] Tanto a atualização dos percursos e das práticas das pessoas, retraçados em sua materialidade, quanto a de uma memória coletiva construída em referência à sociedade de residência, vista como um verdadeiro país de acolhimento (Adjemian, 2012a et 2013b), sugerem a força potencial dos vínculos sociais, culturais e políticos da diáspora no local. Assim, inversamente, este caso específico nos leva aos conceitos mais correntes ligados à temática diaspórica, ao termo de "diáspora" e o "fervor" (Chivallon, 2006a) que a cercam.[2]

---

[1] Em seu dicionário amárico, Wolf Leslau (1976) traduz *färändj* por "ocidental", "estrangeiro", "europeu" ou "homem branco". O sentido do termo, que claramente não se aplicava nem aos gregos, nem aos armênios no início do século xx (Cohen, 1924), na verdade varia em função dos contextos e daqueles que o empregam, mas se utiliza "sempre com sentido injurioso", como notou Antoine d'Abbadie em 1881 em seu *Dictionnaire de la langue amariñña* (Pankhurst, 1983).

[2] Aliás, é revelador que o termo "diáspora" seja hoje correntemente utilizado para designar tanto a própria rede quanto um dos grupos que a constitui, assim como, de maneira cada vez mais corrente, toda situação de dispersão ou de extraterritorialidade, com o risco de diluir o alcance e o significado (Dufoix, 2003 et Dufoix, 2011; Brubaker, 2005; Schnapper, 2005).

Primeiramente, é preciso levar em consideração o sucesso das análises pós-modernas para explicar o crescente interesse pelo termo e pelo conceito de diáspora desde os anos 1970 e 1980, em especial no universo acadêmico anglo-saxão. No âmbito do questionamento dos fundamentos ideológicos do Estado-Nação, quando as nações eram descritas como "artefatos culturais" (Anderson, 2009 [1983]: 18-19), a diáspora aparece como um modelo cada vez mais virtuoso, contrariamente às identidades enraizadas nos territórios nacionais, das quais surge como antítese. Pela semelhança com uma "organização galáctica" (Prévélakis, 1996) à imagem da diáspora grega que possibilitou a emergência e longevidade do helenismo, as diásporas constituiriam "a negação por excelência da ideologia geográfica" (Prévélakis, 2005) de um mundo no qual o modelo de Estado-Nação se impôs nos séculos xix e xx. O tropismo intelectual por formas de organização política e social desterritorializadas convergiu com a denúncia de sistemas e de habitus de dominação política, social e cultural herdados da colonização, como bem demonstrado em estudos sobre as interpretações sucessivas e concorrentes da identidade antilhana. Antes, a ausência de raízes territoriais era explicada como resultado da opressão colonial e do tráfico negreiro, que devia ser denunciada. Hoje, é sobretudo uma "abordagem do universo antilhano, destacada do modelo de sociabilidade do tipo ocidental" e não mais "de forte inscrição espaciotemporal, inspirada no duplo princípio de raiz e território" que se busca destacar. Portanto, "este enraizamento antes considerado tão mutilador" passa a ser invocado como evidência da "riqueza crioula", emblema da celebração pós-moderna da ideia de fluidez (Chivallon, 1997: 767-768, 776, 788). Trata-se de um conceito que eleva a diáspora, inevitavelmente caracterizada pela "hibridez" que lhe é consubstancial, a "figura central do pós-modernismo", que não pode ser apreendida externamente à relação antagônica com as culturas nacionais" (Chivallon, 2006b: 20, 29; Chivallon, 2002) e territórios.

Mesmo dentre os especialistas que se negam a resumir a análise das diásporas a uma "sociologia das redes" (Hovanessian, 2005: 67) e que se interessam justamente pela sua dimensão territorial, encontramos a ideia de que as diásporas seriam uma experiência de "não-lugar" (Hovanessian, 1998, 2007; Ma Mung, 1996). A percepção de extraterritorialidade, forma específica de representação de si no espaço que surge a partir da "extração do território de origem" e de sua mitificação, seriam, juntamente com a multipolaridade e a "interpolaridade", características constitutivas das diásporas. Esta experiência de não-lugar e de "a-topia" supostamente características das diásporas anunciariam "o fim dos territórios" (Ma Mung, 1996). A questão da "capacidade territorializante" das diásporas seria justamente a de recriar uma ligação nestes não-lugares, de dar início a "outras formas de "estar junto" na diáspora" (Hovanessian, 1998).

Ainda que a noção de territorialidade esteja no cerne de suas preocupações, questionando também a inscrição na sociedade de residência, este conceito de diáspora não me parece ir ao encontro da abordagem sedentária da diáspora à luz do caso dos armênios na Etiópia – uma população que não se considerava manifestamente como comunidade estrangeira ou desenraizada, mas como pertencendo plenamente ao seu país de residência. Há alguns anos, Khachig Tölölyan falava sobre a restauração da lógica de sedentarismo no estudo das diásporas, criticando *"the misconception that because diasporas develop as a result of displacement, attachment to place does not have and could not have a major role in their contemporary self-conception and practice"* (Tölölyan, 2005). O antropólogo Chantal Bordes-Benayoun também propôs um "revisitamento das diásporas" por volta do mesmo momento, dando como exemplo a diáspora judia, como a diáspora não devia ser considerada como simples fenômeno migratório de enxame, sob o risco de subestimar o papel das terras de acolhimento, não apenas como refúgio, mas também como lugar de fixação e de predileção através das gerações. Mais do que por uma cultura da mobilidade ou pelas feridas de uma história para sempre marcada pelo exílio, a diáspora se definiria como "um multiplicador da relação com os outros", uma forma de "inteligência social" capaz de gerar sínteses culturais dentro das sociedades de residência, sendo a condição diaspórica concomitantemente inteligível e aceitável, "ou seja, definitivamente suscetível de sedentarizar-se" (Bordes-Benayoun, 2002). Nas páginas a seguir, tentarei mostrar como a abordagem sedentária da diáspora, que privilegio, destaca-se do conceito pós-moderno de identidades diaspóricas fora do solo, caracterizadas por movimento, fluidez e extraterritorialidade. Num segundo momento, tomando como objeto a memória de um enraizamento armênio na Etiópia, discutirei a importância atribuída ao conceito de herança, tanto nos estudos sobre as diásporas quanto em certas análises pós-coloniais.

Falou-se em "fim dos territórios"? Observações sobre o vínculos sociais e políticos dos armênios na Etiópia no início do século XX

Na literatura científica dedicada às diásporas, os armênios são há muito considerados como um dos modelos das "diásporas clássicas" ou "históricas". Juntamente com os "povos migradores" (diásporas judias, gregas, indianas, chinesas, etc.), formam um caso de estudo para os especialistas (Dufoix, 2003: 43-61). As redes do grande comércio armênio dos séculos XVI e XVII, centrado em Nova-Djoulfa (Nor Djougha),[3] porém espalhando-se do Báltico ao mar Vermelho e ao Oceano Índico, e de Amsterdã ou Veneza a Madras, Madras, Calcutá e Batávia, contribuíram para alimentar o modelo teórico da "diáspora comerciante" (*trading diaspora*), inicialmente forjada num contexto africano (Cohen, 1971) e depois estendida à Ásia (Curtin, 1984; Markovits, 2012). Nos anos 70, o exemplo dos armênios em diáspora também foi evocado, dentre outros, para teorizar o modelo das "minorias intermediárias" (*middlemen minorities*), aplicado a grupos que se orientavam culturalmente – tanto materialmente quanto na mente – no sentido do seu país de origem. Os membros destes grupos dedicavam-se notadamente a atividades comerciais ou a profissões que não necessitavam de grandes investimentos no país de residência (tais como as funções "intermediárias" de agentes, de penhores, de corretores, de cobradores de aluguel etc.), como se estivessem sempre com uma partida (precipitada ou não) prevista, logo a liquidez de suas atividades era a condição que tornava possível este eventual retorno ao país de origem. Esta posição levaria "quase que fatalmente" as "minorias intermediárias" a desempenharem o papel de bode expiatório nos tempos de crise, permanecendo estrangeiros "qualquer que fosse sua sociedade de residência" (Bonacich, 1973; Raulin, 1991). Mas os conceitos de diáspora mercante e de minoria intermediária, baseados na concepção étnico-nacional das diásporas não prescinde de estereótipos culturais, tendendo a legitimar ló-

---

[3] Nova-Djoulfa ficava no subúrbio de Isfahan, fundada por negociantes armênios nascidos em Djoulfa, em Nakhitchevan (atual Azerbaijão), cuja vinda para o sul da Pérsia havia sido ordenada pelo imperador safávida Xá Abas I no início do século XVII. Visitada e descrita por viajantes como Jean-Baptiste Tavernier e Jean Chardin no final do século XVII, ela aparecia na época como um dos maiores centros do comércio internacional armênio.

gicas com base em entidades coletivas reificadas, que não permitem mais dar conta, nem compreender as escolhas e margens de manobra que orientam as trajetórias dos indivíduos (Adjemian, 2012b). Os limites heurísticos destas categorias podem ser relacionados com a observação de Stéphane Dufoix, para a qual "paradoxalmente, a dinâmica do termo «diáspora» raramente foi conforme à sua etimologia". O uso desta "palavra estática para descrever o produto de movimentos de populações [...] veicula um pensamento imóvel". Diáspora "cobre implicitamente várias ilusões raramente ou nunca explicitadas", dentre as quais "ilusão da essência", "ilusão da comunidade" e "ilusão da continuidade" (Dufoix, 2003: 61-64).[4]

Durante muito tempo, os historiadores da Etiópia (notadamente Pankhurst, 1967, 1968 e 1981) descreveram os armênios, mas também os gregos (Ghanotakis, 1979; Natsoulas, 1977) e indianos como comunidades de mercantes ou artesãos cuja presença no país permaneceria superficial, sem levar em conta a riqueza e a força de seus laços dentro da sociedade local. Este conformismo historiográfico é amplamente atribuído a uma leitura literal de fontes escritas europeias, cujos autores não concebiam as presenças grega, armênia, indiana e árabe – que eles frequentemente agrupavam sob rótulos estabelecidos e aproximativos como "levantinos", "orientais" e "meio-europeus" e "meio-brancos" –, a não ser através das praças de mercado, lojas e oficinas entre os anos 1890 e 1930. Todavia, dispomos de muitos elementos relativos aos vínculos sociais e políticos de imigrantes armênios e seus descendentes no início do século xx. É precisamente porque não eram considerados de acordo com a mesma relação de distância entre europeus e população local[5] que muitos armênios foram

---

4   Como também fora observado por Christine Chivallon (2006b: 11), a utilização da palavra "diáspora" suscita espontaneamente "algo que engloba", sendo que se trata, pelo contrário, de significar a dispersão.

5   A proximidade religiosa entre as igrejas armênia e etíope que, juntamente com as igrejas copta, síria jacobita, e indiana de Malabar, eram membros das cinco igrejas orientais que rejeitaram as conclusões do concílio de Calcedônia de 451, provavelmente teve um papel nestas percepções. Esta proximidade se materializou em contatos e trocas em Jerusalém, onde o patriarcado armênio exerce um patronato sobre as igrejas copta, siríaca e etíope desde o início do século xvi e da dominação otomana na Terra Santa. Muitos vestígios também atestam viagens de monges armênios na Etiópia (e vice-versa). Um dos testemunhos mais recentes, o relato da viagem do pai Dimothéos, enviado para a Etiópia entre

empregados como serventes no palácio imperial entre os reinos de Menelik II (1889-1913) e de Haylä Sellasé (1930-1936, depois 1941-1974).

Um dos exemplos mais célebres – e mais marcantes – desta utilização dos armênios na corte imperial da Etiópia é a fanfarra das *arba ledjotch* ("quarenta crianças", em amárico), criada por ocasião da primeira viagem do príncipe herdeiro e regente da Etiópia,[6] o *rás* Täfäri (o futuro imperador Haylä Sellasé), durante a visita de etapa ao patriarca armênio de Jerusalém, Yéghishé Tourian (1922-1929) em abril de 1924.[7] Tendo ouvido uma fanfarra de jovens garotos que sobreviveram ao genocídio de 1915 e que viviam no orfanato criado dentro do recinto do patriarcado, que tocaram em sua homenagem, o príncipe herdeiro propôs trazê-los para a Etiópia, onde formariam sua fanfarra pessoal, bem como a do governo etíope. Atendendo o pedido do *rás* Täfäri, o chefe da fanfarra real, o armênio Kévork Nalbandian, compôs o primeiro hino etíope, que foi executado como tal até a queda da monarquia em 1974. Ainda que este evento não tenha caído no esquecimento, durante muito tempo só interessou aos amantes da música etíope e aos adoradores do imperador destituído, que aí viam uma marca da generosidade de Täfäri e de sua caridade muito cristã. É verdade que os raros testemunhos escritos por europeus sobre a fanfarra não são exatamente laudatórios, descrevendo mais esta orquestra com um exemplo das fantasias mais pitorescas que aguardavam os viajantes a caminho da Etiópia. Contudo, a maneira como a criação desta fanfarra foi difundida no discurso oficial dos anos de regência do rás Täfäri, como marca da imparável marcha da Etiópia em direção ao progresso, sob a égide de seu príncipe reformador (Gebre-Igziabiher Elyas, 1994: 471-472, 538-541), sugere o interesse atribuído pelo príncipe herdeiro à música oficial na valorização de sua ação política. Ademais,

---

1867 e 1868, mostra claramente a existência de representações distintas dos armênios e dos europeus, baseadas no pertencimento dos primeiros a uma igreja "irmã" (Dimothéos, 1871; Adjemian, 2013a et 2013b: 45-53).

6   Desde dezembro de 1916 e da expulsão de *ledj* Iyasu (1913-1916), neto de Menelik, a coroa imperial ficou com a filha mais velha deste último, ao passo que o rás Täfäri Mäkonnen ficou com o título de príncipe herdeiro e com a função de regente do império da Etiópia em troca da condução da política estrangeira do governo da Etiópia.

7   A etapa de Jerusalém fazia parte da turnê diplomática excepcional do príncipe herdeiro, realizada após a admissão da Etiópia na Sociedade das Nações, turnê que deveria leva-lo às principais capitais europeias na primavera e no verão de 1924.

é importante ressaltar que teria sido inconcebível que Täfäri confiasse esta tarefa a músicos italianos, franceses ou britânicos, ainda que fossem mais experientes do que os seus, dado o contexto de uma época onde o soberano devia demonstrar sua inteira adesão à causa da independência da Etiópia face às potências coloniais europeias (Adjemian, 2013a et 2013b).[8] Assim, constatamos que, a partir do final do século XIX, os armênios que não tinham funções subalternas junto ao entorno do príncipe herdeiro ou na corte imperial passaram a receber a atribuição de diversas tarefas relativas à *mise en scène* do poder político ou da vida doméstica da corte. Desde a entrada de Dikran Ebeyan a serviço do imperador Yohannes IV (1872-1889), depois do imperador Menelik e da imperatriz Taytu, todos os ourives da coroa etíope foram armênios, o que perdurou até a revolução de 1974. O mesmo aconteceu com os fotógrafos: em 1906, Menelik decreta que os retratos oficiais do soberano seriam feitos por Bedros Boyadjian, nomeado fotógrafo da corte imperial da Etiópia, incumbência que viria a ser transmitida aos seus filhos Haygaz, seguido de Torkom (conhecido como Tony) Boyadjian, por Täfäri e, mais tarde, Haylä Sellasé. Estes fotógrafos não possuíam apenas um conhecimento técnico, mas também sabiam se curvar tanto aos padrões estéticos da aristocracia e da igreja etíopes, quanto às exigências dos rivais políticos locais (Sohier, 2012). Assim, constituem-se verdadeiras dinastias de serventes armênios do poder imperial etíope durante a primeira metade do século XX. No *gebbi* (palácio) imperial, em Addis Abeba, armênios e armênias exerciam funções como cozinheiros, jardineiros, bordadeiros, coureiros, sapateiros, câmeras, costureiros, parteiras, amas, etc. Estas funções davam aos seus serventes acesso à vida privada dos soberanos etíopes, razão pela qual não poderiam ser confiadas a europeus. Os imigrantes armênios e seus descendentes, frequentemente apátridas e cujo pertencimento nacional era impreciso para a maioria, eram vistos como fatores de modernização sem o temor da intromissão de uma influência estrangeira qualquer no seio do poder etíope (Adjemian, 2013a et 2013b). Se considerarmos estes exemplos diversos "por um lado onde se apresentam isolados de suas manifestações individuais" (Durkheim, 2008 [1894]: 138), constatamos a importância para a pequena comunidade dos laços

---

8 A comemoração anual da vitória de Adoua, obtida pelos exércitos de Menelik contra os italianos em 1896, já havia sido institucionalizada como um tempo de forte coesão política e nacional nos anos de regência de Täfäri.

criados com a corte imperial, numa relação recíproca de lealdade e de proteção, na qual os armênios podiam figurar com uma "minoria preferida", como os objetos de uma "nacionalização simbólica" (Adjemian, 2013b: 90-92), longe da imagem de uma diáspora comerciante ou de uma minoria intermediária que caracterizaria seu pequeno interesse pelas questões políticas locais.

Muitas formas de mobilidade social vividas pelos imigrantes armênios e seus descendentes na Etiópia na primeira metade do século XX dão uma ideia da impressionante rapidez com a qual se deu seu enraizamento, bem como da riqueza dos laços tecidos no seio da sociedade de residência. Nos anos 1890, florescia uma verdadeira vida de família armênia em Harar, cidade que contava com algumas centenas de estrangeiros dentre uma população de 30000 a 40000 pessoas. Nesta cidade muçulmana ocupada pelo exército de Menelik, então *negus* de Shäwa en 1887, os filhos das famílias armênias frequentavam a escola dos padres franciscanos junto com crianças etíopes e indianas. Dada a chegada precoce de mulheres armênias para junto de seus maridos após os massacres de 1894-1896, perpetrados contra os armênios do império otomano, o número de casamentos com mulheres hararis, ou, mais tarde, etíopes, foi relativamente baixo. Mas muitas das mulheres armênias que se estabeleceram em Harar a partir de 1895, que foram para junto de seus maridos em Addis Abeba alguns anos mais tarde, no início do século XX, já falavam *harari*. Tanto em Addis Abeba quanto em Harar, os estrangeiros não eram sujeitos a nenhum tipo de segregação espacial[9] e os "bairros armênios" constantes dos mapas italianos da época (De Castro, 1909) abrigavam uma população mista de armênios e etíopes. Nos anos 1920 e 1930, havia armênios e gregos nos lugares mais recônditos do Império da Etiópia, onde os estrangeiros não eram numerosos (conferir, por exemplo, Zervos, 1936). Distinguiam-se pelo domínio da língua amárica, que lhes dava acesso a atividades profissionais para as quais a língua era indispensável. Logo, a maioria das grandes embaixadas presentes em Addis Abeba (França, Estados Unidos, Alemanha, Egito, Itália) podiam recorrer a intérpretes armênios. Também observamos uma recomposição do perfil profissional da comunidade armênia na Etiópia entre os anos 1900 e 1930, com a diminuição

---

9 Era um situação inversa, na cidade de Diré Daoua, fundada em 1902, no momento da construção da ferrovia franco-etíope, no meio do caminho entre Djibouti et Addis Abeba, e que desde o início foi dividida entre cidade europeia e cidade indígena.

de trabalho em conexão com comércio e artesanato em prol de novas atividades como condutores e mecânicos, restauradores, agricultores, empreendedores da construção, do curtimento, da impressão, profissionais liberais, professores, mas também cargos na função pública etíope e nas administrações como correio, bancos e alfândega. O estudo de práticas funerárias também lembra a importância dos locais comunitários e sua apropriação coletiva nesta sedentarização, como o cemitério aberto em 1913 (Adjemian, 2011).

Os arquivos do ministério italiano da África Oriental nos anos em que a Etiópia esteve ocupada pela Itália, entre 1936 e 1941, são reveladores da sedentarização acentuada de gregos e armênios no país. Os agentes da administração italiana costumavam apontar a proximidade destas comunidades com a população indígena, proximidade esta que poderia ser julgada como prejudicial para a manutenção da nova ordem colonial visto que ela ia contra a política fascista de "defesa da raça" (*diffesa della razza*). É assim que membros de várias famílias armênias e etíope-armênias, próximas da antiga corte imperial e consideradas demasiado "abyssinizadas" (*abissinizzati*) foram relegados ao sul da Itália, na Calábria, onde foram mantidos em cativeiro até o final da guerra, com os antigos chefes etíopes catalogados como "perigosos e irredutíveis". Com efeito, alguns armênios defenderam a independência da Etiópia e, distantes do modelo de minorias intermediárias sem interesse pela vida política de seu país de residência, (Bonacich, 1973), não hesitaram em apoiar clandestinamente a luta de maquis etíopes, como Hovhannes Semerdjibashian (Bairu Tafla, 1985). Ao mesmo tempo, a proximidade dos armênios ou gregos com o elemento indígena também podia ser considerado como um vetor em potencial para a difusão da ideologia fascista na sociedade local. Foi pensando em aproveitar a sedentarização dos armênios na Etiópia que a administração italiana recomendou um tratamento mais favorável a eles do que a outros estrangeiros presentes no território etíope no momento da anexação (Martucci, 1940). Assim, ressaltamos que as expulsões dos territórios da *Africa Orientale Italiana* atingem mais duramente os gregos, oriundos de um Estado contra o qual a Itália entrou em guerra em 1940, do que os armênios, em sua maioria tidos como apátridas, o que os tornava relativamente menos suspeitos de deslealdade para com a administração colonial (Adjemian, 2013b: 267-276).

Dessa forma, vários aspectos da vida material e dos percursos de imigrantes armênios na Etiópia e de seus descendentes contradizem a percepção corrente de que as diásporas seriam entidades desterritorializadas por excelência ou então como se a condição diaspórica fosse uma experiência de não-lugar. Para completar esta objeção, é igualmente necessário levar em conta as dimensões imateriais da sedentaridade das diásporas. No caso da grande narrativa ideal da imigração armênia na Etiópia, a importância atribuída à relação com o país de acolhimento na é uma ilustração esclarecedora. É precisamente porque a memória em diáspora constrói-se também em relação ao local de residência e não apenas em conexão com o território das origens que ela interroga a hipótese póscolonial das heranças culturais ou traumáticas na imigração.

Uma *homeland* armênia na Etiópia: memória de um enraizamento, entre heranças e contingência

Na França, os debates gerados há alguns anos com publicação de *La fracture coloniale* (Bancel, Blanchard et Lemaire, 2005) são emblemáticos das controversas que citei na introdução, ao menos no tocante à esfera das ciências sociais.[10] A tese de persistência de um legado colonial (*legs colonial*) foi utilizada para explicar os antagonismos sociais e os levantes na periferia (como em outubro de 2005) por meio das relações de dominação e as representações de alteridade herdados do passado, à semelhança das imagens do Negro ou do Árabe. Mas esta interpretação suscitou muitas críticas, pois parecia cair em um novo culturalismo ao denunciar uma sociedade francesa contemporânea minada por "imaginários coloniais" e fantasmas coletivos impregnados, sem demonstrar empiricamente sua eficácia e deixando de levar em conta fatores mais objetivos (notadamente sociais e econômicos) na análise de tais fenômenos. É importante ressaltar que a noção de herança também está muito presente na literatura sobre as diásporas. Por definição, o próprio fenômeno diaspórico aparece como preservação de uma herança cultural ou de traços primordiais e perenes (Sheffer, 2006: 245-246), fatores de coesão social ou étnica no exílio e dispersão. As diásporas decorrentes de rupturas históricas brutais são consideradas como

---

10 Por exemplo, ler o debate no âmbito da revista *Politique africaine* (n° 102, junho 2006: 189-207), ou ainda o ponto de vista exprimido por Bayart e Bertrand (2006).

tendo uma herança memorial determinante (Hovanessian, 1992). Contudo, me parece que uma abordagem sedentária das diásporas deveria dar mais lugar aos laços criados pelos atores sociais no seio da sociedade de residência do que à manutenção de um laço com uma cultura ou terra de origem, ou, ainda, com o passado dos ancestrais. Não se trata de negar a existência de tais heranças, que podem ser perfeitamente objetivadas, como bem mostra a existência de uma lembrança "agida/agindo" na Martinica (Chivallon, 2012). Mas no caso ora tratado, a análise do discurso da memória evidencia mais a capacidade criadora de um enraizamento em diáspora – o que chamei anteriormente de "invenção de uma *homeland* armênia na Etiópia" (Adjemian, 2012a) – do que a transmissão intergeracional de um passado ainda ligado à terra de origem ou a uma experiência coletiva traumatizante de desenraizamento.

Os pesquisadores em ciências sociais que fazem do estudo da memória na diáspora seu objeto de estudo costumam ser levados a constatar a manutenção de laços com o país ou cultura de origem, por parte dos indivíduos ou de grupos, em seu lugar de residência. Por exemplo, pesquisas sobre a diáspora grega pôntica mostraram como a delimitação e a construção de um território no lugar da pós-migração (no caso, a Macedônia grega pós guerra greco-turca de 1922 e a fundação da República turca en 1923) foram feitos em referência e por analogia ao território idealizado do país de origem (Bruneau, 1998). O exemplo da diáspora armênia, estudada em Issy-les-Moulineaux, em Los Angeles ou em outros lugares, privilegiam a delimitação de novos lugares com a ajuda de marcadores territoriais no espaço urbano, o que favoriza a manutenção ou a recriação do laço comunitário (Hovanessian, 1992 et 2007a; Mekdjian, 2007). Tal qual uma "projeção coletiva em um futuro reapropriado", o "espaço de ficção ativa" que tende a tornar-se diáspora por meio de sua inscrição no espaço local, notadamente através da instituição religiosa e de sua sinalização, deve ajudar a desfazer os nós do luto e do exílio (Hovanessian, 2007b et 2004). Assim, o conceito de território diaspórico como expressão simbólica de um algures longínquo determina a acepção mais frequente do termo *homeland* enquanto terra dos ancestrais ou país de origem das diásporas, ao qual as diásporas, por definição, seriam indissociavelmente ligadas (Safran, 1999). Em grau ainda maior quando se trata de uma experiência diaspórica decorrente de um desenraizamento brutal e traumático, como, por exemplo, no caso das diásporas judias, negras ou armênias. Todavia, não é absurdo aplicar o termo *homeland* para residência é a partir do momento em que é realmente vivido como um lugar de existência privilegiado pelos indivíduos, sejam de origem estrangeira e partes envolvidas em uma configuração diaspórica. É isto que sobressai em mitos fundadores de certas comunidades diaspóricas que legitimam migração pela idealização do país de acolhimento, notadamente pela hospitalidade especial de seus habitantes.[11]

O estudo da memória da imigração armênia na Etiópia mostra que o país de residência não foi vivido como simples acidente de percurso na trajetória de exilados, mas como país de acolhimento, até mesmo de adoção, para o qual os imigrantes teriam sido predestinados de alguma forma. As figuras heroicas do panteão comunitário são homens e mulheres que, por uma razão ou outra, teceram uma relação direta com o imperador da Etiópia Menelik, a imperatriz Taytu, ou seus entornos. Fazem parte artesãos da corte imperial, como os ourives Dikran Ebeyan e Hagop Baghdassarian, o jardineiro Avédis Yamalian ou a costureira Serpouhie Ebeyan. A cúpula deste panteão é reservada aos heróis fundadores cuja reputação é de terem sido verdadeiros aventureiros, como os mercadores Boghos Markarian e Sarkis Terzian, a quem são atribuídas muitas façanhas a serviço de Menelik. Contudo, o mais conhecido de todos, Sarkis Terzian, é descrito na maioria dos testemunhos escritos contemporâneos como um caçador de concessão sem escrúpulos e um falsário. Porém, a memória coletiva não reteve este lado obscuro do personagem. Tendo sido um dos principais comerciantes de armas na Etiópia no final do século xix, Sarkis Terzian atribuída ao seu nome uma parte da glória pela vitória militar de Adoua (1896), obtida contra os italianos, como se o servente armênio de Menelik tivesse participação

---

[11] Por exemplo, conferir o caso esclarecedor a esse respeito dos Beni Israel na Índia (ou Hodim, em Israel), que ilustra a dicotomia que pode ser aplicada ao conceito de *homeland*. Trata-se de uma população de imigrantes e de seus descendentes, de religião judia, "retornados" a Israel, mas que, neste novo contexto, passaram a preservar e a transmitir o mito da chegada e da acolhida favorável de seus antepassados na Índia, há mais de 2000 anos (Weil, 2005). Em outro registro, também podemos citar o caso da comunidade grega de Pont-de-Chéruy, em Isère, que mostra a construção de uma grande narrativa que apresenta a imigração para a França como dupla consequência de um exílio forçado após a Grande Catástrofe da Ásia Menor (1922), e filelenismo do patrão da trefilaria local (Zervudacki, 2007).

direta na salvaguarda na independência etíope. Mais adiante, este laço idealizado com a Etiópia é fortalecido com a criação da fanfarra real do *rás* Täfäri em 1924, como citado acima. O recrutamento de quarenta crianças armênias que sobreviveram ao genocídio de 1915, objeto de um contrato de quatro anos devidamente assinado pelo príncipe herdeiro figura como uma forma de adoção na memória da imigração armênia. Como se, por meio da conversão de um recrutamento por tempo determinado em um contato sem prazo o futuro Haylä Sellasé houvesse simbolicamente feito com que todos os armênios fossem adotados pela Etiópia. Desde então, o evento é mobilizado como apoteose (teleo) lógica do "destino" dos armênios em um país para o qual não teriam imigrado, a não ser a convite dos reis da Etiópia, seus protetores. Uma história famosa difundida por Menelik conta que o sultão otomano Abdülhamid – cuja memória é sinistra[12] – alertava contra a presença perigosa de armênios em seu reino: "que ele nos envie todos os armênios de que não gosta" (Adjemian, 2013b: 126). Assim, ao invés de se ancorar no tema do genocídio e da perda do país dos ancestrais, descritos como rupturas radicais e traumas insuperáveis para a diáspora armênia (Hovanessian, 2001, 2005 e 2007c; Amit-Talai, 1989: 5, 96, 125-131; Pattie, 1997; Bakalian, 1994: 319-392), a Grande Narrativa da presença armênia na Etiópia construiu-se com base na ideia central de amizade privilegiada com os reis da Etiópia e com os etíopes, onde a memória dos "anfitriões" se sobrepõe à memória dos "exilados" por meio de um processo que aconteceu em outros tempos e em outros lugares (Adjemian, 2012a). A memória da imigração armênia na Etiópia não se focou no tema do genocídio, valorizando mais a imagem dos armênios "amigos do rei" do que a de refugiados, ainda que a maior parte

---

12 Foi o sultão Abdülhamid II (1878-1909) que instigou as matanças em grande escala que assolaram comunidades armênias da Ásia Menor e de Anatólia entre 1894 e 1896, que costumam ser chamadas de "massacres hamidianos". Os massacres contra os armênios também foram denunciados na imprensa de grande distribuição europeia da época, onde figuraram como um prolongamento das "atrocidades búlgaras" de 1877-1878, e na qual Abdülhamid foi designado como "Sultão vermelho" e "Sanguinário de Istambul". Ao passo que já havia armênios presentes na Etiópia – sobretudo em Harar, ocupada pelos egípcios de 1875 a 1885 – a título individual desde os anos 1870, os massacres de 1894-1896 provocaram o afluxo de uma primeira imigração armênia do tipo familiar, que formou o cerne da comunidade.

da comunidade seja oriunda de migrações forçadas.[13] A "adoção" dos quarenta órfãos por Täfäri, tal qual mobilizada nos dias de hoje, abre um lugar na memória do genocídio para a memória da legendária amizade dos reis da Etiópia para com os armênios.

As histórias e os elementos dos relatos transmitidos no século xx entre imigrantes e seus descendentes não bastam para explicar a forma atual desta Grande Narrativa do passado armênio na Etiópia. Historicizar a construção desta "memória dos anfitriões" implica não considerá-la apenas como uma herança, mas também como fruto de uma espécie de negociação, no caso a adaptação dos discursos sobre o passado aos contextos locais e às necessidades do tempo presente. Não é inútil ressaltar que a maioria dos pesquisadores que concluíram pela centralidade das questões do genocídio e do exílio na memória da diáspora armênia realizaram seus trabalhos em contextos sociais e políticos nos quais a assimilação cultural era vista como uma ameaça. Nos Estados Unidos e na França, por exemplo, ou ainda em outros grandes países de imigração, quando de sua chegada, os imigrantes se viram confrontados com xenofobia, controle administrativo e policial por parte de um Estado que os categorizavam como "indesejáveis", ou "inassimiláveis", com "guetoização", com moradia precária e insalubre, empregos de baixa qualificação e desemprego, ou, ainda, com o anonimato identitário das grandes metrópoles (Mirak, 1983: 123-147, 272-273, 282-283; Amit-Talai, 1989: 77; Ter Minassian, 1997: 30; Bertaux, 1999-2000 ; Temime, 2007; Noiriel, 2007: 319-325). As dificuldades de todos os tipos, vividas por imigrantes e suas famílias, podem explicar, em parte, a emergência de memórias de banidos ou de exilado, dando espaço de destaque à saudade do país da pré-migração e ao traumatismo de sua perda brutal. Estendida à Etiópia da primeira metade do século xx, a hipótese poderia explicar que as favoráveis condições socioeconômicas favoráveis vividas pelos imigrantes contribuíram para a edificação da memória de uma imigração feliz, deixando de lado a violência da partida ou o genocídio e o exílio.

Mas, para além da necessária atenção à experiência vivida pelos imigrantes e seus descendentes, a historicização da memória também deve levar em conta

---

13 Nos anos 1920, a segunda onda de imigração armênia na Etiópia, por causa do genocídio, foi seis vezes maior do que a primeira onda, quando dos pioneiros dos anos 1880-1910.

a importância dos contextos políticos e de suas evoluções. Na França, os anos compreendidos entre a guerra da Argélia e 1968 marcaram uma virada nas representações da imigração, quando os descendentes começaram a poder nutrir uma memória mais positiva e, por vezes, reivindicadora, pois operava-se uma inversão no discurso público dominante sobre este tema, tanto na mídia quanto por parte dos representantes do Estado (Noiriel, 2007: 483-588). Pode-se traçar um paralelo com a memória do genocídio dos armênios, transformada depois da Segunda Guerra Mundial, com a destruição dos armênios do Império otomano tendo sido reconsiderada à luz do Holocausto e da Convenção de 1948 sobre o crime de genocídio (Adjemian e Nichanian, 2013). Esta memória do genocídio armênio foi mobilizada de forma ativa e inédita a partir de 1965 – data do cinquentenário de 1915 –, tendo sido consideravelmente politizada no decorrer dos anos 1970 e 1980, marcadas notadamente pela ressurgência de um terrorismo armênio. O tema do genocídio ganhou, então, uma importância desmedida na memória coletiva, pois foi – e continua a ser – constantemente alimentado por discursos veiculados através da publicação de obras voltadas para o grande público, a imprensa, a rádio, a televisão, o teatro, o cinema, a literatura, a música, ou, ainda, o desenho animado.[14] Por um lado, se uma visão idealizada da amizade dos reis da Etiópia pelos armênios, que se materializa na intimidade de algumas famílias com a corte imperial, foi cultivada dentre os descendentes da imigração armênia, não é apenas em função da transmissão de uma reserva memorial de representações, mas também porque, talvez, ela tenha permitido alimentar a tese de uma proximidade excepcional ente armênios e etíopes, legitimando seu enraizamento na sociedade nacional do país de residência num momento em que tal legitimação se mostrava necessária. Os anos 1960, que viram a aplicação cada vez mais declarada de uma política de etiopinização dos cargos públicos e das careiras na administração pública num país que, até então, parecia ter escapado da "tirania do nacional" (Noiriel, 1991), poderiam ter sido anos determinantes para o contorno atual desta grande narrativa. Numa época em que os armênios presentes na Etiópia há duas ou três

---

14 A influência destes discursos públicos sobre a memória do genocídio, manifesta na diáspora armênia há cerca de quarenta anos, também mereceria ser reconsiderada à luz dos usos políticos desta memória pelo Estado armênio independente desde 1991, inclusive na gestão de suas relações com a diáspora.

gerações viam-se compelidos a esclarecer sua situação jurídica, que, na maioria das vezes permanecera incerta até meados do século XX,[15] poderíamos pensar que a reivindicação de um laço forte com a Etiópia garantiria oportunamente sua pretensão de fazer parte da nação etíope. Sem dúvida, as hipóteses que podemos formular em relação a este assunto dependem muito das condições nas quais pudemos conduzir nossos trabalhos de campo e ter conhecimento da existência desta grande narrativa no final dos anos 1990 e início dos anos 2000. Certamente, seu teor não teria sido o mesmo nos anos terríveis que sucederam a revolução de 1974, nos quais a Etiópia foi dirigida por uma junta militar de inspiração marxista (o *därg*, ou "comitê") e quando toda reinvindicação de proximidade com o antigo regime imperial traria riscos. Porém, na Etiópia pós-1991, ano da queda do *därg* dirigido pelo coronel Mängestu, a retomada da honra dos atributos e das grandes figuras da Etiópia imperial voltaram a tornar possível a encarnação de uma memória de anfitriões armênios na Etiópia em torno da amizade dos reis. Sem se tratar de negar sua realidade para a herança e para a transmissão entre gerações, esta memória de um enraizamento na diáspora surge como uma construção especialmente sensível à influência e às reviravoltas dos contextos sociais e históricos.

Em grande parte, a originalidade da história dos armênios na Etiópia na época contemporânea se deve à força de seus laços – reais e ideais – com a sociedade local. Estes laços são ilustrados pelas trajetórias dos indivíduos, notadamente a serviço do entorno próximo da família imperial etíope, e, ao mesmo tempo, pela memória da imigração armênia, que exalta o caráter exemplar de seu enraizamento no país de acolhimento. Por mais singular que seja, esta his-

---

[15] Em sua maioria sujeitos otomanos no início do século XX, os armênios tinham a particularidade de não tecerem laços políticos e administrativos reais com um Estado exterior, contrariamente à grande maioria de estrangeiros que viviam na Etiópia. Beneficiaram sucessivamente da proteção das representações diplomáticas alemã, russa e francesa. Nos anos 1930, a maioria dos armênios se declarava como sendo sujeitos etíopes, mas não tinham se beneficiado de uma real naturalização, permanecendo como protegidos franceses. Sem dúvida este imbróglio jurídico explica que, diferentemente dos gregos, poucos armênios foram expulsos do país durante a ocupação italiana da Etiópia entre 1936 e 1941. É apenas a partir de 1965, após a visita do católico Vazken I, chefe da igreja armênia, junto ao imperador Haylä Sellasé em Addis Abeba, que a administração etíope tomou providencias para facilitar a naturalização efetiva da maioria dos armênios que tinham feito a solicitação (Adjemian, 2013b: 251-264, 267-270).

tória questiona a construção social do estrangeiro e a própria concepção do nacional na Etiópia num período no qual imigração et afirmação do Estado-Nação andavam juntos. Ademais, de maneira subjacente, questiona a maneira como as ciências sociais podem abordar o objeto diáspora. O caso dos armênios na Etiópia revela a capacidade de enraizamento dos indivíduos em seu ambiente social e, para retomar uma temática tão presente nos estudos das diásporas, de abrir novos territórios em seus lugares de residência. Longe do conceito essencialmente reticular e circulatório de uma diáspora que seria tão somente expressão de movimento e deslocamento, este exemplo evidencia o interesse potencial de uma abordagem sedentária da diáspora, atenta aos complexos laços tecidos por indivíduos e coletivos dentro de suas sociedades de residência, assim como, em função do contexto, à possibilidade de fazer valer pertencimentos múltiplos. Ainda que ilustrada aqui por um objeto de estudo muito específico, o caso-limite da integração e da autoidentificação de uma população diaspórica pouco numerosa com sua sociedade anfitriã, a questão das sedentaridades poderia ser considerada e discutida na maioria das situações diaspóricas e migratórias. Esta questão representaria um contraponto útil, quiçá salutar, às análises que consideram como adquirida a perpetuação das heranças culturais ou identitárias, acreditando poder identificar "comportamento" ou "condições" diaspóricas independentes dos lugares, das épocas e das sociedades.

Referências

ADJEMIAN, B. 2011, "Une visite au cimetière arménien d'Addis Abeba. Éléments pour la connaissance d'une diaspora et de ses pratiques funéraires en Éthiopie", *Afriques* [on line], março de 2011, <https://afriques.revues.org/938>.

_____ 2012a, "L'invention d'un homeland arménien en Éthiopie: exil et sédentarité dans l'écriture d'une mémoire d'hôtes en diaspora", *Tracés. Revue de sciences humaines*, n° 23: 41-61.

_____ 2012b, "Les Arméniens en Éthiopie, une entorse à la "raison diasporique"? Réflexion sur les concepts de diaspora marchande et de minorité intermédiaire", *Revue Européenne des Migrations Internationales,* vol. 28 (3): 107-126.

_____ 2013a, "La fanfare arménienne du négus. Représentations des étrangers, usages du passé et politique étrangère des rois d'Éthiopie au début du XXe siècle", *Vingtième siècle. Revue d'histoire*, n° 119, setembro 2013 : 85-97.

_____ 2013b, *La fanfare du négus. Les Arméniens en Éthiopie (XIXe-XXe siècles)*, Paris: Éditions de l'EHESS, 352 p.

ADJEMIAN, B. & Nichanian, M. 2013, "Des commémorations de 14-18 à celles de 1915: les enjeux d'un centenaire", *Études arméniennes contemporaines*, n° 2, pp. 65-88.

AMIT-TALAI, V. 1989, *Armenians in London. The management of social boundaries*, Manchester, New York: Manchester University Press, ix+171 p.

ANDERSON, B. 2009 [1983], L'imaginaire national. Réflexions sur l'essor et l'origine du nationalisme, Paris: La Découverte, 213 p.

ANTEBY-YEMINI, L., Berthomière W. et Sheffer, G. (eds) 2005, *Les diásporas. 2000 ans d'histoire*, Rennes: Presses universitaires de Rennes, 497 p.

BAIRU TAFLA, 1985, "The Forgotten Patriot: The Life and Career of Johannes Semerjibashian in Ethiopia", *Armenian Review*, 38 (2): 13-39.

BAKALIAN, A. 1994, *Armenian-Americans. From Being to Feeling Armenian*, New Brunswick, Londres : Transaction Publishers, xii+511 p.

BANCEL, N., Blanchard, P. & Lemaire, S. (eds) 2005, *La fracture coloniale. La société française au prisme de l'héritage colonial*, Paris : La Découverte, 310 p.

BAYART, J.-F. et Bertrand, R. 2006, "De quel "legs colonial" parle-t-on?", *Esprit*, dezembro: 134-161

BERTAUX, S. 1999-2000, "Les Armênios dans l'approche démographique française", *Revue du monde armênio moderne et contemporain*, 5: 101-112.

BONACICH, E. 1973, "A Theory of Middleman Minorities", *American Sociological Review*, 38: 583-594.

BORDES-BENAYOUN, C. 2002, "Revisiter les diásporas", *Diásporas. Histoire et sociétés*, 1, 2002: 11-21.

BRUBAKER, R. 2005, "The 'diaspora' diaspora", *Ethnic and Racial Studies*, 28 (1): 1-19.

BRUNEAU, M. (ed.) 1998, *Les Grecs pontiques. Diaspora, identité, territoires*,

Paris: CNRS, 250 p.

BRUNEAU, M., Hassiotis, I., Hovanessian, M. et Mouradian, C. (eds) 2007, *Arméniens et Grecs en diaspora: approches comparatives*. Actes du colloque européen et international organisé à l'École française d'Athènes (4-7 octobre 2001), Athènes: École française d'Athènes, x-615 p.

CHIVALLON, C. 1997, "Du territoire au réseau: comment définir l'identité antillaise", *Cahiers d'études africaines*, 37 (148): 767-794.

_____ 2002, "La diaspora noire des Amériques. Réflexions sur le modèle de l'*hybridité* de Paul Gilroy", *L'Homme*, 161: 51-74.

_____ 2006a, "Diaspora: ferveur académique autour d'un mot". In: Christine Chivallon et William Berthomière éd., *Les diásporas dans le monde contemporain. Un état des lieux*, Paris : Karthala, pp. 15-24.

_____ 2006b, *La diaspora noire des Amériques. Expériences et théories à partir de la Caraïbe*, Paris: CNRS Éditions, 258 p.

_____ 2012, *L'esclavage, du souvenir à la memória. Contribution à une anthropologie de la Caraïbe*, Paris: Karthala, 618 p.

COHEN, A. 1971, "Cultural Strategies in the Organization of Trading Diaspora". In: Claude Meillassoux (éd.), *The Development of indigenous trade and markets in West Africa. L'évolution du commerce en Afrique de l'Ouest*, Londres: Oxford University Press, pp. 266-281.

COHEN, M. 1924, *Couplets amhariques du Choa*, extrait du *Journal Asiatique*, Paris: Imprimerie nationale.

COHEN, R. 1997, *Global diásporas. An Introduction*, Londres : University College London Press, xii-228 p.

CURTIN, P. D. 2002 [1984], *Cross-cultural trade in world history*, Cambridge : Cambridge University Press, xi+293 p.

DE CASTRO 1909, "La città e il clima di Addis Abeba", *Bollettino della Società Geografica italiana*, série 4, 10 (4) : 409-442.

DIMOTHÉOS R. P. Sapritchian 1871, *Deux ans de séjour en Abyssinie ou vie morale, politique et religieuse des Abyssiniens*, Jerusalém: Typographie arménia du couvent de Saint-Jacques.

DUFOIX, S. 2003, *Les diásporas*, Paris : Puf, 127 p.

_____ 2011, *La Dispersion. Une histoire des usages du mot diaspora*, Paris : Éditions Amsterdam, 573 p.

DURKHEIM, É. 2008 [1894], *Les règles de la méthode sociologique*, Paris : Flammarion, 254 p.

GEBRE-IGZIABIHER, E. 1994, *Prowess, Piety and Politics. The Chronicle of Abeto Iyasu and Empress Zewditu of Ethiopia (1909-1930)*, édité et traduit par Reidulf K. Molvaer, Cologne: Rüdiger Köppe, 596 p.

GHANOTAKIS, A. J. 1979, "The Greeks of Ethiopia 1889-1970", Ph. D, Boston University Graduate School, 484 p.

HOVANESSIAN, M. 1992, *Le lien comunautaire. Trois générations d'Arméniens*, Paris: Armand Colin, 321 p.

_____ 1998, "La notion de diaspora. Usages et champ sémantique", *Journal des anthropologues*, 72-73: 11-30.

_____ 2001, "Récits de vie et memória(s) de l'exil : les enjeux à l'œuvre dans l'histoire orale", *Revue du monde armênio moderne et contemporain*, 6: 75-96.

_____ 2004, "Le religieux et la reconnaissance. Formes symboliques et politiques au sein de la diaspora armênia", *Les Annales de la recherche urbaine*, n° 96: 125-134.

_____ 2005, "La notion de diaspora: les évolutions d'une conscience de la dispersion à travers l'exemple armênio". In: L. Anteby-Yemini *et al.*, pp. 65-78.

_____ 2007a, "Lien comunitário et memória coletiva: figures de l'exil des Armênios en France". In: Michel Bruneau *et al.*, pp. 447-457.

_____ 2007b, "Diaspora armênia et patrimonialisation d'une memória coletiva: l'impossible lieu du témoignage?", *Les Cahiers de Framespa* [En ligne], 3 / 2007, consultado em 10 de abril de 2012. URL: http://framespa.revues.org/314.

_____ 2007c, "Diásporas et identités coletivas", *Hommes et migraçãos*, 1265: 8-21.

LESLAU W. 1976, *Concise Amharic Dictionary*, Wiesbaden: Harrassowitz, xiv+538 p.

MA MUNG, E. 1996, "Non-lieu et utopie; la diaspora chinoise et le territoire". In: G. Prévélakis, G. (ed.), pp. 205-214.

MARKOVITS, C. 2012, "Des diásporas commerçantes aux circulations marchandes: à propos d'un texte d'Abner Cohen", *Tracés. Revue de Sciences humaines*, 23: 153-158.

MARTUCCI, G. 1940, *La Comunità armena d'Etiopia*, Rome: HIM, 32 p.

MEKDJIAN, S. 2007, "Identité et territoire. Les Armênios à Los Angeles", *Hommes et migraçãos*, 1265: 102-117.

MIRAK, R. 1983, *Torn Between Two Lands: Armenians in America, 1890 to World War I*, Cambridge: Harvard University Press, xiv-364 p.

NATSOULAS, T. 1977, "The Hellenic Presence in Ethiopia. A Study of a European Minority in Africa (1740-1936)", *Abba Salama*, 8, Atenas, pp. 5-218.

NOIRIEL, G. 1991, *La tyrannie du national. Le droit d'asile en Europe, 1793-1993*, Paris: Calmann-Lévy, 343 p.

_____ 2007, *Imigração, antisémitisme et racisme en France (xixe-xxe siècle). Discours publics, humiliations privées*, Paris: Fayard, 717 p.

PANKHURST, R. 1967, "Menilek and the Utilisation of Foreign Skills in Ethiopia", *Journal of Ethiopian Studies*, 5 (1): 29-86.

_____ 1968, *Economic History of Ethiopia 1800-1935*, Addis Abeba: Haile Sellassie I University Press, 772 p.

_____ 1981, "The History of Ethiopian-Armenian Relations", *Revue des études armênias (nouvelle série)*, 15: 355-400.

_____ 1983, "Some names for foreigners in Menilek's Ethiopia: Färänj, Taleyan and 'Ali – and the Greek who became a Färänj". In: S. Segert & A. Bodrogligeti, A., *Ethiopian Studies Dedicated to Wolf Leslau on occasion of his 75th Birthday*, Wiesbaden: Harrassowitz, p. 481-494.

PATTIE, S. 1997, *Faith in History. Armenians Rebuilding Community*, Washington, Londres: Smithsonian Institution Press, xiv+282p.

PRÉVÉLAKIS, G. (ed.) 1996, *Les réseaux des diásporas*, Paris, Nicosie: L'Harmattan/KYREM.

PRÉVÉLAKIS, G. 2005, "Les diásporas comme négation de l'"idéologie géographique"". In: L. Anteby-Yemini *et al.*, pp. 113-124.

RAULIN, A. 1991, "Minorités intermédiaires et diásporas", *Revue Européenne des Migraçãos Internationales*, 7 (1): 163-169.

SAFRAN, W. 1999, "Diásporas in Modern Societies: Myths of Homeland and Return", *Diaspora: A Journal of Transnational Studies*, 1 (1): 83-99.

SCHNAPPER, D. 2001, "De l'État-nation au monde transnational. Du sens et de l'utilité du concept de diaspora", *Revue Européenne des Migraçãos Internationales*, 17 (2): 9-36.

SHEFFER, G. 2006 [2003], *Diaspora Politics. At Home Abroad*, New York: Cambridge University Press, xiii-290 p.

SOHIER, E. 2012, Le roi des rois et la photographie. Politique de l'image et pouvoir royal en Etiópia sous le règne de Menelik II, Paris : Publications de la Sorbonne, 378 p.

TEMIME, É. 2007, "Les Arméniens à Marseille. Des années vingt à aujourd'hui", *Hommes et migraçãos*, 1265: 22-32.

TER MINASSIAN, A. 1997, *Histoires croisées. Diaspora, Arménie, Transcaucasie. 1890-1990*, Marseille: Parenthèses, 291 p.

TÖLÖLYAN, K. 2005, "Restoring the logic of the Sedentary to Diaspora Studies". In: L. Anteby-Yemini *et al.*, pp. 137-148.

WEIL, S. 2005, "Motherland and Fatherland as Dichotomous Diásporas : the Case of the Bene Israel *in* L. Anteby-Yemini *et al.*,, pp. 1-99.

ZERVOS, A. 1936, *L'Empire d'Etiópia: Miroir de l'Etiópia moderne*, Alexandrie: Imprimerie de l'École professionnelle des Frères.

ZERVUDACKI, C. 2007, "Diásporas à l'ancienne et diásporas de l'avenir. À propos de la communauté grecque de Pont-de-Chéruy". In: M. Bruneau *et al.*, pp. 361-372.

10
Império não colonial e hegemonia soviética: o caso do Uzbequistão através de seu cinema de ficção (1924-1937)

Cloé Drieu

As tentativas de aplicação das teorias pós-coloniais às transformações que ocorreram nos países da área pós-soviética (especialmente a Ásia Central) são bem-vindas, pois permitem dar início a uma necessária comparação entre URSS e outros impérios, levantar novas questões e dar a oportunidade para decifrar o funcionamento de um sistema político de outra maneira. Contudo, também representam um problema na medida em que dão a entender – sem nunca realmente questionar – que a URSS foi um império colonial análogo às potências imperiais europeias, por sua vez minuciosamente analisadas pelos pesquisadores pós-coloniais.[1] A "colonialidade" é implicitamente reconhecida

---

1 É o caso do artigo de Svetlana Gorshenina, no qual ela faz um balanço rico e minucioso da historiografia do Turquistão russo: "La marginalité du Turkestan colonial russe est-elle une fatalité ou l'Asie centrale postsoviétique entrera-t-elle dans le champ des Post-Colonial Studies ?", *Cahiers d'Asie centrale*, n° 17/18, 1º dezembro 2009, pp. 17-76. A discussão mais bem sucedida é a de D. C. Moore, que chama a atenção para um dupla miopia: a dos estudos pós-coloniais, que esquecem o "segundo mundo", e a dos estudos sovietológicos, um tanto quanto "provincianos". Por sua vez, D. C. Moore

como o único modo de dominação[2] para se pensar a instituição do poder soviético, um poder forte e explorador, imposto a populações particularmente heterogêneas nos âmbitos étnicos, religiosos, sociais e nacionais, que foram conquistadas principalmente – mas não exclusivamente – com armas e violência, logo após a Revolução de Outubro. Ora, o risco de uma leitura da URSS unicamente pelo prisma colonial é de passar ao largo de uma parte fundamental do funcionamento deste sistema político, muito mais inclusivo em relação às populações "periféricas" do que nas colonizações capitalistas. De fato, ele gerou outras "arenas discursivas" – para retomar a expressão de Emmanuelle Sibeud[3] – e abriu um campo mais fértil para as "transações imperiais hegemônicas", contrariamente aos sistemas coloniais.[4]

---

tenta caracterizar a URSS como um Estado colonial, sem conseguir completamente, distinguindo três tipos de regime colonial: o regime clássico (forte controle econômico, político, militar e cultural das periferias distantes), aquele exercido pela colonização de povoamento, bem como o regime colonial dinástico (por exemplo, Habsburgo), David C. Moore, "Is the Post- in Postcolonial the Post- in Post-Soviet? Toward a Global Postcolonial Critique", *PMLA*, vol. 116, n° 1, 2001, pp. 111-128.

2 É a acusação que também faz Jean-François Bayart em relação ao Império Otomano, "De l'Empire ottoman à la République de Turquie: la tentation coloniale", comunicação durante o colóquio "L'orientalisme désorienté? La Turquie contemporaine au miroir des approches postcoloniales", IEP de Rennes, 28-29 janeiro 2010, 51 p. (disponível em: fasopo.org/backup/cv/jf/encours/28012010.pdf); conferir também J.-F. Bayart, Romain Bertrand, "De quel "legs colonial" parle-t-on ?", *Esprit*, 2006, p. 137. Ainda que reconheçam o fato de que as "colonialidades" são múltiplas, os autores não questionam sua aplicação à União Soviética, que só viria a ter uma fase de descolonização após 1991.

3 Emmanuel Sibeud, "Introduction". In: Romain Bertrand, Hélène Blais & Emmanuelle Sibeud (eds), *Culture d'empires. Échanges et affrontement culturels en situation coloniale*, Paris, Karthala, 2015, p. 27.

4 *Cf.* os trabalhos conjuntos de Jean-François Bayart e Romain Bertrand, notadamente: J.-F. Bayart, R. Bertrand, "De quel "legs colonial" parle-t-on ?", *op. cit.*, pp. 134-160 ; R. Bertrand, "Les sciences sociales et le "moment colonial" : de la problématique de la domination coloniale à celle de l'hégémonie impériale", *Questions de recherches*, n° 18, 2006. A reflexão desenvolvida em meu artigo também teve grande inspiração nos trabalhos de Antonio Gramsci, expostos nos *Cadernos do Cárcere*, parcialmente apresentados por Razmig Keucheyan, *Guerre de mouvement et guerre de position,* Paris, La Fabrique éditions, 2012, 338 p. e sintetizados por Jean-Marc Piotte, *La Pensée politique de Gramsci*, Montréal, Lux, Humanités, 2010 [1970], 200 p. Também agradeço a Michel Cahen por suas observações pertinentes.

O presente artigo não trata do período conseguinte às independências de 1991, mas do período específico entreguerras, quando se deu a emergência do sistema político soviético: Estado híbrido, no limite entre federação e conjunto de Estados-Nação não soberanos, definição esta que permite delimitar seus contornos institucionais, bem como as lógicas internas e equívocas da hegemonia soviética stalinista. Este período essencial de transição entre um tempo colonial (até outubro de 1917) e um novo ciclo de dominação imperial (com apogeu no final dos anos 1930) é raramente analisado como uma fase de descolonização em si.[5] As pesquisas que foram feitas nos últimos vinte anos sobre a Ásia Central não colocaram diretamente esta questão, talvez porque os eventos do período stalinista pré-guerra tenham sido de uma violência tal que acabaram por monopolizar justamente os questionamentos, mas também porque, talvez, indagar uma descolonização que começa em 1917 seria reconhecer uma "virtude" ou, ao menos, um caráter positivo das primeiras políticas soviéticas.

Assim, este artigo interroga a natureza do regime político soviético na Ásia Central – mais especificamente no território do atual Uzbequistão –, focando sua gênese, as finalidades das lógicas coloniais czaristas e a implementação de novas lógicas imperiais – mas não coloniais – e hegemônicas soviéticas. O prisma do *fato cinematográfico* sobre o qual já nos debruçamos em trabalhos anteriores[6] permitirá o aporte de elementos concretos daquilo que descolonização, império e hegemonia significam na prática. Na verdade, o fato cinematográfico – ao mesmo tempo, instituições produtoras, representações fílmicas e recepção do público – é uma entrada fecunda para o coração de um sistema político. Por um lado, uma história das estruturas institucionais e econômicas da atividade cinematográfica revela o processo de descolonização e as novas relações de dominação e de poder (autonomia, dependência) que se instituem entre o centro (moscovita) e a periferia uzbeque no decorrer dos anos 1920 e no início dos anos 1930. Trata-se de lógicas de descolonização e, em seguida, de "imperialização" enquanto dinâmica de expansão territorial do Estado e aplica-

---

5 Recentemente, Niccolo Pianciola dedicou-se a esta questão, "Décoloniser l'Asie centrale ? Bolcheviks et colons au Semireč'e (1920-1922)", *Cahier du monde russe*, 49/1, 2008, pp. 101-144.

6 Cloé Drieu, *Fictions Nationales, Cinéma, empire et nation en Ouzbékistan (1924-1937)*, Paris, Karthala, 2013, 382 p. (col. "Meydan").

ção progressiva de um controle institucional direto e coercivo dos sujeitos soviéticos. Por outro lado, uma análise da mensagem fílmica, de sua recepção e de suas eventuais intertextualidades (relação de influência com outras obras) decifra imaginários nacionais e supranacionais através de elementos simbólicos; também esclarece lógicas hegemônicas – hegemonia que só se torna unívoca a partir de 1937 – enquanto meios formais e informais de adesão, persuasão e estabelecimento de consentimento, ou até mesmo de sujeição e doutrinamento, em relação aos grandes preceitos comunistas, segundo a concepção que existe no centro – Stálin –, com a contrapartida das reações da periferia (resistência, desvio, apropriação). Estas três lógicas (descolonização/império/hegemonia) serão analisadas uma após a outra neste artigo para determinar com maior precisão a natureza do sistema de dominação soviético.

Descolonização e novas lógicas de império na Ásia Central (1919-1931)

Como ressalta Alexander Motyl, é impossível ignorar o *império* enquanto regime político (*polity*) que é, ao mesmo tempo, realidade histórica, categoria conceitual e dispositivo analítico.[7] Diversas obras e artigos, mais e menos recentes, questionaram o conceito de império e sua pertinência para a compreensão de sistemas políticos muito díspares, distantes no espaço e no tempo,[8] sendo que alguns trataram mais especificamente do Império Russo, abordando a URSS por um viés mais de denúncia, ocasionalmente a Federação Russa após 1991. No que diz respeito à URSS do período entreguerras, a noção de império – que gostaríamos de pensar como conceito[9] – revelou-se mais adaptada

---

7 Alexandre Motyl, *Imperial Ends, The Decay, Collapse, and Revival of Empires*, New York, Columbia University Press, 2001, p. 3

8 *Cf.* a síntese de Frederick Cooper & Jane Burbank, *Empires in World History*, Princeton, Princeton University Press, 2010, além do trabalho datado, porém ainda útil de Maurice Duverger (ed.), *Le Concept d'empire*, Paris, PUF, 1980. Quanto a questões relativas à definição, *cf.* Benoit Pelopidas, "Tout empire, ou comment ce concept a perdu sa spécificité et comment la restaurer", *Revue Européenne des sciences sociales*, 2011 (49-1), pp. 111-133, disponível em: <https://ress.revues.org/855> (1º de fevereiro de 2016).

9 O sucesso da noção de "império" acabou por estender sua pertinência conceitual, Karen Barkey, "Trajectoires impériales : histoires connectées ou études comparées ?", *Revue d'histoire moderne et contemporaine*, 2007 (5), pp. 90-103 ; B. Pelopidas, "Tout empire...", *op. cit.*

para qualificar o funcionamento do Estado soviético. Porém, antes de adentrar a questão das definições, é importante entender o processo de descolonização em curso desde o verão russo de 1916.

Com efeito, coube aos bolcheviques a tarefa de assumir e organizar institucionalmente o inevitável processo de descolonização que teve início na Ásia Central com três momentos-chave: as Revoltas de 1916 contra o recrutamento de homens para os batalhões de trabalho, o que abala as estruturas da administração imperial sem destruí-las completamente; a Revolução de Fevereiro com a constituição de um governo provisório que toma as primeiras medidas por uma maior autonomia, um envolvimento nos povos não-russos na vida política de maneira mais ampla (representação parlamentar e criação de exércitos ou de forças nacionais),[10] bem como o reconhecimento da igualdade de direitos de todos os cidadãos da nova Rússia, sem uma verdadeira autodeterminação; enfim, a Revolução de Outubro, que coloca em primeiro plano a visão radical da política de nacionalidades formalizada por Lênin durante a Conferência de Abril.

Os dirigentes bolcheviques, primeiramente Lênin e Stálin (lembremos que ele foi Comissário do Povo para as Nacionalidades entre 1918 e 1924), pensam a construção do Estado soviético em oposição às estruturas precedentes, conscientes do perigo de um Estado que pudesse ser assimilado a um império. A imagem de um Estado anti-imperialista e multinacional do tipo federal é essencial e explica, num primeiro momento, a promoção de categorias nacionais, de nacionalismos vernaculares em função de diversos elementos (cultura, elite, línguas nacionais), o que beneficiará a atividade cinematográfica uzbeque. Assim, a "autodeterminação dos povos" é legalmente reconhecida pela Declaração dos Direitos dos Povos da Rússia de 15 de novembro de 1917, pela primeira Constituição soviética de 1918 e pelas Constituições da URSS de 1924 e 1936. Essa aparência federalista encontra um eco especial junto a intelectuais turco-

---

10 A questão da constituição de forças militares nacionais é essencial para os povos antigamente colonizados: por exemplo, conferir a Polônia e a constituição de um exército polonês autônomo, Marc Ferro, "La politique des nationalités du gouvernement provisoire (février-octobre 1917)", *Cahier du monde russe*, 1961, vol. 2/2, p. 140 ; conferir também Salavat Iskhakov, "Tiurki-musul'mane v rossiiskoi armii (1914-1917)", D. Vasil'ev, S. Liashtornyi & V. Trepavlov (eds), *Tiurkologicheskii Sbornik*, Saint-Pétersbourg: Vostochnaia literatura, 2003, pp. 245-280 sobre a constituição de unidades militares muçulmanas.

menos que, na maior parte do tempo, pensavam na união com a Rússia em termos de autonomia cultural e, raramente, como independência ou separatismo.

Logo, as novas instituições de poder formam-se em meio ao caos da guerra civil que se alastrou por todo o antigo espaço imperial russo. O Exército Vermelho teve um papel crucial no estabelecimento do poder soviético na Ásia Central (que ainda se chamava Turquistão na época), da mesma maneira que contou com a participação da população local e a adesão de certos membros da elite comunista autóctone, que alcançam progressivamente postos influentes. A análise da instituição cinematográfica permite compreender esta fase de descolonização de maneira concreta. Sobre as ruínas da antiga colônia centro-asiática russa, é criada a República Soviética Socialista Autônoma do Turquistão em abril de 1918; uma região autônoma que é incluída na Republica Socialista Federativa Soviética da Rússia (RSFSR). De fato, o departamento cinematográfico criado um ano e meio mais tarde ainda não chega a produzir longas-metragens, mas já começa a cuidar da administração de salas e filmes em seu território, o que gera as primeiras receitas. No entanto, rapidamente, esse organismo acaba sendo totalmente subordinado ao poder central visto que tem de ceder os direitos de distribuição dos filmes ao organismo cinematográfico moscovita (Goskino, criado em 1922, quando a situação encontra-se relativamente pacificada) que, por sua vez, faz a exploração e priva a República do Turquistão da única fonte de financiamento para a produção de filmes, sobretudo durante o período da Nova Política Econômica (NEP).[11]

Esta situação de dependência, subordinação e incapacidade financeira para manter de pé a economia local do filme se estendeu até 1924, ano em que foi feita uma divisão étnico-territorial, ou seja, a delimitação administrativa das repúblicas soviéticas da Ásia Central de acordo com as fronteiras que conhecemos hoje de maneira geral.[12] Esta divisão lavra a certidão de nascimento do Estado uzbe-

---

11 Oficialmente adotada em 1921, a Nova Política Econômica autoriza formas capitalistas de regulação da economia, mas que permanecem sob o controle das instâncias do Estado, que tenta de tudo neste período difícil de saída de guerra e de revolução.

12 Na Ásia Central, este processo tem início em 1924 e vai até 1936, conferir Arne Haugen, *The Establishment of National Republics in Soviet Central Asia*, Basingstoke, Palgrave Macmillan, 2003; o ponto central da nova história de divisão territorial é o fato de que trabalhos publicados a partir dos anos 2000 insistem na participação das elites locais neste processo, que não foi – conforme afirmado anteriormente – fruto do exercício de

que, que alcança o patamar de República Socialista Soviética, ou RSS, ganhando autonomia e território. É uma independência nova e real na área cinematográfica, bem como em outras instâncias de regulação.[13] A criação do órgão cinematográfico nacional do Estado (Uzbekgoskino, em 1925) é vista como um grande avanço, pois o organismo possui autonomia financeira e um poder de decisão em escala nacional e federal soviética. O órgão nacional uzbeque integra as estruturas cinematográficas da República do Turquistão e a da República de Bukhara, chamada *Bukhkino*.[14] Todavia, esta nova estrutura com o nome de Uzbekgokino conserva sua soberania nacional ao recusar-se a integrar o órgão cinematográfico de vocação federal *Vostokkino*. Até 1931, é o país que manda em sua política cultural, que decide os temas dos filmes, o financiamento e a censura, por sua vez efetuados por meio de comissariados do povo uzbeque, por mais que subsistissem heranças estruturais do sistema de produção cinematográfica anterior, além de dificuldades conjunturais ligadas à escassez generalizada e à falta de pessoal local qualificado (cineastas, técnicos, roteiristas).

Na verdade, essa autonomia cultural nova, adquirida de *facto*, é transitória, parecendo mais sujeita ao poder bolchevique, concedida e finalmente encorajada por pragmatismo.[15] O poder bolchevique em sua versão stalinista – Stalin se encarrega diretamente da política de nacionalidades até 1924 – opõe-se de maneira fundamental;[16] o separatismo é condenado e este projeto de construção

---

um poder central onipotente sobre uma periferia submissa.

13 A "radiografia" do Estado soviético em suas periferias uzbeques não é a mesma quando observamos a organização das instâncias de coerção controladas pelos homens do Centro e por ele indicados. Pesquisas seriam benvindas, ainda que os arquivos sobre este tema sejam de difícil acesso.

14 Tal estúdio havia sido fundado em 1924 em Boukhara e produziu o primeiro longa-metragem de ficção realizado no território centro-asiático: *Minarete da Morte*, que fez muito sucesso na URSS e também no exterior.

15 Raphaëlle Lirou, *La Russie entre fédération et empire, Contribution à la définition constitutionnelle de l'État russe*, Clermont-Ferrand, Fondation Varenne, 2010, pp. 127-142.

16 É exatamente o que Stalin escreve a Lênin em 1922: "Se não tentarmos adaptar agora as relações entre o centro e as periferias a uma interdependência de fato, em função da qual as periferias, de maneira geral e incontestável, devam se submeter ao centro [...], então será incomparavelmente mais difícil defender a unidade de fato das repúblicas soviéticas daqui a um ano.", Arquivo de história social e política do Estado russo (RGASPI) 5/2/28, pp. 19-21: "Carta de Stalin a Lênin sobre a determinação da ordem de relação do centro com

estatal visa apenas o estabelecimento de um Estado cuja unidade e centralização nos planos políticos e econômicos ampara-se no reconhecimento de diferenças nacionais, organizadas territorial e institucionalmente. Este processo ganha forma no decorrer dos anos 1930 e, de fato, a criação das repúblicas socialistas soviéticas inicialmente "independentes" no discurso político implica em sua integração *de jure* à URSS:[17] o poder central soube fechar o cerco. A retomada de controle pelo Centro, tanto na área cinematográfica como nas demais atividades econômicas e industriais, é iniciado em fevereiro de 1930 com o processo de centralização e a criação de *Soiuzkino*, órgão cinematográfico central de envergadura "federal", que se torna o regulador único na esfera soviética, tanto no plano econômico (alocação de recursos, fornecimento de película) quanto ideológico (determinação das temáticas dos filmes), sendo também o único órgão que passa a ter poder para assinar contratos bilaterais com o exterior. Esta criação significa para o Uzbequistão – e, igualmente, para as repúblicas nacionais – a perda quase total no curto-prazo de todas as capacidades de decisão.

A organização cinematográfica uzbeque, que sai de um período econômico difícil, não se opõe ao princípio da centralização e, juntamente com outras altas instâncias de decisão do país, considera como sendo racional de um ponto de vista econômico. Imbuídas de uma concepção federal do Estado soviético, estas instâncias acreditam logicamente que, em contrapartida, iriam conservar uma margem de manobra e uma representatividade. Por exemplo, contam em obter um assento no conselho de administração do órgão *Soiuzkino* (com direito de veto) e com a possibilidade de implementar em seu território políticas centrais com o objetivo de preservar interesses nacionais, porém tais exigências

---

as periferias" (22 set.1922). In: L. Gatagova *et al.* (eds), *TsKRKP(b)–VKP(b) i natsional'nyi vopros* (1918-1933), Moscou, Rosspen, p. 78. A análise das constituições de 1918, 1924 e 1936 mostra que o direito à autodeterminação não vem acompanhado de nenhuma disposição concreta com relação à sua aplicação, o que anula a sua real importância, R. Lirou, *La Russie entre fédération...*, *op. cit.*, pp. 144-170 ; Paul Isoart, "Approche constitutionnelle du problème des nationalités en URSS (1920-1940)". In: AAVV, *L'expérience soviétique et le problème national dans le monde (1920-1939)*, Paris, Inalco, 1981, pp. 159-199.

17 RGASPI 17/3/443, pp. 3-4: decreto do Bureau político do CC do PC panrusso "Sobre a demarcação territorial das repúblicas centro-asiáticas" (12 juin 1924), L. Gatagova *et al.* (eds), *TsKRKP(b)–VKP(b) i natsional'nyi vopros*, *op. cit.*, p. 227.

não são atendidas.[18] As instâncias uzbeques se opõem, sem grandes meios, às modalidades da centralização – e à concentração administrativa[19] –, concluída em 1934 por uma nova reorganização institucional que priva definitivamente o Uzbequistão da possibilidade de alavancar uma atividade cinematográfica viável em escala nacional. Com efeito, em 1934 é criado a Direção Estatal para o Cinema e a Fotografia: nacionalmente, as instâncias de produção de filmes (Uzbekfilm), bem como as encarregadas da distribuição/exploração (Uzbekkino) deixam de ter relação umas com as outras e passam a prestar contas separadamente a este órgão central. Na história das relações entre as instituições soviéticas e as periferias, 1934 é um ano significativo: para além do nascimento do NKVD, desaparecem vários "bureaux" do Partido Comunista, que se encontravam implantados em regiões do Cáucaso, da Ásia Central e da Sibéria, entre outras. O sistema político passa a ser suficientemente integrado de maneira que não precisa mais de representações locais. De fato, no início de 1920, havia oito bureaux, repartidos em função de grandes zonas geográficas. O Bureau centro-asiático, criado em maio de 1922, desaparece em outubro de 1934, uma vez o poder central solidamente estabelecido.[20]

Definitivamente, nos anos 1930, a dinâmica de centralização ancorou-se em um "mal-entendido operatório" (*working misunderstandings*)[21] em relação à concepção de Estado: para o poder central, as periferias deviam obrigatoriamente se submeter a Moscou, ao passo que, para as periferias – por meio do exemplo do Uzbequistão na área cinematográfica – o mais lógico seria que

---

18 UzRMDA (Arquivos nacionais do Estado da República do Uzbequistão) 837/9/695 p. 58 : PV da diretoria de propagando do CC do PC uzbeque (4 de março de 1930).

19 Na área cinematográfica, o movimento se inverte: ao invés de ter uma representação dos estúdios uzbeques em Moscou, é o Centro que abre um bureau de representação no Uzbequistão.

20 Shoshana Keller, "The Central Asian Bureau, an Essential Tool in Governing Soviet Turkestan", *Central Asian Survey*, 22 (2/3), 2003, pp. 281-297.

21 Noção de David C. Dorward, retomada por Frank Salamone para qualificar as técnicas de acomodação desenvolvidas de modo a facilitar o controle e o funcionamento da administração colonial britânica por meio de *indirect rule*. D. C. Dorward, "The Development of the British Colonial Administration among the Tiv, 1900-1949", *African Affairs*, vol. 68 (273), out. 1969, pp. 316-333; F. A. Salamone, "The Social Construction of Colonial Reality: Yauri Emirate", *Cahiers d'études africaines*, vol. 25 (98), 1985, pp. 139-159.

o Estado interviesse de maneira supranacional na administração da atividade cinematográfica (sobretudo em termos orçamentais). Apoiar a emancipação dos povos, encorajar o nacionalismo e defender a autonomia cultural e, ao mesmo tempo, criar progressivamente os elos de dependência institucional e administrativa sem qualquer controle da periferia permitiu a construção de um *império*. Essa situação perdurou até 1941, quando estoura a Grande Guerra Patriótica, que transforma radicalmente a relação entre o Estado e as sociedades e entre o centro e as periferias.

Da noção ao conceito de império

Até os anos 1990, a utilização das noções de império de colonização com um tom mais de denúncia revelava uma ideologia de Guerra Fria, mas também o fato de que, como ressalta Francine Hirsch,[22] os historiadores britânicos da URSS dos anos 1950 e 1960 tinham a influência de questionamentos ligados ao processo de descolonização que atravessava o império britânico.[23] Ademais, os relatos orais aos quais os pesquisadores tinham acesso provinham essencialmente de centro-asiáticos no exílio, opostos ao regime.[24] Então, "império" e "colonização" apareciam pouco como categorias analíticas, sendo escolhidas em títulos de obras e de artigos para deslegitimar e denunciar uma dominação, porém sem participar da compreensão do processo e dos múltiplos e específi-

---

22 Francine Hirsch, *Empire of Nations*, New York, Cornell University Press, 2005, p. 4.

23 E notadamente Robert Conquest, que dirige a obra sem fazer uma verdadeira introdução ou escrever um artigo: R. Conquest (ed.), *The Last Empire, Nationality and the Soviet Future*, Stanford, Hoover Institution Press, 1986; Walter Kolarz, *Les Colonies russes d'Extrême-Orient*, Paris, Fasquelle, 1955, 238 p., por vezes muito interessante pela utilização de fontes literárias para compensar a falta de arquivos; e Olaf Caroe, antigo administrador britânico da província da Fronteira Nororoeste (Paquiestão) em 1947-1948, *Soviet Empire: The Turks of Central Asia and Stalinism*, Londres, Macmillan, 1953 e seu artigo "Soviet Colonialism in Central Asia", *Foreign Affairs*, out. 1953, disponível em: <https://www.foreignaffairs.com/articles/russian-federation/1953-10-01/soviet-colonialism-central-asia> (acessado em 30 de outubro). Os títulos são mais polêmicos que o conteúdo analisado no livro em si.

24 Pensamos nos trabalhos dos historiados da Ásia Central e das questões nacionais na URSS: Alexandre Bennigsen e S. Enders Wimbush.

cos mecanismos de submissão, nem das reações e participações da periferia na formação do regime soviético.[25]

Tais abordagens se aparentavam a uma transposição dos postulados da escola dita totalitarista, que se apoiava na ideia de um Estado central todo-poderoso legitimado pela sua ideologia, o qual exerce um controle absoluto sobre uma sociedade atomizada. Aplicado à Ásia Central, este conceito lia-se como um poder imposto unilateralmente por um centro político a uma periferia – não mais social, mas geográfica – que, quando reagia, só podia fazê-lo sob o pretexto de sentimentos anti-russos. Encontrava-se ali o modelo de análise binário[26] resistência/colaboração, pouco operacional para a história do stalinismo – até mesmo dos mundos coloniais[27] –, pois só esclarece circunstâncias extremas e relativamente raras. Com as independências de 1991 e a reconstrução nacionalista das histórias produzidas pelas academias oficiais de ciências das repúblicas centro-asiáticas, este quadro binário continua a animar as historiografias em termos similares, o que permite escapar à questão do envolvimento e do lugar das primeiras elites nacionais na construção soviética do período entreguerras, onde são exclusivamente apresentadas como vítimas.

O quadro imperial escolhido para este artigo inscreve-se na renovação – desde a queda da URSS – das análises da política de nacionalidades em todo o território soviético e, desde os anos 2000, da história da Ásia Central soviética do entreguerras, que foram amplamente favorizadas pela abertura dos arquivos na Rússia e Ásia Central.[28] Desde então, a noção de império é mobilizada

---

25 Hélène Carrère d'Encausse, sem se propor a definir o império soviético, acaba por fazer uma elucidação em seu primeiro capítulo *"Quand la 'prison des peuples' s'est ouverte"* sobre as relações das elites bolcheviques com o princípio federal e a discrepância entre legislação e prática do poder, H. Carrère d'Encausse, *L'Empire éclaté*, Paris, Flammarion, 1978, pp. 11-44.

26 Este modelo também é utilizado por Ranajit Guha, *Dominance Without Hegemony, History and Colonial Power in India*, Cambridge, Londres, Harvard University Press, 1997, pp. 20-25.

27 R. Bertrand, "Politique du moment colonial. Historicités indigènes et rapports vernaculaires au politique en "situation coloniale"", *Questions de recherche*, 26, out. 2008, p. 5.

28 Além das obras já citadas de Francine Hirsch, Terry Martin e Arne Haugen, conferir Juliette Cadiot, *Le Laboratoire impérial: Russie-URSS 1860-1940*, Paris, CNRS ; Adrienne Edgard, *Tribal Nation, The Making of Soviet Turkmenistan*, Princeton, Princeton University Press, 2006 ; Yuri Slezkine, "The USSR as a Communal Appartment, or How a

diferentemente e empregada de maneira mais neutra e despolitizada, tendendo a alcançar o status de conceito.[29] Os pesquisadores encontram-se diante de um sistema híbrido e de uma lógica de construção de Estado multinacional complexa para a compreensão, com conceitos como Estado-nação, Estado unitário e federação – que a URSS não reivindica[30] –, que não refletem a realidade, a não ser de forma parcial ou superficial. O "império" é, antes de tudo, uma noção cômoda para dar conta das práticas de poder do Estado soviético para além de suas formas jurídicas e constitucionais.

O sucesso da noção de império não é surpreendente, sem dúvida respondendo a uma necessidade das pesquisas atuais em ciências sociais. Muitos autores que se interessam por estas questões têm conceitos mais ou menos diferente: Frederick Cooper e Jane Burbank definem impérios como entidades políticas vastas e expansionistas – com memória de sua potência no decorrer dos tempos – que asseguram a manutenção de distinções e hierarquias à medida que incorporam novas populações.[31] Próximos desta definição, muitos historiadores especialistas da URSS tentaram caracterizar o império à imagem do caso soviético.[32] Na obra seminal desta reflexão, Alexander Motyl, em seu primeiro capítulo, define império como um sistema político centralizado (estrutura da rede), estável e no qual uma dominação estatal alóctone é exercida sobre uma/algumas periferia(s) autóctona(s). No mesmo sentido, Ronald G. Suny pensa o império como "*a particular form of domination or control between two units set apart in a hierarchical, inequitable relationship, more precisely a composite state in which a metropole dominates a periphery to the disadvantage of the*

Socialist State Promoted Ethnic Particularism", *Slavic Review*, 53 (2), 1994, pp. 414-452.

29 A melhor síntese feita até hoje é a de Adeeb Khalid, "The Soviet Union as an Imperial Formation. A view from Central Asia". In: Ann Stoler, Carole McGranahan & Peter Perdue (eds), *Imperial Formations*, Santa Fe, School of Advanced Research Press, 2007, pp. 123-151.

30 R. Lirou, *La Russie entre fédération...*, op. cit.

31 Conferir a noção de "repertório" no funcionamento dos impérios: política da diferença, intermediária (intermediação pessoal ou sistema administrativo), entidade em movimento, sistema de legitimação, no capítulo 1 "Imperial Trajectories", F. Cooper & J. Burbank, *Empires in World History*, op. cit., pp. 1-22.

32 A inspiração costuma ter origem em dois livros: Michael W. Doyle, *Empires*, Ithaca, Londres, Cornell University Press, 1986 et A. Motyl, *Imperial Ends, op. cit.*

periphery".[33] Já Mark Beissinger e Terry Martin insistem quanto à pertinência de uma abordagem subjetiva do império por meio das políticas de Estado.[34] Enfim, Peter Blitstein propõe pensar o império como espaço político conservador e inclusivo, que favorece a diferenciação dos grupos que a compõem, contrariamente ao funcionamento do Estado nacional que, por sua vez, é exclusivo e impõe a transformação das sociedades com vistas à sua unificação.[35] No caso em questão, há uma inclusão institucional, política e econômica, mas diferenciação nacional/cultural com autonomia relativa e cambiante das repúblicas socialistas soviéticas, pensada por Stálin como temporária, mas que ganha forma a ponto de ser complicado desfazê-la em seguida. Esta diferenciação nacional e cultural torna-se um princípio estruturante do Estado soviético, contra sua ideologia.

Outros elementos simbólicos e constitutivos dos impérios corroboram esta definição, insistindo na dinâmica de construção e expansão do império, que se articula em torno de um povo imperial, consciente de assumir uma forma de missão; populações subordinadas, exploradas, mas também protegidas por ele e, por fim, fronteiras que o separam claramente da barbárie de do caos, que devem ser sempre rechaçados para manter o afã de conquista.[36] No caso soviético, o povo revolucionário russo (comunista) sente-se investido de uma missão civilizadora[37] e, após o fracasso de uma eventual "revolução mundial", a conquista dá-se no interior das fronteiras soviéticas. Enfim, elementos concretos de fun-

---

33 Ronald G. Suny, "The Empire Strikes Out, Imperial Russia, 'National Identity', and Theorie of Empire". In: R. G. Suny & Terry Martin (eds), *A State of Nations: Empire and Nation-Making in the Age of Lenin and Stalin*, New York, 2001, p. 25.

34 Mark Beissinger, "The Persisting Ambiguity of Empire", *Post-Soviet Affairs*, 11 (2), 1995, p. 155 et T. Martin, "The Soviet Union as Empire: Salvaging a Dubious Analytical Category", *Ab Imperio*, 2, 2002, p. 105.

35 Peter Blitstein, "Nation and Empire in Soviet History", *Ab Imperio*, 1, 2006, p. 197-219.

36 Conferir também Sylvie Mesure & Patrick Savidan (eds), *Le Dictionnaire des sciences humaines*, Paris, PUF, 2006, pp. 372-374.

37 Por exemplo, conferir o discurso de Grigorii Broido sobre a "obrigação de ajudar" o povo Khiva (antigo protetorado russo na Ásia Central) enquanto "representantes da grande revolução russa", RGASPI 17/84/87, pp. 3-5: PV do Congresso do governo provisório de Khiva a respeito da formação de uma república (7 de abril de 1920), L. Gatagova et al. (ed.), *TsKRKP(b)–VKP(b) i natsional'nyi vopros, op. cit.*, p. 32.

cionamento institucional som uma definição interessante por ser modulável e adaptável a diferentes contextos históricos.[38]

O conjunto destes componentes permite – para a época contemporânea e em função do caso soviético – pensar o império como conceito, enquanto forma político-jurídica específica, legalmente definida, que se realiza por meio de um Estado soberano, mas com uma versão diferente daquela que desapareceu no século xvii para dar lugar ao conceito de Estado.[39] No caso soviético, trata-se de um império multinacional continental, no qual os "sujeitos" de todas as repúblicas são distintos de um ponto de vista nacional, porém iguais perante a lei e cidadãos de um mesmo Estado supranacional. Em uma versão estrita, o regime político imperial soviético define-se como um Estado que dispõe de um território vasto, multinacional e centralizado (administração e comunicações), cujo poder personalizado e sacralizado visa impor de modo unilateral e hierarquizado um sistema de vocação universal, porém baseado na valorização e diferenciação nacional das culturas, o que implica na destruição das autoridades preexistentes. Assim, paradoxalmente, a valorização e diferenciação das culturas baseiam-se na destruição/reinvenção de suas historicidades. Com efeito, o sistema soviético apenas apoiou-se na intermediação das elites locais (intelectuais, notáveis) de maneira transitória – rapidamente, novas elites nacionais foram promovidas pela política dita de "indigenização"[40] –, cujas autoridades tradicionais foram progressivamente destruídas pelas políticas de

---

38 Diferentes critérios são propostos, todavia, não são exclusivos, nem devem necessariamente ser todos satisfeitos para haver império: a vastidão e o caráter multinacional do território; organização centralizada do espaço, da administração e das comunicações; personalização e sacralização do poder, bem como a vocação universal do sistema. Então, podemos definir o império a partir de outros critérios propostos, excluindo, por exemplo, o da centralização (como no caso britânico). Outros critérios, como o papel do exército (conquista e manutenção da ordem) e a noção de "sociedades hidráulicas" (pertinente para a Ásia Central visto que o domínio da água permite controlar os homens e os espaços ao mesmo tempo), M. Duverger, *Le Concept d'empire*, op. cit., pp. 7-21.

39 Emmanuelle Jouannet, "La Disparition du concept d'empire", *Jus Politicum*, n. 14, 2015, p. 3, acessado em 1º de fevereiro de 2016: <http://juspoliticum.com/La-disparition-du-concept-d-Empire.html>.

40 Em russo *korenizatsia*, palavra formada a partir de *koren'* (raiz, origem). Seria mais justo falar em política de nacionalização de quadros.

coletivização e sedentarização, de laicidade e emancipação das mulheres e, em seguida, pelo golpe fatal dos expurgos stalinistas do final dos anos 1930.

O ponto central destas definições, assim como a diferença fundamental em relação aos impérios coloniais, é a posição essencial dos modos de gestão inclusiva da diferença (étnica, nacional) – diferenciações nacionais institucionalizadas em prol de uma cidadania comum – como fundamento do Estado soviético. Contrariamente aos impérios coloniais –império czarista incluso[41] –, vistos como sistema político de dominação de um Estado nacional (caso francês, britânico e português, por exemplo) com controle extraterritorial e ancorado em uma alteridade racial radical, o sistema soviético não se baseia neste tipo de alteridade, mas em um alteridade radical de classe. Ainda que muitas sejam as semelhanças com os impérios coloniais, notadamente em termos econômicos e demográficos,[42] esta "igualdade de tratamento" engendra uma diferença de natureza e um escopo mais amplo de intervencionismo do Estado soviético e de suas políticas de integração e de modernização social e econômica. Tais políticas são implementadas de maneira uniforme em todo o território soviético, adaptando-se aos contextos locais, o que sugere mais uma comparação com as políticas de um Estado como a Turquia kemalista do que com aquelas aplicadas pelas metrópoles francesa, britânica ou portuguesa em suas colônias.[43]

Igualmente, a supremacia de um povo considerado como imperial e dotado de uma missão, com fundamento de caráter colonial, configura uma analogia apenas parcial ao sistema soviético, com os russos sendo, proporcionalmente, as principais vítimas de seu "próprio" sistema de dominação. A "russidade" promovida no âmbito da URSS é mais a de uma identidade proletária (identidade de classe primordial) – mas que o povo russo (*rossiskii*) revelou – do que

---

41 Regime inquestionavelmente colonial na Ásia Central até a Revolução de Fevereiro, caracterizado por um processo de colonização de povoamento, sobretudo a partir de 1905 (favorecido pela abolição da servidão, construção de ferrovias, leis de autorização de povoamento), distinção discriminatória entre poder colonial e povo indígena – ainda que, no caso russo, os colonos recém-chegados nem sempre tivessem sido defendidos de maneira incondicional pela administração militar –, uma administração de caráter militar, forte subordinação e contestação virtualmente permanente.

42 Anatoli Vichnevski, "L'Asie centrale post-soviétique : entre le colonialisme et la modernité", *Revue d'études comparatives Est-Ouest*, 26 (4), 1995, pp. 101-123.

43 A. Khalid, "The Soviet Union as an Imperial Formation", *op. cit.*

de essência etno-nacional (*russkii*). Assim, o próprio Stálin, "se não fosse pela origem nacional, seria "russo" por comportamento e profissão", para retomar a afirmação do historiador Yuri Slezkine,[44] o que reflete bem esta nuance e dá também dá a ele certa credibilidade. Ademais, o povo russo enquanto herdeiro desse nacionalismo russo do tempo do império dos czares ("chauvinismo grande-russo" no jargão bolchevique) chega a ser relativamente desfavorecido – sem território especificamente russo, com a RSFSR como federação e sem partido comunista russo – a tal ponto que Terry Martin propôs a expressão *affirmative action empire*, ou seja, um "império de discriminação positiva" (em termos de ação pública por meio de uma política de promoção dos quadros nacionais, erroneamente referida como "política de indigenização") para descrevê-lo.[45] Mas o povo russo que começou a Revolução de Outubro é louvado.

Hegemonia coproduzida e equívoca

Para compreender o funcionamento deste império e continuar a reflexão sobre a participação das populações periféricas em sua formação, além da análise das relações centro/periferia nas esferas institucionais e administrativas como acabamos de fazer, é necessário avaliar como essas periferias ajudaram a forjar a ideologia bolchevique – e, ainda, a matriz econômica global –, entendida não como expressão política explícita de uma norma de pensamento e de concepção do mundo, mas como conjunto de práticas e discursos que constituem um todo mais ou menos unificado.[46] Até 1936-37, as populações periféricas dispõem de um espaço discursivo no qual realmente investem, que ajudaram a co-criar, o que não as relega a uma posição subalterna visto que o regime de dominação unilateral não fora completamente instituído; participam, então, tal qual outras populações na aventura revolucionária e de formação do Estado soviético. O reconhecimento da positividade da periferia, de sua capacidade de ação e de uma racionalidade interna passa a ser uma tendência

---

44 Yu. Slezkine, "The USSR as a Communal Appartment…", *op. cit.*, p. 425.

45 Conferir a introdução, T. Martin, *The Affirmative Action Empire*, *op. cit.*, pp. 1-27; conferir também A. Khalid, "The Soviet Union as an Imperial Formation", *op. cit.*, p. 137.

46 Vadim Volkov, "The Concept of Kul'turnost', Note on the Stalinist Civilizing Process". In: Sheila Fitzpatrick (ed.), *Stalinism: New Directions, Rewriting Histories*, Londres, New York, Routledge, 2000, p. 211.

geral a partir dos anos 1990 com a renovação da historiografia da Ásia Central graças aos trabalhos feitos em arquivos recém-disponibilizados e que revelaram as lógicas do mais baixo escalão do Estado. Corpos sociais como as periferias dispõem de uma verdadeira capacidade de iniciativa, de ação e de resistência, negociando parte das modalidades de sua presumida "submissão", na verdade vista no caso da URSS como uma "ligação", ou seja, a adesão a uma entidade política maior e mais poderosa. A não ser entre 1937 e 1941 (pelo menos), não se trata de "subalternos" no sentido atribuído aos impérios coloniais pela literatura dos últimos trinta anos.[47] Até 1937, a hegemonia soviética resulta de dinâmicas equívocas, de tensões entre uma ideologia bolchevique central e conquistadora e uma (das) ideologia(s) nacionalista(s) e vernacular(es); assim, sob o prisma do caso cinematográfico, está longe de ser uma "totalidade unívoca" como se presume geralmente.[48] Nesse sentido, podemos distinguir quatro fases de desenvolvimento.

A primeira, entre 1924 e 1928 aproximadamente – sempre pela ótica do caso cinematográfico uzbeque –, é a fase da diminuição da hegemonia colonial preexistente devido a uma hibridação entre imaginários orientalistas de concepção saidiana,[49] fantasmagóricos ou discriminadores das populações da Ásia Central e novos imaginários bolcheviques revolucionários. Isto se explica pelo fato de estúdios uzbeques serem obrigados a solicitar cineastas exteriores à República uzbeque, frequentemente russos e formados durante os tempos do império, que produzem filmes que veiculam suas próprias representações do Oriente e para o público das grandes metrópoles russas. Num primeiro momento, o exotismo orientalista e fantasmagórico, tão típico dos imaginários coloniais, retrata um Oriente fantástico e estereotipado, repleto de haréns e ca-

---

47 Sobre questões de subalternidade, nos inspiramos especialmente nos artigos de Jacques Pouchepadass, "Les *Subaltern Studies* ou la critique postcoloniale de la modernité", *L'Homme*, n° 156, 2000, pp. 161-186 e "Que reste-t-il des *Subaltern Studies*?", *Critique Internationale*, n° 24, julho de 2004

48 J.-F. Bayart, *Les Études postcoloniales, Un Carnaval académique*, Paris, Karthala, 2010, nota 139, p. 78.

49 "Estilo de pensamento baseado em uma distinção ontológica e epistemológica feita entre "o Oriente" e (na maior parte do tempo) o Ocidente" e "estilo ocidentalpara dominar, reestruturar e ter autoridade sobre o Oriente", Edward Said, *L'Orientalisme: l'Orient créé par l'Occident*, Paris, Seuil, 2005 [1978], pp. 14-15.

valeiros intrépidos, palco de aventuras extravagantes.⁵⁰ Este tipo de filme de diversão é criticado pelos órgãos de imprensa e censura oficiais pela falta de realismo e ausência de mensagem política. A imposição do realismo – para um filme como real vetor de transformações culturais – vai revelar uma relação de poder e uma simbologia de conquista e dominação nas representações, o que dá lugar a um segundo tipo de imaginário colonial – dessa vez, estigmatizante: os orientais são agressivos e ameaçadores (utilização de técnicas de câmera subjetiva), desumanizados, comparados a animais (recurso de montagem paralela), vivem em um mundo infestado por doenças, preguiça, vícios e violência, o que vai de encontro às representações veiculadas em filmes coloniais produzidos nos grandes impérios europeus.⁵¹ Apesar de tudo, são implementados os primeiros códigos de representações oficiais (iminência da revolução autóctone, modernização social, liderança assegurada pelos comunistas russos) na totalidade dos filmes deste período. Passando por esse hibridismo de imaginários, tem início um primeiro deslocamento entre hegemonia colonial e uma nova hegemonia bolchevique, ainda mal formalizada. Ao final, o órgão cinematográfico nacional uzbeque, que havia obtido sua independência e uma verdadeira autonomia cultural, produz filmes em contraposição à nova realidade política e social que deveria retratar e às transformações que deveria iniciar.

Então, a descolonização das representações é mais rápida na URSS do que nos outros impérios, sendo concluída em 1928 no caso uzbeque com a apropriação nacional das representações cinematográficas e o início da revolução cultural, o que irá revelar as tensões discursivas (nacionais/de classes) dentro da própria matriz hegemônica soviética. Aqui, o nacionalismo pode ser apreendido como uma forma de "transação hegemônica imperial".⁵² Contrariamente aos anteriores e agora destinados a um público local, os filmes desta segunda fase levantam pela

---

50 Podemos citar o filme *Minarete da morte* de V. Viskovskii, produzido na Ásia Central em 1925; outros filmes produzidos na URSS na época têm o mesmo estilo. As obras e as inspirações circulam: *O Sheik* de G. Melford (1921) ou *O Ladrão de Bagdad* de R. Walsh (1924) fizeram muito sucesso na URSS, assim como certa literatira colonial.

51 Como catálogo de estereótipos, conferir Albert Memmi, *Portrait du colonisé, portrait du colonisateur*, Paris, Gallimard/Folio, 1985.

52 Noção proposta por J.-F. Bayart e R. Bertrand para definir os espaços de negociação e acordos nos impérios, em sua maioria coloniais.

primeira vez a questão da identificação dos telespectadores com a representação[53] (e *in fine* do realismo das representações) e revelam a realidade de um espaço cinematográfico nacional que é finalmente projetado na tela. O filme emblemático deste período é *Os Chacais de Ravat* de Kazimir Gertel' (1927), o primeiro a ser considerado como "nacional", ainda que dirigido por um cineasta russo. Três critérios são aplicados para determinar a nacionalidade do filme: a natureza da produção, sendo que é o Uzbequistão que determina sua política cultural (financiamento, escolha do tema, censura); a recepção pelos intelectuais locais que o consideram como o primeiro filme "uzbeque";[54] enfim, os símbolos veiculados no filme, que transmitem a percepção que o Uzbequistão (suas elites, seus funcionários públicos, sua sociedade) tem da aventura soviética e que permitem alcançar a subjetividade da "periferia". Assim, no filme, o poder soviético é simbolizado por soldados russos do Exército Vermelho, que apresentam apenas um meio de liberação temporária e que favorizam o estabelecimento de uma sociedade comunista, mas autóctona antes de tudo. Os críticos russos entenderam e preveniram "de maneira ainda amigável" quanto à presença insuficiente ou ausência de materialidade destes órgãos de poder soviético.[55] Logo, duas concepções da construção nacional uzbeque (local-nacional/central) se opõem: um poder soviético (simbolizado pelos soldados do Exército Vermelho) como meio de liberação *vs* um poder soviético como referência perene da ordem. Aqui, toca-se no coração do sistema de dominação soviética, pois são estas tensões e divergências de interpretação que geram adesões múltiplas a um projeto comum heteróclito, concebido de maneira diferente segundo os atores.

A terceira fase indicada aqui (1931-1936) corresponde ao período da produção cinematográfica de Nabi Ganiev e Suleiman Khojaev, os dois únicos cineastas nacionais da história do período entreguerras no Uzbequistão,

---

53 A identificação entre o espectador e a representação (no caso, cinematográfica) é ponto essencial de uma obra de propaganda que deve chamar para a ação (por meio de jogo de reconhecimento/identificação do espectador). Conferir notadamebte Jacques Ellul, *Propagandes*, Paris, Economica, p. 37 e Serge Tchakhotine, *Le Viol des foules par la propagande politique*, Paris, Gallimard, 2006 [1952], 605 p.
54 Said Ziia, ""Râvât qâshqirlâri" uzbikning tungghach kartinkasi" [*Os Chacais de Ravat*, primeiro filme uzbeque], *Qizil Uzbekiston,* 20 abril 1927, p. 3
55 Arquivos do filme (Gosfilmofond) 1/2/1/1050 (*Os Chacais de Ravat*): PV nº 1830 du 11 fev. 1927.

no contexto de uma nova imperialidade anteriormente descrita (centralização econômica, práticas de expurgos políticos nas instituições). Por mais que estes cineastas produzam obras que pareçam ter duas "linguagens" cinematográficas opostas uma à outra, eles convergem na medida em que sues filmes geram um imaginário nacional e nacionalista que integra um discurso de classe, mas colocado a serviço de uma liberação nacional. Com um apolitismo aparente e certo conformismo, Nabi Ganiev (1904-1954)[56] – que nunca chega a aderir ao PC, mas será consagrado como "pai fundador" do cinema uzbeque logo após a Segunda Guerra Mundial – realiza três filmes nos anos 1930 sob vigilância estrita da célula do partido dentro dos estúdios: *A subida* (1931), que ilustra as façanhas de stakhanovistas uzbeques em uma fábrica de algodão e insiste na supremacia do proletariado uzbeque; *Ramazan* (1932), filme de propaganda antirreligiosa muito ambíguo contra o jejum; e *Jigit* (1936), remake do filme *Chapaev* de S. e G. Vassiliev (1934)[57] que, contrariamente ao original, não representa uma ode à superioridade do partido. Por sua vez, Suleiman Khojaev (1892-1937), próximo dos círculos reformistas muçulmanos, adere ao partido comunista logo após a Revolução de Fevereiro, assume um discurso revolucionário até sua prisão em 1934, mas acaba sendo fuzilado por "nacionalismo burguês". Seu único longa-metragem, *Antes da aurora* (1934), é uma reconstituição histórica das revoltas de 1916 na Ásia Central – pensadas como primeiro mito fundador[58] da aventura soviética na época stalinista, especialmente até o início dos anos 1930 – e faz louvor do nacionalismo. A análise do filme mostra que S. Khojaev não baseia a subversão e a contestação dos personagens principais apenas nas únicas forças nacionais e nega à Rússia (e ao proletariado russo) toda a

---

56 Morre de causa natural, ainda que relativamente jovem, tendo sido muito atingido pelo sistema.

57 Primeiro cânone cinematográfico do realismo socialista.

58 Após a necessidade aguda por homens para enfrentar a guerra e o difícil ano de 1915 na frente russa, Nicolas II decide, por meio de decreto, recrutar homens do Turquistão com idade entre 19 e 43 anos para realizar os trabalhos de fundo, o que faz eclodir as revoltas durante o verão de 1916, que terão intensidades diferentes nas zonas nômades ou sedentárias. Este evento, que acontece alguns meses antes das revoluções russas de fevereiro e outubro de 1917, fica marcado, por uma concordância de "momentos" revolucionários, como drama fundador que permite reunir os destinos russo e centro-asiático na aventura revolucionária.

paternidade pela aventura revolucionária na Ásia Central, o que é prontamente condenado pela censura, que proíbe o filme. Assim, no caso de ambos os cineastas, os discursos nacionais subjugam o da luta de classes. Aqui, estamos longe das teorias pós-coloniais: de maneira alguma os cineastas se veem como "subalternos" diante de uma suposta supremacia russa, enquanto sociólogos, nem em termos de representações. Se há periferia, a subalternidade aparece mais como parte da relação de dominação no âmbito colonial.

Até então, a matriz hegemônica soviética era equívoca: resultado de tensões entre uma concepção local/nacional e uma concepção central, dominadora e exclusiva da aventura soviética. A passagem para o cinema falado em 1937 com o filme *O Juramento* d'A. Usol'tsev-Garf reduz a nada o espaço de liberdade discursiva dos cineastas uzbeques e torna o sistema hegemônico soviético unívoco por meio da violência física. Nabi Ganiev é preso em 1936 e liberado após a Segunda Guerra Mundial, Suleyman Khojaev é preso em 1934 e fuzilado em 1937: assim, o primeiro filme falado é realizado por uma equipe moscovita que transmite uma mensagem de saudação bolchevique em total discrepância com os expurgos stalinistas. Primeira obra de uma série cinematográfica e com o sucesso esperado, o filme é aclamado pela crítica moscovita, pois exalta não só a grandeza do povo russo revolucionário, mas também a supremacia da classe sobre a nação. O filme incarna a máxima cara a Stálin "nacional pela forma e socialista pelo conteúdo", porém representa uma negação de expressão nacional, ainda que certas aparências (folclore, lugares, decoração, atores) possam dar essa ilusão. É provável que a "transação hegemônica imperial" cuja expressão era o nacionalismo, seja aqui reduzida a um simples invólucro: a folclorização de culturas, processo dentro do qual os intermediários locais não dispõem de mais nenhum meio de interação, mas que permanece como base indispensável do nacionalismo cultural, o próprio adubo de um nacionalismo político por vir.

As estruturas institucionais de dominação que haviam sido constituídas alguns anos antes passam a contar com um sistema hegemônico unívoco que conclui o processo de formação do império e exclui toda forma de transação, ao menos até o início da Grande Guerra Patriótica. O "momento 1927"[59] é o resul-

---

59 Esta expressão ressalta a convergência, nesse momento preciso, de um conjunto de políticas repressivas, o que dá início a um extrapolamento do limiar qualitativo de violência, Nicolas Werth, *L'Ivrogne et la marchande de fleurs: autopsie d'un meurtre de masse (1937-*

tado de uma lógica dupla de conquista: uma conquista imperial e institucional onde, por um lado, as autonomias de decisão das periferias são destruídas; uma conquista ideal e, por outro lado, há a realização de um sistema hegemônico não contraditório com a destruição, por meio de violência física pura e simples (coerção exclusiva), da capacidade dos cineastas nacionais narrarem sua história, sua cultura, sua comunidade. O conceito de totalitarismo nos parece plenamente operacional, pois corresponde à conjunção destas duas lógicas uma vez que não há mais espaço de transação, de negociação, de poder de ação da periferia, o que vai muito além da simples afirmação de Motyl, segundo o qual os impérios são estruturalmente isomorfos dos Estados totalitários.[60] Império e totalitarismo não são sempre congruentes.

Conclusão

Através da análise do caso soviético – e do fato cinematográfico no Uzbequistão em particular – este artigo buscou re-legitimar o conceito de império[61] em um sentido pleno e integral, recorrendo à necessária dissociação do qualificativo "colonial" que lhe é normalmente atribuído, subentendido ou visto como óbvio para um sistema de dominação que envolve populações especialmente heterogêneas. Todavia, temos dificuldade em propor outro qualificativo para caracterizar esta forma de império à luz do caso soviético: "império multinacional", "império de discriminação positiva"? Se o termo "império" deveria bastar por si só, ele parece ter sido "colonizado pelo colonial". Infelizmente, é necessário defini-lo pela negativa "império não colonial" para fazer a distinção. Isto é problemático e depara-se com certa formatação das ferramentas e conceitos de análise empregados no campo das ciências sociais em história, que interrogam a dominação quase exclusivamente colonial dos impérios europeus nos séculos xix e xx. Por outro lado, o campo de estudos sobre a natureza da dominação soviética foi relativamente hermético aos avanços e questionamentos da pesquisa ocidental sobre outros impérios europeus, seja por falta de forças vivas, por inacessibilidade aos arquivos, mas também pela ideologia que mina as fon-

---

1938), Paris, Tallandier, 2009, pp. 67-74.

60 A. Motyl, *Imperial Ends, op. cit.*, p. 8, p. 49

61 Motyl, p. 10

tes secundárias; o indigesto "falar bolchevique", apesar de tudo, forja os modos de análise da dominação soviética, assim como certas categorias históricas de análise concebidas durante o primeiro stalinismo,[62] que marcaram indelevelmente, tendo até mesmo aprisionado esta mesma pesquisa. Isto prova a incrível extensão, força e perenidade da hegemonia imperial soviética para muito além da queda da URSS. Faz-se necessário encontrar uma linguagem de análise comum e os estudos pós-coloniais ou estudos subalternos, com todas as suas imperfeições, permite fazer essa comparação graças a um aparelho conceitual compartilhado, mesmo se a pertinência dos conceitos e noções que pareciam bem estabelecidos possa ser questionada.

Portanto, "império colonial" e "império soviético" não são equivalentes. Para além de seu caráter geralmente "ultramarino", os impérios coloniais caracterizam-se por uma conquista territorial militar apoiada na cooptação de agentes autóctones (notáveis e elites) – incluindo e, talvez primordialmente, no tocante a prerrogativas soberanas de manutenção da ordem[63] –, da qual resulta um sistema administrativo dual (administração colonial e indígena), amparado em uma discriminação racial essencial. Como vimos, o funcionamento do poder soviético na Ásia Central é outro e as diferenças são ainda mais perceptíveis visto que a região esteve sob tutela colonial até 1917. Além dos pontos levantados anteriormente e as características da estrutura administrativa e institucional do império soviético, o interesse pela lógica hegemônica permite aprofundar a análise e repensar a participação real das elites "periféricas", mas não subalternas,[64] ao menos até 1931 (se observamos as estruturas institucionais) e 1936-1937 (se nos interessamos pelos

---

[62] Penso especificamente na categoria "revoltas de 1916" (consideradas nos discursos soviéticos como progressistas, pois anticoloniais) ou, ainda, "movimento basmachi" (reacionário, pois antissoviético) que tento questionar em minhas pesquisas. O hermetismo também decorre do fato de que, por exemplo, as pesquisas sobre a Primeira Guerra Mundial ou as revoluções são mantidas na cronologia específica do calendário juliano.

[63] Conferir o importante dossiê *Genèse* sobre a ordem colonial, dirigido por Pascal Blanchard, em partícula a função de "serviço prestado" dos notáveis como fiadores da lealdade abordados no artigo de Marieke Bloembergen, "Vol, meurtre et action policière dans les villages de Java", *Genèse*, 2012 (1), pp. 8-36.

[64] Enquanto relação mais que substância, J. Pouchepadass, "*Les Subaltern Studies...*", *op. cit.*, p. 174.

imaginários políticos),[65] em um sistema político imperial e hegemônico soviético, ou seja, um sistema não colonial de "dominação *com* hegemonia". Pode parecer complicado e fora de nossas competências questionar a pertinência de se transpor a tese de "dominação sem hegemonia" de Ranajit Guha a todos os impérios coloniais, no entanto, é pertinente pensar que a existência e o desenvolvimento de uma matriz hegemônica entra em contradição com a racialização das relações sociais, tão específica do regime colonial.[66] A criação de cineastas uzbeques constituiu um lugar de poder, de tensões, de subjetivação, revelador das interações locais por meio das quais se negocia o sistema soviético, não como produto puro da vontade do partido central, imposta de cima pra baixo, mas como coprodução social e cultural, cuja desigualdade e assimetria se acentuam à medida que os anos 1930 avançam. Logo, resta saber se ainda se trata de um sistema imperial hegemônico após 1937, sendo que a relação de dominação passa a se sustentar apenas com base na coerção e violência física e que a subalternidade é real e total, mas de curta duração; e após 1945, e após 1953, sendo que as repúblicas soviéticas saem juntas da Segunda Guerra Mundial e do sistema stalinista? Mas isso, é uma outra história...

---

[65] É interessante dissociar estruturas e ideias para captar as lógicas dessincronizadas no tempo da dominação de uma periferia por um centro político.

[66] J.-F. Bayart, R. Bertrand, "De quel 'legs colonial' parle-t-on?", *op. cit.*, p. 157.

Parte III

Pós-colonial, colonialidade
e interseccionalidade

11

O pós-colonial e os estudos afro-brasileiros

António Sérgio Alfredo Guimarães

Em artigo que se constituiu em marco dos estudos pós-coloniais na América Latina, Anibal Quijano (2000) afirmou a raça como um eixo durável da colonização e o racismo como produto da *colonialidade*, afirmações plenamente verdadeiras para o contexto histórico latino-americano, para o qual foram feitas. Sabemos, entretanto, que a raça tem uma história mais antiga que a conquista europeia, precedida que fora na própria Europa pela *racialização* dos judeus ou dos ciganos em todo continente ou pela *racialização* de outros grupos étnicos. Sabemos também que o fenômeno colonial é bem mais antigo que a moderna expansão europeia iniciada no século XVI.

Casanova (1966) observa, entretanto, que apenas na era moderna a colônia ganha o sentido atual de dominação por uma metrópole estrangeira (ou seja, de assentamento de colonos DE estados dominantes em outros territórios), e é ainda mais recente a contrapartida da imigração pós-colonial para a metrópole, ou seja, o estabelecimento de mão de obra de territórios economicamente dependentes EM estados dominantes, e que em ambos os casos pode ocorrer a racialização dos nativos ou dos assentados.

Essas observações iniciais servem de alerta aos leitores de que não pretendo estender em demasia o significado de *pós-colonial* para abarcar toda a crítica a essencialismos e a análises que corretamente levam em conta a perspectiva dos subordinados, muito menos quero com a palavra *colonial* significar todas as formas de opressão e subordinação (Costa 2006).

Quijano (2000: 209) entende a *colonialidade* como subalternidade cultural e subjetividade subalterna. Em suas palavras, "a hegemonia da Europa sobre o novo padrão de poder mundial concentrou todas as formas de controle da subjetividade, a cultura e, principalmente, o conhecimento e a produção de conhecimento sob sua hegemonia". Mas ainda aqui precisamos nuançar seu pensamento, posto que temos, na América e na Ásia, importantes contra-exemplos, como os Estados Unidos, o Canadá ou a China, de ex-colônias que se tornam dominantes. As perguntas pertinentes, portanto, são: quando cessa a *colonialidade*? Como ocorre tal processo?

Como processo histórico, a *colonialidade* enquanto resultado da expansão europeia, depende da dinâmica das classes sociais e dos seus conflitos domésticos e internacionais, sendo estes tão decisivos quanto os processos de formação étnico-nacional e suas racializações e sexualizações específicas.

Pensar o pós-colonial em relação aos estudos afro-brasileiros é situar-se, portanto, num contexto histórico bem específico. Do ponto de vista puramente político formal, o Brasil vive em situação pós-colonial desde sua independência política em 1822. Na verdade, a elite brasileira formou-se ela própria como elite colonial, e assim, ao romper com Portugal, assumiu o controle colonial interno. A situação de dominação colonial se transforma assim em dominação de classes. Ou seja, o pós-colonial é temporão no Brasil, ainda que sua classe dominante não consiga reverter a situação de dependência econômica em que já vivia quando unida a Portugal.

Conceitualmente, portanto, não vejo sentido aplicar-se o termo a tão longo período de tempo. Primeiro, porque há uma grande diferença na conformação das forças sociais entre o Império criado por D. Pedro I, aquele regido por D. Pedro II, e os três períodos republicanos, entremeados por duas ditaduras, a de Vargas (1937-45) e a militar (1964-1985). Segundo, porque os grupos populares e os afro-brasileiros, em particular, reagiram de modo muito diferente desde então. Assinalo quatro desses modos, todos usados na luta pela igualdade de direitos e de constituição de identidade étnico-cultural: a valorização do trabalhador nacional em contraposição ao europeu; a denúncia do preconceito de cor; a afirmação da cultura popular brasileira em contraposição à europeia; e a recusa a um sistema internacional de subordinação que agrava as condições de reprodução do trabalhador nacional.

O importante para os conceitos não são, assim, a origem de circulação das ideias (de onde elas vieram, se autóctones ou estrangeiras), mas o seu conteúdo e seu resultado subjetivo sobre a luta de emancipação e sobre as revoltas contra o estado pós-colonial. Utilizo o conceito de *colonialidade* para dar conta das intenções ou das atitudes colonialistas dos descendentes de europeus e do resultado *passivo* da opressão negra daí resultante, toda a luta de afirmação racial e étnico-racial (e seu resultado *ativo*) sendo, ao contrário, um processo de *descolonialidade*.

Nesse artigo, procederei do seguinte modo: primeiro deixarei claro como se formou e se desenvolveu o campo de estudos afro-brasileiros para, em seguida, me ocupar de alguns momentos teóricos e práticos do processo histórico de *descolonialidade*, no que se refere as lutas afro-brasileiras. Tais momentos foram, ao mesmo tempo, episódios de recepção de ideias que circulavam internacionalmente e produção autóctone de uma sociologia das relações raciais. Alguns foram decisivos. Cito três. O primeiro se passou nos anos 1960 e 1970 sob a influência das lutas pelos direitos civis dos negros norte-americanos, sintetizado de alguma modo pelo conceito de *colonialismo interno* (Casanova 1965; Gutiérrez, 2004). Mais ou menos na mesma época, mas alongando-se para os anos 1980, e avançando nos diais atuais, situa-se um outro momento: aquele da recepção de Fanon pela nova geração de ativistas negros brasileiros (Guimarães 2008; Silva 2011); por fim, encerrando o texto, concentrarei minha atenção sobre o papel recente do feminismo negro em difundir a concepção metodológica da interseccionalidade (Crenshaw 1991; Bilge 2010) entre os conceitos de classe, raça e sexo. Minha sugestão é de que tal concepção potencializa a crítica descolonial de maneira radical e abre novos caminhos para os estudos afro-brasileiros.

Os estudos afro-brasileiros

No Brasil, como em outros países, a sociologia procurou romper, desde a sua institucionalização, com o pensamento social que procurava explicações para os problemas nacionais em elementos naturais, tais como a noção biológica de raça, o clima, ou diferentes atavismos.

A noção biológica de raça foi introduzida no pensamento social brasileiro pela geração naturalista e cientificista de 1870. Nina Rodrigues (1945) sobressaiu-se nessa geração pela sistematicidade e abrangência de seus estudos e suas pesquisas empíricas sobre os africanos e os afrodescendentes na Bahia. Foram esses estudos das religiões africanas que proporcionaram os alicerces de uma futura disciplina científica. Mas, como se sabe, a Antropologia Cultural repudiou no seu nascedouro a noção de raça, emprestada da biologia, e não se deixou influenciar pelo modo como nos Estados Unidos W.B. DuBois (2004) a recuperou para a sociologia, i.e., como "raça histórica". Coube a Weber (2003, 2003a, 2005), entre os grandes mestre ocidentais, absorver DuBois e trabalhar não com uma noção realista, biológica, de raça, mas com sua concepção nominalista: a crença em raças orientava a ação social e ensejava a formação de identidades, grupos e conflitos sociais (Guimarães 2015). Weber, no entanto, teve uma recepção bastante tardia no Brasil.

Aqui a noção de raça caiu em desuso com a geração de Gilberto Freyre (1933) e Arthur Ramos (1937), sendo substituída pela noção de *etnia*, ancorada no que se definia como cultura, rompendo, apenas parcialmente, com o determinismo naturalista, mas fazendo-o de modo suficiente a demarcar um novo campo de estudos científico. Todavia, o fato é que não houve nenhuma ruptura epistemológica drástica, e que a política racial alterou-se pouco, pois o conceito de *cultura* acabou por se transformar, no cotidiano, num tropo para "raça". Mesmo teoricamente, a ruptura não foi completa. Evidencia isso o fato de Arthur Ramos (1939), ao defender a atualidade de Nina Rodrigues, dizer que aonde ele escrevera "raça" deveríamos ler "cultura",[1] o que seria suficiente para manter a cientificidade de sua obra.

Inegável que tal transformação tenha sido muito importante na luta antirracista: enquanto, no passado, se creditava a [crença na] inferioridade do negro à sua constituição biológica imutável (raça), agora tal inferioridade era atribuída à cultura, que poderia ser alterada pela educação pública. Não nos esqueça-

---

1 Escreve Ramos (1939: 12): "Se nos trabalhos de Nina Rodrigues, substituirmos os termos raça por cultura e mestiçamento por aculturação, por exemplo, as suas concepções adquirem completa atualidade."

mos, entretanto, que mesmo na vigência da antiga noção de raça, as teorias do embranquecimento racionalizavam saídas e rotas de escape para o determinismo biológico, ao propor que os genes brancos acabariam por prevalecer sobre os negros (Skidmore 1993: 38-77 e 173-218; Ventura 1991).

No Brasil, portanto, assim como nos Estados Unidos, a primeira teoria a se estabelecer nos estudos de relações raciais foi a da etnicidade,[2] na qual a "raça" seria apenas uma das formas possíveis de constituição do grupo étnico, forma em que o grupo que se define a partir de marcadores de origem e de hereditariedade. O livro de Park e Burguess (1921) inaugurou essa visada teórica. A antropologia social abraçou internacionalmente tal teoria de modo quase exclusivo, por muito tempo. Enquanto a sociologia, nos Estados Unidos, incorporava as "raças históricas", de DuBois (2004), como uma variante étnica, nos estudos afro-brasileiros a denegação da raça foi a regra. Apenas recentemente, as ciências sociais brasileiras passaram, à maneira dos sociólogos britânicos, a manter a distinção entre raça e etnia, trabalhando com a ideia de que tipos de discursos históricos bastante diferentes formam os dois grupos, o étnico e o racial[3] (Peter Wade 1995; Guimarães 1996).

Isso porque com Gilberto Freyre passou também a prevalecer a ideia de que as raças não seriam importantes no Brasil. Não que as raças não tivessem sido importantes no passado, nesse aspecto Freyre teve posição parecida à que teve Weber (1977) em seu ensaio sobre a objetividade nas ciências sociais: seria um condicionante da ação social desde que convenientemente conceitualizada pela Biologia, o que ainda não era (Guimarães 2015). A biologia das raças para Freyre pouco interessava porque, no Brasil, o processo biológico importante teria sido o processo que ele chamou de miscigenação, de mistura de genes. Portanto, a constituição do Brasil enquanto nação passara pela miscigenação, e a raça só fora importante enquanto não impedira uma certa democracia nas relações raciais. Então, se as relações raciais foram e eram democráticas, as raças

---

2 Sigo, grosso modo, nesses parágrafos as lições de Omi e Winant (1986).
3 Etnia é entendido como uma formação de grupo social cujo imaginário gira em torno de origens geográficas ou culturais semelhantes; raça tem a especificidade de ser uma formação em que preponderam marcadores físicos e corporeos para reinvindicar ou imputar cataracterisccas biológicas e culturais comuns.

como fator biológico deixavam de ser importantes. Importante em sua sociologia era o hibridismo cultural.

A segunda teoria importante nos estudos de relações raciais nos veio também dos Estados Unidos. Mas sendo uma teoria de origem marxista é na verdade uma teoria das classes, em que a raça apenas facilita, de certo modo, a distribuição desigual de recursos econômicos nos mercados; ou seja, a teoria de que o capitalismo utiliza todas as formas primitivas de diferenciação, de desigualdade ou de repressão, para otimizar, digamos assim, a extração de mais-valor, a forma de exploração exclusivamente capitalista. A crítica de Cox (2004) aos estudos das relações raciais feitos em Chicago sob a orientação intelectual de Park e Burgess foi um dos caminhos em que o marxismo passou a ser influente no Brasil.

Este movimento começa, entretanto, um pouco antes pela disputa em torno da noção de "classes sociais" no final dos anos 1940, quando o estrutural-funcionalismo começa a rivalizar com a síntese sociológica proposta pela escola de Chicago. Três principais correntes podem ser distinguidas[4]. Uma vertente mais descritiva, que se consolidou primeiramente nos Estados Unidos, em torno dos estudos de estratificação social; uma corrente weberiana, que realçou os aspectos seja associativos, seja comunitários, da interação social; e uma corrente de inspiração marxista e estrutural-funcionalista que concebia as classes como posições em uma estrutura social densa, que articulava ao mesmo tempo a economia, o poder e a cultura.

Mas, o modo como a raça foi usada em nossa sociologia foi ainda como ausência. Teorizando sobre formação de um proletariado negro, Costa Pinto (1988 [1953]) tentou superar a ideia de negro enquanto raça para pensar o ne-

---

[4] Para citar a síntese feita por Fernandes, anos mais tarde: "O conceito de *classe social* tem sido empregado em diferentes sentidos. Alguns autores usaram (e continuam a usá-lo) para designar qualquer tipo de estrato social, hierarquizado ou não, como equivalente .do conceito mais amplo de "camada social". Há autores que o utilizam de maneira mais restrita, para designar estratos sociais que se caracterizam pela existência de uma comunidade de interesses, mais ou menos percebidos socialmente, e quase sempre associados a relações de dominação, de poder político e de superposição (também baseadas em diferenças de prestígio social e de estilo de vida). Por fim, existem autores que o aplicam com um máximo de especificidade histórica para designar o arranjo societário inerente ao sistema de produção capitalista" (Fernandes 1977: 173).

gro enquanto proletário. A sociologia moderna, segundo ele, deveria preocupar-se com o modo como o sistema produtivo incorpora o negro como proletário, transformando as relações e os conflitos de classe em centrais para se pensar o povo negro brasileiro. Guerreiro Ramos (1954, 1957), o primeiro sociólogo brasileiro negro, trabalhou com ideia semelhante, entretecida de uma das críticas mais acres às nossa tradição de estudos de relações raciais. Ao dizer que o povo brasileiro era negro e que o que importava para a sociologia era estudar as condições para sua descolonização mental, expressa na valorização da branquitude e da estética europeia, Guerreiro relegou o estudo das relações raciais no Brasil a nada mais que uma empreitada "consular", uma sociologia de "baianos claros", no seu dizer.

Fernandes foi sempre um sociólogo bastante afinado com o movimento negro brasileiro, mas a sua sociologia também tematizava basicamente a integração na sociedade de classes, e enxergava nos conflitos de classe, e não nos conflitos raciais, o modo de superar a incorporação subordinada dos negros à nação brasileira.

A verdade é que a sociologia no Brasil, a partir do golpe militar de 1964 deixou de lado as pesquisas sobre relações raciais e passou a tematizar quase exclusivamente o desenvolvimento econômico e social. As reflexões sobre raças, dessa época, tornaram-se abstratas e teóricas, enfatizando basicamente as relações entre classes, raças e desenvolvimento capitalista, enquadradas numa interpretação marxista bastante ortodoxa. São exemplos desse período os ensaios de Florestan Fernandes (1972) e Otávio Ianni (1972) feitos no exílio, sem pesquisas de campo novas. Mesmo sendo o marxismo uma teoria de conflitos, não houve lugar nessa agenda para tematizar o conflito racial brasileiro; em seu lugar se aninhou um estruturalismo que procurava explicar a integração subordinada dos negros, mas que negava os conflitos raciais enquanto tais. Os estudos antropológicos, por seu turno, por um lado, se limitaram a estudar as religiões afro-brasileiras e a cultura negro-mestiça ou formas de ascensão social (Pereira 1967a), e, por outro lado, dedicou-se a desenvolver uma nova sociologia da cultura brasileira, tematizando estruturas culturais douradoras, como mitos, fábulas ou símbolos nacionais (DaMatta 1979, 1981; Schwarcz 1995)

A teoria que Omi e Winant (1986) chamam de *nacionalista*, que concebe as comunidades raciais como nações em potencial, foi importante nos Estados

Unidos, mas não vingou entre nós. Segundo essa teoria, nas Américas, a raça negra viveria sob condição de colonialismo interno. Em meados dos 1960, o *Student Nonviolent Coordinating Committee (SNCC)*, assim se manifestava sobre o *poder negro*: "A grande massa do povo negro reage à sociedade norte-americana da mesma forma que os povos colonizados reagem aos europeus na África e aos norte-americanos na América Latina, e mantém com ela o mesmo relacionamento – de colonizado para colonizador" (Goldman 1966). Essas palavras ecoam, sem dúvida, a atmosfera intelectual e política dos anos 1960, teorizada tanto por ativistas sob a influência da leitura de Frantz Fanon (1961), mas também por cientistas políticos e sociólogos como Coleman, Hoselitz, e Wright Mills, tal como comentados por Casanova (1965).

Essa teoria foi bastante difundida internacionalmente nos anos 1960 e 1970. Mas, na academia brasileira sua recepção deu-se apenas na antropologia indígena, liderada pelos trabalhos de Roberto Cardoso de Oliveira (1964, 1967).

Sua história, todavia, é um pouco diferente, e anterior.

A geração de sociólogos e historiadores latino-americanos dos anos 1950 teorizou a situação de neocolonialismo como prolongamento de formas de colonialismo econômico atreladas à independência política. Para os teóricos do colonialismo interno, nos anos 1960, e da dependência, dos anos 1970, entretanto, tratava-se de articulação entre formas coloniais, em que o racismo informava ideologicamente a exploração do trabalho, e formas modernas de extração da mais-valia ligadas ao circuito internacional, mas que retiravam a força inovadora e transformadora que a luta de classes representou nas economias capitalistas centrais. Principalmente para os teóricos da dependência, os grupos racializados (as raças), mais que formas alienadas de consciência coletiva, eram objetos da exploração capitalista pós-colonial.[5]

Até o final dos anos 1960, entretanto, essa teoria, entretanto, não dialogou com o pensamento negro brasileiro e com as ideias de colonialismo interno que

---

5 "O que está em questão não é apenas a 'sobrevivência' de entidades que não foram diluídas e absorvidas pelas classes sociais (como etnias, estamentos ou barreiras raciais, que continuam estanques). [...] A rigidez apontada acima constitui um novo tipo de obstáculo à operação das classes sociais como um meio de dissolução e sepultamento do 'antigo regime'. Na verdade, ela requer o renascimento e a revitalização, sob novos símbolos, de atitudes, valores e formas de opressão e exploração típicos do 'antigo regime' ..." (Fernandes 1977: 179)

vinham dos Estados Unidos. Seu impacto sobre a reorganização dos negros como força política ocorrerá apenas nos anos 1970, durante a ditadura militar. Antes disso, fora rejeitada nos meios negros, desde quando fora proposta pelo Comintern nos anos 1920. Escute-se, por exemplo, o que diz o intelectual comunista negro Edison Carneiro (1964 [1953]: 117):

> Encarar o negro como um brasileiro de pele preta, que por sinal vai rapidamente perdendo essa característica da cor. Com efeito, o negro, por força de circunstâncias históricas, jamais esteve isolado do resto da população – nem mesmo quando se refugiou nos quilombos ou se lançou à insurreição armada. Como estudá-lo, portanto, senão como uma das parcelas do povo, como um dos elementos do quadro social, como um dos pormenores da paisagem? A valorização inconsiderada do negro, a que assistimos nestes últimos vinte anos, não levou em conta a reciprocidade de influências.

A opressão racial, portanto, para Edison e seus camaradas do Partido Comunista, não configuraria uma situação de colonialismo interno. Tal ponto de vista, aliás, parece ser consensual entre os intelectuais brasileiros seus contemporâneos, não apenas nos 1950, mas também dos contemporâneos de Casanova, nos 1960 e 1970.

A teoria da formação racial (Omi e Winant 1986), que se centra na concepção de raça como um processo histórico de construção sociopolítica, já havia aparecido no conceito de *raças sociais*, utilizado por Charles Wagley (1968). As raças, nessa teoria, seriam processos em constante construção. Também cara a esta teoria é a ideia de raça como uma *biologia vulgar*, que continuaria a orientar o senso comum e a explicar a vida social. Um desdobramento teórico muito interessante dessa vertente teórica em Sociologia aparece recentemente na História Social como *racialização*, conceito que remete aos processos de atribuição de sentidos ou identidades raciais a relações que antes eram desprovidas de tal significação. Encontramos também nessa teoria a ideia de processo social e de formação comunitária, mas agora vista pela perspectiva de atribuição de sentidos em relações de poder e de dominação.

A última e muito atual corrente data dos trabalhos de Florestan Fernandes (1965), mas só muito recentemente, a partir dos anos 1980, com os trabalhos pioneiros de Carlos Hasenbalg (1979) e de Nelson do Valle Silva (1978), é que a sociologia brasileira volta a refletir sobre os efeitos materiais e os sentidos culturais que apenas a ideia de raça, tomada seja conceitualmente, seja como construção histórica, pode desvendar.

Foi a partir dessa última vertente que fluirão, em seu principal veio, tanto a luta política antirracista, quanto a reflexão sociológica sobre o racismo no Brasil. Tal herança é bastante rica pois esses sociólogos tiveram que teorizar sobre o caráter completamente social das relações econômicas, de poder e de cultura, voltando a refletir sobre as raças, não mais como fatos ou condicionantes da natureza, mas como elementos de estruturas sociais escravistas e coloniais que desafiavam as estruturas capitalistas pós-coloniais do presente.

Em resumo, pode-se dizer que, destroçada a frente de esquerda entre 1964 e 1968, novas formas e novas ideologias de contestação política começam a ser forjadas no Brasil. Nesse contexto, as ideias que nutriam a luta anticolonialista na Argélia e na África ganharam força entre líderes radicais negros dos Estados Unidos, que leram a opressão e segregação raciais nos Estados Unidos em termos não apenas étnicos, mas raciais e nacionalistas. A compreensão de Frantz Fanon das lutas anticoloniais e antirracistas passou, então, no início dos 1970, a influenciar também os líderes negros brasileiros, sejam aqueles que se abrigam em partidos revolucionários, como a Convergência Socialista, em projetos culturais, como o *QuilombHoje*, ou no exílio, como Abdias do Nascimento.

Embora Casanova e os teóricos do colonialismo interno citassem Fanon, não serão as suas teorias que orientarão a mobilização negra brasileira, mas será o próprio pensamento antirracista de Fanon. O colonialismo interno fará sentido para esses grupos na medida apenas que a sua leitura pelos Panteras Negras reatualiza Fanon. Ou seja, trata-se da ideia de colonialismo interno aplicada à situação dos negros das Américas. O conceito perde aí qualquer remissão geográfica ou regional – marcante nos teóricos latino-americanos – e ganha um sentido puramente social, racial e antirracista, aplicado a uma população pulverizada nos diversos territórios das Américas, desde o período colonial, mas nitidamente segregada e demarcável pelas etiquetas, pelas normas, pelos usos e costumes, pelas atitudes e pelos comportamentos, enfim pelas formas mais diversas de sociabilidade. Se nos Estados Unidos havia uma rígida segregação territorial que fazia mais verdadeira a analogia com o colonialismo interno, apontado no México, por Casanova (1965) e Stavenhagen (1965), em países como o Brasil o espaço de opressão e exploração parecia inteiramente social, ainda que se concretizasse eventualmente em favelas incrustadas nos tecidos urbanos. Eram as classes sociais, nesse caso, a forma de pulverização dos negros no tecido social e de reactualização de velhas relações coloniais de opressão, e não primeiramente a territorialização. Essas realidades diferentes convergiam em Fanon, pois em seu pensamento conviviam o anticolonialismo da luta de liberação nacional, as contradições de classe entre elites nacionais e povo, e o antirracismo da luta pela suplantação da subjetividade do colonizado.

Como tratei em outro artigo (Guimarães 2008), as teorias revolucionárias norte-americanas chegaram rapidamente aos ativistas brasileiros através, principalmente do influente livro de Carmichael[6] e Hamilton (Ture and Hamilton 1992), em que um dos principais *insights* de Fanon, ou seja, do racismo moderno como forma de subjetividade forjada pelo colonialismo europeu, é aplicado a uma teoria política de luta emancipatória global dos povos de cor. Essa literatura revolucionária negra norte-americana foi lida concomitantemente aos escritos de Fanon que chegavam, seja pela via da esquerda engajada em defesa da luta de libertação argelina, capitaneada por Sartre, seja pela esquerda engajada nas guerras de libertação na África subsaariana, mais influenciada pelo pensamento marxista.

Estamos tratando, entretanto, de uma literatura feita por intelectuais negros, que são novelistas, contistas e poetas. Não se trata, pois, propriamente do que convencionamos chamar de estudos afro-brasileiros, ou seja, estudos históricos, sociológicos e antropológicos sobre o negro brasileiro, feitos na academia ou não. Nesse último caso, teremos que buscar também na geração negra dos 1970 aqueles que sofreram a influência, direta ou indiretamente, de Fanon. O fato incontestável, porém, é que esta geração teve pouca visibilidade e oportunidades na academia.

---

6   Em 1978, Stokely Carmichael trocou seu nome para Kwame Ture, em homenagem aos líderes africanos Kwame Nkrumah e Sékou Touré.

O mais atual dessa vinculação histórica como o ativismo negro norte-americano porque reverbera até os dias de hoje, cada vez com maior força é a concepção de interseccionalidade entre classe, raça e sexo na configuração da exploração capitalista. Lélia Gonzalez (1981: 1) foi sem dúvida uma pioneira na introdução dessa postura metodológica nos estudos e na política afro-brasileiros.

> [A mulher negra] enquanto setor mais explorado e oprimido, e consciente disso, vê muitas coisas do sistema não só na sua estratégia de exploração dos trabalhadores, mas enquanto organização racista e sexista. Consequente, sua luta se dá em três frentes [classes, raças, sexos] e quanto mais se desenvolve sua prática em termos de movimento, mais sua lucidez e sua sensibilidade se enriquecem.

Chega-se, portanto, assim à consolidação teórica dos ganhos políticos acumulados nos últimos quarenta anos pelos movimentos negro e de mulheres e pelas lutas contra a opressão, em geral. Lutas que têm realçado sobremaneira a liderança de mulheres. A sociologia, enquanto disciplina reflexiva que tem por objeto relações de sociedade, economia, política e cultura vê-se obrigada a abandonar inteiramente a dicotomia sociedade e natureza, para dedicar-se ao estudo empírico do modo como tecemos material e simbolicamente as relações que criamos, transformamos e, ao mesmo tempo, nos restringem, sejam elas, para efeito tão somente de análise, referidas como de classe, de sexo, de raça, de idade, de etnia ou de nação (Guimarães 2015).

Pode-se dizer, nessa concepção, que as classes sociais, usadas pela sociologia, constituem uma possível constelação de poder, de interesses e de formas de ação coletiva, que almeja (e dela resulta) a distribuição desigual de bens e serviços numa ordem social. Sua constituição e reprodução pode dar-se, no limite em que a concepção analítica toca a realidade social, apenas por mecanismos de mercado, negando, portanto, e essa é apenas a sua estratégia legitimadora, qualquer relação de poder extra-econômico. No entanto, sabemos que a concepção analítica jamais se consolida em realidade. Para que a monopolização de poder e riqueza se efetive e reproduza no mundo social são necessários outros mecanismos, além do mercado: a manipulação do prestígio social (status), por exemplo, é essencial. Fundamentais também são as marcações que se confundem com a ordem natural, em suas inscrições físicas e corpóreas. Relações sociais de sexo ou relações de poder entre grupos de idade, estabelecidas inicialmente para regular a família e a reprodução natural, são extrapoladas para todos os domínios e mercados, assim como as relações de poder estabelecidas em conquistas coloniais, tais como raças e etnias. Mais: esses mecanismos só podem ser separados analiticamente, na teoria, pois apenas sua fusão na prática social lhes garantem eficácia.

Referências

ALEXANDER, Jeffrey 2008, *Civil Sphere*, Oxford University Press.

BILGE, Sirma 2010, "De l'analogie à l'articulation : théoriser la différenciation sociale et l'inégalité complexe." *L'Homme et la société* 176-177(2): 43.

CARNEIRO, Edison 1964 [1953], *Ladinos e crioulos*, Rio de Janeiro, Ed. Civilização Brasileira.

CARDOSO DE OLIVEIRA, Roberto 1964, *O Índio no Mundo dos Brancos: a Situação dos Tukúna do Alto Solimões*, Difusão Européia do Livro, Coleção Corpo e Alma do Brasil, São Paulo.

_____ 1967, "Problemas e hipóteses relativos à fricção interétnica: sugestões para uma metodologia". *Revista do Instituto de Ciências Sociais*, 4(1): 41-91.

CASANOVA, Pablo Gonzalez 1965, "Internal colonialism and national development", *Studies in Comparative International Development* 1 (4): 27-37.

COSTA, Sérgio 2006, "Desprovincializando a sociologia – A contribuição pós-colonial." *Revista Brasileira de Ciências Sociais* 21(60): 117-134.

COSTA PINTO, Luis 1998 [1953], *O Negro no Rio de Janeiro, Relações de raças numa sociedade em mudança*, edição UFRJ.

COX, Oliver 2004, *Caste, Class and Race*, Oliver Cromwell Cox Online Institute.

CRENSHAW, Kimberle 1991, "Mapping the Margins: Intersectionality, Identity Politics, and Violence Against Women of Color." *Stanford Law Review* 43 (6): 1241-1299.

DAMATTA, Roberto 1979, *Carnavais, malandros e heróis*. Rio de Janeiro: Ed. Rocco.

_____ 1981, *Relativizando: uma introdução à Antropologia Social*, Petrópolis

Vozes.

DUBOIS, W.E.B. 2004, On the Meaning of Race In: Phil Zuckerman (Editor). *The Social Theory of W.E.B.. DuBois*, Sage, 2004, pp. 19-46.

FANON, Frantz 1961, *Les Damnés de la Terre*, Paris, Éditions Maspero.

FERNANDES, Florestan 1965, *A integração do negro na sociedade de classes*. São Paulo: Cia. Editora Nacional.

_____ 1972, *O negro no mundo dos brancos*, São Paulo, Difel.

_____ 1975, *A revolução burguesa no Brasil : ensaio de interpretação sociológica, Biblioteca de ciências sociais*. Rio de Janeiro: Zahar Editores.

_____ 1977, "Problemas de conceituação das classes na América Latina." In *As classes sociais na América Latina*, Paz e Terra, pp. 173-246.

FREYRE, Gilberto 1933, *Casa Grande e Senzala*. Rio de Janeiro: Maia e Schmidt.

GOLDMAN, Lawrence 1966, "Fanon and Black Radicalism", *Monthly Review*, November, pp. 51-58.

GONZALEZ, Lélia 1981, "Mulher negra, essa quilombola." *Folha de São Paulo, Folhetim*. Domingo, 22 de novembro de 1981, p. 4.

GUIMARÃES, Antonio S. A. 2008, "A recepção de Fanon no Brasil e a identidade negra". *Novos Estudos*. CEBRAP, v. 81, pp. 99-114.

_____ 2016, "Sociologia e natureza: classes, raças e sexos". In: Alice Rangel de Paiva Abreu; Helena Hirata; Maria Rosa Lombardi. (Org.). *Gênero e Trabalho no Brasil e na França. Perspectivas intersseccionais*, São Paulo: Ed. Boitempo, 2016, v. 1, pp. 27-36.

GUTIERREZ, Ramón 2004, «Internal Colonialism. An American Theory of Race.» *Du Bois Review* 1, (2), 281-95.

HASENBALG, Carlos 1979, *Discriminação e desigualdades raciais no Brasil*, Graal.

IANNI, Otávio 1972, *Raças e Classes Sociais no Brasil*. Ed. Civilização Brasileira.

LIPSET, Seymour Martin 1996, Two Americas, two Value Systems, *American Exceptionalism: A Double-Edged Sword*, W.W. Norton, New York.

OMI, Michel e WINANT, Howard 1986, *Racial Formation in the United States: From the 1960s to the 1990s*, Routledge & Kegan Paul.

PEREIRA, João Baptista Borges 1967, *Cor, Profissão e Mobilidade. O Negro e o Rádio de São Paulo*. 1. ed. São Paulo: Biblioteca Pioneira de Ciências Sociais, Livraria Pioneira, Editora da Universidade de São Paulo., v. 1, 318 p.

QUIJANO, Anibal 2000, "Colonialidad del poder, eurocentrismo y America Latina". In: Lander, Edgardo (coord.). *La colonialidad del saber: eurocentrismo y ciencias sociales*. Buenos Aires: CLACSO, pp. 201-46.

_____ 1954, "O problema do negro na sociedade brasileira". *Cartilha Brasileira do Aprendiz de Sociólogo*. Rio de Janeiro: Andes.

_____ 1957, *Introdução crítica à sociologia brasileira*. Rio de Janeiro: Andes.

RAMOS, Arthur 1937, *As culturas negras no Novo Mundo*. Rio de Janeiro: Casa do Estudante do Brasil.

_____ 1939, Prefácio. In : Rodrigues, Nina. *As collectividades anormais*. Rio de Janeiro : Civilização Brasileira, 1939, pp. 5-21.

RODRIGUES, Raymundo Nina 1945 [1933], *Os africanos no Brasil*. São Paulo: Cia. Editora Nacional.

SCHWARCZ, Lilia 1995, O complexo de Zé Carioca, *Revista Brasileira de Ciências Sociais*, n. 29.

SILVA, Mario Augusto M. da 2011, *A Descoberta do Insólito: Literatura Negra e Literatura Periférica no Brasil (1960-2000)*, tese de doutorado, PPG Sociologia da Unicamp,.

SILVA, Nelson do Valle 1978, *Black-white income differentials: Brazil, 1960.*" Ph.D. diss, University of Michigan.

SKIDMORE, Thomas 1993, "The Whitening Ideal after Scientific Racism". In *Black into White: Race and Nationality in Brazilian Thought*, Durham (NC), Duke University Press.

STAVENHAGEN, R. 1965, "Classes, Colonialism and Acculturation." In: *The Emergence of Indigenous Peoples*, edited by R. Stavenhagen, 3-43. Nova York: Springer.

TURE, Kwame & Hamilton, Charles V. 1992, *Black Power, The Politics of Liberation in America*, Nova York: Vintage.

VENTURA, Roberto 1991, "Uma nação mestiça". In *Estilo Tropical*, São Paulo, ed. Cia das Letras, pp. 44-68.

WADE, Peter 1995, *Blackness and Race Mixture: The Dynamics of Racial Identity in Colombia*, Johns Hopkins University Press.

WAGLEY, Charles 1968, "The concept of social race in the Americas". In: Charles Wagley, *The Latin American tradition; essays on the unity and the diversity of Latin American culture*. Nova York: Columbia University Press.

WEBER, Max 1977, *Sobre a Teoria das Ciências Sociais*, Lisboa, Martins Fontes.

_____ 2003, "O Estado Nacional e a Política Econômica". In: Gabriel Cohn (org.), *Weber Sociologia*, São Paulo: Ed. Ática.

_____ 2003a, "Max Weber, Dr. Alfred Ploetz, and W.E.B. Du Bois (Max Weber on Race and Society II)" *Sociological Analysis*, Vol. 34, No. 4 (Winter, 1973), pp. 308-312.

_____ 2005, *Max Weber: Readings And Commentary On Modernity*, editado por Stephen Kalberg, Wiley–Blackwell, em particular na parte IX: "On Race, the Complexity of the Concept of Ethnicity, and Heredity" e "On Race Membership, Common Ethnicity, and the "Ethnic Group", pp. 291-315.

12

"Afro-brasileiros", um assunto pós colonial? Acerca da dupla dimensão do ensino de história da África no Brasil

Patricia Teixeira Santos

Este artigo foi sendo amadurecido ao longo dos últimos anos, desde a primeira apresentação no seminário organizado por Michel Cahen e Rui Braga, intitulado "Pós colonialismo? Conhecimento e política dos subalternos" na USP em 2013. Naquele momento, me sentia profundamente envolvida com a temática desenvolvida e não podia imaginar ou supor a sucessão de acontecimentos que resultaram no impeachment sofrido pela Presidente Dilma Roussef em 2016, as transformações da atuação das políticas públicas e crise democrática que está em curso.

Na história recente brasileira, os estudos africanos sempre foram realizados por diversos projetos e iniciativas que eram pautados por pesquisadores das ciências sociais, em grande medida, e se constituia também em importante reivindicação política e social dos movimentos sociais, sobretudo do movimento negro, para o combate ao racismo e para integração cidadã de um grande contingente da população excluído das políticas públicas e do acesso a cidadania plena, em função características fenotípicas e sociais que remetem diretamente à afro-descendência.

A ascensão do PT ao poder federal em 2003, através da eleição de Luiz Inácio (Lula) da Silva à presidência da Republica trazia no seu bojo as alianças e o grande apoio dos movimentos que historicamente lutaram contra a ditadura militar e que passaram pelos difíceis anos das crises política e econômica dos governos posteriores à abertura política no inicio dos anos 90 do século XX.

Acreditava-se que através da eleição de Lula poderia-se recriar um pacto social, onde contingentes da população excluídos pelo racismo e pela pobreza, poderiam ter acesso à inclusão cidadã, através de ações de políticas afirmativas (o estabelecimento das cotas de acesso as universidades e empresas públicas) e através da educação, partindo da introdução do ensino de História da África e do Negro no Brasil, através da lei 10639 de 2003. As populações negras no país seriam vistas como descendentes de imigrantes forçados pela escravidão. A forma como se constituiu isso no Brasil fez lembrar as observações que Partha Chartterjee na sua obra 'Colonialismo, Modernidade e Política', fez sobre inclusão cidadã em sociedades cujos governados são heterogêneos em função de processos imigratórios:

> Tudo isso tornou o ato de governar uma questão menos do político e mais das políticas administrativas, um trabalho de peritos mais do que representantes políticos. Mais ainda: enquanto a fraternidade política dos cidadãos tinha de ser constantemente afirmada como una e indivisível, não havia uma única entidade dos governados. Havia uma multiplicidade de grupos populacionais que eram objeto do *governamental* [ação do governo] – alvos múltiplos com características múltiplas, demandando múltiplas técnicas de administração.
>
> Poderíamos então dizer, resumindo, que enquanto a ideia clássica de soberania popular, expressa nos fatos políticos legais da cidadania igualitária, produziu a construção homogênea da Nação, as atividades do governamental [sic] requerem classificações múltiplas, entrecruzadas, produzindo necessariamente uma construção heterogênea do social.[1]

---

1   Partha Chartterjee, *Colonialismo, Modernidade e Política*. Salvador: EDUFBA, 2004, p. 109.

A atuação política era a de enfatizar a diversidade étnica e social brasileira, trazer para uma nova proposta de integração, a partir do lema que pautou o primeiro governo do PT, que era "Brasil: um país de todos". Destacar a heterogeniedade era uma forma de sustentar as políticas de diferenciação e discriminação positiva, como a das cotas raciais para ingresso nas Universidades e Empresas públicas. A estratégia de inserção cidadã vinha fortemente vinculada a ideia da promoção e expansão do ensino técnico e industrial e das Universidades públicas no país.

Educação e trabalho seriam as chaves mestras para a ampliação democrática da sociedade civil, e no ensino das Universidades suscitaria a formação de professores e pesquisadores dos estudos africanos, com ênfase na História, e das pesquisas sobre os temas afro-brasileiros.

O ensino de História da África e sua dupla dimensão

O ensino de História da África nesses primeiros anos do governo Lula ganhou a dupla conotação de ser uma contribuição acadêmica para a transformação do currículo, e ao mesmo tempo, uma ação de reparação dos crimes do racismo, contribuindo para o questionamento da perpetuação da interpretação social de que o Brasil era um país mestiço, fundado na convivência 'harmoniosa' das três raças: branca, negra e indígena.

Neste sentido, o processo de constituição da área disciplinar, dos temas de pesquisa, das bibliografias e abordagens foram atravessadas pelas experiências e imaginações sociais que intelectuais e militantes sociais tinham sobre a África, construída no cenário da luta politica contra a ditadura e após ela, contra o racismo.

A época isso foi visto e vivenciado como um problema, que muitas vezes trouxe polêmicas e conflitos. Acreditava-se do ponto de vista acadêmico, que a perspectiva de uma escrita científica muito voltada para o passado colonial brasileiro, inviabilizava uma construção científica da História da África. O que se deveria fazer era trabalhar temáticas mais próprias às trajetórias sociais e políticas das sociedades africanas, para além do paradigma da escravidão.

Por outro lado, a reação vinha no sentido de pautar que essa disciplina deveria responder a desafios de pesquisa e interpretação historiográfica, onde deveria se dar relevo as experiências dos africanos e seus descendentes na África e nas Américas.

No calor dos debates acadêmicos e das politicas de ação afirmativa vieram as primeiras críticas internacionais à produção local brasileira sobre os estudos africanos, enfatizando que estaríamos ainda muito presos ao paradigma da escravidão e a visão da África como o 'passado do Brasil'.

Essas críticas vinham de formas difusas feitas por acadêmicos dos centros de pesquisa de Portugal, da França e da Inglaterra que tinham contato direto com o Brasil, seja como tema de pesquisa, ou através dos pesquisadores brasileiros. No entanto, se por um lado as observações de que os estudos africanos, que estavam em fase inicial de ampliação no país, estavam muito vinculados ao passado colonial brasileiro, por outro lado percebia-se que as mesmas pesquisas foram suscitadas também pelas graves questões de constituição da sociedade civil no país e seu grande obstáculo que é o racismo conjugado com a desigualdade social e econômica.

No entanto, para além dos debates e críticas, o que se viu de 2003 a 2016, foi a estruturação da área disciplinar de Historia da África nas Universidades Públicas e Privadas, a estruturação de linhas de pesquisas em programas de pós graduação, a criação de linhas de editais no CNPq (Conselho Nacional do Desenvolvimento Cientifico e Tecnológico) para colaborações com universidades e centros de pesquisa africanos, a atribuição de bolsas de estágio doutoral e pós doutoral em universidades africanas ou em centros de pesquisas sobre a temática na Europa e América do Norte.

Começaram a surgir teses, programas de iniciação científica, grupos de pesquisa e estruturou-se um grupo de trabalho sobre História da África dentro da Associação Nacional de História (ANPUH).

Na educação básica estruturaram-se linhas editoriais de publicação infanto-juvenil sobre as histórias dos afro-brasileiros, sobre temas históricos ligados aos estudos africanos, e sobretudo do ponto de vista da estética individual e coletiva, o intercâmbio artístico e cultural entre o Brasil e os PALOP (Países Africanos de Língua Oficial Portuguesa) foi muito intensificado.

Foi um período de intensa produção e debate em busca de temas e abordagens de universidades e centros de pesquisa que começaram a perceber a importância de se fazer o diálogo tanto no campo disciplinar internacional dos estudos africanos, quanto nas pesquisas e ensino da história afro-brasileira.

O quadro dos docentes de ensino superior se amplificou com o processo em conjunto de criação de novas universidades públicas que já traziam nas formas de acesso dos discentes à universidade, a política de cotas e a abertura para a criação da área disciplinar de História da África.

No processo que se propôs de 2003 a 2016 acreditava-se que a ampliação da cidadania viria pela promoção da voz pública, agenciada desta vez pelo Estado, através dos programas de inclusão política, através de critérios como reparação histórica e atenção à diversidade étnica e social.

No campo acadêmico isso se refletiu com a criação da área disciplinar que é muito presente nos cursos de Pedagogia no país, denominada 'Educação para a igualdade étnico-racial'. A perspectiva deste campo é que as áreas de ensino se transformem no que concernem a elaboração dos seus currículos, trazendo para o centro das suas escolhas a atenção para diversidade social brasileira.

No entanto é um campo ainda marcado por muitas discussões porque centra a possibilidade da inclusão da diversidade pela interpretação das culturas, correndo o risco de essencialização e balcanizações intelectuais a respeito do que venha ser esse processo.

Contudo fez parte de uma série de ações no campo do currículo e da educação escolar no sentido de ampliação dos direitos sociais e de uma participação política mais ampliada.

Assim, junto com as disciplinas em torno do ensino de História da África, sobre a Diáspora Africana para o Brasil, Estudos Afro-Brasileiros, inclui-se essa nova disciplina em torno da diversidade étnico-racial na formação universitária de professores e pesquisadores.

Subjacente a essa riqueza de novas disciplinas e ao debate social em torno do racismo, os investimentos em políticas de financiamento à pesquisa para estágios doutorais e pós doutorais em universidades africanas e em centros de pesquisa na Europa e América do Norte, ampliou-se também as temáticas abordadas pelos pesquisadores brasileiros e com isso também a bibliografia e novas perspectivas teóricas e metodológicas que enriqueceram o cenário da pesquisa científica no país.

Do ponto de vista da administração política da federação e do desenvolvimento nacional do campo científico, vinculou-se as pesquisas acadêmicas à perspectiva de intervenção social direta, o que trouxe importantes debates que conjuntamente com os conflitos e acomodações que suscitaram, provocaram o repensar sobre o papel do Estado Brasileiro e as visões da cidadania.

Ensino de História da África e inserção na sociedade civil

Em 2016 tivemos a modificação dessas formas de atuação e intervenção das pesquisas acadêmicas no espaço público, em função das reorientações políticas da administração federal e da profunda crise social e democrática que atravessa contemporaneamente o país. No entanto, está um legado forte e difícil de ser superado da reflexão intelectual que liga a produção científica diretamente com a produção da agência de novas vozes públicas, e portanto de novos sujeitos sociais que reivindicam a ampliação dos direitos políticos e da compreensão da cidadania plena.

O título deste artigo 'afro-brasileiros: um assunto pós colonial?' é uma pergunta que está longe de ser respondida de forma definitiva. É um questionamento que deve suscitar mais discussão. Minha proposta é que numa determinada conjuntura política mais recente, vinculou-se a discussão de ampliação dos direitos à cidadania plena, com a luta anti-racista fundamentada numa ideia mais 'aggiornada' de herança afro-descendente que busca questionar os paradigmas da história da República Brasileira que nasceu em finais do século XIX, com o projeto assumido de 'embranquecimento' da população e ocultamento do passado da escravidão.

A ideia de afro-descendência que temos hoje foi constituída ao longo das lutas políticas dos movimentos sociais brasileiros, sobretudo o movimento negro e da intelectualidade que identificava no racismo um poderoso mecanismo de agudização da exclusão social no país.

No entanto, a partir da vitória do primeiro governo de esquerda no Brasil, através da eleição de Luiz Inácio Lula da Silva, emerge na arena pública e da construção de políticas nacionais a ideia de ampliação direita ligada ao conhecimento e reconhecimento da herança africana, mas transformada na experiência histórica recente dos afro-brasileiros, em conjunto com a necessidade de maior ampliação da pesquisa e das colaborações acadêmicas com as universidades africanas.

Há muito que se avançar no que se concerne ao segundo aspecto, mas já se percebe com nitidez as mudanças trazidas pela colaboração acadêmica de pesquisadores brasileiros em departamentos de universidades africanas e em centros de pesquisas na Europa e América do Norte.

Um aspecto fundamental para a compreensão deste processo é o papel que as escolas e universidades públicas assumiram durante a gestão do governo de Luiz Inácio Lula da Silva, de produção de vozes públicas, uma vez que centrou-se na ação educacional e acadêmica a dimensão reparatória e de intervenção social que deveria chegar nos 'setores mais periféricos da sociedade'. Neste sentido, as políticas de extensão universitária (atividades voltadas para as populações fora das universidades) foram pautadas por essa orientação de afirmação da 'diversidade étnica e social' brasileira e sua celebração, para que o país possa ser ao mesmo tempo uno e enriquecido pelas diferenças.

Do ponto de vista da ação direta, os projetos extensionistas foram atravessados pelas tensões sociais e interpretações do que seria trazer a sociedade para os espaços públicos. Muitos conflitos de visões e atuações surgiram. Um ponto fundamental de reflexão foi sobre os limites da compreensão do que vem a ser as representatividades de culturas, uma vez que muitas vezes se cristalizou e se essencializou uma visão muita dura e não permeável de culturas negra e indígena, por exemplo.

Contudo os resultados e os questionamentos que deles decorreram, se tornaram temas fundamentais para a compreensão do que foi o repensar da inserção cidadã no país durante a vigência do primeiro e segundo governos de Luiz Inácio Lula da Silva.

Nesta parte aponto para a reflexão de Partha Chartterjee sobre processos semelhantes aos vivenciados no Brasil analisados neste artigo, onde este autor nos convida para perceber como as sociedades que foram profundamente marcadas pelo passado colonial buscam pensar no que seria o 'bem estar social':

> Com vários graus de sucesso, e em alguns casos com fracassos desastrosos, os Estados pós coloniais implantaram as mais recentes tecnologias governamentais para promover o bem-estar e suas populações, sempre incitados e auxiliados

por organizações internacionais e não governamentais. Ao adotar essas estratégias técnicas de modernização e desenvolvimento, velhos conceitos etnográficos muitas vezes penetraram o campo de conhecimento acerca das populações – como categorias descritivas convenientes para classificar grupos de pessoas em alvos apropriados para as políticas administrativas, legais, econômicas ou eleitorais. Em muitos casos, critérios classificatórios usados pelos regimes governamentais coloniais permaneceram em uso na época pós colonial, definindo as formas tanto das demandas políticas quanto da política desenvolvimentista.[2]

No processo da afirmação pública da diversidade social brasileira, as organizações não governamentais tiveram uma atuação muito próxima das agências governamentais e no caso brasileiro, muitas vezes acumularam essa dupla função: destacar a singularidade dos diferentes povos do país e a promoção de suas culturas. Isso não foi um processo simples, implicou em produções de essencializações do próprio conceito de cultura e criou-se muitas vezes, complicadas relações onde algumas destas organizações se colocavam como as legítimas representantes políticas das populações negras, uma vez que eram as produtoras dos discursos sociais sobre as mesmas.

No entanto, apesar das críticas intelectuais e políticas, ainda está longe de se desvincular a reivindicação da inserção cidadã com a valorização do passado de herança e origem na África. Isso ocorre porque ainda há muito que se conquistar na afirmação e reconhecimento de direitos humanos básicos na história mais recente da sociedade brasileira.

---

2 *Idem*, pp. 110-111.

13

Para uma crítica feminista da colonialidade digital inspirada pelo contexto africano

Joëlle Palmieri

Tenho interesse pela sociedade da informação desde o seu nascimento nos anos 1990, enquanto componente de nosso dia-a-dia mundializado. Mais especificamente, dedique-me à análise das desigualdades e das relações de dominação por ela geradas, bem como as alternativas ou as lutas que ela permite que sejam desenvolvidas, sobretudo no campo feminista. Assim, pude constatar que, quando tal sociedade é abordada pelos pesquisadores com uma perspectiva de gênero, ou seja, analisada através de uma perspectiva diferenciada, de acordo com as relações sociais de sexo, uma das primeiras hipóteses consiste em estabelecer as desigualdades de gênero como sendo a única fonte dos problemas de invisibilidade política das organizações de mulheres e feministas. Contudo, esta hipótese se limita exclusivamente ao panorama dos usos de ferramentas da sociedade da informação e não do sistema que poderia formar esta sociedade. Da mesma forma, nos contentamos rápido demais com as críticas à sociedade da informação que constatam a expansão do neoliberalismo e o uso corrente das tecnologias de informação (TIC) pelo Ocidente com fins exclusivamente econômicos.

Há alguns anos questiono estas tendências que eu mesma tinha adotado no âmbito de resultados de pesquisas que realizei no Leste Europeu e na Europa Central (Haralanova & Palmieri 2008), ou no Irã no início dos anos 2000. Assim sendo, desenvolvi um estudo comparado na África do Sul e no Senegal em 2008 e 2009, cujo objetivo era renovar a crítica da sociedade da informação a partir de um ponto de vista feminista. Ainda que estas primeiras análises se inscrevessem na continuidade de trabalhos teóricos e empíricos do movimento Gênero e TIC – especificamente, faço referência aos trabalhos de Anita Gurumurthy, Nancy Hafkin e Natasha Primo –, a confrontação com o campo africano tornou minha análise mais complexa e me levou a compreender que o problema não é apenas patriarcal, econômico e neocolonial.

Na realidade, o contexto do gênero da sociedade digital africana e sua diversidade nos convidam a revisitar conjuntamente estudos feministas, pós-coloniais, subalternos e da informação ao invés de simplesmente enxertarmos na África ferramentas teóricas como patriarcado (Delphy, Davis, Bennett, Duerst-Lahti), gênero (Butler, Kergoat, Guillaumin), apropriação do corpo das mulheres (Tabet, Héritier), mundialização (Hirata, Falquet), colonialidade do poder (Quijano, Grosfoguel, Mignolo), pós-colônia (Mbembe), dependência (Amin), subalternidade (Spivak, Diouf) e sociologia da inovação pelas TIC (Cardon, Proulx, Jouët). É isto que procurarei desenvolver a seguir.

Cruzamento entre TIC e gênero para analisar as relações de dominação

Minha proposta consiste em mostrar que, na África, os impactos das políticas de TIC e as desigualdades de gênero se conjugam, agravam as relações de dominação e, paradoxalmente, podem criar espaços de onde emergem saberes não dominados de gênero. Trata-se de cruzar TIC e gênero para analisar as relações de dominação em mutação.

Esta hipótese pode ser estudada a partir de dois questionamentos:

1. De que forma a sociedade da informação redefine as relações sociais de sexo? Como ela acelera a apropriação do corpo das mulheres? Como este corpo incarna o último espaço de legitimidade política e econômica dos Estados? A resposta a estas perguntas nos permite qualificar as novas formas de relação de poder entre Estados, entre Estado e populações.

2. De que forma os usos das TICs pelas organizações de mulheres e feministas dão conta das relações de dominação? Entre comunicação institucional e inovação pela difusão dos saberes, estas organizações encontram-se subordinadas ou criam espaços de resistência? Este texto tem como objetivo demonstrar que:

– a sociedade da informação mistura patriarcado e colonialidade do poder e dos saberes;

– este duplo sistema de dominação pode configurar criação epistêmica.

Questionamento quanto aos métodos

Para realizar este trabalho corretamente, precisamos interrogar nosso quadro conceitual e nossos métodos de pesquisa atuais. Dominação masculina,[1] gênero, neocolonialismo, imperialismo econômico são boas variáveis para estabelecer uma análise crítica da sociedade da informação? Por sua vez, apenas estas variáveis dão conta das relações de dominação a partir das quais a sociedade da informação é produzida? São capazes de explicar que ela mesma produz relações de dominação? Para responder a estas perguntas, logo de início, decidi realizar simultânea e conjuntamente na África do Sul e no Senegal uma pesquisa direcionada e uma pesquisa documental aprofundada com métodos de análise específicos, incluindo uma análise institucional do campo do estudo.

Em dezembro de 2008 e janeiro de 2009, na África do Sul e no Senegal, realizei entrevistas com 29 mulheres e homens representantes de 28 organizações de mulheres, feministas ou de organizações voltadas para criação digital, apoio aos direitos de camponeses ou tri-terapia, mas que não trabalhavam

---

[1] Com relação ao conceito de "dominação masculina", tal como introduzido pelo sociólogo francês Pierre Bourdieu em 1998, não entrarei nos debates feministas que o cercam (Mathieu, Louis, Tabet, Trat, Delphy, Butler, Thébaud). Aqui, optei pela utilização desta terminologia a título genérico para qualificar as relações de dominação entre homens e mulheres, Estados e mulheres, populações e Estado, admitindo que elas se baseiam nas desigualdades de gênero e na apropriação do corpo das mulheres. Este texto não leva em consideração se as mulheres são produtoras de sua própria dominação, vítimas de "violências simbólicas", como diz Bourdieu, assim como se os gêneros produzem os sexos, como os conceitos que causam impasse quanto a questões de identidade sexual e enfraquecem ainda mais o poder dos diferentes gêneros, notadamente assujeitando os dominados, considerando-os como vítimas, não-atores de sua vida num contexto de dominação. Neste sentido, Pierre Bourdieu subestima, ou até diminui, o poder das mulheres. Isto é particularmente perceptível em sua negação do feminismo (Bourdieu 1998).

com gênero. Fiz perguntas sobre suas vidas pessoais, a representação que têm da situação nacional geral, política, social, estrangeira, digital e específica das mulheres para voltar às utilizações que fazem das TICs em suas organizações. Esta pesquisa revelou posições muito delimitadas no interior dos dois países e entre eles. Cada um destes encontros impôs à pesquisa nuances, similaridades e similitudes, visíveis ou invisíveis, em todos os momentos das entrevistas e com relação à totalidade dos conceitos abordados: desigualdades de gênero, relações de dominação, usos das TICs. Tive que buscar as invisibilidades políticas.

Em geral, as-os interlocutoras-ores dos dois países expressaram ter pouca consciência quanto às implicações da sociedade da informação. A maioria das mulheres e suas organizações utilizam técnicas, infraestruturas e softwares cujos proprietários lhes são desconhecidos, assim como lhes são desconhecidas as políticas a eles associadas. Na África do Sul, a internet é um assunto que foi colocado de lado. Seu acesso é caro e a atenção recai mais sobre o agravamento da concentração de riqueza, do desemprego, da pobreza, da aceleração das violências sexuais e políticas, do enfraquecimento dos movimentos sociais, inclusive feministas, diante da expressão crescente, desproporcional e pública do masculinismo e do tradicionalismo. No Senegal, é o adjetivo "político" associado ao uso das TICs e oposto ao termo visibilidade, assim como a utilização do termo "feminismo", que causa relutância.

Os obstáculos encontrados pelas organizações de mulheres ou feministas nesta área são muitos: financeiros, econômicos, sociais, humanos, militantes. Como consequência, estas organizações dissociam mobilização e informação. A força de suas ações é, assim, cotidianamente colocada em perigo. O risco de beirar a impotência é constante. Nos dois países, as tensões que atravessam as relações sociais e culturais locais passam por cima da pertinência da circulação de informação, qualquer que seja. A possível mudança nesta área é contingente, condicionada à resolução prévia de todos os outros problemas: disparidade de riqueza, analfabetismo, violências, desigualdades de gênero, de classe, de raça...

A "brecha digital", terminologia adotada pela maioria de minhas-meus interlocutoras(ores), suscita diferentes interpretações dentro dos próprios países. É possível distinguir três grupos: aqueles que sabem como ir além e que têm ideias sobre o que precisaria ser colocado em prática para enfrentá-la, aqueles que não sabem combatê-la e aqueles que reconhecem sua ignorância, mas a dependência decorrente desta ignorância, o que os distancia de soluções viáveis e a longo prazo, inclusive em seus campos de luta.

De maneira geral, ninguém caracteriza as questões de gênero do setor da informação. Os caminhos encontrados para combater os obstáculos raramente são considerados como ações de luta contra as desigualdades de gênero. Por outro lado, no discurso, o uso das TICs em prol do gênero ou da igualdade mobiliza praticamente todas as causas. Ademais, ainda que apresentem questões adversas, as TIC permitem às minhas-meus interlocutoras-ores assinalar a ligação entre pobreza e resistência, violências e determinação, discriminações sexistas e justiça, dívida e informalidade.

Duas institucionalizações cruzadas

Uma vez coletadas as observações de campo, comecei a construir a demonstração segundo a qual assistimos à ocidentalização das relações sociais (Cahen 2008, p. 12), o que induz a generalização do universalismo abstrato (Kilani 2006, p. 414-415). Para tanto, realizei uma análise institucional (Lourau 1969). Tal análise era imperativa visto que confirma que as políticas nacionais e internacionais a favor da igualdade de gênero não se concretizam na realidade cotidiana, especialmente na África. Através desta análise institucional, constatamos que, com a coincidência da emergência da sociedade da informação e a Conferência de Pequim de 1995, as políticas de TIC passaram a influenciar as políticas de igualdade. O resultado imediato destas políticas foi a adoção do conceito genérico de "brecha digital de gênero", que associa os termos TIC e gênero de forma automática. Quando falamos em gênero e TIC, adotamos esta ideia de *ligação* que alia TIC, gênero e a noção de "brecha digital". Por si só, este reflexo contém os ingredientes de duas institucionalizações: TIC e, em paralelo, gênero. São duas institucionalizações gêmeas. A institucionalização das TICs é originária e estruturante da sociedade da informação, sendo caracterizada pelo fato de ser prescrita pelos tomadores de decisão das políticas de TIC, que não consultam as pessoas para as quais estas políticas são destinadas: mulheres, sem diferenciação de classe ou de raça. Com o objetivo de atender as necessidades das mulheres, estas políticas afirmam o poder daqueles que as ditam (homens e mulheres), endossando os processos verticais de geração de conteúdo, controle de infraestruturas ou de decisões. Não sendo estruturalmente igualitária, reforçando as relações de dependência, por mais que esta institucionalização adote o termo gênero de forma abrangente, ela o exclui de suas práticas.

Além das militantes pela integração do gênero na sociedade da informação ou das feministas do ciberespaço (as ciberfeministas[2]), interessei-me pelos seus modos de ação. Perguntei-me onde convergiam, onde divergiam, em quais períodos, a propósito de quais temas. A institucionalização das TICs reapareceu como uma trama, uma leitura destas histórias ainda paralelas. E as TICs, sempre um objetivo a alcançar pelas mulheres. Como a *"grand soir"*. Constato desestabilizador para mim, que continuo a questionar este objetivo. Logo, tive que estudar ainda mais esta institucionalização e seus mecanismos, analisar a sua construção.

Esta análise da composição híbrida do movimento "Gênero e TIC" é a que mais me ajudou a perceber a que ponto assistíamos a uma despolitização da questão da apropriação dos usos das TICs pelas mulheres. Não se levanta mais a questão. Virou obrigação. Como se as TICs servissem as mulheres e suas lutas independentemente do que aconteça. Na verdade, a maioria dos estudos trata das desigualdades de gênero na apropriação das TIC (Hafkin 2001, Gurumurthy 2006), da masculinidade, da masculinização ou da cegueira de gênero da análise dos usos das TICs ou dos movimentos ligados à apropriação inovadora das TICs (Collet 2006, Jouët 2000 & 2003, Haralanova 2008). Poucos ainda tratam da contribuição da teoria feminista ou do conceito de gênero para a análise dos impactos sociais, econômicos, políticos, culturais e epistêmicos da sociedade da informação. Quando tais estudos adotam este caminho, são normalmente destinados à análise do contexto ocidental[3] ou, na melhor das hipóteses, latino-americano.

---

2   Expressão criada em 1991 pelo coletivo australiano de artistas feministas VNS Matrix. Nos anos 1990, este termo definia essencialmente as criações digitais feministas no ciberespaço. Hoje, é mais abrangente, estendendo-se a todas as expressões feministas na internet, como aconteceu com o "hackativismo" (atividades de hackers).

3   O termo "Ocidente" designa os países da Europa Ocidental, da América do Norte, assim como Austrália, Nova Zelândia e suas socializações. Estas regiões do mundo se consideram e são consideradas pelas organizações internacionais e por parte das organizações da sociedade civil de forma geral como o "Norte". É nesta região que as políticas de TIC são decididas. Este "Norte" se opõe a um "Sul" e, de acordo com o teórico palestino Edward Saïd, ao "Oriente" (o Outro), por sua vez "uma criação do Ocidente, sua cópia,

Para além do pós(-)colonial

Cheguei à conclusão de que as políticas de igualdade de gênero na sociedade digital orientaram as ações de instituições como o movimento Gênero e TIC pelo acesso das mulheres às infraestruturas tecnológicas em detrimento de sua contribuição para a difusão de conteúdos. A emancipação foi mais técnica do que editorial, mais funcional do que política. Os usos das TICs pelas mulheres africanas e suas organizações não são neutros quanto ao gênero e o destaque dado às desigualdades e identidades de gênero é hoje ligado às TICs. As institucionalizações conjuntas de TICs e gênero participaram da invisibilidade dos temas das lutas de organizações das mulheres e, portanto, da subalternidade das mulheres africanas. As expressões das mulheres africanas, seus saberes, não puderem ser colocados em evidência.

Uma colonialidade do poder renovada

A análise institucional evocada, uma pesquisa documental aprofundada e uma reflexão sobre os estudos pós-coloniais, os *Subaltern Studies*, as teorias sobre a história da pós-colônia, da dependência, tudo aplicado ao continente africano, me permitiram qualificar corretamente as relações de dominação questionadas neste contexto. Através da leitura de Anibal Quijano, pude associar algumas palavras à sociedade da informação: colonialidade do poder, forma específica e historicizada das relações de dominação entre Estados e sociedades. Ao caracterizar o conjunto de relações sociais produzidas pela expansão do capitalismo em suas periferias subalternas (Quijano 1994), a terminologia "colonialidade do poder" encontra suporte na sociedade da informação, que acelera, cresce e aumenta esta expansão por meio de máquinas informáticas, softwares e telecomunicações interpostas. Desta forma, esta sociedade participa da difusão da colonialidade e assistimos a sua renovação. Surge a ideia de um *mito da recuperação* imposto pelo Ocidente aos Estados ditos do "Sul" através da interposição de TICs. Este mito, que não é nada além de uma abordagem classicamente evolucionista, tem o objetivo de manter os Estados e as populações ditas do "Sul" em posição de subordinação, de inferioridade, de atraso em relação a uma

---

seu contrário, a encarnação de seus medos e de seu sentimento de superioridade, tudo ao mesmo tempo" (Saïd 1997, p. 210).

norma que é a de *estar conectado* e bem conectado, de acordo com os critérios científicos e informáticos e as normas técnicas e econômicas ocidentais.

Neste sentido, as relações sociais regidas pela sociedade da informação correspondem às características de uma nova colonialidade do poder em contexto de mundialização, que passarei a chamar de *colonialidade digital*. Somente no setor da comunicação, esta nova colonialidade do poder se manifesta de acordo com diversos eixos: subrepresentação das mulheres neste setor, desigualdade do acesso às TICs entre homens e mulheres e impactos diferenciados das políticas implementadas em termos de gênero.

Enquanto sistema mais amplo de fortalecimento, reprodução e produção de relações de dominação de classe, raça e gênero, ele modifica a percepção do cotidiano real em todos os níveis da escala social e política. Consequentemente, transforma a relação com o político, com a ação política, com o discurso político, exigindo maior *performance* para sua autovalorização exagerada. Com relação ao poder institucionalizado, assistimos à superabundância de retóricas populistas, masculinistas, tradicionalistas, reflexo de um *tumulto* político de escala internacional – desordem ligada ao sentimento de perda de legitimidade tanto institucional local quanto internacional. A busca pela legitimidade – a recuperação – dá-se num campo de afirmação de forte identidade sexual masculina (incluindo com as mulheres em posição de poder) enquanto única *força* possível, única expressão de potência possível. As TICs, sobretudo as redes sociais digitais, revelam-se, então, tanto como instrumentos de pressão política entre os dominantes quanto de propaganda dos dominantes destinada aos dominados.

Além deste mito de recuperação, assistimos uma aceleração e um certo exagero na subalternização das periferias. O gênero é fator de subalternidade. Na verdade, nos dois países de meu estudo – África do Sul e Senegal –, pude constatar que as mensagens de gênero das organizações internacionais convergem há quinze anos no sentido de: "é preciso educar, apoiar as mulheres africanas a lutarem contra a pobreza". Isto passa pela integração destas mulheres ao mercado de trabalho, o que se faz por meio das TICs, especialmente a internet, com trabalho remoto e cursos à distância. Isto significa que é considerado necessário que as mulheres africanas integrem bem os saberes importados, homogêneos, formulados por dirigentes das instituições internacionais. Esta homogeneização é, de fato, ocidental e universalizante. Assim, a sociedade da informação favoriza a ocidentalização dos pensamentos que subalternizam as mulheres da base: estas mulheres não são consideradas como atrizes do desenvolvimento ou portadoras de saberes próprios (Spivak 2006[1988]).

De forma mais geral, com o conceito de desenvolvimento tendo se tornado principalmente econômico, ele passa a fazer par com uma obrigação de "estar conectado", tanto para poder participar do jogo da livre concorrência da mundialização liberal, quanto para mudar este jogo. Esta injunção me permite estabelecer a ligação entre fundamentos e ideologias econômicas, religioso-culturais ou nacionalistas e a realidade colonialitária (ligada à colonialidade) contemporânea. Ao se manifestar através das TICs, a colonialidade do poder se vê hoje entre as linhas de políticas de TIC que se interessam mais seriamente pelas questões de conectividade do que pelo controle ou pelos conteúdos. Ainda, assistimos a uma despolitização do desenvolvimento por meio da tecnicidade, o que inclui uma deturpação epistêmica através da interposição de universalismo abstrato. Portanto, as TICs compõem os vetores de uma filosofia dos saberes arcaica, ocidentalizada, que ganha espaço todos os dias. A colonialidade dos saberes está em operação. Simultaneamente, as TICs impõem um ritmo acelerado que distorce a agenda das organizações de mulheres ou feministas. A gestão imediata da urgência, que sempre se faz presente, além de confundir informática e conhecimento, estreita paradoxalmente seus espaços de ação, que são cada vez mais locais, ao passo que a globalização dos espaços se organiza. A convergência destes paradoxos alimenta por si só a complexidade da colonialidade digital.

Sustentando estas constatações, os trabalhos de Gayatri Spivak certificam a ligação entre colonialidade digital e despolitização do desenvolvimento. No contexto da mundialização contemporânea, o sistema de concorrência se acelera entre Estados, entre Ocidente, Oriente Médio e Extremo e outros Estados. Esta concorrência se traduz em violência epistêmica (Spivak 1988) e é acompanhada de uma forma de propaganda política que enaltece as benfeitorias do "digital". O digital se torna uma necessidade a ser satisfeita nas relações sociais, o que também dá origem a uma mistificação. Esta mistificação se baseia no amálgama entre ferramentas, softwares e usos, sem nuances quanto aos efeitos diferenciados de um e do outro. Por exemplo, é o "celular" enquanto máquina que age no real ou é o seu uso? É o Facebook que faz as revoluções ou são os jovens que o utilizam para denunciar a repressão a uma manifestação da qual participaram? Esta manifestação não foi convocada por grupos organizados no real? Ao deixar que se acredite no contrário, o virtual despolitiza o real.

Resistir: difundir os saberes não científicos (*savoirs non savants*)

Estas constatações são devastadoras. Gostaria de contrabalanceá-las com as conclusões obtidas por meio de entrevistas e de observações participantes conduzidas anteriormente, em 2000, 2002 e entre 2006 e 2008, que mostram caminhos de resistência ou alternativas propostas pelas organizações de mulheres ou feministas africanas. Tanto na África Ocidental quanto na África do Sul, experiências específicas de transmissão de saberes que tenham uma perspectiva de gênero rapidamente se impõem como "as" experiências de inovação em termos de impacto político dos usos das TICs em relação às dominações masculina e colonialitária. Devido ao seu caráter não formal, não codificado, não normatizado, não reivindicado, não instalado, não institucionalizado, estes saberes que qualifico de "não científicos" transgredem o sistema tal qual acabamos de analisar. Eles criam as bases de uma epistemologia onde os atores se tornam autores, onde os subalternos liberam seu próprio campo de conhecimento.

Pude constatar muitas vezes a África Ocidental e na África do Sul que as pessoas vítimas de discriminações ou em situação de discriminação são verdadeiras especialistas quanto aos motivos destas discriminações. Por outro lado, elas não são necessariamente especialistas em TIC. A partir deste postulado, pude traçar a hipótese de que estas pessoas rompem com sua situação de subalternidade no contexto de colonialidade digital. Reconhecer o saber destes subalternos da base, em sua maioria mulheres e jovens – meninas e meninos –, debatê-lo e confrontá-lo a outros já significa sair do ciclo de hegemonia vertical que estrutura as relações sociais do sistema-mundo. Fazer com que este saber seja conhecido, difundido, comparado significa romper com a evidência de que seu autor não participa da elaboração de uma epistemologia específica por não possuir os meios técnicos ou tecnológicos de fazê-lo.

Ademais, em primeiro lugar, decidi qualificar este saber de *não científico* em oposição voluntária àqueles que se atribuem o direito de dizer o que consiste em saber ou não, conhecimento ou não, incluindo os protagonistas das políticas de TIC ou os detentores do saber acadêmico que decidem a respeito de sua difusão.

Em seguida, as narrativas orais feitas por mulheres em algumas organizações de mulheres na África do Sul, por exemplo – diferente das práticas de *Digital Storytellings,* mais institucionais e institucionalizadas –, ou a elaboração de conceitos pelos próprios observados no âmbito de um projeto de pesquisa na África Ocidental incluem estratégias que visam dar a palavra àqueles – no caso, mulheres e jovens subalternos – cujo papel social tenderia a impedi-los de tomarem a palavra. Estas estratégias têm como resultado direto a inversão das relações de poder entre dominantes e dominados, mas também fazem emergir epistemologias de saúde ou de segurança, por exemplo, livres de seus preconceitos morais tradicionais, mas também de classe, raça e sexo. Ao colocar estes narradores no coração do processo de elaboração do pensamento, aquelas que organizam a oratória posicionam os saberes dos subalternos no cento da transformação das relações entre dominados e dominantes, objetos e sujeitos. Estas narrativas ou elaborações de pensamentos introduzem uma nova lógica de especialidade, que depende menos do conhecimento acadêmico ou institucional – onde o científico ou *savant* é sacralizado – e mais da experiência de vida cotidiana, que é social e culturalmente considerada como não científica ou *non savant*. As mulheres ou jovens que falam – confrontados, mas sobretudo atores da sobrevivência cotidiana – tornam-se então verdadeiros especialistas do desenvolvimento, da crise econômica mundial e do político.

Estas estratégias por meios das quais se libera a expressão dos subalternos se aproxima de uma abordagem libertária, não-proprietária. Elas propõem o exercício de uma democracia que valoriza de fato a livre expressão e a igualdade das expressões como dois componentes estruturantes de uma sociedade a ser criada. Uma prática que poderíamos qualificar de *moral da invisibilidade* da construção democrática. Ao eliminar os pontos mortos, as zonas de sombra, esta iniciativa cria espaços nebulosos, gera dúvida, ao contrario de uma iniciativa dentro de um quadro estabelecido. A invisibilidade impingida às autoras e aos autores destas narrativas pode estilhaçar os enquadramentos, as separações, os muros e as fronteiras socialmente construídos. Ela é capaz de expurgar o controle (que impede a passagem, legisla) e, logo, o poder dominante (que se serve do controle para se manter).

Especificamente, quanto às narrativas orais de mulheres na África do Sul, a iniciativa contradiz a instantaneidade e a abundância dos sistemas ditos colaborativos, tecnicamente viabilizados pelas TICs. Portanto, não estando conectadas, as mulheres autoras destes relatos se abstraem do caminho universalista abstrato e rentável (níveis financeiro, social, político, econômico, de segurança...) da sociedade digital colonialitária. A constância destes relatos e seu arquivamento são, então, uma alternativa epistêmica, tanto pela lentidão do ritmo atribuído, quanto pelo seu objeto, normalmente baseado no íntimo, na experiência vivida, no não superficial, no não efêmero, na não *quimera* e na não força.

Neste sentido, as iniciativas de coleta de relatos de mulheres se opõem à lógica que mobiliza as sociologias da inovação pela apropriação das TICs (Proulx 2002, Cardon 2010), que têm tendência a estigmatizar as redes sociais eletrônicas e, especialmente, a potência criativa das pessoas em um lugar/meio. Por exemplo, a oportunidade atualmente associada ao uso do *Facebook, LinkedIn, MySpace*... para compartilhar fotos, lembranças, ideias com aqueles que convém chamar de "amigos" é mensurada no virtual e, frequentemente, pela quantidade dos ditos amigos. Ela pode criar uma dinâmica de rede e, às vezes, de conteúdo, porém respeitando os códigos que regem estas ferramentas, nomeadamente a instantaneidade, a demonstração de superioridade e o excesso, em detrimento da subjetivação dos autores. Assim sendo, as redes sociais participam das relações de colonialidade e do fortalecimento da subalternidade.

Enfim, de forma mais global, a difusão de saberes não científicos, não enquanto objetivo, mas como meio para se questionar massivamente o domínio dos conteúdos que devem ser produzidos pelos subalternos – e não simplesmente a eles fornecidos – tornam-se um meio de luta contra a colonialidade digital. Esta iniciativa inverte a visão clássica dos usos das TICs onde apropriação e autonomia ocupam um lugar central e isto se opõe violentamente à colonialidade dos saberes. Como reação, com a criação de "potencial" e poder pela apropriação e autonomia, os subalternos transcendem a noção de desigualdade, rompendo com a dominação, entendida como relação de comando e obediência, baseada na violência (Arendt 1972, p. 105-208), participando de um processo de criação epistêmica.

* * *

O conjunto de minhas investigações críticas sobre a sociedade da informação, apoiadas pela observação contemporânea do contexto africano me permitem afirmar que:

– a ocidentalização do virtual descaracteriza o real, despolitizando-o. Seus impactos concretos sobre o real são: masculinismo, tradicionalismo, institucionalização do gênero e das TICs;

– a colonialidade digital e o gênero são variáveis que não podem ser separadas na análise das relações de dominação, sob risco de não identificação dos espaços de inovação da subalternidade;

– a aceleração e a cristalização das relações de poder permitem a maturação de uma epistemologia específica por parte das organizações de mulheres ou feministas africanas.

Ao acoplar gênero e colonialidade digital, parti de um imaginário clássico da crítica da mundialização dita neoliberal. Sem dúvida, a mundialização conhece impactos econômicos dramáticos – especialmente e sobretudo para as mulheres –, mas também políticos e, mais especificamente, epistêmicos. Minha proposta também inclui a redefinição das relações de dominação no contexto da mundialização contemporânea.

Parece-me importante continuar este trabalho teórico de redefinição, colocando os usos das TICs e o gênero como pontos de entrada incontornáveis, como perspectiva de análise crítica da colonialidade em andamento. Em particular, um trabalho específico sobre as dominações epistêmicas ligadas ao virtual merece ser aprofundado, assim como as transgressões a elas associadas. Isto constituiria um avanço teórico necessário para renovar a epistemologia feminista.

Referências

AMIN, S. 1992, *L'empire du chaos. La nouvelle mondialisation capitaliste.* Paris: L'Harmattan, 140 p.

_____ 2006, "Au-delà de la mondialisation libérale : un monde meilleur ou pire?". In: "Fin de néolibéralisme", *Actuel Marx,* Paris: PUF, XXXX (2), pp. 102-122.

ARENDT, H. 1972, "Sur la violence". In: *Du mensonge à la violence. Essais de politique contemporaine,* Paris: Calman-Lévy, pp. 105-208, 1972 [*On vio-*

lence, edição original em inglês 1970].

BENNETT, J. 2010, "Challenges Were Many: The One in Nine Campaign, South Africa". In: África do Sul, *Women's United Nations Report Network* (WUNRN), <http://www.comminit.com/redirect.cgi?m=f8a9427ff6b1feb58ce32c0b5bc32c7b>, acessado em 29 de maio de 2010.

BOURDIEU, P. 1998, *La domination masculine*. Paris: Seuil, 1998. 134 p. ("Liber").

BUTLER, J. & SPIVAK, G. C. 2009, *L'État Global*. Paris: Payot, 112 p.

BUTLER, J. 2004, *Undoing Gender*. Londres: Routledge, 273 p.

CAHEN, M. 2008, "'L'État colonial' et sa 'transmission'. Circonscrire les divergences, fixer les enjeux". Apresentação (não publicada) no Colóquio CEAN, Mesa-redonda *L'État colonial existe-t-il?*

CARDON, D. 2005, "Innovation par l'usage". In: AMBROSI, A., PEUGEOT, V. & PIMIENTA, D. *Enjeux de mots: regards multiculturels sur les sociétés de l'information*. Paris: C & F Éditions, 649 p..

_____ 2008, "Le design de la visibilité: un essai de typologie du web 2.0". In: *InternetActu.net*, <http://www.internetactu.net/2008/02/01/le-design-de-la-visibilite-un-essai-de-typologie-du-web-20/>, acessado em 21 de fevereiro de 2011.

_____ 2009, "Vertus démocratiques de l'Internet". In: *laviedesidées.fr*, <http://www.laviedesidees.fr/Vertus-democratiques-de-l-Internet.html>, acessado em 30 de janeiro de 2010.

_____ 2010, *La Démocratie Internet*. Paris: Le Seuil, 101 p. ("Sciences humaines / Divers").

CARDON, D. & PRIEUR, C. 2007, "Les réseaux de relations sur Internet: un objet de recherche pour l'informatique et les sciences sociales". In: BROSSAUD, C. & REBER, B. (eds), *Humanités numériques. 1. Nouvelles technologie cognitives et épistémologie*, Paris: Lavoisier, pp. 147-164.

DAVIS, A. 1983, *Femmes, Race et Classe*. Paris: Des Femmes, 342 p.

_____ 2000, *La couleur de la violence contre les femmes*. Discurso proferido durante um colóquio de mesmo nome em Santa Cruz no outono de 2000, publicado pela primeira vez em *ColorLines Magazine*, outono de 2000. In: *Mauvaiseherbe's Weblog*, <https://mauvaiseherbe.wordpress.

com/2008/09/05/la-couleur-de-la-violence-contre-les-femmes//>, acessado em 11 de fevereiro de 2017.

DELPHY, C. 1997, "L'humanitarisme républicain contre les mouvements homo". In: *Politique la revue,* <http://sisyphe.org/imprimer.php3?id_article=1159>, acessado em 27 de março de 2010.

_____ 1998, *L'ennemi principal: 1. Économie politique du patriarcat.* Paris: Syllepse, 294 p.

_____ 2000, "Théories du patriarcat". In HIRATA, H. & *alii* (eds), *Dictionnaire critique du féminisme,* Paris: PUF, (2ᵉ edição expandida 2004), 315 p., pp. 141-146.

_____ 2001, *L'ennemi principal: 2. Penser le genre.* Paris: Syllepse, 380 p.

_____ 2008, *Classer, dominer – Qui sont les "autres"?.* Paris: La Fabrique, 232 p.

DIOUF, M. 1999, *L'historiographie indienne en débat : colonialisme, nationalisme et sociétés post-coloniales.* Paris-Amsterdam: Karthala-Sephis, 494 p.

_____ 2009, *L'Afrique et le renouvellement des sciences humaines.* Entretien par Ivan Jablonka. In: *La vie des idées,* <http://www.laviedesidees.fr/IMG/pdf/20090109_ Diouf.pdf>, acessado em 16 de março de 2010.

DUERST-LAHTI, G. 2000, "Reconceiving Theories of Power: Consequences of Masculinism in the Executive Branch". In: J. M. Martin & M. Borrelli, *Other Elites: Women, Politics, & Power in the Executive Branch.* Boulder, Lynne Rienner Publishers Inc.

_____ & MAE KELLY 1996, R. *Gender Power, Leadership, and Governance.* Ann Arbor: University of Michigan Press, 352 p.

FALQUET, J. 2003, "'Genre et développement': une analyse critique des politiques des institutions internationales depuis la Conférence de Pékin". In: *Les Pénélopes* <http://veill.es/www.penelopes.org/article-3358.html>, acessado em 11 de fevereiro de 2017.

_____ 2005, *Sexe, "race", classe et mobilité sur le marché du travail néolibéral : hommes en armes et femmes "de services".* Intervenção durante o colóquio *Mobilités au féminin* em Tanger, 15-19 de novembro de 2005, <http://lames.mmsh.univ-aix.fr/Papers/ Falquet.pdf>, acessado em 20 de março de 2008.

GROSFOGUEL, R. 2006, "Les implications des altérités épistémiques dans la redéfinition du capitalisme global – Transmodernité, pensée frontalière et colonialidade globale". In: *Multitudes,* III (26), pp. 51-74.

_____ 2010 [2002], "Quel rôle pour les diasporas caribéennes?". In: *Les indigènes de la République,* <http://indigenes-republique.fr/quel-role-pour-les-diasporas-caribeennes/>, acessado em 22 de janeiro de 2010.

GUILLAUMIN, C. 1977, "Race et nature : Système des marques, idée de groupe naturel et rapport sociaux". In: *Pluriel,* n° 11, pp. 39-55.

_____ 1992 [1978], *Sexe, race et pratique du pouvoir. L'idée de Nature.* Paris: Côté-femmes, 239 p.

GURUMURTHY, A. 2004, *Gender and ICTs: Overview Report.* Londres: Bridge, <http://www.bridge.ids.ac.uk/reports/cep-icts-or.pdf>, acessado em 14 de maio 2011.

_____ 2006a, "Promoting gender equality? Some development-related uses of ICTs by women". In: *Practice,* XVI (6), novembro de 2006, pp. 611-616.

_____ 2006b, "Saying No to a Hand-me-down Information Society The Digital Gap, Gender and Development". In: *IT for Change,* <http://www.itforchange.net/images/stories/keynote_address_AnitaGurumurthy_knowhow_conference.pdf>, acessado em 28 de janeiro de 2010.

_____ (ed.) 2006c, *Gender in the Information Society: Emerging Issues.* New York: UNDP, 155 p., 2006. <http://www.unapcict.org/ecohub/resources/gender-in-the-information-society-emerging-issues>, acessado em 11 de fevereiro de 2017.

_____ 2009, "Social Enterprise to Mobiles: Depoliticizing Development and Information Technologies". Apresentação no seminário "South Asia and Social Change" organizado pelo Programa de estudos sobre desenvolvimento, Instituto Watson e o Ministérios de Relações Exteriores da Índia, 2009, <http://www.watsoninstitute.org/ events_detail.cfm?id=1383>, acessado em 28 de janeiro de 2010.

HAFKIN, N. & TAGGART, N. 2001, *Gender, Information Technology and Developing Countries.* Washington: AED LearnLink Project, USAID, <http://www.usaid.gov/our_work/cross-cutting_programs/wid/pubs/hafnoph.

pdf>, acessado em 10 de junho de 2008.

_____ & HUYER, S. (eds) 2006, *Cinderella or Cyberella?: Empowering Women in the Knowledge Society*. Bloomfield, CT: Kumarian Press, 288 p.

HARALANOVA, C. & PALMIERI, J. 2008, *Strategic ICT for Empowerment of women - WITT Training Toolkit*. Amsterdam: Women Information Technology Transfer (Bulgaria/The Netherlands), 76 p.

HÉRITIER, F. 1996, "Réflexions pour nourrir la réflexion". In: HERITIER, F., *De la violence*. Paris: Odile Jacob, 392 p.

_____ 1996, *Masculin, Féminin. La pensée de la différence*. Paris: Odile Jacob, 332 p.

HIRATA, H. & *alii* (eds) 2000, *Dictionnaire critique du féminisme*. Paris: PUF, (2ᵉ edição ampliada 2004), 2000. 315 p.

_____ 2006, "Mundialização et rapports sociaux sexués: une perspective Nord-Sud". In: LOJKINE, J., COURS-SALIES, P. & VAKALOULIS, M. (eds), *Nouvelles luttes de classes*. Paris: Presses universitaires de France, 292 p., pp. 227-240.

JOUËT, J. 2000, "Retour critique sur la sociologie des usages". In: *Réseaux* (Paris: Hermès Science Publications), n° 100, pp. 487-52.

_____ 2003, "Technologies de communication et genre: des relations en construction". In: *Réseaux* (Paris: Hermès Science Publications), n° 120, pp. 53-86.

KERGOAT, D. 1998, "La division du travail entre les sexes". In: KERGOAT, J. (ed.), *Le monde du travail*. Paris: La Découverte, 443 p., pp. 319-327.

_____ 2000, "Division sexuelle du travail et rapports sociaux de sexe". In: HIRATA, H. & *alii* (eds), *Dictionnaire critique du féminisme*. Paris: PUF, , 315 p., pp. 35-44. [2ᵉ edição ampliada 2004]

KERGOAT, D. 2009, "Dynamique et consubstantialité des rapports sociaux". In: DORLIN, E. (ed.), *Sexe, race, classe, pour une épistémologie de la domination*. Paris: PUF, pp. 111-125.

KILANI, M. 2006, "Ethnocentrisme". In: MESURE, S. & SAVIDAN, P. (eds), *Dictionnaire des sciences humaines*. Paris: Puf, 1275 p.

LOURAU, R. 1969, *L'Analyse Institutionnelle*. Paris: Minuit. 298 p.

MBEMBE, A. 2000, *De la postcolonie. Essai sur l'imagination politique dans l'Afrique contemporaine*. Paris: Karthala, 293 p.

MIGNOLO, W. 2000a, *Local histories, global designs. Coloniality, subaltern knowledge and border thinking*. New Jersey: Princeton University Press, 296 p.

_____ 2000b, "Rethinking the colonial model". In: HUTCHEON, L. & VALDES, M. (eds), *Rethinking literary history*. Oxford: Oxford University Press, 232 p., pp. 155-193.

_____ 2000c, "Coloniality at large: time and the colonial difference". In: LARRETA, E. R. (ed.), *Making and Possible Futures*. Rio de Janeiro: Unesco & Instituto de Pluralismo Cultural, pp. 237-272.

_____ 2001, "Géopolitique de la connaissance, colonialité du pouvoir et différence coloniale". In: *Multitudes* n° 6, <http://multitudes.samizdat.net/Geopolitique-de-la-connaissance.html>, acessado em 9 de janeiro de 2010.

PRIMO, N. 2003, *Gender issues in the Information Society*. Paris: Unesco, 2003, <http://portal.unesco.org/ci/en/file_download.php/250561f24133814c18 284feedc30bb5egender_issues.pdf>, acessado em 11 de março de 2009.

PROULX, S. (ed.) 1988, *Vivre avec l'ordinateur. Les usagers de la microinformatique*. Montreal: G. Vermette. 168 p.

_____ 1994a, "Une lecture de l'œuvre de Michel de Certeau: l'invention du quotidien, paradigme de l'activité des usagers". In: *Communication* (Montreal, Université Laval), XV (2), pp. 171-197.

_____ 1994b, "Les différentes problématiques de l'usage et de l'usager". In: VITALIS, A. (ed.) *Médias et nouvelles technologies. Pour une sociopolitique des usages*. Rennes: Apogée, 159 p., pp. 149-159.

_____ 2002, "Trajectoires d'usages des technologies de communication: les formes d'appropriation d'une culture digitale comme enjeu d'une société du savoir". In: *Annales des télécommunications,* vol. 57, n° 3-4, <http://sergeproulx.uqam.ca/wp-content/ uploads/2010/12/2002-proulx-trajectoires-d-57.pdf>, acessado em 18 de maio de 2011.

_____ 2004, *La révolution Internet en question*. Montréal: Québec-Amérique. 142 p.

_____ 2005, "Penser les usages des technologies de l'information et de la communication aujourd'hui: enjeux – modèles – tendances". In: VIEIRA, L. & PINEDE, N. (eds), *Enjeux et usages des TIC: aspects sociaux et culturels.* Tome 1, Presses universitaires de Bordeaux, pp. 7-20.

_____ 2006, "Les médias sociaux et Web 2.0". Entrevue avec Corinne Fréchette-Lessard, Montréal, 29 de outubro de 2006, <http://vecam.org/article956.html>, acessado em 23 de maio de 2011.

PROUX, S., COUTURE, S. & RUEFF, J. 2008, *L'action communautaire québécoise à l'ère du digital.* Montreal: Presses de l'Université du Québec. 252 p.

QUIJANO, A. 1994, "Colonialité du pouvoir et démocratie en Amérique latine". In: *Multitudes,* juin 1994, <http://multitudes.samizdat.net/Colonialite-du-pouvoir-et>, acessado em 23 de setembro de 2008.

_____ 1995, "Modernity, identity and utopia in Latin America". In: BEVERLEY, J., OVIEDO, J. & ARONNA, M. (eds), *The postmodernism debate in Latin America.* Durham, Nova Iorque: Duke University Press, 336 p., pp. 201-216.

_____ 1997, "The colonial nature of power in Latin America". In: *Sociology in Latin America. International Sociological Association,* pre-congress-volume, 1997.

SAÏD, E. W. 1997 [1980], *L'Orientalisme. L'Orient créé par l'Occident.* Paris: Le Seuil, 422 p.

SPIVAK, G. C. 1988, *In Other Worlds: Essays in Cultural Politics.* Nova Iorque: Routledge, 336 p.

_____ 1999, *A critique of postcolonial reason: toward a history of the vanishing present.* Cambridge, Mass.: Harvard University Press, 496 p.

_____ 2006 [1988], *Les Subalternes peuvent-illes parler?.* Paris: Amsterdam.

_____ 2008, *D'autres pensées sur la traduction culturelle.* Institut européen pour des politiques culturelles en devenir, Queen's (NY), <http://eipcp.net/transversal/0608/spivak/fr>, acessado em 2 de março de 2010.

TABET, P. 1998, *La construction sociale de l'inégalité des sexes: des outils et des corps.* Paris: L'Harmattan. 206 p.

_____ 2004, *La grande arnaque. Sexualité des femmes et échange économico-sexuel.* Paris: L'Harmattan, Bibliothèque du féminisme, 207 p.

Sobre os autores
por ordem alfabética

BORIS ADJEMIAN é historiador e diretor da biblioteca Nubar da União Geral Armênia de Beneficiência (Paris). Pesquisador associado ao Instituto dos Mundos Africanos, é redator-chefe da revista *Études arméniennes contemporaines* e membro das redações ou dos comités de leitura das revistas *Vingtième Siècle: Revue d'histoire*, *L'Homme*, *Diasporas: Histoire et sociétés*, *African Diaspora*, *Revue européenne des migrations internationales*. Primeira obra publicada, *La fanfare du négus : les Arméniens en Éthiopie (19ᵉ-20ᵉ siècles)*, Paris, Edições da EHESS. Co-dirigiu o volume *Le témoignage des victimes dans la connaissance des violences de masse/Victim Testimony and Understanding Mass Violence* (número especial de *Études arméniennes contemporaines*, 5, junho 2015). As suas pesquisas atuais abrangem a história da imigração, as diásporas e as violências de massa. Contato: <boris.adjemian@gmail.com>.

FRANCO BARCHIESI é professor associado de Estudos Afro-Americanos e Africanos na Universidade Estadual do Ohio, editor sênior da revista *Interna-

tional Labor and Working Class History e antigo membro do Instituto W.E.B. Du Bois no Centro Hutchins, Universidade de Harvard. Seu último livro, *Precarious Liberation: Workers, the State, and Contested Social Citizenship in Postapartheid South Africa*, State University of New York Press, 2011, recebeu em 2012 o prémio C.L.R. James Book da Working Class History Association. Sua pesquisa atual abrange a anti-negritude, a sobrevivência da escravatura racial, e os regimes liberais do trabalho no mundo atlântico nos séculos 19 e 20.

Ruy Braga é especialista em sociologia do trabalho. Doutorou-se em Ciências Sociais pela Unicamp (2002), com tese sobre *A nostalgia do fordismo: elementos para uma crítica da Teoria Francesa da Regulação)*, e é livre-docente da Universidade de São Paulo (2012) com tese sobre *A política do precariado: do populismo à hegemonia lulista)*. Também realizou pesquisas de pós-doutorado na Universidade da Califórnia em Berkeley. Atualmente, é chefe do Departamento de Sociologia da Faculdade de Filosofia, Letras e Ciências Humanas da USP onde coordena o Centro de Estudos dos Direitos da Cidadania (Cenedic). Foi editor da revista *Outubro*, do Instituto de Estudos Socialistas e, atualmente, faz parte da equipe que edita o Blog Junho (<http://blogjunho.com.br>). *Obras mais recentes: Hegemonia às avessas* (co-org. com Chico de Oliveira), São Paulo, Boitempo, 2010; *A política do precariado: do populismo à hegemonia lulista*, São Paulo: Boitempo, 2012; *A pulsão plebeia: trabalho, precariedade e rebeliões sociais*, São Paulo: Alameda, 2015; *Desigual e combinado: precariedade e lutas sociais no Brasil e em Portugal* (co-org. com Elísio Estanque e Hermes Costa), São Paulo: Alameda, 2016; *A rebeldia do precariado: trabalho e neoliberalismo no Sul global*, São Paulo: Boitempo, 2017.

Michel Cahen é pesquisador sênior do CNRS no centro "Les Afriques dans le monde" (Sciences Po Bordeaux). Foi pesquisador convidado no Departamento de Sociologia da Universidade de São Paulo em 2012-2013 no programa de cátedras francesas no Estado de São Paulo. Atualmente (2015-2018), é membro associado da Casa de Velázquez (Madrid) e do Instituto de Ciências Sociais (Lisboa). Historiador, é especialista em colonização portuguesa na África e analista político dos atuais Países africanos de língua oficial portuguesa e da "lusotopia" em geral (isto é, para além da "lusofonia"). Além desses terrenos, interessa-se também pelas problemáticas fascismo e colonialismo, marxismo et nacionalismo, etnicidade e democracia política, subalternidade e colonialidade. Algumas obras recentes: com Éric Morier-Genoud (eds), *Imperial Migrations. Colonial Communities and Diaspora in the Portuguese World,* Basingstoke: Palgrave MacMillan, 2012; "Is 'Portuguese-speaking' Africa Comparable to 'Latin' America? Voyaging in the Midst of Colonialities of Power", *History in Africa,* XL (1), 2013: 5-44; "Pontos comuns e heterogeneidade das culturas políticas nos PALOPs – Um ponto de vista 'pós-póscolonial'", *História: Questões & Debates* (Curitiba), LXII (1), 2015: 19-47; "'État colonial'... Quel État colonial?", *in* Jordi Benet et alii (eds), *Reis Negres, cabells blancs, terra vermella. Homenatge al professor d'història d'Àfrica Ferran Iniesta i Vernet,* Barcelona: Bellaterra, 2016, pp. 129-158; "Seis teses sobre o trabalho forçado no império português continental em África", *Revista África* (Universidade de São Paulo), 2017, 35: 129-155. Contato: <m.cahen@sciencespobordeaux.fr>.

ELISABETH CUNIN é doutora em sociologia pela Université de Toulouse le Mirail (2000), pesquisadora do *Institut de Recherche pour le Développement* (IRD) desde novembro de 2002 e atualmente é diretora da *Unité de Recherche Migrations et Société* (URMIS) da Universidade Nice Sophia Antipolis. Seus temas de trabalho abordam as dinâmicas de mestiçagem e a construção de categorias étnico-raciais no caso de populações afrodescendentes na Colômbia, no México e em Belize. Coordenou o programa ANR-AIRD "Afrodesc/Afrodescendentes e escravidão: dominação, identificação e heranças nas Américas (séculos XV-XXI)" (<http://www.ird.fr/afrodesc>) e participou do programa europeu EURESCL "Slave Trade, Slavery, Abolitions and their Legacies in European Histories and Identities". É membro do Centro Internacional de Pesquisa sobre Escravidão (CIRESC, Laboratório internacional associado do CNRS). Últimas obras: (ed.), *Mestizaje, diferencia y nación. "Lo negro" en América Central y el Caribe,* México: Centro de estudios mexicanos y centroamericanos-IRD, 2010, 336 p. ("Africanía"); com Odile Hoffmann (eds), *Blackness and mestizaje in Mexico and Central America,* Trenton (NJ): Africa World Press, 220 p., 2013; *Administrer les étrangers au Mexique. Migrations afrobélizienns dans le Quintana Roo (1902-1940),* Paris: Karthala, 2014, 264 p. ("Esclavages"). Contato: <elisabeth.cunin@ird.fr>.

Cloé Drieu é pesquisadora do CNRS no *Centre d'études turques, ottomanes, balkaniques et centrasiatiques* (CETOBAC). É Especialista em história da Ásia Central no período entreguerras, área que aborda tendo como objeto o cinema de ficção produzido no Uzbequistão. Atualmente, trabalha sobre as consequências da Grande Guerra na Ásia Central e as lógicas revolucionárias (fevereiro e outubro de 1917), assim como a guerra civil. Cloé Drieu realiza trabalhos de pesquisa em arquivos no Uzbequistão, Tajiquistão e na Rússia e começou a colher entrevistas com antigos combatentes soviéticos enviados para o Afeganistão entre 1917 e 1989. Lecionou no Instituto Francês de Línguas e Civilizações Orientais e na EHESS (Paris). Principais publicações: *Fictions Nationales, Cinéma, empire et nation en Ouzbékistan (1919-1937)*, Paris, Karthala, 2015 (tradução para o inglês em andamento, Indian University Press); *Écrans d'Orient: Propagande, innovation et résistance dans les cinémas de Turquie, d'Iran et d'Asie centrale – 1897-1945,* Paris, Karthala, 2015; (com Xavier Bougarel, Raphaëlle Branche, eds), *Combattants of Muslim Origin in European Armies in the Twentieth Century. Far From Jihad,* Londres: Bloomsburry, 2017.

Catarina Antunes Gomes é doutorada em Sociologia pela Faculdade de Economia da Universidade de Coimbra (Portugal). É investigadora no Centro de Estudos Sociais desta Universidade e em vários projectos internacionais. Nos últimos anos, foi Professora Auxiliar na Faculdade de Ciências Sociais da Universidade Agostinho Neto (Angola) e coordenadora do Centro de Investigação e Estudos de Sociologia (CIESO) da mesma instituição. Dos projectos mais recentes, destacam-se a "Encyclopedia of African Philosophy and Religion", coordenado pelo Professor V.Y. Mudimbe e a organização do número especial do *Journal of Citizenship*, "As time goes by. Citizen's aspirations in contemporary Africa: modes of belonging and recognition" (juntamente com Cesaltina Abreu). Publicou recentemente: "The Broken Mirrors of Narcissus: Dialogues about History and Memory in Postcolonial Angola", *Asylon* (Paris), 2014, 10; "The good silences: the absolute value of the future", *in* Fernando Florêncio (ed.), *Dynamics of social reconstruction in post-war Angola,* Friburgo em Brisgóvia, Arnold Bergstraesser-Institut für kulturwissenschaftliche Forschung, 2016:

39-60; "Au service de quoi ? Les casse-tête actuels de l'université dans un contexte de globalisation inéquitable", *Contretemps. Revue de Critique Communiste* (Paris), novembro de 2016, <https://www.contretemps.eu/universite-globalisation-inequitable-postcolonialisme/>. Contato: <catarinaag@hotmail.com>.

Antonio Sérgio Alfredo Guimarães é professor titular do Departamento de Sociologia da Universidade de São Paulo e Professor Simon Bolivar de Estudos Latino-americanos na Universidade de Cambridge, Reino Unido. Pesquisa identidades raciais, nacionais e de classe; movimentos sociais negros; ações afirmativas; e intelectuais negros. Seus principais livros incluem: *Preconceito e discriminação,* São Paulo: Editora 34, 2005; *Racismo e anti-racismo no Brasil,* São Paulo: Editora 34, 1999 [2ª ed. em 2005]; *Tirando a Máscara. Ensaios sobre o racismo no Brasil,* São Paulo: Paz e Terra, 2000; com C.V. Hamilton, L.Huntley, N. Alexander & W. James (eds), *Beyond Racism. Race and Inequality in Brazil, South Africa, and the United States,* Boulder e Londres: Lynne Rienner, 2001; *Classes, raças e democracia,* São Paulo: Editora 34, 2002 [2ª ed. em 2012]; *Preconceito Racial,* São Paulo: Cortez, 2008 [2ª ed. 2012]. Contato: <asguima@usp.br>.

Isabel Loureiro é formada em filosofia pela UFPr, com mestrado e doutorado no departamento de Filosofia da USP, professora aposentada do departamento de Filosofia da UNESP, professora colaboradora no Programa de Pós-Graduação em Ciência Política da UNICAMP (2005-2015), ex-presidente (2004-2011) e atual colaboradora da Fundação Rosa Luxemburgo em São Paulo. Publicou, entre outros, *Rosa Luxemburg – os dilemas da ação revolucionária,* São Paulo: Editora UNESP, 1995 (Prêmio Jabuti de Ciências Humanas, 1996); 2a edição, Editora UNESP/Fundação Perseu Abramo/RLS, 2004; *A revolução alemã, 1918-1923,* São Paulo: Editora UNESP, 2005; "Rosa Luxemburgo: no princípio era a ação", em Jorge de Almeida, Wolfgang Bader (eds), *Pensamento alemão no século XX — grandes protagonistas e recepção das obras no Brasil,* São Paulo: Cosac Naify, 2013; organizou três volumes de *Textos escolhidos* de Rosa Luxemburgo, São Paulo, Editora UNESP, 2011; "Une démocratie par l'expérience révolutionnaire", Marseille, *Revue Agone,* 2016; como resultado de pesquisa do CENEDIC financiada pelo CNPq, organizou, com André Singer, *As contradições do lulismo – A que ponto chegamos?,* São Paulo,

Boitempo, 2016, onde publicou o capítulo "Agronegócio, resistência e pragmatismo: as transformações do MST". Contato: <belloureiro@uol.com.br>.

LORENZO MACAGNO é professor associado do Departamento de Antropologia da Universidade Federal do Paraná e pesquisador (nível 2) do CNPq. Atualmente, escreve sobre a história política da antropologia do Moçambique colonial e sobre uma diáspora asiática, os sino-moçambicanos residentes no Brasil. Seu artigo mais recente é "The birth of cultural materialism? A debate between Marvin Harris and António Rita-Ferreira", *VIBRANT. Virtual Brazilian Anthropology*, XIII (2), 2016. Publicou e organizou vários livros, dentre eles, *O dilema multicultural*, Curitiba/Rio de Janeiro: Editora UFPR/Graphia Editorial, 2014. Organizou o dossiê temático "Repenser le multiculturalime" que será publicado na revista marroquina *Al Irfan. Revue des sciences humaines*, Institut des Études Hispano-Lusophones, Rabat. É, também, membro da diretoria da Associação Brasileira de Antropologia (gestão 2017-2018). Contato: <lorenzom@ufpr.br>.

JOËLLE PALMIERI é especialista em gênero e consultora de políticas públicas ligadas a gênero, desenvolvimento e comunicação. Publicou: *TIC, colonialité, patriarcat - Société mondialisée, occidentalisée, excessive, accélérée... quels impacts sur la pensée féministe? Pistes africaines*, 2016, Yaoundé: Langaa; "Afrique du Sud: des savoirs en résistance", *Revue Afroscopie*, vol. VII, 2017, pp. 145-164; ", co-direção D. Foufelle, *"Les Pénélopes: un féminisme politique – 1996-2004*, 2013, 108 p.; "Les TIC analysées selon une posture féministe en contexte africain", *Revue Communication, technologies et développement*, dossiê "Tic et mobilisations", n° 2, 2015, pp. 127-139; "Les TIC, outils des subalternes ?", in *Revue Afroscopie IV*, Paris: L'Harmattan, 2013, pp. 85-108; "Les femmes non connectées: une identité et des savoirs invisibles", in Lucie Joubert & Brigitte Fontille (eds), "Les voix secrètes de l'humour des femmes" (dossiê), *Recherches féministes* (Université Laval), número 25/2, 2012, pp. 173-190; "Révéler les féminismes sur le Net", in Valérie Lootvoet (ed.), *Femmes et médias-Médias de Femmes*, Bruxelles, Université des femmes de Bruxelles, Bruxelles, 2010, p. 93-98 ("Pensées féministes", 2). Contato: <joelle.palmieri@gmail.com>.

MATTHIEU RENAULT é professor de filosofia na Universidade Paris 8 Vincennes-Saint-Denis e membro do Laboratório de Estudos e Pesquisa sobre as lógicas contemporâneas da filosofia (LLCP). São da sua autoria: *Frantz Fanon. De l'anticolonialisme à la critique postcoloniale* (Paris: Éditions Amsterdam, 2011); *L'Amérique de John Locke: L'expansion coloniale de la philosophie européenne* (Paris: Éditions Amsterdam, 2014) ; *C .L. R. James: La vie révolutionnaire d'un "Platon noir"* (Paris: La Découverte, 2016). Trabalha atualmente no livro *La Révolution et l'Orient. Lénine (1894-1923)* (Paris: Syllepse, 2017, para sair), e co-dirige uma obra coletiva sobre a Revolução de 1917 às margens do império russo (Paris: Éditions Amsterdam, 2018, a ser publicado). É membro dos comitês de redação das revistas *Période, Actuel Marx* e *Comment s'en sortir?*, bem como do grupo de pesquisa "Mondes Caraïbes et transatlantiques en mouvement". Co-orienta com Paul Guillibert o seminário de pesquisa "Déprovincialiser l'histoire, réorienter la philosophie" (Universidades de Paris 8 e Paris 10). Contato: <matthieu.renault@gmail.com>.

PATRICIA TEIXEIRA SANTOS é professora da Disciplina de História da África da Universidade Federal de São Paulo, pesquisadora associada do Centro Transdisciplinar Cultura, Espaço e Memória (CITCEM) da Universidade do Porto e do LAM ("Les Afriques dans le monde", Instituto de estudos políticos de Bordeaux). Foi pesquisadora visitante do Departamento de História da Universidade de Pádua (Itália) e é coordenadora do Projeto de Pesquisa Internacional "Fontes e Pesquisas sobre a História das Missões na África", em conjunto com as Professoras Elvira Mea (Universidade do Porto) e Lucia Helena Oliveira Silva (Universidade Estadual Paulista). Algumas obras recentes: *Fé, Guerra e Escravidão: uma historia da conquista colonial do Sudão (1881-1898),* São Paulo: Editora da Universidade Federal de São Paulo, 2013; (com Nuno de Pinho Falcão, org.), *Graciano Castellari: deboli tra i deboli: memórias de um missionário em Moçambique,* Porto: Humus Editorial, 2015 (Série "Experiências Missionárias"); (org.) *Coleção África e Brasil,* 6 vols, Curitiba: Editora Positivo, 2015. Contato: <patriciaunifesp@hotmail.com>.

LIA VAINER SCHUCMAN é doutorada em Psicologia Social pela Universidade de São Paulo (2012) com estágio de Doutoramento no Centro de Novos Estudos Raciais na Universidade da Califórnia, Santa Barbara. Realizou pesquisa de pós-doutoramento pela USP/FAPESP sobre o tema "Famílias Inter-raciais, estudo psicossocial das hierarquias raciais em dinâmicas familiares" (2016). Publicou recentemente o livro *Entre o Encardido, o Branco e o Branquíssimo: branquitude, hierarquia e poder na Cidade de São Paulo*. São Paulo: Annablume, 2014. Para saír: *Famílias interraciais: tensões entre cor e amor* (2017). Contato: <liavainers@gmail.com>.

Alameda nas redes sociais:

Site: www.alamedaeditorial.com.br
Facebook.com/alamedaeditorial/
Twitter.com/editoraalameda
Instagram.com/editora_alameda/

Esta obra foi impressa em São Paulo no verão de 2018. No texto foi utilizada a fonte Minion Pro em corpo 10,5 e entrelinha de 15,5 pontos.